广福撷粹

刘冬云　主编

文匯出版社

图书在版编目（CIP）数据

广福乡粹 / 刘冬云主编. -- 上海：文汇出版社，
2017.10

ISBN 978-7-5496-2068-5

Ⅰ.①广… Ⅱ.①刘… Ⅲ.①村史—上海 Ⅳ.
① K295.15

中国版本图书馆CIP数据核字(2017)第220301号

广福乡粹

主　　编 / 刘冬云

责任编辑 / 乐渭琦

装帧设计 / 杨　炀

出 版 人 / 桂国强

出版发行 / 文匯出版社

　　　　　上海市威海路755号

　　　　　（邮政编码200041）

经　　销 / 全国新华书店

照　　排 / 上海歆乐文化发展有限公司

印刷装订 / 苏州天众印刷有限公司

版　　次 / 2018年12月第1版

印　　次 / 2018年12月第1次印刷

开　　本 / 787×1092　1/16

字　　数 / 250千

印　　张 / 33.5

书　　号 / ISBN 978-7-5496-2068-5

定　　价 / 88.00元

编纂人员

主　　编	刘冬云	

副 主 编　　王宗康　戴惠兴　叶　谦　毛欲华　范丽君

编辑指导　　赵　平　沈　强

　　　　　　孙　晋（宝山区新闻办）　　　　　王　静（宝山区规土局）

　　　　　　王一川（宝山区文广局）　　　　　沈建忠（宝山区非遗保护中心）

　　　　　　宝山区文学艺术界联合会　　　　　曹惠英（宝山区顾村镇社区文化活动中心）

　　　　　　宝山区文物保护管理所

艺术摄影　　滕根泉　李放明　杨　炀

采编人员　　潘　晓　黄守信　王宗豪　徐庶良　卢龙其　张永兴

　　　　　　施右人　程阶升　胡大钧　卢永明　卢惠林　陆蓓颖

　　　　　　归燕锋　王根宝　宋　鸽　杨　炀　李放明　陈志平

策　　划　　上海耕诠文化发展有限公司

　　　　　　滕根泉　王根宝　李放明　杨　炀　毕勤朴　陈志平

　　　　　　宋　鸽　顾　超　何开荣　董　磊

天下者国所积也，国者乡所积也，然则一乡之事，实天下国家之事。

——摘自《石冈广福合志》萧鱼会序

广福，渺沧海之一粟矣。第聚米为山，指陈形势，即小可以见大。

——摘自《石冈广福合志》

广宇凌云贯今古

福田遍野通城乡

——叶谦撰联

侍郎张先生像

进士王先生像

尚宝司少卿须先生像

张　任

王泰际

须之彦

广福老茶馆

广福村航拍

广福村民委员会

牌坊立柱
(九重锡帑)

古桥石
（广宁桥侧石）

青花瓷罐

牌坊上的石枋

牌坊遗存件
（米霜卅载）

牌坊遗存件
（卅载饮冰完大节：意为三十
年清廉高尚）

前　言

　　《顾村镇志》的出版和广福村的动迁，无疑是 2017 "诗乡顾村"乡土文化的年度聚焦热点。众所周知，广福村是顾村镇人文积淀最为深厚的一方热土，是代代广福人生息终老之地。对于故里沧桑而言，无论是广福村的现实状况，还是"大广福"的历史概念，都已不仅是时空间的自然指向，也是族群间强烈的精神认同。从唐末迄今，广福一千余年的跌宕浮沉史，势必左右地方性格的形成。为了让后人能够比较客观地从认识乡土中认识自我，明晰地方印记的辨识度，讲好广福故事，广福村两委不辞动迁过程的繁杂艰巨，会同多方有识之士组成编纂组，本着"重人文，不求全，留线索，待后人"的理念，在村落"硬件"拆迁的同时，实施人文"软件"的抢救性挖掘、搜集、整理、汇编并最终出版这本《广福乡粹》。

　　本书内容坚守"要言不烦"原则：凡《顾村镇志》《刘行志》业已编就的经济、人事类条目不复赘言，而史迹文萃、显赫闻达乃至乡风民俗、方言俚语等，则悉数罗列。可以说这是在城市化快速发展的当下，一个行将消失的上海古村落，首次以乡土的名义来接受一次传统历史文化的检阅，同时也怀着苦心孤诣的期盼——能让广福村民带着乡土文化的鲜明印记，在转换市民身份或远走他方时，不至于举目茫然，更为广福村的城市化大格局留存一份乡土味十足的"全家福"，以及日见稀缺的传统精神财富。

　　乡土文化的厚度取决于地域历史的深度，这是后人无力改变的。但延续乡土文化的"文脉"内涵，有选择地扩大作为乡土文化载体的"人脉"外延，探索原生态乡土文化的积极保护途径，创造出形象重塑的地域文化新生态，并使之长盛不衰，传承千秋，应该也必须是我们当代人义无反顾的历史使命。

顾村镇《广福乡粹》编委会

序　一

广福村地处顾村镇的西部边缘，又属宝山与嘉定两区的接壤处。相传唐朝末年，由江姓渔民首开渔村，故名"江家宅"。元代元贞二年的那场海难，心地善良的本土渔民临危出手，挽救了印度僧人普慧的性命，正是这一义举，揭开了乡土与历史因缘际会的序幕。劫后余生的普慧感恩于此，兴建"普慧禅寺"，并在落成大典上当众高诵"宁残身，广施福"，"广福寺"的称号由此不胫而走，"江家宅"也因寺得名，始称为"广福"。虽然历经沧海桑田，此地不仅没有被"边缘化"，还屡次成为"厂""镇""乡"等不同行政中心，曾先后隶属于昆山、嘉定、宝山等县、区。顾村镇的历史版图上从此出现了"大广福"的概念，其辖区包括如今的刘行、正义、归王、沈杨、陈家行、王宅等地域。无独有偶，地方志中，广福又因元明时期遐迩闻名的"孝女杨九娘"而别称"杨溪"，迄今为止顾村地区流传有序的四十多首明清与民国初期的诗歌中，竟有九首之多是颂扬这位夜夜替父提水救灾而劳累致死的一介村姑。如果说"广福"因寺得名，其前提是村民见义勇为的"因义得寺"，而杨溪（杨泾）则是"因孝得名"。其足见广福民风对于华夏传统美德有着厚重的承载感与悠久的绵延度，从而为这一方乡土奠定了引领公序良俗的精神基础。

当然，历史必然会紧跟时代的脚步而日新月异。随着顾村镇城市化进程的快速发展，广福村的地块终因列入"新顾城"和"S7"等重点建设项目范畴而进入动迁倒计时。村党支部、村委会两套班子经过认真研究，并在镇相关部门的大力支持和全体村民的积极配合下，组织有识之士，抢抓机遇，集思广益，制定了"拆硬件，补软件"的"两手抓"方针，积极实施影像资料拍摄、人文历史搜集等一系列乡土文化的抢救性挖掘举措，本着"重人文，不求全，留线索，待后人"的理念，为留住美丽"乡愁"，编纂成这本《广福乡粹》，让我们从中领略广福地域上曾经的辉煌——名盖江南的寺庙、拥揽一方的华堂、功垂史册的人物、脍炙人口的传奇及方言等等，使古诗文中着力描述的景观历历在目，让几辈人薪火相传的榜样栩栩如生。据此我们可以肯定，广福村两委"化乡土文化积淀为社区精神高地"的做法，是具有推广意义的一次有益尝试。我们更期待随着动迁村民的市民化转变过程，相关职能部门能够利用群众文化的多元化平台，探索通过移植、嫁接、孵化、重塑等群众喜闻乐见的文艺形式，在他们未来的城市家园中，绵延传统美德基因，再续乡土荣耀记忆，传递历史传承担当，为"诗乡顾村"的广大社区开拓创新城乡一体化、传统与时尚相结合的百姓精神高地。

是为序。

顾村镇党委书记　赵平

顾村镇镇长　沈强

2017 年 7 月

序 二

据史书记载，广福地块原处于东海之滨，由长江挟带的大量泥沙冲积而成，在1500年前的南北朝梁天监年间已然成陆。这里因属南北海运必经之地，荒滩上很快就形成了一个史称"江家宅"的小渔村。

渔村虽小，传奇却多，不仅是广福村的发祥地，也为顾村1000余年人文历史之滥觞。由于向善的人心和重义的民风，与印度佛教禅宗结缘，最终将"广福寺"的感恩演化为"江南第一寺"的荣耀。虽然惨遭战祸离乱，寺庙几度兴废，终致湮没；乡土沧海桑田，街市数番沉浮，繁华不再；但历史繁衍在人们身上的那一脉故土辉煌的情结和公序良俗的风气，早已被广福后人奉为至宝。

"君子之心，常怀敬畏"，祖先是村落生命的根本，根深则叶茂，源远而流长。纵观上下五千年的华夏农耕文明，正是坚守着这样同宗同源、血肉相连的信仰，才最终化为乡土文化的积淀及符号，被一代又一代的家训传承至今。

至今，广福在江南的版图上已经徘徊了一千余年。其间无论在史志上的称谓是"厂""市""镇"也好，"乡""都""村"也罢，终究是扛着锄头从一个农村转向另一个农村。而此刻，却是迎着沪郊汹涌而来的城市化大潮，全村动迁，村民从此彻底擦干泥腿，举家搬进都市社区去了。"城市，让生活更美好"是年轻人梦寐以求的凤愿，他们闻讯后，按捺不住喜悦的心情；而曾半生耕读的老土地们，则在心生向往之余，难免有不舍之情，但又不是简单的土地之恋。

很多事物，人们往往是在失去之后，才感受其存在的价值。为此，我们抱定"有志创新未来，无愧乡土既往，不辱先人德望"的历史现实观，勉力将曾经稔熟而又转瞬即逝的故里人文风俗搜集于此《广福乡粹》书页之中，任凭后人回味。以人之常情而言，地域文化的辉煌，必然是集体荣耀的情感纽带，而故土方言的乡音，蕴含着一方乡情的基因密码。我们持拳拳之心，孜孜收录，期望能在广福后人以及江南民俗方家的脑海里泛出一片涟漪。

本次有幸邀请到一群志在以乡土文化积淀构建社区精神高地的志愿者参与编撰，并不吝提供良多史存、线索、乡俗乃至文物真迹，使资料日臻完备，不亦幸乎！《广福乡粹》成书，特别感谢上海耕诠文化发展有限公司的摄影家、文史专家和策划团队，他们不仅精心策划统筹全书，更用镜头为广福留存了珍贵的历史瞬间；他们还对书中的古诗文进行句读、注音和诠释，为读者扫除阅读障碍，对文史资料补漏正误等，做了大量卓有成效的工作。我们深信，只有尊重历史的人，才会被历史所尊重。

愿我这篇抛砖引玉的序言，能成为回首广福历史殿堂前的垫脚石，倘若因之吸引了社区居民探求广福乡土集萃的热情目光，则余心足矣！

广福村党支部书记

2017 年 7 月

目 录

前　言 ·· 1

序　一 ·· 3

序　二 ·· 5

凡　例 ·· 1

历代地图 ·· 2

广福年表 ·· 1

第一章　溯源沿革 ·· 1

一、广福由来 ·· 1

二、建置沿革 ·· 3

三、隶属区划 ·· 6

第二章　古迹遗存 ·· 11

一、寺庙道观 ·· 11

1. 普慧禅寺 ··· 11

2. 水月庵 ·· 14

3. 旃檀庵 ·· 16

4. 永昌庵 ·· 18

5. 顿悟寺 ·· 20

6. 东马都巡（白云庵） ··································· 21

7. 西马都巡（西林庵） ··································· 21

8. 得胜庵 ·· 21

9. 药王殿 ·· 22

10. 州城隍庙 ··· 22

11. 杨九娘庙 ··· 22

12. 万寿庵 ··· 22

13. 寿乐庵 ··· 22

二、古桥河流 ………………………………………………… 23

1. 古桥 …………………………………………………………… 23

（1）广安桥（西马桥） ………………………………………… 23

（2）福宁桥（东马桥） ………………………………………… 23

（3）香花桥 ……………………………………………………… 23

（4）广宁桥 ……………………………………………………… 24

（5）众安桥 ……………………………………………………… 24

（6）磨难桥 ……………………………………………………… 24

（7）杨娥桥 ……………………………………………………… 24

（8）汇宁桥 ……………………………………………………… 24

（9）雁龙桥 ……………………………………………………… 25

2. 河流与池塘 …………………………………………………… 25

三、名宅厅堂 ………………………………………………… 26

1. 移忠堂 ………………………………………………………… 26

2. 须家牌坊 ……………………………………………………… 26

3. 卢家祠堂、卢家牌楼 ………………………………………… 27

4. 左家祠堂、左家牌楼 ………………………………………… 27

5. 金家祠堂、金家牌楼 ………………………………………… 27

6. 彭家祠堂、彭家牌楼 ………………………………………… 27

7. 孝女里、杨九娘故居 ………………………………………… 27

8. 寿砚堂（王家祠堂） ………………………………………… 27

9. 戴家四房四井 ………………………………………………… 27

10. 秋风阁 ………………………………………………………… 28

11. 望月楼 ………………………………………………………… 28

12. 听读轩 ………………………………………………………… 28

13. 课读斋 ………………………………………………………… 28

14. 太史第 ………………………………………………………… 28

15. 水阁 …………………………………………………………… 28

四、坊间古物 ………………………………………………… 28

1. 古井 …………………………………………………………… 28

2. 古钱币 ………………………………………………………… 29

3. 金砖 ··· 29

4. 地契、方单 ··· 30

5. 旗杆石 ·· 31

五、古墓义冢 ··· 32

【元】

1. 孝女杨九娘墓 ··· 32

【明】

2. 广西巡抚兵部左侍郎张任墓（石人石马）············· 32

3. 诰封尚宝司少卿须諴墓 ·· 39

4. 尚宝司少卿须之彦墓 ··· 41

5. 进士王泰际墓 ··· 43

6. 内阁中书须大进墓 ·· 43

7. 明嘉靖抗倭游击将军戴广墓 ·································· 44

【清】

8. 翰林院庶吉士王晦墓 ··· 48

9. 直隶唐县知县王恪墓 ··· 50

10. 翰林院修撰王敬铭墓 ·· 51

11. 诰封奉政大夫严州府同知王辅铭墓 ····················· 53

12. 敕赠文林郎、徐州府教授、晋阶奉直大夫王思渠墓 ··· 54

13. 广西太平府知府印光任墓 ···································· 56

14. 副贡须孔经墓 ·· 57

15. 寿山坟 ·· 57

16. 义冢 ·· 57

第三章　乡贤闻人 ··· 58

一、古代名流 ··· 58

1. 选举志 ·· 58

进　士 ·· 58

举　人 ·· 63

贡　生 ·· 63

武　科 ·· 63

杂 进 ………………………………………………………………… 65

封 赠 ………………………………………………………………… 66

乡 饮 ………………………………………………………………… 66

2. 人物志 ………………………………………………………………… 66

贤 达 ………………………………………………………………… 66

孝 义 ………………………………………………………………… 67

文 学 ………………………………………………………………… 70

隐 逸 ………………………………………………………………… 71

流 寓 ………………………………………………………………… 72

烈 女 ………………………………………………………………… 72

良 医 ………………………………………………………………… 74

二、现代闻人 ………………………………………………………………… 74

1. 周叔康 ………………………………………………………………… 74

2. 王永良 ………………………………………………………………… 76

3. 王一良 ………………………………………………………………… 77

第四章 农事商贾 ………………………………………………………………… 78

一、农耕 ………………………………………………………………… 78

1. 概述 ………………………………………………………………… 78

2. 农业农事 ………………………………………………………………… 79

3. 传统农具 ………………………………………………………………… 81

二、农谚 ………………………………………………………………… 88

1. 大熟作物 ………………………………………………………………… 88

2. 小熟作物 ………………………………………………………………… 95

3. 蔬果苗木 ………………………………………………………………… 98

4. 田间耕作 ………………………………………………………………… 101

5. 天地气象 ………………………………………………………………… 106

三、商贾 ………………………………………………………………… 120

1. 概述 ………………………………………………………………… 120

2. 商铺 ………………………………………………………………… 121

3. 坊铺 ………………………………………………………………… 122

第五章　教育和医药 ·································· 124

一、学校 ·································· 124

1. 综述 ·································· 124

2. 小学变迁 ·································· 125

3. 广福小学 ·································· 126

二、医药 ·································· 129

1. 概况 ·································· 129

2. 中西药店 ·································· 130

3. 私业行医 ·································· 130

第六章　古诗文萃 ·································· 131

一、书目作品 ·································· 131

二、诗歌集萃 ·································· 135

【明】

1. 钱世祯一首 ·································· 135

2. 须之彦二首 ·································· 135

3. 王泰际四首 ·································· 136

4. 张任一首 ·································· 139

5. 戴广一首 ·································· 139

【清】

6. 钱大昕一首 ·································· 140

7. 王晦三首 ·································· 141

8. 王敬铭一首 ·································· 144

9. 王中铭二首 ·································· 145

10. 戴亮一首 ·································· 146

11. 戴鉴一首 ·································· 146

12. 赵镜一首 ·································· 147

13. 张揆方一首 ·································· 147

14. 金行模一首 ·································· 148

15. 姚承绪一首 ·································· 149

16. 林大中一首 …………………………………… 149

17. 朱厚章二首 …………………………………… 150

18. 顾惇量一首 …………………………………… 151

19. 翟灏、翟瀚一首 ……………………………… 152

20. 孔素瑛一首 …………………………………… 153

21. 陆遵书一首 …………………………………… 153

22. 周兆鱼一首 …………………………………… 153

23. 张宏一首 ……………………………………… 154

24. 宣莐一首 ……………………………………… 154

25. 王述祖一首 …………………………………… 155

26. 张朝桂一首 …………………………………… 156

27. 杨大澂二首 …………………………………… 157

28. 赵国荣一首 …………………………………… 157

29. 殷懋新一首 …………………………………… 158

30. 沈学渊一首 …………………………………… 158

【民国】

31. 彭公望一首 …………………………………… 159

三、名篇精选 …………………………………………… 160

1.《石冈广福合志》序一 / 赵稷思 …………… 160

2.《石冈广福合志》序二 / 萧鱼会 …………… 162

3. 送戴采臣居广福序 / 吕奇龄 ………………… 164

4. 杨溪小学记 / 顾名儒 ………………………… 165

第七章　节庆习俗 ……………………………………… 168

一、生养旧俗 …………………………………………… 168

二、婚嫁旧俗 …………………………………………… 171

三、丧葬旧俗 …………………………………………… 180

四、年节旧俗 …………………………………………… 188

五、乡间俚俗 …………………………………………… 195

六、民间用联 …………………………………………… 199

1. 春联 …………………………………………… 199

2. 寿联 ················· 200

3. 喜联 ················· 201

4. 挽联 ················· 202

七、童谣游戏 ················· 204

第八章　方言汇释 ················· 212

一、方言探析 ················· 213

二、特有方言 ················· 230

三、常用方言 ················· 236

四、称呼用语 ················· 312

五、时令用语 ················· 318

六、服饰用语 ················· 322

七、居家用语 ················· 333

八、农事用语 ················· 361

第九章　歇后俗语 ················· 378

一、歇后语萃 ················· 378

二、日常俗语 ················· 386

附录 ················· 404

附录一·文摘 ················· 404

1. 化乡土文化积淀为社区精神高地 ················· 404

2. 两任县委书记曾与我共事 ················· 407

3. 五代七进士，父子两翰林——王敬铭家族 ················· 409

附录二·其他刊录、考略 ················· 418

1. 广福茶馆的乡愁 ················· 418

2. 话说“江南第一寺”——广福寺 ················· 421

3. 顾村镇“广福乡情”动迁拍摄速递 ················· 422

4. 广福村 500 年古井命运未卜 ················· 425

5.《广福乡粹》与“广福村路” ················· 426

6. 彭氏族谱考略 ················· 427

7. 须姓族谱考略·····································428

附录三·逸闻杂记·····································430

1. 杨九娘救朱元璋·····································430

2. 彭家穷了，卢家富了·····································430

3. 广福古寺藏宝·····································431

4. 半个世纪的追求·····································431

5. 爱心有好报的吴先生·····································432

6. 志书轶事摘录·····································433

附录四·民俗文化·····································434

1. 广福庙会·····································434

2. 广福龙灯·····································434

3. 广福灯笼·····································435

4. 广福塔灯·····································435

5. 广福姑娘巧绣观音衣·····································435

附录五·广福战事·····································436

附录六·村宅考略·····································446

附录七·村民门牌号签名册·····································452

编后记·····································480

参考书目·····································482

凡 例

一、本书《广福乡粹》，"乡"者市镇乡村，乡音乡情也；"粹"者纯粹精华、齐全集聚也；"乡粹"，既荟萃了广福这片土地的历史沿革、人文积淀，又浸透了融入血脉的乡愁，故而乡土情深。本书内容涉及各个历史时期的广福，因为古今广福历经沧海桑田的变迁，地域、区域也有较大变化，为此遴选编纂本书依据的是"大广福"范畴。

二、本书内容主要来源于《石冈广福合志》《宝山县志》《嘉定县志》《刘行志》《吴趋访古录》等地方史志典籍，并遴选整合了地方史志中有关广福的资料、史料，以及广福村委搜集的广福文史素材进行编纂。其中，十多万字乡音习俗资料更是编者数十年采风收集整理的成果。

三、有关广福的古迹遗存、乡贤闻人等章节主要参考或借鉴了《石冈广福合志》；有关广福的溯源沿革、农事商贾、教育医药等内容，或参考《刘行志》，或根据相关资料整理成篇，并对历史资料进行梳理核实，努力去芜存真补漏正误。

四、为了帮助读者减少在阅读时可能遇到的文字障碍，故对本书所涉及的文言文篇目中的部分词语进行了注解，以资参考。鉴于"诗无达诂"，对本书所收入的有关广福的古诗基本未作注解。

五、对本书所收入的有关广福古诗文作者，大都加了简介。但凡在"乡贤闻人"中出现过的作者，为避免重复，在古诗文萃中则不复介绍。

六、本书"广福年表""溯源沿革"等主要沿袭了《刘行志》的体例；"古迹遗存"兼采《石冈广福合志》和《刘行志》的体例；"乡贤闻人"基本保留了《石冈广福合志》的体例；"农事商贾""教育和医药""古诗文萃""节庆习俗""方言汇释""歇后俗语"等因为来源多元，故而自成体例。

历代地图

石岡廣福全圖

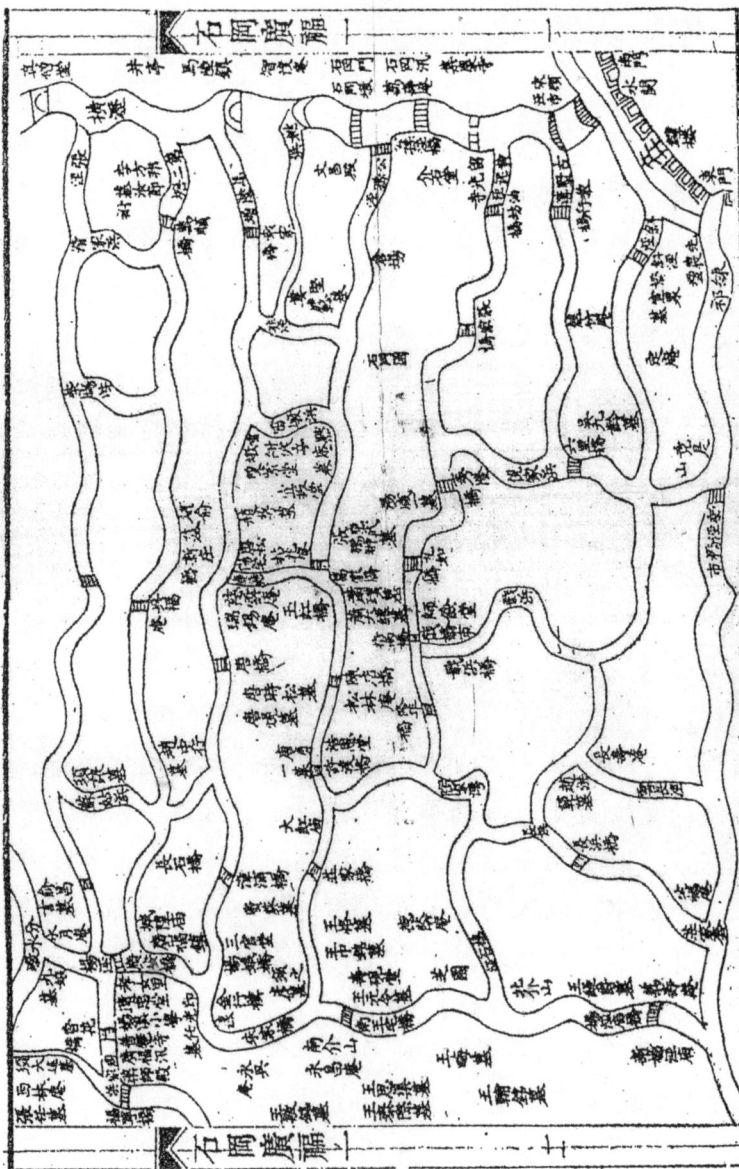

石冈广福全图
此"全图"为清雍正二年（1724）宝山建县之前

刘行.广福乡图

(1912)

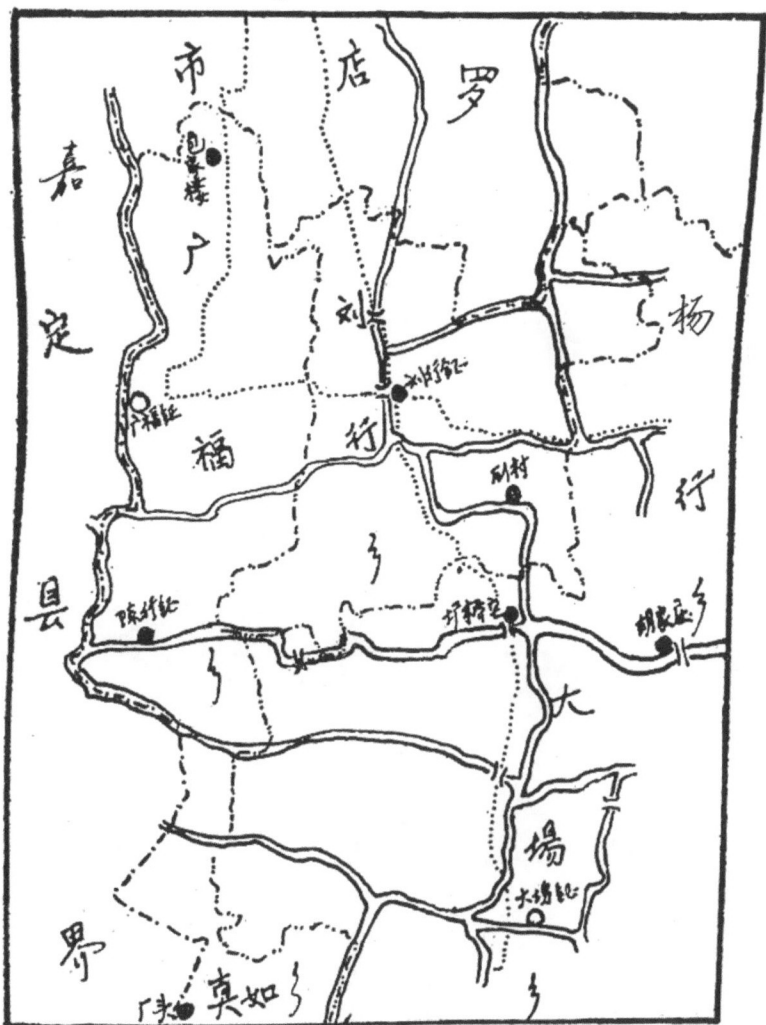

刘行·广福乡图（1912）
此图系上世纪80年代末出版的《刘行志》上的手绘地图

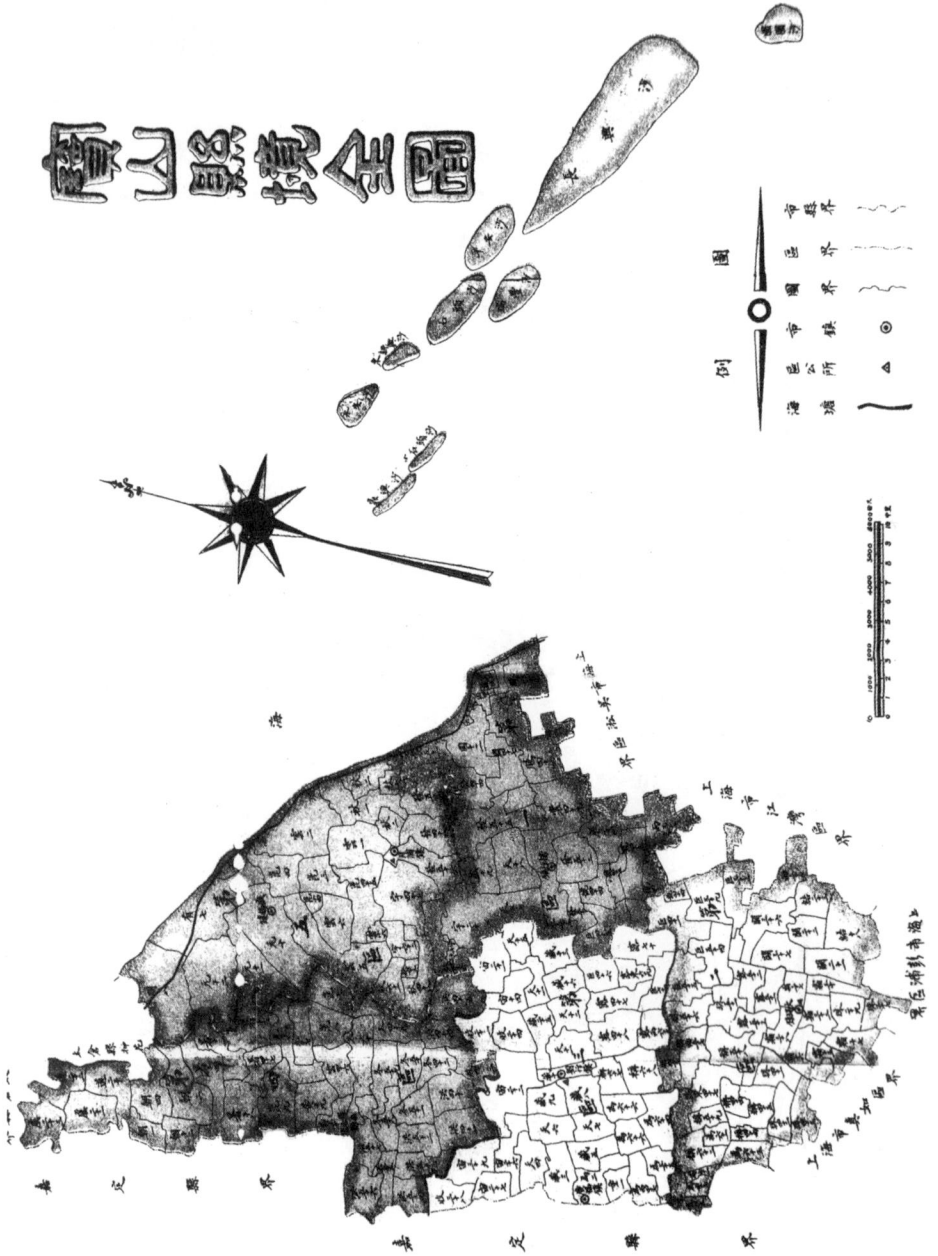

宝山县境全图
民国十八年（1929），实施区制，广福、刘行两乡合并为第三区

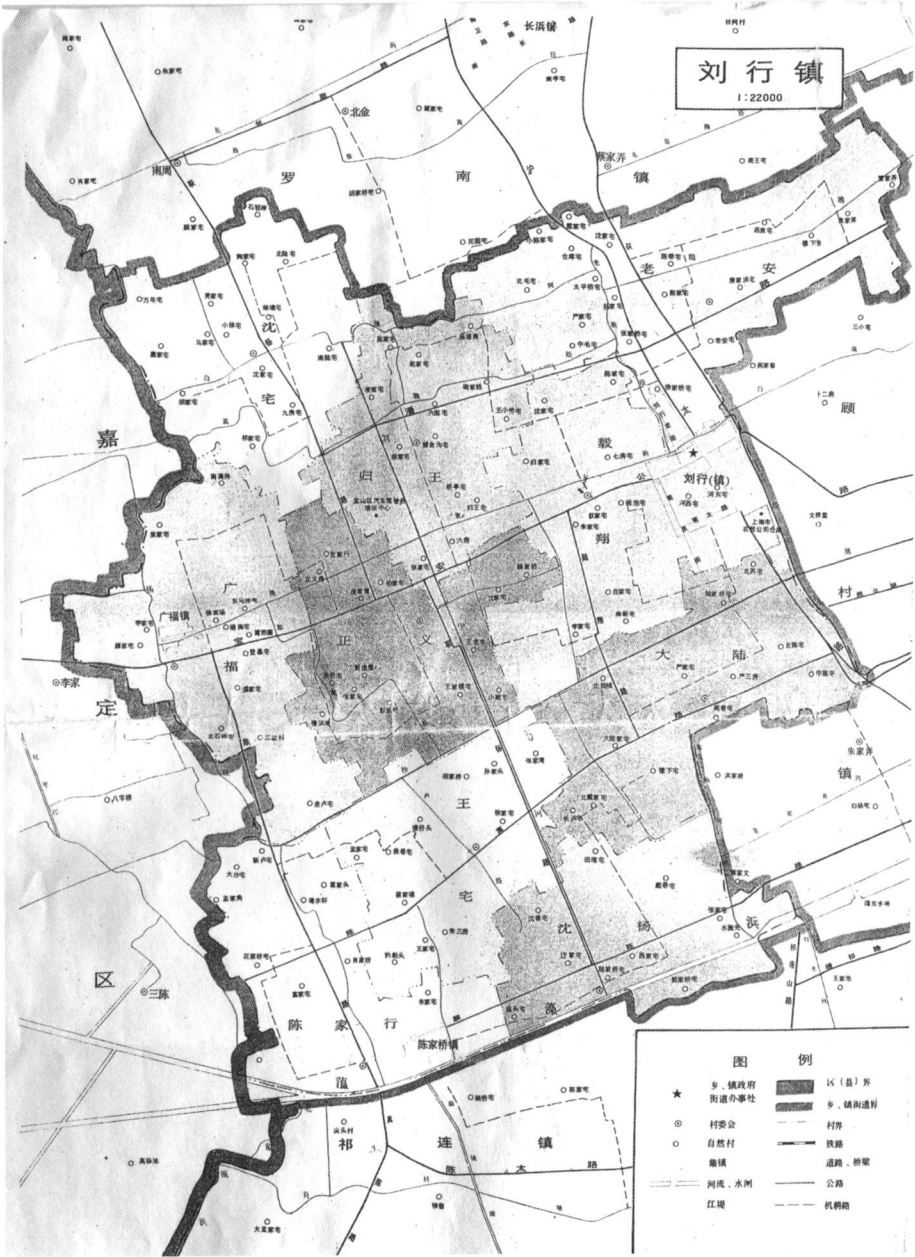

刘行镇地图
1993年，刘行乡改称刘行镇

顾村镇区域图

顾村镇地图

顾村镇区域图
此图系上海市测绘院2016年10月编制

城市化规划的广福图
2017年"广福村路"获批

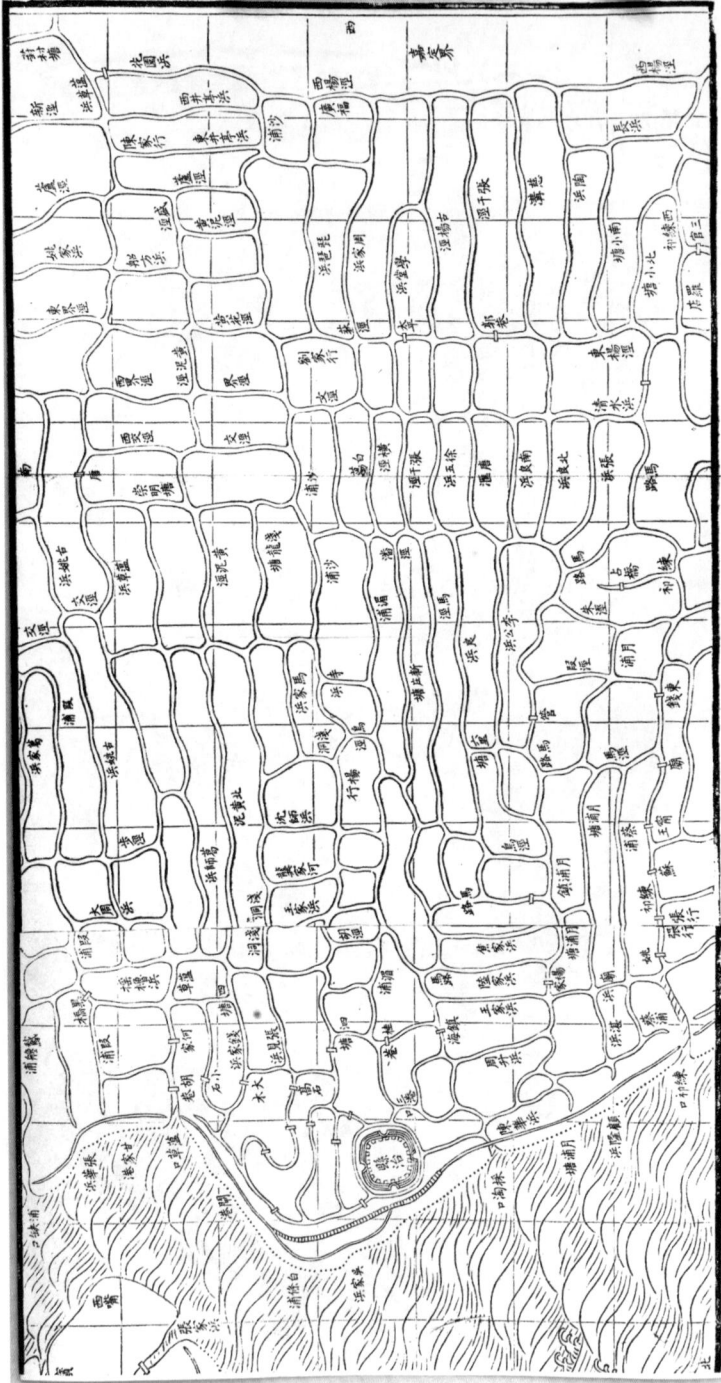

宝山古代水系图
注有嘉定县界，此图年代在宝山建县后

广福年表

南北朝梁天监年间（公元 500 年左右）

刘行大部分地区成陆，广福在刘行西首，成陆年代远超 1500 年，隶属信义郡。

隋文帝开皇九年（589 年）

广福隶属苏州郡常熟县。

隋文帝开皇十八年（598 年）

广福隶属苏州郡昆山县。

唐玄宗天宝十年（751 年）

广福隶属苏州郡昆山县嘭城乡。

唐朝末年（约 900 年前后）

一江姓渔民结庐海滩，以捕鱼为业，收获颇丰。散居渔民竞相投奔，形成一个村落。因江姓渔民首开渔村，故定名"江家宅"。

宋宁宗嘉定十年（1217 年）

划昆山县东境建嘉定县，广福隶属平江府嘉定县依仁乡。

元成宗元贞二年（1296 年）

一印度僧人因海难被江家宅村民救起，为报答救命之恩，僧普慧在江家宅建造寺庙，名"普慧禅寺"。寺庙落成大典上，该僧高诵经文，有句"宁残身、广施福"，于是"普慧禅寺"渐称"广福寺"。

元文宗天历元年（1328 年）

广福寺已初具规模。

明太祖洪武二年（1369 年）

广福隶属苏州府嘉定县依仁乡。

明仁宗洪熙元年（1425 年）

广福已成市（集市）。

明神宗万历八年（1580 年）

敕建"石人石马"（俗称"张家坟山"）。墓主张任，由朝廷赐葬，并追封他为"兵部左侍郎"。

明万历年间（1580 年—1585 年）

广福寺由印度僧人纯一重建扩建，庙宇殿堂等达 5048 间，号称"江南第一寺"。

明万历三十三年（1605 年）

广福颇殷富，升市成镇。

明熹宗天启初年（1621 年）

广福已有千户人家，广传"彭、卢、须、戴，敲锣吃饭"顺口溜。

清世祖顺治五年（1648 年）

广福降巨人，长丈余，身首皆赤，众逐之二三里，始灭。

清圣祖康熙十年（1671 年）

岁涝，知县赵昕劝赈，广福设粥厂。刘行、顾村均属广福厂赈灾范围。

清圣祖康熙二十三年（1684 年）

九月，广福有虎伤一民、一僧，夜逸去。

清世宗雍正二年（1724 年）

九月，嘉定县析出东半境新建宝山县，宝山县隶属江苏省太仓州。

清高宗乾隆丁卯年（1747 年）

在杨泾支流与老马陆塘交叉处重建"杨娥桥"，以纪念元末明初孝女"杨九娘"。

清仁宗嘉庆十二年（1807 年）

编纂《石冈广福合志》。

清仁宗嘉庆二十年（1815 年）

刘行成集镇，始设刘行厂，由广福厂分出。

1860 年—1862 年

广福寺大部分毁于太平天国战火。

清穆宗同治九年（1870 年）

刘行镇驻营署额外委员一人；广福镇驻额外委员二人，管辖江湾真如等地。

清宣统二年（1910 年）

改厂为市乡，即广福乡、刘行乡。广福乡南至真如乡，北至罗店市，东至刘行乡，西至嘉定县界。隶属江苏省苏松太道太仓州宝山县。

民国初至抗战前夕

广福镇商市繁荣，一日二市，有 34 个行业，大小商铺 70 余家。

民国十三年（1924 年）

八月，江浙之战，广福、刘行等地人民深受其害，被洗劫一空。

民国十八年（1929 年）

广福、刘行合并为江苏省宝山县第三区。

民国十九年（1930 年）

广福镇南市梢（原属嘉定县境），江忠仁创办能自行发电的"元丰织布厂"（1956 年并入顾村地区的"俭丰染织厂"）。

民国二十六年（1937 年）

广福寺剩余部分毁于"八一三"战火。

民国三十五年（1946 年）

撤销区制，归并乡镇，重编保甲。广福乡辖 6 个保 101 个甲：第一保即今陈家行村及王宅村的一部分；第二保即今沈杨村和王宅村的一部分；第三保即今广福村；第四保即今归王村和正义村；第五保即今沈宅村；第六保即今罗店镇的南周村。

2 月 4 日，广福巡官黄维国被朱阿八用斧劈死。

10 月，建立乡村基层政权。广福乡辖 11 个村：庞家湾、周家姓、彭家、广福、老卢、东马桥、顾家桥、吴家、归王、胡家头、王家楼。

民国三十六年(1947 年)

撤区后，刘行镇自卫队改称民众自卫队。各镇自卫队长由镇长兼任。广福镇自卫队队长李锡华。

民国三十八年（1949 年）

5 月中旬，驻守刘行、广福一线的国民党军队，截阻我人民解放军南下解放上海，责令伪保长强征民夫 20 余人，拆毁大河桥、沙浦桥、郭家桥、花园浜桥、石人石马桥（即张家坟桥）、徐家木桥等桥梁 9 座。

1953 年

1 月 8 日，嘉定县所属的马陆区北管乡广福村划归刘行地区的广福乡管辖。

2月21日，刘行区广福中心小学与嘉定县马陆区广福小学合并，成立广福中心小学，同时建立广福中心辅导区。

3月，接管嘉定县马陆区北管供销站，并成立广福供销合作社。

1954年

春，刘行全区8个乡相继建立信用合作社（本乡境内存刘行、广福、陈行3个信用社）。乡信用社设主任、会计各1人。

是年，掀起农业合作化运动高潮，成立东马桥初级农业生产合作社。

1955年

2月4日，广福乡开始建立铁业生产合作小组。

1956年

1954年成立的东马桥初级农业生产合作社实行初级社升高级社。

1957年

9月，实行撤区并乡，建立刘行大乡。大乡由原刘行区的刘行、广福、陈行、顾村、潘泾等5个小乡和杨溪乡的沈宅高级社共16个社组成。

1958年

4月12日，宝山等4个县划归上海市管辖，时广福隶属上海市宝山县。

1959年

2月，由原来的公社、大队、中队、小队改为公社、管理区、生产队、生产小队等新的四级体制。广福管理区辖4个生产队：毅翔、归王、东马桥、正义。至年底，撤销管理区建制。

7月，东马桥生产队改称东马桥大队。

1961年

7月，贯彻中央《农村人民公社工作条例》（六十条），翌年，公社基本核算单位下放到生产队，实行三级（公社、大队、生产队）所有，队为基础。

1974年

4月，东马桥大队北街的黄文琴（女）任宝山县委书记，任期至1977年12月。

1984 年

4 月，撤队改村，东马桥大队改为东马桥村。

1985 年

4 月 20 日，刘广路改建工程正式动工，自刘行镇沪太路至东马桥村与嘉定县交界，全长 4.13 千米，路宽 20 米，沥青路面，1986 年底竣工。竣工后，公交嘉广线通车，广福是该线路的重要站点。

1987 年

建造陈广路（陈家行至宝安公路广福段），全长 2.97 千米。

1993 年

8 月，经宝山区人民政府批准，东马桥村更名为广福村。

2000 年

11 月，顾村、刘行两镇合并为新顾村镇，广福村隶属顾村镇。

2004 年

新建广福村委办公楼（宝安公路 2185 号）、村卫生室及老年活动中心。建造广南路（后更名为宝满路），全长 1300 米。

2010 年

2010 年—2014 年，因顾村公园二期、宝安公路拓宽等工程，涉及征收土地及动拆迁的生产队（部分涉及）有：老卢、三家村、塘南、东马桥、中街、南街。

2013 年

撤销老卢生产队建制。

2016 年

7 月，启动《广福乡粹》编纂工作，重点突出和保留广福悠久历史的沿革及其"乡愁"。

9 月，三家村及塘南（宝安公路北侧）生产队启动动迁签约。由广福村委、镇文化活动中心组织，顾村摄影社、"顾村新鲜事"协办动迁拍摄，为塘南、东马桥、东街、中街、吴家宅、满房、北街、南街、三家村的 500 多户村民在老宅前拍摄全家福留念。

10 月，配合大居拓展区（新顾城）及 S7 道路建设，东马桥、东街、中街、吴家宅、北街、南街、满房 7 个生产队约 400 户动迁户启动签约。

至此，广福所有民宅都已纳入动迁范围。

2017 年

　　7月7日，《解放日报》刊登市地名管理办公室公告，"广福村路"
获批。

第一章　溯源沿革

一、广福由来

1. 广福起源

广福原是嘉定最东部的东海海滨之地，系长江挟带大量泥沙冲积而成。据历史记载，南朝梁天监年间（502—519 年），顾村刘行大部分地区业已成陆，迄今有 1500 多年历史；广福在顾村镇最西部，因而形成的历史更为悠久，约在 1500 年—2000 年之间。

因处于当时南北海运必经之地，这里逐渐由荒野变成一个小渔村。相传唐朝末年，有一江姓渔民结庐海滩，以捕鱼为业，收获颇丰。散居游民见之，竞相投奔，不久便形成了一个村落。因江姓渔民首开渔村，故名为江家宅，为宝山地区最早的发源地之一。

2. 因寺得名

据清嘉庆《石冈广福合志》记载，元朝元贞二年（1296 年）有个印度僧人普慧因海难被江家宅村民救起，为报答救命之恩，遂化缘在江家宅建造寺庙，名"普慧禅寺"，寺内有"九品观音堂""万佛阁"等。在寺庙落成的大典上，普慧高诵经文，当诵到"宁残身，广施福"时，村民高声欢呼，于是"普慧禅寺"又称"广福寺"，江家宅也随之改称广福镇。

后僧人纯一于万历年间（1580 年—1585 年）集资重建广福寺。重建后的广福普慧禅寺，山门列两金刚，正殿供释迦文佛及文殊普贤，后供地藏；东为城隍之神；西为曹王乃土地之神。庙宇规模宏大，方圆一公里。鼎盛时东起花园（今正义村正义房生产队），南至磨难桥（今广福村三家村北侧），西接杨泾，北达孟泗泾（今沈宅村祁家宅）。寺中殿堂屋宇计5048间之多，号称"江南第一寺"。

可惜的是，清末太平天国时期，广福寺被战争所毁，仅存东边的城隍庙（又名"行宫"）、西边的曹王庙（土地祠）两处。及至"八一三"淞沪会战中，广福又成为战场。几经战乱之后，广福寺终成一片废墟。后庙址上建广福小学。

3. 古镇概况

广福镇原为嘉定东乡重镇之一，也是宝、嘉两县交界分治的一个地区。明朝属南翔巡检辖地。

据清嘉庆《石冈广福合志》记载，明朝嘉靖中期（约1541年），广福已有300多户；至明朝天启初年（约1621年），达千室之聚，有"彭、卢、须、戴，敲锣吃饭"的传说。据此推断，广福成镇距今已有400多年的历史。

清雍正二年（1724年），宝山建县，广福为厂。时刘行、顾村皆属广福厂。

据清乾隆年间（1745年）《宝山县志》载，广福是镇，以寺得名，与嘉定接壤，以杨溪（泾）为界，故亦称杨溪。东西一大街，长一里余，商铺五六十家，杨泾西之南北一街，系属嘉境。

清朝同治九年（1870年）营署驻广福镇药王殿西，有额外外委两员，管辖江湾、真如、广福。清同治十年（1871年）驻右哨头司一员，专防外委一员，协防汛地广福、陈行一带。清末民初市乡制时，广福镇设乡议、董事会、乡公所。抗战前，还设有派出所等治安机构。

民国初至抗战前，广福镇商市颇盛，一日两市。民国初，镇南建有织布厂、糟坊、榨油坊、轧厂等，店铺有布庄、饭馆、酒肆、茶馆、杂货等34个行业，大小店铺70余家，各种摊贩20多户。

原嘉境南北一街，江姓商铺最多，故有"江半镇"之称，江家元丰布厂（顾村俭丰纱厂前身）能自行发电。宝境的东西一街，商市亦较兴盛，尤以须姓开设的香烛店最有名气；张家油车（作坊）有近百间房屋，9头牛拉动油车。广福鱼市很盛，周边渔民上百户，远去嘉定西境河道捕捉清水大闸蟹、鲜鱼、河虾上镇盈市。镇有鱼达（摊）三家。上海鱼贩每天来此收购新鲜鱼、虾、蟹等。新中国成立后，疏浚周家浜广福河段，发现河岸壁上有上、中、下三层街坊路，足见广福古镇发展历史之悠久。

1953年，宝山县府与嘉定县府商定，并经苏南行署批准，将原属嘉定县马陆区北管乡管辖的杨泾西的南北一街——广福村，划归宝山县刘行区广福乡管辖，结束了广福一镇两县管辖局面。

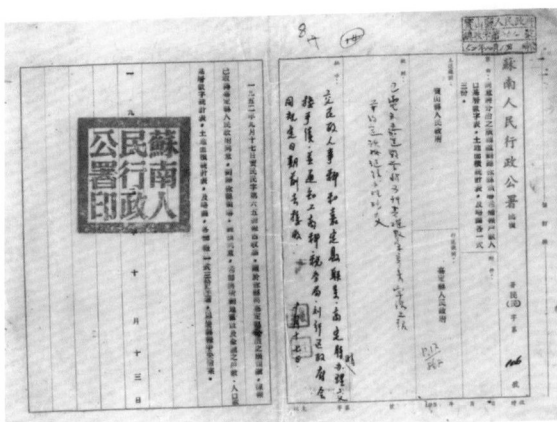

苏南行署批复文件

二、建置沿革

今顾村镇广福地区的陆地是长江三角洲冲积平原的一部分。早在五六亿年前，这里是古老陆块（扬子准地台）的一部分。在漫长的地质历史演变过程中，经历了多次海陆变迁，上海地区地体不断下降，海面相对上升，在江流海潮的共同作用下，以长江为主的河流所带来的泥沙不断堆积，形成三角洲冲积平原。根据考古发现和历史地理文献记载，以及历年来地质普查所得资料证明，宝山陆地部分的成陆年代虽先后不尽相同，西部早于东部地区，但至唐宋时其大部均已成陆。

唐玄宗开元元年（713年），广福境域属江南道苏州府昆山县。南宋嘉定十年（1217年），昆山县分出东境嘐城乡设置嘉定县，境域属两浙西路平江府嘉定县。

雍正二年（1724年），嘉定县分出东境的循义、守信、依仁、乐至4个乡全部或部分设新县，与老县同城而治。次年，新县由朝廷定名为宝山。以吴淞所城为县治（今吴淞镇）。宝山设立后，广福属江苏省太仓州宝山县。当时境域分属守信乡的五都、六都和依仁乡的十都、十一都、十三都的一部分，也就是广福厂的一部分，广福厂领图（里）16个。

清嘉庆二十年（1815年），广福分出刘行厂，刘行厂领图（里）15个。

宣统二年（1910年），筹备城镇乡地方自治。全县由原来的分厂改为市乡，广福厂改为广福乡。

民国三年（1914年），清丈结束，经调整插花田和归并，各市乡领图（里），广福乡领17个图、31个圩。

民国十六年（1927年），上海特别市设立，宝山县辖区由原来的14市乡减为8市乡。同年9月，江苏省民政厅拟仿晋省村制办法，通令各县规划进行。为此，依据厅令将8市乡重新划为6个区，刘行、广福两市乡合并为第三区。

民国二十二年（1933年）10月，通过办理保甲原则四项，县参酌新省成规，制定清查户口编组保甲规程，并议决以民国二十三年（1934年）4月1日为施行日期，自治组织中之间邻遂废止，代之以保甲。

民国二十六年(1937年)9月，汪伪政权改县为区，行政机构改称"政务署"，镇为"公所"。宝山区下辖8镇42乡。

民国二十八年(1939年)1月，宝山区"政务署"改称为宝山区"公署"，并将原设之各镇公所改为分区"公所"。

民国二十九年(1940年)2月，宝山区"公署"重行规定乡镇恢复旧制，改分区为镇，第三分区改为刘行镇，辖6个乡。

民国三十二年(1943年)4月，宝山区"公署"改为宝山特别区"公署"后，设5个分区"公所"，刘行为第二分区，区"公所"设在刘行镇。

民国三十三年(1944年)8月，宝山特别区改为县，复称宝山县"政府"。县下设5个分区，刘行为第二分区。下辖范围不变。抗战胜利后，宝山县还归江苏省管辖。

民国三十四年(1945年)11月，县行政区划分为区、乡、镇，时刘行为区，下辖2镇7乡。

民国三十五年(1946年)，奉令调整全县下辖行政区域，归并为19个乡镇，自民国三十六年（1947年）元旦起实行。

民国三十八年（1949年)4月，为便于政令推行，根据江苏省颁布的《指导员服务规则》，全县将19个乡镇划为两个督导区。

1949年5月21日，广福等乡境解放。在宝山县人民政府领导下，把旧乡镇（刘行、顾村、广福、福民）定为第三联合办事处。8月，改办事处为刘行区人民政府，仍辖两镇两乡。

1951年，改区政府为区公所，并调整乡镇，全县划为五区一镇。刘行区公所辖10个乡。

1954年，苏南行政公署和苏北行政公署撤销，置江苏省。行政区属江苏省松江专区宝山县。此时刘行区下辖并减为8个乡。

1957年9月，撤区并乡，全县划分2镇7乡。刘行区改为刘行乡（大乡）。

1958 年 4 月，宝山县划归上海市，时刘行乡属上海市宝山县。同年 9 月 28 日，刘行、罗南两乡合并成立东风人民公社，广福乡境属公社的一部分。

1959 年 2 月，原来的公社、大队、中队、小队，改为公社、管理区、生产队、生产小队四级体制，广福管理区辖毅翔、归王、东马桥、正义 4 个生产队。同年 7 月，东马桥生产队改称东马桥大队。

三、隶属区划

南宋宁宗嘉定十年（1217 年），乡境属两浙西路平江府嘉定县守信、依仁两乡的一部分。

明太祖洪武二年（1369 年），乡境属苏州府嘉定县守信、依仁两乡的五都、六都的一部分。

清世祖顺治三年（1646 年），乡境属苏州府嘉定县守信、依仁两乡的杨泾以东六都的一部分。

清世宗雍正三年（1725 年），设宝山县后，乡境属江苏省太仓州宝山县守信乡的六都和依仁乡的十、十一、十二都的一部分。

清嘉庆二十年（1815 年），广福厂分出刘行厂。

清宣统二年（1910 年）至民国元年（1912 年），筹备城镇乡地方自治，改厂为市乡，广福厂改为广福乡，隶江苏省苏松太道太仓州宝山县。

民国三年（1914 年），清丈结束，经调整插花田及归并，各市乡领图（里）。广福乡领 17 个图，31 个圩，即天 4、6、7 图，共 3 圩；宙 26、27、39 图，共 3 圩；藏 3、5 图，共 2 圩；为 2、35、47、61、63、66 图，共 17 圩；称 62 图，共 2 圩；重 1 图，共 1 圩；芥 34 图，共 3 圩。

民国十六年（1927年）10月，施行区制，原广福、刘行两乡合并为第三区。区公所设在刘行镇，下辖5镇、21乡，即刘行、广福、陈行、顾家、胡庄镇、湄汶、荻贯、苏浜、潘东、云珠、宙东、杨泾、三图、重宙、天藏、周浜、黄泥、藻湄、茜泾、藻浜、江塘、福善、称圩、宙收、芦泾、狼泾乡，编为253个间，1177个邻。

民国二十二年（1933年）10月，通过办理保甲原则四项，县参酌新省成规，制定清查户口编组保甲规程，并议决从民国二十三年（1934年）4月1日起为施行日期。自治组织中间邻遂废止，而代之以保甲，并改划乡镇，原第三区调整为3镇6乡，即刘行、广福、顾家镇，胡庄、苏湄、杨溪、陈行、潘东、湄北乡。

民国二十六年（1937年）9月，汪伪政权时改县为区，行政机构改为宝山区政务署，镇为公所。刘行镇公所下辖7个乡：菊泉、湄北、杨溪、苏湄、广福、陈行、顾家乡。

民国二十八年（1939年）1月，改镇为分区，刘行为第三分区，三分区下辖7个乡，乡名不变，乡境范围不变。

民国二十九年（1940年），恢复旧制，仍把分区改为镇，时刘行镇下辖6个乡：菊泉乡（12保、106甲），广福乡（8保、70甲）、陈行乡（7保、68甲）、两湄乡（12保、111甲）、杨溪乡（7保、67甲）、顾家乡（12保、117甲）。

民国三十二年（1943年）4月，汪伪政权第二期"清乡"后，宝山区公署改为宝山特别区，下设分区。刘行为第二分区，下辖4镇、4乡，即刘行、陈行、顾家、杨行镇、瑞芝、保安、胡庄、广福乡。

民国三十三年（1944年）8月，宝山特别区改为县，复称宝山县，下设分区，时刘行为第二分区，下辖4镇4乡不变，乡境范围亦不变。抗战胜利后，宝山还归江苏省管辖。

民国三十四年（1945 年）11 月，县下辖的分区改为区，第二分区改为刘行区，下辖 2 镇 7 乡，即刘行镇、顾家镇、广福、陈行、胡庄、湄北、苏湄、潘东、杨溪乡。

民国三十五年（1946 年），奉令调整全县下辖行政区域，撤销区制归并乡镇，重编保甲。原刘行区归并为刘行镇（8 保）、顾村镇（6 保）、广福乡（6 保）、福民乡（6 保）。时两镇两乡共辖 26 个保，418 个甲。

广福乡下辖 6 个保 101 甲：第 1 保即今陈家行村和王宅村的部分生产队；第 2 保即今沈杨村和王宅村的一部分；第 3 保即今广福村；第 4 保即今归王和正义村；第 5 保即今沈宅村；第 6 保即今罗店镇南周村。

民国三十八年（1949 年）4 月，为便于政令执行，根据江苏省颁布的"指导员服务规则"，全县 19 个乡镇划为两个督导区，刘行镇、顾村镇、广福乡、福民乡属第二督导区。此督导区延至 1949 年 5 月解放。

1949 年 5 月以后，刘行地区建立第三联乡办事处。1949 年 8 月改办事处为刘行区人民政府，辖区仍维持旧乡镇。自 1951 年起建立乡村基层政府，刘行区政府改为区公所，区以下辖 10 个乡，66 个行政村。广福乡下辖 11 个村：庞家湾、周家姓、彭家、广福、老卢、东马桥、顾家桥、吴家、归王、胡家头、王家楼。

1952 年—1955 年底，为农业合作化时期。在三年国民经济恢复的基础上，陆续创办一批农业生产合作社。1954 年冬刘行区缩并乡建置，由原来的 10 个乡并改为 8 个乡：刘行、广福、陈行、福民、顾村、积福、杨溪、潘泾乡。撤销胡庄、大平两乡。

1957 年 9 月—1958 年 9 月，撤区并乡时期。随着农业社会主义改造的全面完成，农业生产高级合作社建立，原行政村随之消亡。1957 年 9 月，刘行区撤销，改为刘行乡（大乡），下辖 16 个高级社，其中乡境有 10 个高级社。原广福乡有归王社、正义社、东马桥社。

　　1958 年 9 月–1959 年 6 月，人民公社初期。建立政、社合一的、工农商学兵五位一体的人民公社，公社以下设营、连、排建制，谓之军事组织、行政组织和生产组织。1959 年 2 月，实行新的管理体制，由原来的公社，大队、中队、小队编制，改为公社、管理区、生产队、生产小队四级体制。此时的东风人民公社改称刘行人民公社，下辖 7 个管理区、29 个生产队（其中 1 个直属生产队）。广福管理区辖毅翔、归王、东马桥、正义 4 个生产队。

　　1959 年 6 月–1961 年 12 月，为调整农村人民公社组织规模时间。1960 年后撤销管理区建制（包括直属队）。公社下辖生产大队、生产队。刘行公社 12 个生产大队是老安、刘行、毅翔、归王、正义、东马桥、沈宅、陈行、王宅、沈杨、大陆、北陈。

　　1962 年 3 月，按中央"六十条"和基本核算单位下放至生产队的精神，实行定额记分，按劳分配，多劳多得。

　　1984 年 4 月，实行党、政、企分设的乡、村体制。以社设乡，建立刘行乡人民政府。撤队改村，东马桥大队改为东马桥村。1993 年 8 月，经宝山区人民政府批准，东马桥村更名为广福村。

　　广福村辖 10 个村民小组：塘南、东马桥、东街、中街、吴家宅、北街、南街、三家村、老卢、满房。

2017 年 7 月 7 日，"解放日报"刊登市地名管理办公室公告，"广福村路"获批。这条寄托了"美丽乡愁"的规划路，嵌入"新顾城"版图，为广福人平添了一份故里标志的亲切感与自豪感。

第二章　古迹遗存

一、寺庙道观

1. 普慧禅寺

广福镇，元天历元年僧善学建，内有九品观音堂、万佛阁，今俱废。明万历间，僧纯一本曹王土地庙重建，卓侯迈仍题前额，今俗称中观音堂。

重修普慧寺记

唐时升

嘉定东南二十里，有镇曰广福，盖千室之聚，多富人大家。其地有广福普慧禅寺，因以为名。寺建于胜国[①]天历元年，长老传其中有万佛阁、九品观，相好庄严，栋宇宏丽，与圆通、皇庆、留光相亚[②]。已而墙屋倾颓，僧徒散去，向之狮蹲象踞、经行呗咏之处，入于阛阓[③]中久矣。万历间，有比丘法永者，生十二而出家，十八而从其师智峻，居南岳十年。已而遍历四方，至嘉定，简修多罗藏于白鹤南翔寺。后峻公驻锡五台，为福王所供养。而永公至广福之曹王庙中，垣壁不完，中无坐卧处，意且归老南岳，此中好善者挽而留之。于是谋复广福普慧之旧，因买地筑室。方欲大兴法事，丙辰之岁，一病示寂。其徒性逊感众缘之方结，悲师志之未酬，经营十载，不怠益勤，癸甲之间，克成胜事。三门列二金刚，正殿供释迦文佛、师利、普贤，后供地藏。东为城隍之神，藉其威灵以福善祸淫④也。西为曹王，乃土地之神，一方所庇，且不忘始也。既告成功，求余言记之。夫永公南游岳麓，是大鉴禅师道成之场，北历清凉，是文殊大士光现之地，泥道师住祗树之园⑤。王者给伊蒲之馔⑥，于焉托处，可以优游卒岁。而于平芜宿莽之中重兴废弃之迹，不可谓非凤因也。性逊孑然一身，焦心劳思，以卒前人经营之规，以慰檀那挽留之意，宜为远近缁流⑦之所赞叹矣。然此皆起于一愿耳，而大事因缘，有百千万亿焉者。夫妙明圆觉中，三乘四禅六波罗蜜，以至无余涅槃，无不具足，如恒沙世界，七宝充满，其家而身，为都料匠，堂宇甲乙，台榭向背，凡可以庄严佛土者，惟所欲为，无藉布施之力，不需岁月之久。而如来金身，在莲花座为众生说无上道，恍若给孤园中，无有差别。是为广福，是为普善。性逊更能发是愿乎？余执笔俟之矣。

【作者】

唐时升（1551—1636），明代学者，字叔达，号灌园叟，南直隶苏州府嘉定（今属上海）人。受业归有光，年未三十，弃举子业，专意古学，工诗文，用词清浅，善画墨梅。其家境贫寒，然好助人，人称好施与。与娄坚、李流芳、程嘉燧合称"嘉定四先生"，又与里人娄坚、程嘉燧并称"练川三老"。

【注解】

①胜国：被灭亡的国家。相对于下一个朝代，则曰昭代，即本朝也。例如元朝是胜国，则明朝是昭代。此处指元朝。

②相亚：相近似、相当。

③阛阓（huán huì）：街市、街道。借指店铺、商业、民间。

④福善祸淫：使行善者得福，使作恶者受祸。

⑤祇（qí）树之园："祇树给孤独园"的简称，梵文意译。原是印度佛教圣地之一，后用为佛寺的代称。下文中"给孤园"，意同。

⑥伊蒲之馔（zhuàn）：斋供、素食。

⑦缁（zī）流：佛教术语。僧着缁衣（黑衣），故谓之缁流。借指僧徒。

【附】广福寺起源考略

广福寺起初叫"普慧禅寺"。据清嘉庆《石冈广福合志》记载，元朝元贞二年（1296年），有个印度僧人因海难被江家宅村民救起，为报答救命之恩，僧普慧在江家宅建造寺庙，名"普慧禅寺"。在寺庙落成大典上，该僧高诵经文，当诵到"宁残身，广施福"时，村民高声欢呼，于是"普慧禅寺"又称"广福寺"，江家宅也随之改称广福镇。寺内有九品观音堂、万佛阁等。

广福寺重建，规模达到顶峰。至明朝万历年间（1580年—1585年）由僧纯一重建。重建后的广福普慧禅寺，山门列四大金刚，庙门进口处有戏台，正殿供释迦文佛及师利普贤，后供地藏，东为城隍之神，西为曹王乃土地之神。庙内千佛殿，又谓万佛阁，分城隍殿、关帝殿、药师殿、九娘殿、观音殿等，佛祖荟萃、香火旺盛。传说广福寺规模极为宏大，鼎盛时东起花园（今正义村正义房生产队），南至磨难桥（今广福村三家村生产队北边），西接杨泾（与嘉定为界），北达孟泗泾（今沈宅村祁家宅）。广福寺方圆近2华里，寺中殿堂屋宇等各种庙房5048间，号称江南第一寺。

传说寺中当家长老财富势大，生前曾将金、银两佛和贵重财宝埋于寺内井底，并在井口放置数千斤重的石牛一头镇之。后来和尚欲取其埋藏之宝，将井口石牛移动，突然大吼一声，铁链震断，牛复原位，此宝未获，后无人再敢造次。广福寺也为当年名僧游学之地，苏州寒山寺、南岳衡山寺老僧在回忆游学广福寺时也谈及此说。

后几经战乱，广福寺基本被毁。广福寺的繁华引人注目，也成了历来兵家必争之地。太平天国时期，太平军攻打广福，与广福寺和尚搏斗一场，寺庙基本被毁，仅存东边的城隍庙（又名行宫）和西边的曹王庙（土地祠）。"八一三"日本帝国主义侵略中国，广福寺是重要战场，这里曾进行多次拉锯肉搏战。英勇的19路军在此打死了1个日本军团级军官，双方死亡千余人。敌人难以攻下广福寺，多次用飞机轰炸，广福寺及广福镇被夷为平地。尽管如此，英勇的中国军民顽强抗击敌人，打下敌机1架。后因日本侵略者在金山卫上岸，形成了后路被围的险要局面，19路军被迫撤退。

后经重建殿堂5间，自东向西分别为观音殿、关帝殿、关羽赤兔马与马夫殿、地藏殿、城隍殿。新中国成立前后改为广福小学。"文革"期间，佛像被毁，后因小学改建，庙屋全部拆除。

据说，广福寺曾有帝皇所题赠的2块牌匾，城隍殿上为"和甘永佑"，关帝殿上为"汉寿亭侯"。

2. 水月庵

明万历间里人卢应历建，广福镇南二里。

广福水月庵记

钱大昭

嘉定县治东南二十四里曰广福镇，镇南张泾，有卢氏之家庵在焉。其庵前明万历间处士卢君应历造，正殿三楹，庄严大士像。其地僻陋，规制粗略，土人称为草庵。其弟应铭颜其额曰水月庵。国朝乾隆十九年，应历四世孙公美暨犹子①双璧、双玉，承先志扩前殿门庑、寮房厨舍，四旁余地，则植竹木果蔬，望之蓊然深邃。复凿池以环其外，制小桥通出入，截木为之，可朝架而夕去。招浮屠②氏主之，捐田二十亩，以资薪水。盖溯庵之始，二百年于兹矣。去冬，卢子讷齐、砚田昆仲③请记于余，余用是窃有感焉。昔吾邑少司马张公希尹与大宗伯徐公叔明，尝读书西隐寺东偏之主静堂，既而各登甲榜，历显宦。张殁于官。徐晚年予告归，见主静堂废，因就其址建竺林院，供张公及己小像，寄两家香火于小头陀。因谓人曰："昔白傅④在江州，有庐山精舍，苏端明⑤团练黄池，有雪堂⑥，有定慧院⑦，皆非有所为而为之。公之十方⑧而无所私，吾之为此，亦若是而已。"其言载之邑乘⑨。今讷斋为张之自出，砚田为徐之馆甥，不忘所自，效法古人，亦以其所谓水月庵者私而公之，如竺林之寄迹⑩，古今人同不同，未可知也。二子咸以为然，因为（此下疑有脱文）。时嘉庆十二年三月二十四日。

【作者】

钱大昭（1744—1813），字晦之，号竹庐，江苏嘉定（今属上海）人。生于清乾隆九年，卒于嘉庆十八年。钱大昕之弟。昭事兄如严师，得昕指授，时有"两苏（苏轼、苏辙）"之比。大昭淡于仕进，嘉庆元年（1796年）方举孝廉方正，赐六品顶戴。学不及其兄，然淹贯群籍，与兄齐名，趣在闭户读书。著有《说文统释》《广雅义疏》《诗古训》《经说》《尔雅释文补》《两汉书辨疑》《后汉书补表》《三国志辨疑》《诗古训》《迩言》等。

【注解】

① 犹子：谓如同儿子，也指侄子或侄女。

② 浮屠：佛陀之异译。古人称佛教徒为浮屠氏。

③ 昆仲：称呼别人兄弟的敬辞。长曰昆，次曰仲。

④ 白傅：即唐朝诗人白居易，其晚年曾官至太子少傅，故称。

⑤ 苏端明：即宋代文学家苏轼，曾任端明殿翰林侍读，故称。

⑥ 雪堂：苏轼被贬谪黄州任团练副使时，于宋神宗元丰五年筑"雪堂"于赤壁旁的龙王山坡，为其居住躬耕之所。

⑦ 定慧院：北宋古刹名，也作定惠院。苏轼被贬谪黄州时曾寓居于此，尝作《记游定惠院》。

⑧ 十方：佛教用语，原指十大方向，借指无量无边的世界。

⑨ 邑乘：县志、地方志。

⑩ 寄迹：停留或暂住。

3. 旃檀庵

僧道隆建。

旃檀庵记

萧鱼会

旃檀庵在广福镇东北，道隆禅师所建也。师姓徐氏，名祥昌，号简素，剃度于南翔大德寺大成和尚，受法于青浦青龙寺大光和尚。为人恬淡宁静，潜心参定，与世俗僧行事迥别。嘉庆甲子，挂锡①于广福之水月庵，数楹兰若②，地僻境幽，迥绝尘嚣。庵中一切规模，井井有条。叠开③宏戒，剃度嗣法弟子④，从者日众。辛未夏，离庵北里许，置地数弓，结构精庐，名曰旃檀⑤。夫旃檀之为义大矣，昔释迦牟尼佛成道，升忉利天⑥为母氏说法，优填国王⑦久别音容，欲刻象事之，目犍连尊者⑧运大神力遣三十二匠登天，将栴檀成象，朝夕供养。向在佛国一千二百八十余年，自是而迎至龟兹，凉州、长安、汴梁，辗转移驻。至金太宗，始迎入燕京，今犹在京师之宏仁寺。康熙五年，御制碑文，备详颠末⑨。溯自造像以来，阅二千六百余年，金容如昨，真佛力广大不可思议矣。今日珠宫琳宇遍及乡陬，法王之象，不啻恒河沙数⑩，而栴檀象止有一尊。然不得栴檀象而奉之，即此小筑数楹，莲花座上，妙相庄严，亦可作栴檀象观也。则以栴檀名其庵，亦无不可。况迩日又扩而增之，更置饭僧田数十亩，以为后人焚修⑪之助，其有功于佛氏也不浅矣。是为记。
嘉庆十有九年中秋日，犀亭萧鱼会撰。

【作者】

萧鱼会，字记筌，嘉定戬桥人，清嘉庆年间人氏，生平无考，与里人赵稷思编纂《石冈广福合志》。

【注解】

①挂锡：悬挂锡杖，喻指游方僧投宿寺院。

②兰若（rě）：原意为森林，引申为"寂静处""空闲处""远离处"，泛指一般的佛寺。

③叠开：重复开启。

④嗣法弟子：有传承的师徒关系。

⑤栴（zhān）檀：又名檀香、白檀，是一种古老而又神秘的珍稀树种，香味醇和，历久弥香，素有"香料之王"之美誉。

⑥忉（dāo）利天：佛教谓须弥山顶四方各有八天城，合中央帝释所居天城，共33处，故云。即一般所说的天堂，语出晋·法

显《佛国记》："佛上忉利天三月，为母说法。"

⑦ 优填国王：即阿育王，印度摩揭陀国孔雀王朝的国王。他曾大力推广佛教，建筑塔寺，传布佛经。

⑧ 目犍连尊者：佛陀十大弟子之一，在佛陀的比丘弟子中被推为神通第一。

⑨ 颠末：始末，指事情自始至终的过程。

⑩ 恒河沙数：比喻数量多到像恒河里的沙子一样无法计算。恒河系印度第一大河。

⑪ 焚修：焚香修行，泛指净修。

4.永昌庵

南介山墩。先年得一石碣，镌"永昌寺"三字，古庙数间，名下山庵，宋时所建。嘉庆十一年，僧性中捐资重修。

重修永昌庵记

陆陇其

邑之东去城闉①数里，有梵寺曰介山，古刹也，昉于宋②，经兵燹者数矣。迄有明之万历三十六年，僧无尽始谋创造。适里者③有王汴者，为邑绅砚存先生嗣祖，家富而好施，邑中号给孤长者，乃捐锾布金，起大悲殿暨准提阁。殿中塑大悲像，左真武，右三仙，梵相庄严，称一时名手。其余禅龛僧舍及斋厨庖湢④，皆焕然一新。有田若干亩，为僧侣伊蒲之供⑤。一时绀碧辉煌，花木幽胜，钟声梵呗，缁素⑥云集，遂为招提名胜之地。文文肃公⑦颜曰永昌禅院。迨明季而复毁。至国朝顺治四年，僧莹辉者更谋鸠工⑧修葺，而山主癸未进士王讳泰际、己卯孝廉王讳霖汝复捐金以助之。乃不及三十载，而向之森严者日就剥落，其黝者垩者丹腹之炳焕者⑨，已漫漶⑩而磨灭矣。康熙十有三年，其弟子莲峰复起而更新之，寺之规模顿还其旧。余承乏兹邑，劝农东郊，爱其幽寂，数上宿焉。山主辛卯孝廉翃与余最善，因述其始末如此，且丐余一言以镌诸石。夫象教⑪之入中国也久矣，自汉永平中，竺法兰⑫以白马驮经来自西域，京师遂建白马寺，此寺之所由始也。自后而禅宫佛刹遍天下矣。然不特名山胜地浮屠之巨者，其废与兴悉关乎劫数，即乡村聚落之间小小若兹寺者，凡屡更劫火而巍然复新，亦足占法王之大力而象教之不可泯没也已。况寺有田若干亩，不洫⑬诸石，传之于后，或寺僧孱弱⑭，不能举其契，安知向之饭僧者不且为豪强之蚕食矣乎？余故识其废兴，俾寺僧刊之石，以垂不朽云。

【作者】

陆陇其（1630—1692），原名龙其，因避讳改名陇其，谱名世穮，字稼书，浙江平湖人，学者称其为当湖先生，清代理学家。康熙九年（1670年）进士，历官江南嘉定、直隶灵寿知县、四川道监察御史等，时称循吏。其离任时，只有图书几卷及妻子的织机一架，被誉为"天下第一清廉"。学术专宗朱熹，被清廷誉为"本朝理学儒臣第一"，与陆世仪并称"二陆"。康熙三十一年（1692年）去世。乾隆元年（1736年），被追谥为清献，加赠内阁学士兼礼部侍郎衔，从祀孔庙。著有《困勉录》《读书志疑》《三鱼堂文集》等。

【注解】

①城闉（yīn）：城内重门，亦泛指城郭。

②昉（fǎng）于宋：始于宋。

③里耆（qí）：乡里的老人。

④斋厨庖湢（bì）：斋堂厨房浴室。

⑤伊蒲之供：素食供品，泛指素食。

⑥缁（zī）素：黑和白，指僧俗。僧徒衣缁，俗众服素，故称。

⑦文文肃公：文震孟，南宋文天祥之后裔，文徵明曾孙，明南直隶长洲（今江苏苏州）人。崇祯初拜礼部左侍郎，兼东阁大学士。谥号"文肃"。

⑧鸠工：聚集工匠。

⑨其黝者垩（è）者丹腹（huò）之炳焕者：黝，黑色；垩，白色；丹腹，红色。炳焕，鲜明华丽。

⑩漫漶（huàn）：模糊不可辨别，迷茫不清。

⑪象教：释迦牟尼离世，诸大弟子羡慕不已，刻木为佛，以形象教人，故称佛教为象教。

⑫竺法兰：东汉僧，中印度人。讽诵经论数万章，为天竺学者之师。

⑬泐：同"勒"。

⑭孱弱：缺乏权威和能力。

5. 顿悟寺

《光绪宝山县志》卷14载："顿悟寺，刘行镇西为六十四图。梁时建，咸丰庚申毁于兵，同治间重建。"在原陈行镇东面半里。浜东有老屋旧庙，浜西有新建的庙宇，寺前蕴藻浜上有大石桥"香花桥"，寺毁于1958年。顿悟寺这一带，曾是抗日战争和解放战争期间的重要战场，因此许多关于那时的回忆文章都会提及顿悟寺及陈行、桥亭、陆家桥、得胜庵、沈巷、田堵等地名。

6. 东马都巡（白云庵）

清宣统末年（1911年）建，在原正义村东南角小顾家宅南沙浦北岸。前有大石桥一座架沙浦上，庙有四合院一座，北面三间，正中大殿供奉着明代官服的菩萨一尊，两边女菩萨各一尊（传说一尊姓戴，一尊姓孙，是马都巡的两位夫人）。大殿天井有东西厢房，南门楼上有朝北开戏台。四合院西墙外有一棵数抱的古银杏树，树北面还有东西向五间头庙堂，中间大堂里供奉几尊女菩萨。1958年冬造刘行公社大礼堂时拆毁，同时拆毁的还有西马都巡。

7. 西马都巡（西林庵）

清咸丰年间（1838年）建，广福镇南偏东约二里，彭家宅西，沙浦河北岸。初为佛教庵堂，民国时期为道观，有道士金阿乱、金阿毛等人。屋宇数椽拆毁于1958年，同时拆毁的还有彭家宅的多进楼房。

8. 得胜庵

《光绪宝山县志》《民国九年宝山县志》载："得胜庵在西南乡，为六十四图顿悟寺之东奉祀关壮缪①，明游击②戴广战胜倭寇而建，故名。"原庵在戴家宅西南出西泾浜南，沈巷宅南高家浜湾南岸，陆家桥须家宅后约百来米，供奉戴家宅始祖明抗倭寇游击戴广和关公的像。庵毁于1958年前后。住戴巷宅浜北的原得胜庵庙祝侯宝生老人曾于上世纪50年代说过，他家老祖宗是戴巷宅主的马夫。上世纪60年代，高家浜改成中心河时，在原高家浜湾出土不少有戴广文字的石构件。

【注解】

① 关壮缪：即三国关羽，关公。关羽死后，被后主刘禅于景耀三年追谥为壮缪侯，也省称为壮缪。

② 游击：游击将军的简称，官名。明沿边与要地驻军设游击将军，职位在参将之下，职责是分掌驻地防守应援，统率边军一营三千余人以为游兵，在战事中往来防御，主野战，秩武官正五品，其下有千总、把总、百总等官。

9. 药王殿

广福镇东首。里人赵文学丕烈有记。清康熙时建，道光初重修，改名真武殿，后毁于解放战争。

10. 州城隍庙

广福镇，乾隆年间里人特建。

11. 杨九娘庙

邑志载庙在广福镇，明洪武三年里人王子善建。《光绪嘉定县志》卷三十一："孝女杨九娘祠 六都杨泾。明洪武三年，里人王子善建。"另有一所在张三十一图，名松林庵。清朝顺治十三年建，王时敏题词。同治九年修。

12. 万寿庵

冬号三十五图，俗名老杨泾庙。新杨泾庙，今隶宝邑。

13. 寿乐庵

广福镇北，俗名三官堂（天官、地官、水官），位于张二十二图，总地基四亩，房屋十二间，供奉杨九娘。

二、古桥河流

1. 古桥

据《嘉定县续志》《石冈广福合志》载，广福古石桥随广福寺建造而建造，较有名者为：

（1）**广安桥** 又名"西马桥"，跨于嘉宝两县交界处杨泾之上，桥下分东、中、西三孔，故又称"三环龙"大石桥。此桥因战争被炸毁，后改建为水泥桥。

（2）**福宁桥** 又名"东马桥"，位于广福镇东市，有30余级石阶，又称"一环龙"大石桥。抗战前地方有势者用其石阶翻平改建。

（3）**香花桥** 又名"普慧寺桥"，坐落于广福东市原城隍庙前，30余级石阶，亦属"一环龙"大石桥。据说古时农历正月半，人们在桥上观赏塔灯、鹞灯，有"走三桥"一说，即一夜走三座桥，以求吉祥。此桥在"文革"中被拆除，旁边另建水泥桥。

（4）**广宁桥** 又名"竹行桥"，位于广福镇南首杨泾上。清嘉庆年间竹易为石，2007年拆石桥建水泥桥，2017年整治杨泾河被拆。

（5）**众安桥** 又名弄里桥，架于周家浜广福中街河段上，原为古石桥，现改建为水泥桥。

（6）**磨难桥** 位于广福寺南大门，是陈家行等地与广福百姓南北通行的必经之处。据说古寺内花和尚曾在桥边侮辱过桥新娘及青年女子，故当时称"摸奶桥"，后改为"磨难桥"。

（7）**杨娥桥** 俗称"三官堂桥"，位于顾村镇广福村老马陆塘和杨泾支流交叉处，始建年代约明嘉靖至万历年间。是一座5跨4墩石板平梁桥。通长15.7米，宽1.42米。外侧条石居中刻"杨娥桥"三字，桥基镌有"大清乾隆丁卯年重建"（1747年），距今270年，现为区重点保护文物。

（8）**汇宁桥** 广福镇后，嘉庆五年左协君重建。

（9）**雁龙桥** 俗称"应龙桥"，在广福镇南重一图，即广福村老卢宅南沙浦上。该桥于清光绪二十七年由里人卢辉募修。后改建为拱形水泥钢筋桥。

2. 河流与池塘

河流、池塘因广福寺的存在而别有特色。

城隍庙前的寺河，也称池河，东西走向，为西水东去的主河道。东马桥、香花桥、弄里桥等均架于此河上。该河于乾隆年间始称周家浜。

杨泾（杨溪），是宝、嘉两县之界河，东岸属宝境，西岸属嘉境。北起练祁河，南迄沙浦。明万历年间始称杨溪、杨泾。此河因明洪武年间孝女杨九娘得名。

沙浦，该河东西走向，西自嘉邑南横沥起，由东张泾至苏姑浜杨泾口，入宝山广福乡界，与杨泾汇合。原河道弯曲，解放后裁弯

取直。

广福寺北有"三潭"的池塘，形如3个葫芦东西连成一串。

寺东北有"荷花池"，因寺内种植荷花、红菱而挖成马蹄形，中间有"月台"。清乾隆年间，诗人杨大澂写下了《访鸳鸯荷花池》的诗："荷花池畔柳青青，销受湾头梦作醒。好事南风吹不了，至今菱芡满湖汀。"新中国成立初期，在荷花池里还能摘野菱、割野鸡豆（与荷花类似的水生植物，秆上生刺，果与莲心相似）。

寺北有"仙人脚迹潭"的池潭，相传是古代仙人走过而留下的脚印，有类似"荷花池"的用途。

广福寺内还有池塘、池沟多处，如"夹浪""白堰""明板沟""翻牌沟"等，亦为寺内的景观河池。

三、名宅厅堂

古代广福镇是大家富户聚居之处。较著名的有"遗忠堂"、须家牌坊、卢家祠堂、卢家牌楼、寿砚堂、留耕堂等名宅厅堂。

广福古镇民居各有特色：彭家（正义村）的风火墙，卢家的墙门圈，须家的厅堂，戴家（沈杨村）的通天走马楼，都是广福和附近著名的明清建筑，可惜先后毁于战争或于后代翻房时被拆。

1. 移忠堂　为明代进士须之彦古宅，位于广福镇西1.5公里处，原名"遗忠堂"，后迁移广福镇东街，虞景星书额，改名为"移忠堂"，宅第东西中三厅，据说中厅有皇帝赐匾一块，抗战时西厅被日军所毁，东、中厅于新中国成立前后被后代拆除建房。当年须家厅堂前有旗杆石，隔河有照壁，照壁绘有麒麟。因冒犯皇上，被人告密，须某遭杀身之祸而被斩首，安葬时铸一金头。为防盗墓，建造墓穴72处，使人难辨真假。

2. 须家牌坊　立于广福村东马桥生产队偏东处，祠堂前有两座南北对称、很高大的石牌楼，1958年"大跃进"时，因用石建猪棚被拆。

3. 卢家祠堂、卢家牌楼　位于广福西首的南街生产队处。

4. 左家祠堂、左家牌楼　位于广宁桥东，乾隆六十年左协君同弟近槐建，祀明左少溪以下。

5. 金家祠堂、金家牌楼　位于广宁桥西。

6. 彭家祠堂、彭家牌楼　位于东马桥生产队的彭家泾桥西桥堍北侧处。

7. 孝女里、杨九娘故居　见《练川野录》。孝女里在杨泾东南广福，杨九娘曾生活在此。

8. 寿砚堂（王家祠堂）《石冈广福合志》载："距广福镇北六里许，有堂曰寿砚者，为先生（王元勋）高祖贞宪公隐居旧地，此君家二百余年故宅也。自改建王氏宗祠以来，阅今又四五十年……"

这些祠堂、牌楼先后被毁。古代广福的牌楼有须家、卢家、左家、金家、彭家五处，当地百姓的一首打油诗可佐证："广福虽小五牌楼，东西马桥两横头。广福大寺在中头，市面兴旺吽话头（注：没话说）。"

9. 戴家四房四井　明嘉靖己西武科进士戴广于嘉靖四十三年（1564年，甲子年）建戴家宅，筑"留耕堂"和"学圃苑"，留有戴广《留耕堂落成记》一文。传"留耕堂"系三进走马楼，主要建筑毁于太平天国战争时期；剩三进走马楼最北一排房子，雕梁画栋，东墙角嵌有"留耕堂戴"界石，该屋西南

"留耕堂"遗物——厅堂门雕花板

留有"学圃"一石碑及太湖石若干，于上世纪七八十年代拆除。戴广后人另有"馨余堂""劳善堂""谦益堂"，四个厅堂分别有一口井。其中"劳善堂"厢厅挂有"惟适之安"金字匾，"谦益堂"挂有"孝简"篆体字额。匾额毁于上世纪60年代，"馨余堂""劳善堂""谦益堂"旧屋拆于上世纪七八十年代。传后来又筑戴巷宅和北戴家宅，分别住戴广候姓、朱姓部属及秦姓部属。

10. 秋风阁　在广福厂头板桥东。明代处士章黼讲读处。

11. 望月楼　在广福厂头板桥北。明代俞氏建。

12. 听读轩　在广福厂头鸳鸯池北。明代严景陵训子衍读书处，内有桔井。

13. 课读斋　在广福厂头。明代居士杨凤训子读书处。

14. 太史第　在广福厂头东市。董德其由青浦迁此，筑耦耕堂。其孙进士宏居此。

15. 水　阁　在广福厂头中市。明侯震赐避暑处。

四、坊间古物

1. 古井

位于广福村东街16号。水井的井口由大块青紫石做成，里侧用青砖垒成，水面直径约80厘米，深3.62米。夏季其他水井出现井底朝天，但这口井中水取之不尽，因此素有"长命井"之称。这口古井一直使用到前些年才封存起来。顾村镇镇志办公室

工作人员认为，广福村历史悠久，这口水井的历史可追溯到明朝时代，距今约 500 年左右。

2. 古钱币

珍稀古钱币是货币历史的实物，更是历史的见证。1957 年，在原广福寺中心范围内发掘出土的古铜钱，经有关部门鉴定，系宋、明时期的，这也从一个侧面佐证了当年广福寺的兴盛和广福历史的悠久。

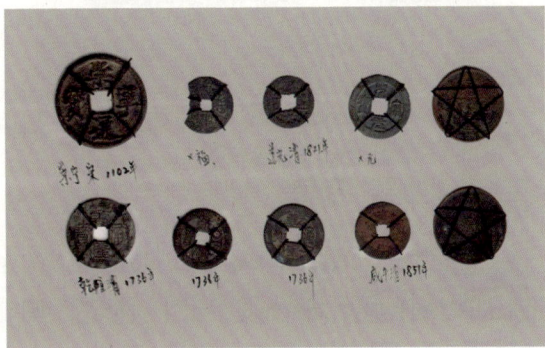

坊间人士的家传藏品中，有宋崇宁年间，清乾隆、道光、咸丰、光绪年间等古钱币，也是古代广福历史的繁华沉浮的缩影。

3. 金砖

"金砖"是一种用特殊工艺制成的紫禁城专用品，在故宫的重要宫殿中都铺设有这样的砖。因其质地坚细，敲之若金属般铿然有声，故名金砖。是中国传统窑砖烧制业中的珍品。

金砖制作是一种古老的汉族传统手工技艺，要求极高，从取土、制坯、烧制、出窑到打磨和浸油要用一年多时间。烧制金砖的窑，统称"御窑"。每块金砖的侧面刻有烧制年月、尺寸、督造官员、制作窑户，层层负责，责任到人，非常严格。

现存的金砖刻有"康熙贰拾肆年成造贰尺细料金砖江南苏州府督造管粮通判段鼎臣知事寇安管造""窑户……"等字样。金砖系王宗豪祖传，其祖母是明代广福进士须之彦后人。

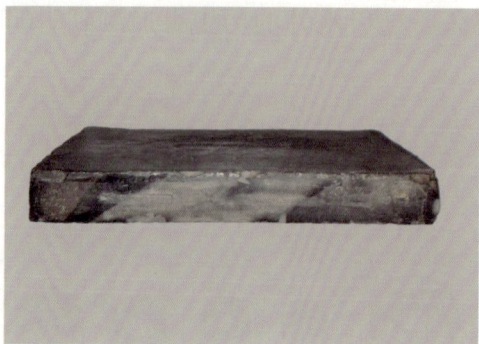

4. 地契、方单

农户田产，向来以契据为凭证。至清朝后期，旧契多散失。官造田单，开明图圩号段，业户姓名，田亩斗则四边地界及额征正闰银米若干，给予执业。

地契、方单作为见证我国土地权属变更的重要历史资料，真实地反映了不同历史时期的土地所有权制度、土地权属变更及对土地的管理制度，甚至反映某一历史时期的社会、经济、政治、文化的发展状况。小小的地契、方单，将历史印记浓缩在纸上。

其中，上世纪50年代初颁发的《土地房产所有证》，是新中国第一代土地房产所有证，也是人民群众翻身当家做主的实物见证，写有"私有产业耕种居住典卖转让赠与出租等完全自由，任何人不得侵犯，特给此证"等字样。

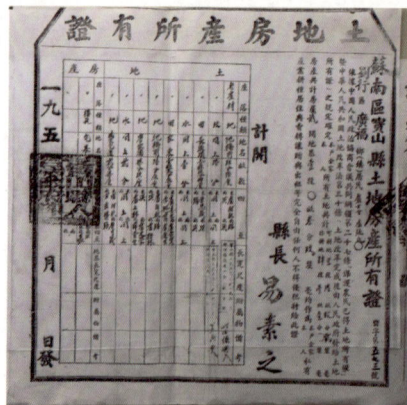

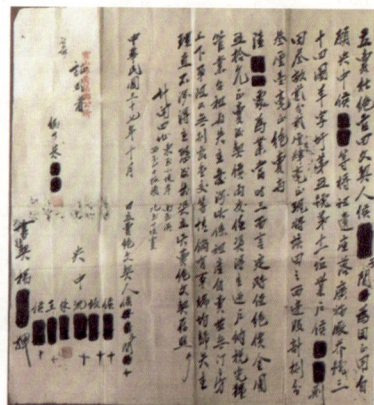

5. 旗杆石

旗杆石是古代悬挂旗或幡的固定基座，通常竖立在寺院或做官等人家的门前。2015 年，在原广福寺的中心地带，即广福村东马桥生产队发掘出四根古代旗杆石（三根完整，一根已断），存放在中老年村民自发兴建的"广福寺"内。因年代久远，未考证出此旗杆石的形成或坐落年代。

旗杆石每根长约 2.7 米，宽 0.36 米，厚 0.15 米，均系花岗岩石材。上端雕刻有较精美的莲花图案，下端呈削尖形状，便于插入土中。地上部分高约 1.45 米，并凿有上下两个圆孔，两圆孔相距约 80 厘米，圆孔直径约 6 厘米。此旗杆石的形体如此之大，实为罕见，并可推算出与其匹配的旗杆也相对粗长，旗杆高度可能在 10 米以上，旗杆直径可能在 0.3 米左右。悬挂的经旗或经幡也相对巨大，佐证当年广福大寺规模之大，名望之高。

据老年村民回忆，新中国成立前后在城隍庙前、周家浜北、香花桥西的地块上，有三对旗杆石，2 根为一对，现存的 4 根为两对。另一对的 2 根已不知去向。另据回忆，东街的街路北侧、原须家厅堂门前，也有稍低一点的两对旗杆石。因为须家在古代是做官的人家，门前有旗杆石是不足为奇的。此两对旗杆石在"文革"中作为"四旧"被铲除，凿成若干条石，村民用以建造猪棚。

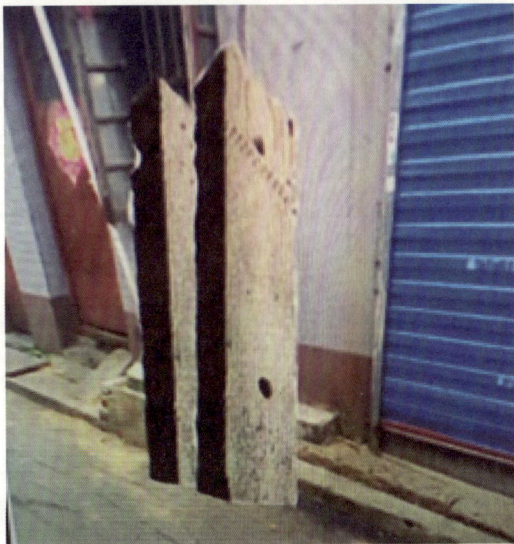

五、古墓义冢

1.【元】孝女杨九娘墓

广福镇南二里，杨泾东岸，地名分水墩。公占坟基一分三厘。

翟灏、翟翰所著《湖山便览》载："孝女杨九娘奉父母守桔槔，蚊啮不去，以羸死，土人立祠祀之，名其墓曰孝女墓。泾有菊花泉，饮之可益寿。"《宝山县志》载："孝女里，杨泾东南，元杨九娘性孝，父命守桔槔，苦蚊啮，不易其处，以羸死，里人立祠祀之，因名。其地旧名广九里，无蚊患，今不验。"

2.【明】广西巡抚兵部左侍郎张任墓（石人石马）

广福东南二里。

张任墓神道碑

王世贞

当万历之六年，天子威无所不加，乃修岭外政。而是时太仓凌公云翼议用众，以二十万扫填诸蛮。而岭之右大藤峡八寨[①]蛮，连龙哈、布咳二土司，尤犷黠[②]，而恃其唇齿，弗肯宾。而嘉定张公时领山西辖，有循吏[③]声。相国江陵公问人才，今大宗伯徐公亟称张公。江陵公忧然曰："吾固知其循吏，第儒不习兵，今乃习兵耶？"乃擢右副都御史，抚岭右，兵民咸隶焉。而继凌公者楚刘公，与公计分道进师。公以为我必先饬士而后可致之用，为简行伍，申约束，蠲逋赋[④]，发公庾[⑤]，斥贪墨吏，吏士蒸蒸然[⑥]乐从矣。乃抽锐而伺贼瑕，刘其东峒尤黠者。捷闻，有金币之赏，始大誓师。明年，遂数捣其穴，不三月悉荡平，斩级垂万⑦，获男女如之，牛畜器械万计。公之斩获，与刘公略相当。上大悦，具太牢⑧告郊庙，中外伟之。以峡为吾郡韩襄公雍略定地，王文成公所不能得志者，公与凌公后先削平之，而皆吾郡人，尤甚奇。公又图所以善后者凡七，设三镇，戍要害，分汛地，迁卫所，广屯田，开道路，议粮饷。疏上，下有司次第行之。方议广武功令以旌赏⑨，而公病卒矣。公之病，以体素弱，而规调瞻兵食太劳，又内慈仁，不忍于锋镝⑩时忽忽减饮食。既卒，而御史为治丧，仍具其事闻，诏即以所应迁官赠兵部左侍郎，录一子入太学。大宗伯治祭，大司空治葬。其祭之辞曰："扫十寨之妖氛，用劳定国；收万全之胜算，毕命在公。"盖实录也。公年仅五十有七云。公讳任，字希尹。其先为嘉定人。祖玘，父子爱，以公贵赠山西左布政使。少而颖异强记，工属文。十八，补弟子员。二十，举应天。二十四，捷南宫。擢工部都水主事，出督淮浦漕艘。迁知袁州府。袁故分宜相地也，公大骇曰："此何以浼⑪我？"乃日取其暴横舍人，加三木⑫，袁以少安。分宜罢，始晋山东按察副使，历今官。余尝谓公之友殷子都⑬："吾与张公交，垂四十年，其人且老矣，不失赤子心；贵至列卿，不改布素节；历夷险百端，不夺处女行；富可埒邑封，不增白屋饰。"殷子唯唯⑭。故公卒而状之，大略如余指。茔在沙浦，原为天子所赐。其葬也，宗伯铭其幽，而其廉即所荫子属余以文丽牲之石⑮。铭曰：国有大讨，于岭之南，王师启行。妖祲⑯横天，川芝林菁⑰，被其膻腥。王师之出，如熛⑱如虹，如彼雷霆。珥戈⑲大黄，维粱及脯，以饱我兵。京观峨峨，铜柱辅之，上标青云。站鸢不摧，毒瘴横披，日月朗清。猗欤肤功㉑，谁为运筹？乃一书生。捷书之腾，天颜为开，二郊㉑告成。而我张公，尽瘁鞠躬，庶几孔明。帝悯劳臣，大牲醇醪㉒，皆出尚方。晋佐元枢㉓，三命㉔之服，荣施九京㉕。沙浦崇原，爰封马鬣，俾象大藤。陋彼新息，而陨五溪，薏苡㉖腾声。我初识公，呐呐恂恂㉗，如衣弗胜。有周召伯㉘），（此下有脱文。按《弇州四部稿，续稿》卷一三〇作"信哉有周，张仲孝友"，与此异）光于南征。吉甫㉙作铭，勒之金石，以垂亿龄㉚。

【作者】

王世贞（1526—1590），字元美，号凤洲，又号弇州山人，明代南直隶苏州府太仓州人。17岁中秀才，18岁中举人，22岁中进士，先后任职大理寺左寺、刑部员外郎和郎中、山东按察副使青州兵备使、浙江左参政、山西按察使；万历时期出任过湖广按察使、广西右布政使、郧阳巡抚，后因恶张居正被罢归故里。张居正死后，王世贞起复为应天府尹、南京兵部侍郎，累官至南京刑部尚书，卒赠太子少保，与李攀龙、徐中行、梁有誉、宗臣、谢榛、吴国伦合称"后七子"。李攀龙死后，王世贞独领文坛20余年，著有《弇州山人四部稿》《弇山堂别集》《嘉靖以来首辅传》《觚不觚录》等。

【注解】

① 八寨：明清时期，分别为思吉、周安、古卯、古蓬、古钵、都者、罗墨、剥丁，后又增加龙哈、布咳，合成十寨。其地东达柳州三都、皂岭、北四诸洞，西连东兰等州及夷江诸峒，南连思恩及宾州上林铜盘、渌毛诸峒，北连庆远忻城东欧、八仙诸洞，周环五百里。

②犷（guǎng）虣（bào）：意为粗野、强悍、暴虐。虣，通"暴"。

③循吏：奉公守法之官吏。

④蠲（juān）逋（bū）赋：免除未交的税赋。

⑤公庾（yǔ）：公家的粮仓。

⑥蒸蒸然：纯一宽厚貌。

⑦斩级垂万：斩首级接近万人。垂，接近。

⑧太牢：古代帝王祭祀社稷时，牛、羊、猪三牲具备。

⑨旌赏：表彰奖赏。

⑩锋镝（dí）：刀刃和箭头，泛指兵器，喻指战争。

⑪洗（měi）：古同"洗"，恳托。

⑫三木：加在颈、手、足三处的刑具，即枷和桎梏。

⑬殷子都：殷都，字开美，一字无美，号斗墟，嘉定人，居大场。约明神宗万历中前后在世。中万历元年（1573）举人，万历十一年（1583）成进士，年已六十。工散曲，官兵部侍郎。常持御史中丞节，出抚郧口。尝撰《海晏赋并序》，颂抗倭英雄郭成。

⑭唯唯：恭敬的应答声，引申为恭顺谨慎之意。

⑮丽牲之石：祠庙或墓前所立的碑，借指碑石。

⑯妖祲（jìn）：妖氛，比喻寇乱。

⑰川芝林菁：奇花异草丛生。川芝，四川当地产的灵芝。林菁，草木丛生的地方。

⑱如熛（biāo）如虹：像飞迸的火焰，像七彩的长虹。

⑲瑂（diāo）戈：刻镂之戈，亦为戈的美称。

⑳猗（yī）欤肤功：猗欤，叹词，表示赞美。肤功，大功。

㉑二郊：指南郊、北郊。古时天子祭天地之处。

㉒大牲醇醪（láo）：大牲，供祭祀用的牛。醇醪，味厚的美酒。

㉓ 元枢（shū）：宋代枢密使的别称。

㉔ 三命：即公、侯、伯的官爵，列属上卿。

㉕ 九京：九原，九泉，泛指墓地。

㉖ 薏苡：东汉名将马援（伏波将军）领兵到南疆打仗，军中士卒病者甚多。当地民间有种用薏苡治瘴的方法，用后果然疗效显著。马援平定南疆凯旋时，带回几车薏苡药种。孰料马援死后，朝中有人诬告他带回来的几车薏苡，是搜刮来的大量明珠。这一事件，被朝野认为是一宗冤案，故将它说成是"薏苡之谤"。后以"薏苡明珠"这个成语，比喻无端受人诽谤而蒙冤。

㉗ 呐呐恂恂：呐呐，形容说话声音低沉或含混不清。恂恂，恭谨温顺的样子。

㉘ 周召伯：周成王时共同辅政的周公旦和召公奭的并称。两人分陕而治，皆有美政。

㉙ 吉甫：周宣王时贤臣尹吉甫；又称兮伯吉父，姓兮，名甲，字伯吉父（一作甫），尹是官名，曾率师北伐猃狁至太原。语出《诗经·大雅·烝民》："吉甫作诵，穆如清风。"

㉚ 亿龄：语出《乐府诗集·郊庙歌辞七·唐享孔子庙乐章》："亿龄规法，万载祠禋。洁诚以祭，奏乐迎神。"

附：张任墓考略

一、张任墓又称"石人石马"

广福东南约1.5公里处，占地20亩，是江南少有的墓葬群——张家坟山，又称"石人石马"，系明代兵部左侍郎张任墓。

墓前建三门石牌坊一座，墓道两旁列文武官石像4尊及马、羊、龟等石雕。墓穴坐北朝南，呈圈椅状。张家坟山在抗战期间被日寇盗墓严重，"文革"中石牌楼被拆建猪棚，剩下的数尊石人石马因20世纪60年代开挖沙浦被深埋。2009年5月2日，工地施工时，又将古墓和深埋文物挖掘出来。

古墓有4穴，错落排列，有长辈和小辈之分。墓穴内没有棺木、遗骨及随葬物品。古墓外发现了4尊2米高的石人像，两尊文官石人像完好，两尊武官石人像身首分离。同时还挖掘出两座石龟、一座无头石羊和两块墓碑，其中一块记载了张任的身份。据考古专家介绍，明代上海地区官至二品者仅张任、徐光启两人。

张任墓碑约1米见方，是上海地区发现的明代墓碑中最大的一块。

二、关于张任墓与石人石马

在王宅大队（村）相家桥生产队西北境内，有一座明代古墓，地处沙浦河北岸与正义村交界处，系明万历八年（1580年）赐葬敕建，距今400余年。墓主张任官封都察院右副都御史赠兵部左侍郎，故称"张家坟山"。因墓上有石人石马，故亦名"石人石马"。

墓地是道地的明代墓葬式样，规模巨大，气势雄伟。离河岸20米左右是一座高大的石牌楼，高度足有2.5米；中间两扇石门，左右各开一扇边门。牌楼柱上是石刻浮雕，横额上刻有"兵部左侍郎张公郡"8个正楷大字，入内东西两排石狮、石羊、石马、石龟双双成对。最里面是4尊石人，两文两武，高2米左右。东首文官手握朝板，西侧武将手持宝剑，长须冉冉，栩栩如生。从石门至墓地全长约30米，坐北朝南。前面安放着1条长石桌，下有几级石台阶，石条桌供祭祀时放供品。墓地中央呈龟背状隆起，安放着石碑。整个墓地呈曲椅形，模拟世间建筑，总占地20余亩。

墓地上的石人石马，全用青紫石雕凿而成；石牌楼则采用花岗石。在西侧还竖着一根单独的石柱，上面安置着1尊石狗，首朝南而向东北。墓地下设墓3穴，墓穴四周都有石板封死，并用木桩排列其下，整个墓穴牢固结实。此墓正穴在抗日战争中已被日本人盗窃一空。

随着年月的流逝，石人石马被日晒雨淋，经受自然风蚀，开始破损。有两个石人已先后倒塌，还剩两个最后也被推倒于地，张家坟山也渐渐失去了当时的风貌。

1965年，相家桥生产队把石牌楼全部拆除，请石匠凿成石条后建造猪棚。第二年大破"四旧"中，左右2穴亦被开挖，发现男女尸各一具，都未腐化；男尸身穿袍服7件。1976年，大队组织民兵帮助相家桥生产队平整土地，把石人石马和大石头统统去除，挖了深坑，埋入土中。

三、发掘明代张任墓遗址

宝山区文物保护管理所在顾村镇进行第三次全国文物普查时，对被埋的明代张任墓遗址的石人、石马等进行了发掘。4月27日起发掘出的墓穴与石翁仲4座：2座为文官，手持朝牌肃立状，整体基本完好；2座为武将，手持宝剑肃立状，颈部起断离，但部件都在。龟趺4个，颈部起皆断离，头部未发现；石羊2个，颈部起断离，头部未发现；石马2个，头部有损；石碑2块，断成5块，但能拼对完整。石碑碑文清晰、完整，记载了张任为官期间的简介与升迁的诰命等。

顾村镇张任墓遗址出土文物一览表

序号	文物名称	件数	基本情况
1	石人	4	文官2座武将2座，文官较完整，武将头部断离，损件在，可修复。
2	石马	2	头部有损
3	石羊	2	无头
4	石碑	2	断裂成5块，碑文清晰、完整，能修复。
5	石龟	4	均无头
6	棺椁花岗石板	12	完整

3.【明】诰封尚宝司少卿须诔墓

鸟号四十五图木圩。

须诔墓志铭

殷 都

公讳诔，字惟厚，号怀南。曾大父升，大父琛，父凤。以嘉靖元年生。公先配王孺人①，前卒，生子长沐次瀹。继庐孺人，生进士之彦。公年七十，万历十九年二月，无疾而卒。合葬墓在苏姑滨。以子贵得如赠公礼，有荣施焉。公仪特魁岸，色毅而心慈。年十六，即为家督门户，内外种种，能当父意。岁为进士君延傅，里中有儿求附者，听其至，束脩②或代之行。客有以白金数大笏求质③，逾年不赎。或曰："此殆赝物④。"试之，烂然⑤锡也。公第笑曰："我乃为所绐⑥。"不责其赎。一日过负逋⑦家，壁下有草覆器，内蠕蠕动。顾问主者，俛不答⑧。公检阅之，三稚子⑨赤卧其中。公遽出还其券，不复问其母钱矣。出遇一人哭诸途，询之，知以布贸，其所酬直诈也，命左右如数给之。尝亡二牛⑩，谍者得之，即以一牛劳之。而里少得盗主名，胁以赂，不遂，则闻之官，公亦予其一。公为乡饮宾⑪，环而观者曰："吾见诸有司⑫岁再举，唯是举为得人耳。"迄今犹曰："所举得如须公否？"顷进士君与所亲陆应麟行求葬地，所至人迎谓曰："倘吾土而吉，愿以葬须公。"呜呼！斯公所以难也。铭曰：有隆者阡，土深气盎⑬。言偕故嫔，息于兹壤。树德务兹，食报不爽⑭。请视尔子，青云直上。里名广福，福兮方广。

【作者】

殷都，嘉定人，居大场，约明神宗万历中前后在世。文进士，明万历十七年（1589）课最，擢兵部职方员外，迁郎中。著有《尔雅斋集》《十笏斋稿》《尺牍》《筹边疏稿》《日本考略》，辑《酒史》等，总篇幅不少于80余卷。渊雅博通，诗文皆盛唐风范，与王世贞、李攀龙、汪道昆、吴国伦、屠隆、徐中行、宗臣、谢榛、江盈科，合称为"庆历十才子"。

【注解】

① 孺人：古代称大夫的妻子，明清为七品官的母亲或妻子的封号。亦通用为妇人的尊称。

② 束脩：古时学生拜师时奉赠的礼物。

③ 求质：请求做抵押。

④ 此殆赝物：这大概是假的物品。

⑤ 烂然：闪闪发亮的样子。

⑥ 我乃为所绐（dài）：我竟然被他欺骗了。

⑦ 负逋（bū）：拖欠；亦指拖欠的钱财。

⑧ 俛（fǔ）不答：低头不回答。俛，"俯"的异体字，屈身，低头。

⑨ 稺子：同"稚子"。幼子；小孩。

⑩ 尝亡二牛：曾经失去两头牛。

⑪ 乡饮宾：乡饮酒礼的宾介。乡饮酒礼举乡里处士之贤者为"宾"，次为"介"，又次为"众宾"。

⑫ 有司：泛指官吏。

⑬ 气盎：地气充盈。

⑭ 食报不爽：受报答或受报应不会有差错。

4.【明】尚宝司少卿须之彦墓

张号二十二图藏圩。

须之彦墓志铭

侯峒曾

公讳之彦，字君美，号日华。始祖政，浙江定海籍，仕宋兴国州知州。曾孙辕，赘于州倅①杨汉。汉本嘉定广福里人，政卒于官，辕随汉来，遂为里人，时宋开宝八年也。十七传至怀南公，为公父。公少有文名，万历甲午举于乡，戊戌登进士。初为浦江令，有吏才，改补桐乡。入为工部主事，榷关②荆州，皆以廉惠敏干有异绩。旋擢吏部仪曹郎。时显皇帝③春秋高，郑贵妃有宠，光宗为皇太子，未尝出讲。皇长孙年亦十六，不得册立。中外危疑，后先以储事诤者皆得罪。公在部时，凡请讲者四，请册立者亦四，皆公所视草，语至切直④，朝野韪之⑤。显皇帝崩，太子立，凡哭临劝请⑥诸大礼，多询于公，公卿皆以为能⑦。已而欲加礼郑贵妃，以先帝遗命尊为皇后，公始终持之不可。太子悟，贵妃由是不得后位。改光禄寺寺丞，升尚宝司少卿。逮⑧魏阉之盛，公以忤阉⑨落职。今上初立，阉败，诏还公冠带^⑩。崇祯三年，以疾卒于里第。生一子世徵，太学生。女五。孙男四。铭曰：须氏来徙，惟公再昌。于国用济，于家则康。其兴也勃，惟后之臧^⑪。吾表其藏，德音莫忘。

【作者】

侯峒曾（1591—1645），字豫瞻，江苏嘉定紫堤村（今属上海闵行区华漕镇）人，明代天启五年（1625）进士。雅好诗文，能书法，曾任浙江参政。弘光元年（清顺治二年，1645 年），嘉定民众起义抗清，与黄淳耀被推为首领，于闰六月十七日起兵守城，至七月四日城破，坚守十余日。城破后，与二子投叶池殉国。

【注解】

① 州倅（cuì）：州官的佐贰，即辅助州官的副官。

② 榷关：明清时朝廷设置的对过往关卡的船只、商品征税的一个专门机构。

③ 显皇帝：即明神宗朱翊钧。

④ 切直：恳切率直。

⑤ 韪（wěi）之：认为他做得对。

⑥ 哭临劝请：哭临，帝后死丧，集众定时举哀，泛称人死后集众举哀或至灵前吊祭。劝请，手执香花，口诵偈赞，请佛菩萨降临道场。

⑦ 皆以为能：都认为他有才能。

⑧ 逮：到。

⑨ 忤阉：冒犯阉党。

⑩ 冠带：比喻爵位官职；此处指官复原职。

⑪ 臧：褒奖；褒扬。

5.【明】进士王泰际墓

子霖汝、楫汝袝。杨泾东岸，隶宝山宙号三十九图藏圩，黄宫赞与坚撰志。

王泰际，字内三。其祖父王汴，字震峰，曾经出钱建石头桥十多处。万历戊申年是荒年，他就拿出粟米救济穷人，帮人家归还拖欠的赋税。上官为了表彰他，授予官职，王汴推辞说："我不想做官发财，让我的子孙自己立业。"王泰际在明朝崇祯癸未年考中进士。乙酉年五月南都陷落，他送信给黄淳耀，提出共同归隐的计划。淳耀在回信中认为："离开城镇到乡下，即使做不到埋没姓名，也不可以偷偷地隐居。如果遇到参加冠礼、婚事、丧事、祭祀时，可以穿深色衣服，用绸束着头发行礼，终身称自己前朝进士。一件事也不与州、县相关，和他们不通往来，忍饥就可以了。"泰际始终守着这宿约，隐居在自己故乡。他建造三间房屋，堂上写着"寿研"两字，自号"研存老人"。抚按相继请他出来做官，他辞而不应。康熙己卯年去世，终年 77 岁。知县陆清献作文祭他的墓，把他比作庞德公、陶靖节，学者称他为"贞宪先生"。他有儿王霖汝、王楫汝。王霖汝字公对，又字悲凡，崇祯己卯年考中举人。辛己、壬午年出现灾祸，有作乱的兆头，当事的实行保甲制度，王霖汝分别负责一部分，那些恶少就收敛了行迹。进入清朝后，王霖汝隐居山林，在南园读书，精通史学，擅长经世济民，治理国家。其性行淳朴，被乡里人推崇。楫汝的事迹见他的儿子《王晦传》。

6.【明】内阁中书须大进墓

在广福重号一图（今广福村境内）。

须大进，字用甫，号振潜，之彦从子。万历间任文华殿中书舍人，奉命往代州犒军，赐诰旋里。

7.【明】明嘉靖抗倭游击将军戴广墓

据《光绪宝山县志》卷13载:"游击戴广墓在刘行为号六十四图,东有修撰焦竑①撰铭。"戴广,明嘉靖己酉(1549年,嘉靖二十八年)武科进士,抗倭游击将军,江西饶州人氏。于嘉靖甲子年(1564年)建戴家宅。明万历乙酉年(1585年,万历十三年),戴广逝世,享年80岁。墓址在原戴家宅东半里,占地十多亩,葬戴家宅始祖戴广及其七代子孙,广植柏树俗称柏树坟。柏树和地面石件被侵华日军所毁,墓毁于上世纪五六十年代。

<h2 style="text-align:center">戴广墓志铭</h2>

焦　竑

嘉定戴少宾尧①,卜葬其父游击闻广公②。前期走都下③,排缵行实④,涕泣请铭。余以兄弟事少宾者逾二十年,于公实犹子。公之战功,例得书于史册。余旧曾载笔兰台⑤,又不敢以退废辞也。按:公讳广,字闻广,先世聚族休宁之隆阜里,为江左著姓⑥。国初,有元侍御玭者弃家隐吴会,同时如杨铁崖、顾金粟辈,皆与为友。留其幼子赘嘉定,遂为嘉定人,三传而族望⑦,綦大。南京光禄寺署正思宗、邑廪生鲤,公之王考与考也⑧。公生有异禀,身长七尺,力敌百人,读书击剑,无所不精诣其巅;又好与侠,少年游海内,恢奇傲岸之辈闻其风,不远数百里就之,于是有四方名。既补诸生,历举不第,弃而试武。嘉靖己酉,以第二人荐,亦非其好也。会江浙被倭,东南骚动,公从草间起⑨,就选将材,自效于锋镝之下⑩。金闾、上洋、崇沙、金山之战,皆躬冒矢石,不惜一死以赴敌。当事者虽器公,然仅给冠带参军,未予公官也。甲寅五月，南大司马张公经总督直隶六省军务，节制天下之半，有旨自辟参佐，不次用人，识公于行伍，顾谓金宪任环曰："此班定远、郭汾阳一辈人[11]，非久居人下者。"适青村柘林捷书至[12]，首列公名，乃授公柘林营守备。公又援剿于吴淞、孟堰、采淘港诸地，功皆最超。拜中营游击，题给诰命，荣于所生，奖其后效。公自是益惟知有国不知有身矣。乙卯春，倭再犯嘉兴，势甚猖獗。公偕参将卢镗大败之玉江泾口，俘级数百[13]，冲溺死者二千余，为用兵以来第一胜凯。张手书"汉家飞将"四字以宠之，方大用公，而赵文华疏诬张玩寇殃民[14]，逮张下诏狱[15]，公坐张党，削籍听勘。十月，张戮西市，公等咸遣有差[16]，虽以例锾而殊勋不可问矣。先是公家甚富，服官后多捐金以犒军士，斥其历世所藏之资。倭又愤公骁悍，常夜走广福，焚劫其家。公既进不能为朝廷立功名，退不能为子孙保庐舍，牢骚郁结于中，假笔墨以自见，筑室一区曰"学圃"，与名僧逸客问柳寻花，以消晚景，而乡里无知又从而慢易之[17]。故其诗曰："橄纵千言终是武，禄曾三品未为官。"英雄失路，良可悲也。公生平孝友恭让，诸大节美不胜书，而余略之非略也。略其庸行，特表其宏功也。他年国史得采一二，以征信于公[18]。余虽不文，用是可报命于仁人孝子之用心已。生卒、子女如状。铭曰：伟哉丈夫，亦将亦儒。赤手勘乱，奏凯献俘。谓宜锡爵，铁券丹符。谓宜肖像，云台画图[19]。相门矫旨，上将惨诛。公真幸免，天乎人乎？铭者旧史，俟采石渠[20]。鉴展先将军墓诗：

　　白日黯孤松，黄云迷断碣。墓门榛棘填，华表空嶙峋。

　　念我先将军，慷慨真人杰。少习经生言，步趋不屑屑。

胸罗黄石书，学剑千人绝。世庙丑寅间，倭寇争窥窃。
天子仰幄筹，谁歼东南孽。将军应诏来，阃外干戈列。
一自谦鹰扬，致身怀切切。况此边陲忧，岂敢安愚拙。
惟时卢参军，意气相顽颉。并辔提金戈，雄才经百折。
三军纪律森，一战死生决。将卒风云交，旌旗雷电掣。
曾无数月期，跳梁俱殄灭。谓宜带砺盟，书券申丹铁。
柄相修党嫌，酬功混优劣。制府罹惨诛，将军夺符节。
悲填壮士胸，泪洒孤臣血。解组赋归田，劲操凌霜雪。
李广叹数奇，麟阁图虚设。吁嗟青史存，载笔兰台缺。
空留身后名，如日中天揭。一抔马鬣封，三尺牛眠穴。
英雄骨已枯，千载愁还结。不才愧治裘，祖德从头说。
白杨何萧萧，苦雨何冽冽。酹酒忽断肠，再拜风凄咽。

大明万历乙酉　　翰林院修撰南京司业焦竑撰

（标点为编者所加）

【作者】

焦竑（1540—1620 年），字弱侯，号漪园、澹园。明神宗万历十七年（1589 年）会试北京，得中一甲第一名进士（状元），官翰林院修撰，后曾任南京司业。明代著名学者，著作甚丰，有《澹园集》（正、续编）和《焦氏笔乘》《焦氏类林》《国朝献徵录》《国史经籍志》《老子翼》《庄子翼》等。

【注解】

①戴少宾尧：戴广之子戴尧，字希圣，号少宾。

②卜葬：古代埋葬死者，先占卜以择吉祥之葬日与葬地，称为"卜葬"。后即为择时地安葬之代称。

③ 都下：京都。

④ 行实：行状，记述死者生平事迹的文章

⑤ 兰台：泛指宫廷收藏典籍的府库，喻指史官或史官机构。

⑥ 江左：地理名词，即江东。大致范围包括今苏南、皖南、浙北、赣东北。

⑦ 族望：有声望的名门大族。

⑧ 王考与考：祖父与父亲。

⑨ 草间：比喻乡野、民间。

⑩ 锋镝：刀刃和箭头，泛指兵器，此处比喻战争。

⑪ 班定远：班超，东汉时期著名军事家、外交家，官至西域都护，封定远侯，世称"班定远"。郭汾阳：唐代名将郭子仪的别称。

⑫ 柘林：今上海奉贤柘林镇，明代抗击倭寇的重要战场。

⑬ 俘级：战争中掳获的敌方人员及其已死者的首级。

⑭ 赵文华：明嘉靖朝右副都御史。玩寇：犹言消极抗敌。

⑮ 诏狱：九卿、郡守一级的二千石高官有罪，需皇帝下诏书始能系狱的案子，亦即由皇帝直接掌管的监狱，意为此监狱的罪犯都是由皇帝亲自下诏书定罪。

⑯ 戍遣：戍边、放逐。有差：不一，有区别。

⑰ 慢易：怠忽；轻慢。

⑱ 征信：验证其言为信实。

⑲ 云台：汉宫中高台名。汉明帝因追念前世功臣，图画邓禹等二十八将于南宫云台，后用以泛指纪念功臣名将之所。

⑳ 石渠：石渠、天禄、麒麟三阁是西汉皇家图书典藏与编校机构，后成为皇家藏书之别称。

8.【清】翰林院庶吉士王晦墓

杨泾东收号三十八图调圩。

王晦墓志铭

王 澍

嘉定知名之士,康熙年间官翰林者三人,而我族王氏居其二。惟我宗兄补亭公,文章品望,矜式士林,垂五十载,至壬辰登第,年六十有七矣。时圣祖仁皇帝加意用人,抡才维实①,特命新进士并入禁园②,临轩面试。公操笔立就,进呈称旨,即用御笔题识卷面,钦定名次,升居第四。馆选日,上谓侍臣曰:"此系老学,朕所知者。"遂点庶吉士③,入翰林。于是一时人士,莫不鼓舞圣明,而庆公遭逢之盛也。次年,公长子敬铭以进士第一人及第,胪传日④,公在词臣⑤班列,亲见其子膺龙头,魁多士。百尔⑥在廷,罔不欣羡,为古今罕觏之盛事。而公顾自维曰:"自今志业,可属诸我后之人矣。"遂决意告归。即于是岁十二月束装就道⑦,一时人士又莫不叹息称贤,而惜其怀抱未施也。公讳晦,字服尹,一字树百,自号补亭。始祖讳芬,居邑之六都。曾祖讳绳爵,生文学公讳泰阶,公嗣祖也;弟讳泰际,明崇祯癸未进士,公本生祖也。生三子,长讳霖汝,明崇祯己卯举人。次讳楫汝,国朝顺治辛卯举人,则公之考也。公天禀明敏,才性警绝。数岁,握笔辄洒洒不休⑧,为陆徵君翼王高弟子。年十六,补诸生,寻食饩⑨。于书无所不读,为文辞,体裁悉备。尤工俪体。其于诗,出入唐宋,兼有金元。晚年尤好眉山⑩,口诵手批,生面独开,当代名流咸推许之,以为不减香山、剑南⑪。生平诗文不下数千首，手自删定，共二十卷，藏于家。卒年七十有四。子四：长敬铭，癸巳科进士，翰林院修撰。次辅铭，岁贡生。次功铭，国学生，候选州同知。次思渠，国学生。自公之卒，长子敬铭即以墓石之铭相属。越二年，敬铭卒。辅铭等于苏孺人卒之明年癸丑月日，合葬于宝山县守信乡调字之原。余与公同宗兄弟，同年进士，又同馆选相善也，余忍不铭？铭曰：年逾古稀，庶几中寿⑫。晚遇蚤归⑬，立朝未久。伟画犹蕴，回省厥躬。名教乐地，艺苑宗工。笃尔行诣，密尔操持。有炜其文，肆好其诗。圭璋⑭特达，简在帝心。急流勇退，乐志山林。自兹老学，学焉终老。出处具宜，进退以道。犹蒙天眷，锡额齐年。令终高朗，视履其旋。后昆趾美⑮，展也大成。四夔承绪，一凤先鸣。绳绳⑯世世，齐其一德。余庆方退，视此勒石。

【作者】

王澍（1668—1743），字若林，号虚舟，亦自署二泉寓居，别号竹云，江苏金坛人，绩学工文，尤以书名。清康熙五十一年进士，入翰林，官至吏部员外郎。康熙时以善书，特命充五经篆文馆总裁官。其告归后益耽书，名播海内，摹古名拓殆遍，四体并工，于唐贤欧阳询、褚遂良两家，致力尤深。著有《淳化阁帖考正》《古今法帖考》《虚舟题跋》等，《篆书轴》于故宫博物院藏，传世书迹较多。

【注解】

① 抡才维实：以实际才能选拔人才。

② 禁园：帝王的园林。

③庶吉士：亦称庶常。明、清两朝时，翰林院内的短期职位，从通过科举考试中进士的人当中选择有潜质者担任，为皇帝近臣，负责起草诏书，有为皇帝讲解经籍等责，是为明内阁辅臣的重要来源之一。

④胪传日：传告皇帝诏旨的日子。

⑤词臣：旧指文学侍从之臣，如翰林之类。

⑥百尔：诸位，指在位者。

⑦束装就道：整好行装走上旅途。

⑧洒洒不休：形容文辞连绵不绝。

⑨食饩（xì）：明清时经考试取得廪生资格的生员享受廪膳补贴。

⑩眉山：宋代文学家苏轼的代称。苏轼为四川眉山人，故称。

⑪香山、剑南：香山，唐代文学家白居易的号；剑南，宋代文学家陆游，他的全部诗集命名为《剑南诗稿》。

⑫中寿：中等的年寿。古时说法不一，这里当指70岁以上。

⑬蚤归：蚤，通"早"。

⑭圭璋：两种贵重的玉制礼器，比喻高尚的品德。

⑮后昆趾美：子孙继承发扬前辈的事业和美德。

⑯绳绳（mǐn mǐn）：接连不断的样子。

9.【清】直隶唐县知县王恪墓

杨泾西牧号三十六图冈圩。

王恪，字愚千，又字蕙带，家住广福，父亲王梓（王梓系王泰际的季子），字凿林，是国子监生员，精于"周易"，经史百家，无不通晓。王恪随父亲迁居太仓，参加郡里和县里的考试，都得第一，学使许汝霖让他加入了嘉定学籍。他在康熙戊戌年考中进士，历任玉田、乐亭、大名县代理知县，调任唐县知县。在职期间，他修理学舍，编纂方志，清理军屯，兴修水利，后因母老辞官告归。曾受聘主持豫章书院，70岁时去世，唐县百姓立祠纪念他。王恪为人沉静朴实，不善辞令，引古成癖，诗文笔力清刚。

10.【清】翰林院修撰王敬铭墓

杨泾东洪号四十一图新阡。

王敬铭墓志铭

王 蓍

君讳敬铭，字丹思，号未岩，江南苏州府嘉定县人也。系出太原，与余同宗异派。自幼具宿慧，博通群籍，生平未尝以第二人自许。其文章醇雅洒脱，尤长于诗。始学义山①，后仿东坡，新丽中具流转之致。善书法，精画理，骨秀神清，直入宋元名家之室。又以其闲穷究释氏旨②，虽老禅和逊其深透。其制举业，则力摹熙甫③，博大精实，不屑时趋，用是久困场屋，而君守其初志不变也。乙酉春，圣祖仁皇帝南巡，君于吴江道中恭进诗画二册，奉旨供奉内廷书局。六年劳满议叙，当得官，君犹守初志不就。至癸巳，圣祖化成久道，万寿闭科，君于一岁中登贤书，捷南宫④，大魁天下。上尝谓侍臣曰："此是朕里边人，朕日教出来者。"於戏！天子门生，出自宸谕，预蒙培养，特授先登，岂非千古未有之隆恩盛遇乎哉！君可谓有志者事竟成矣。初，君之进册也，圣祖问知为先臣弟子，六法⑤皆所指授，即召先臣至行在，曰："汝家有如此一个人，何不蚤行⑥启奏？"即命先臣带入京师。回銮日，君外舅侍读学士臣孙致弥迎驾谢恩，上谓之曰："朕喜汝有如此佳婿也。"壬辰，庶常公成进士，上亲临轩遴选。庶常臣晦奏明履历，天颜有喜，顾谓侍臣曰："此即王敬铭之父也。"君在内廷供职九年，所进诗画，罔不称旨，迭被褒嘉，宠锡[7]视伦类有加。盖圣祖之眷注[8]于君者久矣，至是特授翰林院修撰。君本舍馆余家，故传胪之日，赐宴顺天府，大京兆具仪仗送归，即以余家为私第。居未几，赐宅一区，时人荣之。乙未，分校礼闱[9]，得士十人，皆一时誉髦[10]。是岁十月，暮痛遭先公之丧。丙申春，君请假归省，从水路舟行，遂兼送师丧南返。死生之处，于君犹见古风也。丁酉，奉命典江西试，公明特着。己亥，扈从避暑行在。圣祖垂问臣敬铭父母之年，敬铭谨以臣父母年皆七十有四对，因蒙特赐御书"齐年堂"匾额，盖异数也。未几，丁庶常公艰归里，而君亦旋病矣。以康熙六十年辛丑四月朔卒于里居丧次，享年五十有五。娶孙氏，翰林院侍读学士松坪女，有贤德，以艰嗣[11]故，屡脱簪珥置侧室[12]，举子[13]一元晟，太学生，妾徐氏出。女二。君没后十三年，元晟夫妇俱卒，以弟思渠予元嘉为嗣，娶范氏，生子念祖，为元晟后。既而元嘉又卒，妻范即不食，后六日亦卒。奉旨旌表节烈。越十九年，乾隆己未三月十四日庚申，葬君于宝山县守信乡西丽圩之原，元晟、元嘉祔[14]焉。家人预期来告窆[15]，且请志墓。铭曰：玉藏于璞，质裕珪璋。木生于野，林堪栋梁。弗度弗剖，莫窥抱负。亦既遇矣，光焕星斗。于惟君兮，遇主之知。陶成鼓舞，冠绝一时。以奉内廷，以魁多士。以列侍从，以备任使。帝眷方隆，臣心未竭。彩笔含辉，文星遽殒。廿年以来，悠悠我思。骐骥效驾，何止于斯。有俶既终，特书藏石。其才之优，其遇之特。圣祖之恩，覃深罔极[16]。于万斯年，子孙奕奕[17]。

【作者】

王蓍（1670—1755），字孝徵，号梅冶，江苏太仓人。清康熙丙戌（1706）进士，授编修，官至广东巡抚。性廉洁，不治生产，唯放情诗歌。居官30余年，所至有政声。诗文遒劲，兼善丹青。

【注解】

① 义山：唐朝诗人李商隐，字义山。

② 释氏旨：佛教的要义。

③ 熙甫：明代古文家归有光，字熙甫。

④ 捷南宫：考中进士的别称。

⑤ 六法：规、矩、权、衡、准、绳。

⑥ 蚤行：早行。

⑦ 宠锡：帝皇的恩赐。

⑧ 眷注：关注；眷念。

⑨ 礼闱：指古代科举考试之会试，因其为礼部主办，故称。

⑩ 誉髦：有名望的英杰之士。

⑪ 艰嗣：生育困难。

⑫ 侧室：妾，即偏房。

⑬ 举子：生育子女。

⑭ 祔（fù）：合葬。

⑮ 告窆（biǎn）：旧时以下葬日期讣告亲友。

⑯ 覃（tán）深罔极：又远又深，无边无际。

⑰ 奕奕：美好貌。

11.【清】诰封奉政大夫严州府同知王辅铭墓

杨泾东收号三十八图调圩。

由于儿子王元令做了官，被封严州府同知。《练音集补》七卷由王辅铭编辑。《四库全书提要》中说：明朝翟校选的嘉定人诗，定名为《练音集》，现王辅铭增补了其中遗缺的三十四人。原本上有姓名而没有诗的，又编辑加补了二十六人。按原本上各人的诗都注明了前后出处。王辅铭在编辑时，还采纳了其他书本上的记载加以增补，有错误的地方予以校正。

12.【清】敕赠文林郎、徐州府教授、晋阶奉直大夫王思渠墓

杨泾东宙号三十九图藏圩。

王思渠墓志铭

王鸣盛

　　君讳思渠，字载思，初名西铭。考庶常讳晦，居京师，思幼子甚，乃更焉。少勤读书，工举业。弱冠①后，考入词馆。明年，伯兄又以进士第一人授修撰，家门鼎盛。君键户不干令长②，约饬③僮奴，毋俾恣横④。当是时，君锐欲由科目起，得鬲上气疾，不能进谷，进谷辄呕哕，饮醇酒代饭，坐是不耐场屋苦，不复应举，遵例入国子监。庶常父子⑤通籍不数年，相继卒，门户中落。殿撰⑥无后嗣，兄先出后它房叔兄，亦无子，例应以君长子元嘉后殿撰，次子元金后叔兄。流俗为后，皆觊财产，非为宗祧⑦计。殿撰没，室如县磬⑧。叔兄没，囊橐⑨悉为人攫取。两子徒有出继名，但空舍二区，与三世未葬柩累累然在尘幪中。君于其间，虽以艰苦，又得末疾未⑩竟学，然营两世殡葬，置冢嗣，御祲岁，障外侮，赤手撑拄⑪，厥维艰哉！盖绍先裕后⑫，王氏不可少之人也。娶时氏，康熙壬午举人玘受女，与君济艰共苦，有难殚述⑬

者。吁嗟乎！自宋左朝请大夫彦光公以后，予祖荣甫、君祖彬甫析为两大支，世泽虽远，未大光显，不得比陆氏之自吴至唐、范氏之自宋至今。今则荣甫公后惟予稍有闻于时，彬甫后元勋亦得成名，余为铭，能不觏缕[14]两家系绪以着于时，俾后人观之，有所感而思奋哉！君年至六十八，孺人七十二，又有令子，君夫妇可以无憾于九京[15]矣。乾隆二十七年月日，合葬于介山东谭家湾，刻石瘗诸圹[16]前。铭曰：蚤连炽昌[17]，中遭重丧，其亡其亡。为子为弟，内扞外弴，贞疾不死。健妇持门，才子象贤[18]，出险获安。藏君之枢，配衬其右，庶启尔后。

【作者】

王鸣盛（1722—1798），字凤喈，一字礼堂，别字西庄，晚号西江，江苏嘉定（属今上海市）人。官至侍读学士、内阁学士兼礼部侍郎、光禄寺卿。为清史学家、经学家、考据学家。以汉学考证方法治史，为"吴派"考据学大师。著述宏富，撰《十七史商榷》百卷，系传世之作，另有《耕养斋诗文集》《西沚居士集》等。

【注解】

① 弱冠：古代男子20岁行冠礼，表示已经成人，但体还未壮，所以称作弱冠，后泛指男子20左右的年纪。

② 键户不干令长：关闭门户不干涉政事。令长，秦汉时治万户以上县者为令，不足万户者为长，后泛指县令。

③ 约饬（chì）：约束诫饬。

④ 毋俾恣横：不让他们放纵专横。

⑤ 庶常父子：王晦、王敬铭父子。

⑥ 殿撰：状元的通称。此处指王敬铭。

⑦ 宗祧（tiāo）：家族世系。

⑧ 室如县磬：屋里像挂着的石磬一样。形容家贫如洗，一无所有。县，通"悬"。

⑨ 囊橐（tuó）：财物。

⑩ 末疾：四肢的疾患。

⑪ 搘（zhī）拄：支撑。

⑫ 绍先裕后：继承前业，遗惠后代。

⑬ 殚述：详尽叙述。

⑭ 觏（luó）缕：详尽叙述事情的原委。

⑮ 九京：地下；九泉。

⑯ 瘗（yì）诸圹（kuàng）前：把它掩埋在坟墓前。

⑰ 炽（chì）昌：昌盛。

⑱ 象贤：能效法先人的贤德。

13.【清】广西太平府知府印光任墓

杨泾东岸为号二图天圩。

印光任（1691—1758），清廷官员。字黻昌，号炳岩，江南宝山人。清雍正四年（1726），清世宗下诏天下督抚，各举孝廉方正之士。江苏布政使张坦麟推荐宝山廪生印光任应诏，印被授予六品顶戴，经由吏部考察使用，被荐为广东地方官，历任石城、广宁、高要、东莞等地知县。其办事豪爽，志存高远，屡建功绩，颇有政声，尤长于经办中外交涉事件。1746 年调任南澳同知，后升任广西庆远及太平两府知府，因事去职，晚年归乡家居，生活萧然，常一人独自散步田野。著有《澳门纪略》《炳岩诗文集》《翊蕲编》《补亭集话》《雨吟碎琴草》《铁城唱和》等，今存者唯《澳门纪略》。

14.【清】副贡须孔经墓

广福藏号三图昌圩。

须孔经，字修文元，居广福，清朝乾隆年间贡生。著有《天门游草》《芝田吟稿》等。

15.【清】寿山坟

在广福为三十五图发圩（今广福村境内），宋代桂林宣抚使朱存仁墓，呼为寿山坟（因朱氏家谱中的寿山宗祠得名）。墓前植银杏一枝。《嘉定县志》载："朱存仁，字德甫，嘉定人。仕至桂林宣抚使。操履端严，以忠义自矢。时国势日危，忧愤成疾，卒。遗表有云：食君之禄，不及安君之国，死有余愧。原为厉鬼杀贼，报君恩于地下。又戒子孙不得轻仕，以重我罪云。"

16. 义冢

天号义冢属广福者在六图宙圩（今归王村境内），计地一亩六分七厘三毫。这些义冢（即野坟），主要葬埋无告乡民及客商店伙的尸骨。不少墓主尸体尚未腐烂，衣冠鲜艳。墓中有些文物被收藏于市博物馆。

第三章 乡贤闻人

一、古代名流

1. 选举志

进 士

明、清时期，家住、墓葬或入赘在广福地区的进士计13人，如明朝的张任、张其廉、须之彦、须之奇、戴广、戴冕、王泰际，清朝的王恪、王晦、王敬铭、王元勋、王元令、王进祖等。

【明】**戴冕**，字宸正。祖某，休宁人，赘广福。宏治①壬戌科康海榜。历仕至礼部员外郎，仪制司。见《戴氏谱》。②

关于戴冕参加会试时的籍贯问题，光绪《嘉定县志》"选举志"之"科贡表"这样记载："（戴冕）河南洛卫籍，顺天中式（试）。旧志作宛平籍，兹遵太学题名碑。"这是有问题的。笔者查《明清进士题名碑录索引》，发现明代姓名为戴冕的进士有两位。其一为明弘治九年（1496年）进士，以顺天府宛平籍中式，匠籍，南直隶嘉定县人；另一位戴冕在嘉靖三十二年（1553年）中式，河南洛阳卫籍，军籍。从中式时间来看，两人相差50余年。民国《宛平县志》卷五之"进士"，也说戴冕为弘治丙辰③科进士。显然，光绪《嘉定县志》是误读了进士题名碑而导致误载。《石冈广福合

---

① "宏治"即"弘治"，中国古代文化"避讳"的一个典型例子。
② 戴冕字宸正，祖籍安徽休宁，其祖父，名不详，入赘于嘉定县广福镇。明孝宗弘治十五年（1502年）壬戌科康海榜进士。官至礼部仪制司员外郎。出于《戴氏谱》。
③ 弘治九年丙辰科（1496年）。

志》卷二"选举考"："戴冕，弘治乙卯科①，由宛平籍中式。《登科录》注嘉定人。"这是符合历史记载的。戴冕祖籍安徽休宁，其祖父，名不详，因赘于嘉定县广福镇戴氏，而在嘉定县定居。《石冈广福合志》卷二"选举考"之"举人"："戴义，字以方。父某，赘广福。永乐甲午科由昆山籍中式。历仕山西汾阳教谕、蜀府长史。"光绪《昆新两县续修合志》卷十八"选举表"载："戴义，字以方，汾水训导。"据上述史料，似乎可以推想，戴义是否为戴冕之父亲或叔伯，只是因为暂无直接史料证据，无法确认。康熙《嘉定县志》与乾隆《嘉定县志》等志书并无戴义的记录，光绪《嘉定县志》据《石冈广福合志》将戴义增列进"选举志"。

戴冕的兄长戴冠，是当时知名的文学家。戴冠考取诸生功名时，上报的籍贯是长洲籍。兄弟两人，却分别以与自己居住地和祖籍不同的两种籍贯参加科举考试，或许与戴氏原来的徽商身份有关。戴冠博学多识，潜心致志于古学和古文，受到巡抚王恕的推重。戴冠后以岁贡生任山阴县训导。戴冠的生平事迹，光绪《嘉定县志》有详细记载。

戴冕进士及第后的宦迹生涯，由于史料的缺乏，已经无法知其详请。光绪《嘉定县志》说戴冕后任"仪制司郎中，掌制诰，入直文渊阁"。就是说，戴冕中式后，入值宫中，开始了为皇帝草撰诏旨的朝官生活。

【明】张任（石人石马墓主），字希尹，又字瀛峰，嘉靖丁未年（1547 年）②考中进士，授职都水主事。他在淮南督造漕运船只，用心考核文书簿册，严查狡诈积弊和挂名吃空的人。三年间，积累羡金八万多两，擢升为员外郎，出任大名通判，嘉兴同知。当倭寇侵

---

① 弘治乙卯科（1495 年），也就是弘治八年中举人。
② 1547 年是丁未年（羊年），明世宗嘉靖二十六年。

入境内扰掠时，他协同知府防御有方，百姓得以安定，被升为袁州知府。时分宜^①严嵩家人，素来横行不法，张任把他们一伙全捉来依法惩处。他调任严州，有一个督盐使，是某高官的亲戚，那人每到一地，责令供给，索取无度。那人经过严州时，告诫其伙伴速速离境，不要去冒犯张任。张任治事与海令齐名，海令就是海瑞，当时海瑞是淳安知县。张任后来做贵州参政，升任陕西按察使。他听到父亲有病就弃官归家。万历帝即位时，起用他为浙江右布政，转任山西左布政，提升为右副都御史。巡抚广西，属境内苦于旱灾，张任请求免租救济。又请求征剿十寨中为害人民的诸蛮。张任与总督分路进兵，相持三个月，利用除夕挑选了壮士 500 人，每人授与一墨，乘夜进入寨中，用墨将自己的脸涂黑，于是就拣白脸的人杀掉。一夜之间，平定了十寨。捷报传入宫中，朝廷飞书嘉奖。张任又上疏陈述善后事七件：一、设屯军三处，用以加强镇压；二、屯与屯之隔为三里，用以相互策应；三、划分防地，用以明确他们的责任；四、晋升军级，用以振奋军威；五、分给屯田，用以表示优恤；六、开筑道路，用以畅通险阻；七、妥筹粮饷，用以充裕经费。以上七事，均被采纳。张任在万历庚辰年死于官职，终年 57 岁。朝廷赐祭葬，追封他为兵部左侍郎，并且恩荫^②他的儿子张其廉入国子监（张其廉，万历乙未年考中进士，受职武学教授）。张任的住宅有两处：一处在南翔镇南街，中有承庆堂、嘉庆堂、具庆堂等，是张任的曾祖张清所造；一处在城隍祠的东面，是张任做知府时所造，后来归于须之彦，现在改为杨忠惠侯祠。

【明】须之彦，字君美，号日华，万历戊戌进^③士。他历任淳

---

① 今江西新余市分宜县。
② 恩荫是指因上辈有功而给予下辈入学任官的待遇。
③ 明神宗万历二十六年 (1598 年)。

安、浦江、桐乡知县，所到之处，核实了隐瞒的田产，清理了拖欠的田赋，治理了久积的案件。其后被提升为京卫武学教授，国子监博士，升任都水司主事，驻在荆州关；又改任仪制司，升员外，代理郎中。当时皇太子辍学已久，须子彦上疏奏明："皇上的福体，一年大似一年；皇太子正在长知识的年龄，一天天耽误下去。太子不接触士大夫而与宦官、宫女混在一起，不思谋治国之事，而迷恋声色财物，恐怕一时要想上进，仍不免为习惯所囿。"疏上后，没有下文。后来神宗死了，侍郎孙如游传出皇太子的旨意，说神宗留下遗言，尊封郑贵妃为皇后。须子彦坚持说不可，上疏说："先帝怜惜皇贵妃的功绩，无须用名位称号来表达；陛下体现先帝的心，也不在授予名位这些小事上。"此议才平息。又在指责南户部照例借印这件事上，他说："国家经费困绌，不得已而开捐纳之事，给史胥们以贪污的机会。"因而定了个"吏户二部对簿法"。他还说，皇族的俸禄日益繁多，百姓的贫困日益加剧，为了养活皇族而派捐税于民，则有官逼民反的可能，为了百姓而任其拖延缴纳，那是违背了"行苇"①"角弓"②的义理。皇族的困难应该重视，百姓的困难更应该重视。须子彦所上四件事，都是确凿可行的。光宗（年号泰昌）即位时，他被任为光禄寺丞，升为尚宝少卿，后因触犯了魏忠贤而被削职。崇祯初年，给他恢复了原职。他辞职后，死于庚午年，终年79岁。立牌位于浦江、桐乡"名宦祠"，名字列于《浙江通志·名宦传》。

附：须敬甫重修《须氏世谱》

侯参政尧封序：须氏望吾嘉久矣，其俗繁衍，其人纯孝，世富

---

① 《毛诗序》云："《行苇》，忠厚也。周家忠厚，仁及草木，故能内睦九族，外尊事黄耇，养老乞言，以成其福禄焉。"
② 角弓，此处寓意：自身行为合乎礼仪，才能引导民众相亲为善。

而好礼，恂恂然有葛天氏之遗风焉。予未缔姻时，从予游者几什之半，知之最稔，而曾为之序其谱。由今追忆，倏又四十祀矣。庠友敬甫重修世谱，以前序俱委蠹鱼，属予续序。予年七十有八，潦倒眊荒，漫笔数语，用志感慨，以祈塞责云尔。

【清】**王元勋**，字叔华，又字易圃。王思渠之子，家住广福。他九岁能写《万寿菊赋》，长大后以写诗闻名于大江南北，列为"江左十子"之一。他生性不慕名利，孝顺父母，友爱兄弟。兴化任大椿认为他是"道学、词章，合而为一"的学者。清朝乾隆戊戌年他考中进士，被任为徐州府教授，曾协助官吏调查灾情，散发救济物资，捕杀蝗虫，用尽心思；又受命往沛县察看太行堤，五更天堤岸受冲溃塌，他调集船只，拯救溺水的人，被救活的人很多。后来他在西平养老，死时80岁。其儿子王述祖、王进祖。王述祖，字怀之，又字玉甫，是国子生，被任为兵马司吏目。其擅长书法，尤其善于写隶书，嘉庆己巳年参加编写《嘉定县志》。王进祖另有传。王述祖的儿子王用誉，字鹭客，又字士美。道光甲午年，录取为副贡，被任为兵马司副指挥。作画善于点染，所作篆刻，也很古茂。

【清】**王进祖**，字宾之，又字云夫，家住广福。他是清朝乾隆癸丑年的进士，被任为黄梅知县，因父母年老，就近改任西平知县。因父死回家守丧，满服后仍回黄梅县。他在任惜念狱因，不轻易鞭笞。先后任孝感县、施南县知县，所到之处，以仁爱为百姓所称颂。他在黄梅当知县时，有一个大绅士与一个生员结讼。大绅士的凶仆仗势鼓噪堂上，王进祖杖打悍仆，而为生员辩护，但被巨绅所中伤，因而罢官。

举 人

【明】**戴义**，字以方。父某，赘广福。永乐甲午科^①由昆山籍中式。历仕山西汾阳教谕、蜀府长史。

【明】**卢坦**，正统甲子科^②。居广福，见《卢氏宗谱》。

【清】**侯守仁**，字丕承，号勖斋。乾隆戊申科^③。居广福南里，宝山籍。

贡 生

【明】**须大立**，字中孺，隆庆丁卯^④例贡，广福人。

【清】**须孔经**，乾隆癸酉科顺天副贡。有传。

武 科

【明】**戴广**，字闻广，由诸生中嘉靖己酉武科第二，家故饶。时倭富寇海上，应募入军，散赀犒士。从总兵俞大猷，同知任环击倭。所至先登，总督张经题授柘林守备。又败倭于吴淞，擢游击。从参将卢镗，败倭于嘉兴。会赵文华视师江浙，诬经靦寇殃民，论辟。所属皆削籍。广既归，四十三年，年六十，逢甲子，广建宅筑室，曰学圃。时赋诗以写牢落。年虽老，犹挽强驰马不衰。卒万历乙酉，年八十。祀柘林崇功祠。戴广著有《征倭实记》《学圃诗草》，明《练音续集》录其诗《寒夜军中作》《留耕堂落成》。戴广之子戴尧，字希圣，号少宾，诸生博学砥行，殁后私谥"孝简"。

---

① 明永乐十二年（1414 年）。
② 明英宗正统九年，即公元 1444 年，甲子。
③ 乾隆五十三年，戊申（1788 年）。
④ 明朝隆庆丁卯科（1567 年）。

戴广之弟戴庚，明画家，戴庚之画作未见传世，明《练音续集》卷三录有其诗《晓登北固山》。

戴广，为嘉靖中三吴武弁第一，擅射，曰飞将。同里钱三持，少时从其击刺论习射。后钱氏万历癸巳东征御倭，功至参戎。归于乡，晚辈高颖投门下，终出《射学》正宗于鼎革之际，传于东瀛，终成日本弓道本源。

戴庚《练水画征录》第四篇："戴庚，嘉定县人，明代著名画家，并以文学名于时"。程庭鹭《练水画征录》引《练音续集》卷三："戴庚，字亦陶，游击戴广之弟。明隆庆时，由诸生补藩邸伴读。好古，工绘事，以文学知名。"（藩邸，即亲王、郡王的宅第。伴读即教职。）

【明】**张其廉**，张任之子，字伯隅，明万历乙未[①]年考中进士，受职武学教授，升为国子监助教。又选拔为车驾司主事，掌南北驿传，兼理环卫马政，所任各职，皆有能称。庚子年，他任为湖广典试，有个查税太监请求列名于《名序录》，他坚决不同意。他又转任仪制主事，遇到荆藩妃子冒乞名封，其认为不可，但力争未有结果，于是称病改任南文选司，死于任内。

张其廉为官廉洁谨慎，不做限异之事，对于是非曲直，亦不肯随便同意他人。年轻时就负有文名，诗亦卓然，可以传世。

他的孙子张景韶，字公绍，由祖与的功绩受荫，受职为南太仆典薄。历任光禄寺署正、刑部山西司主事、山东司员外郎。升为云南司郎中，断狱恰当，他平反冤枉案件很多。崇祯癸酉年因公事牵连被下狱问罪，久之释放归乡，对嘉定漕粮永折[②]一事，他出力甚多。

---

① 万历二十三年(1595年)乙未科。

② 嘉定盛产棉花，用棉花到别处换粮食需要缴高额税，这就加重了百姓的负担。为了替百姓争取用银两替代皇粮，进行税制改革，当地志士仁人和地方官员不断上书，终于在崇祯十五年（1642年）和康熙二十七年（1688年），皇帝两次下诏书"永折漕粮"。

【明】须之奇，字君常，号日葵，之彦从弟。明天启辛酉科 [①] 举人，壬戌 [②] 科进士。

须之奇本为文秀才，因臂力过人，武艺出众，转应武科。天启元年（1621）中举人，次年成进士，选任兴泉道守备。当时，郑芝龙盘踞台湾，时常登岸劫掠。天启七年（1627）二月，郑兵再次入寇，兴泉道总兵与道台双双被围，身陷险境。之奇整兵出救，有队长王汝胜不奉命令，蛊惑军心，之奇果断将其斩杀，官兵遂奋勇杀敌，大破郑兵，总兵和道员也被救出重围。

须之奇虽有勇略，但生性倨傲，不善逢迎，与巡抚熊文灿、推官赵继鼎素有嫌隙。恰巧，王汝胜之子因记恨父亲被杀状告须之奇，熊、赵二人公报私仇，不但不念须之奇退敌解围之功，反而以擅杀军弁罪将其判以极刑。闽中士民屡次代为上诉，但因熊一手遮天，最终身陷囹圄，含冤莫白。

关于须之奇的人生结局，光绪《嘉定县志》卷二十《武功》中说："逸去，不知所终。"同书卷三十二《轶事》中更详细叙述了其逃脱的经过："家人以僧衣、度牒递狱中，之奇题诗云：'千里送僧衣，云山归路迷。樊笼自可脱，不待杜鹃啼。'掷还不受。与狱卒痛饮，乘间逸。"而嘉庆年间纂修的《石冈广福合志》卷二《贤达》中却说："闽绅士代诉，不得白，并连兄某下狱死。妻子流落闽中，未曾回籍。"二书所记大相径庭，孰是孰非尚不敢轻断，有待进一步考证。

杂　进

【宋】杨汉，开宝中兴国州州倅，广福里人，《见凝香阁文集》。

---

① 明天启元年辛酉科（1621 年）.
② 天启二年（1622 年）壬戌科。

【明】戴思宗，字因之，广福里人，弘治^①间南京光禄寺署正。

【明】须大进，字用甫，号振潜，之彦从子。万历间^②任文华殿中书舍人，奉命往代州犒军，赐诰旋里。

【明】须永，字伯简，号言百，之彦侄孙。万历年间由太学生任浙江山阴县县丞，擢杭州卫经历。

【清】彭大绅，字书箴，居广福（现正义村彭家宅），监生直隶候补县丞。

封　赠
【明】须治，字少潜，万历间以子大进赠儒林朗，光禄寺丞。

乡　饮
【明】须大钦，字君甫，之彦侄，万历中举乡饮。

2. 人物志

贤　达
【明】李重，字威甫，又字立斋，居广福。他出身农家，而不习农业操作；唯独喜欢学习，且过目不忘。人们拿少见的深奥冷僻而有含义的词语向他请教，李重立即说出于某书某卷，清楚分明，丝毫不错。嘉靖甲午年他考中举人，担任浙江长兴教谕，后提升为直隶省深泽知县。他虽然缺乏处理政务的才干，却能保持廉洁的品

---

① 弘治为明孝宗朱祐樘的年号，使用年代为公元 1488 年至 1505 年，前后共 18 年。
② 万历（1573 年 9 月 4 日 — 1620 年 8 月 18 日）是明神宗朱翊钧的年号。

行，每日与入学的生员研究学问，讨论经、史。

民间有个善于烧炼丹药、点化金银法术的方士，一个豪绅的公子向他要那方子，方士不给，豪绅公子诬陷他为大盗。李重经查访后，释放了方士。李重离任时，方士追送到五十里外，并把他的秘方献给李重。李重说："你因为方子而招来祸害，怎么能再用这张方子害我子孙呢？"李重把方子烧了，而后离去。在长兴"名宦祠"中有李重的牌位。《太仓州志》按赵酉《宝山志》：李重，真如人。而嘉定程《志》载居广福，必有所据，姑存之以俟考。

【清】**卢锦芳**，字味羹，居广福，光绪年间（1892年）任厂董，迨乡自治成立，继任乡董，创办乡立小学校，任事20余年，劳怨不辞，卒年52岁。

【清】**彭俊球**，字鸣甫，居广福，幼聪慧，性恬退，读书别有会心，壮年曾入山东幕府，改革后任县议会议长等自治职，擅绘事，卒年68岁。

孝 义

【明】**王泾**，字清之，住在孝女里。父亲王练生了毒疮，王泾割自己的股肉治好了父亲的病。到嘉靖年间，官府表彰了他。他的孙子王泰亨、王泰贞都因割股疗亲而闻名。

【明】**须諴**，字惟厚，号怀南，世居广福里。笃于友爱，处骨肉间，务以念忍相化，终身不言析箸。居乡尤多长者之行，人咸感其德。没，祀乡贤。

须諴兄弟俩一直没有分家，赡养寡居的姐姐，并抚育孤甥。他在一个冬季路过一户欠他债的人家，见一个小孩赤身卧在柴草中，他就立刻退还了那户人家的债券。有一次出门，须谠在路上见到一个人在哭泣，说是卖布得到了假的银子，须谠就把自己的银子给他。遇到有人拿了假银向他换钱时，他随手收下置之不问，换给对方真银子。他的儿子须瀹，字伯通，在折算漕银这件事上出过力。天启间以子之彦赠尚宝司少卿。

【明】**郭山**，字体仁，又字仁仲，居广福，嘉靖乙酉年举人。他的父亲性格暴躁，喜食佳肴，稍不满意，就要推翻桌子，折断筷子。郭山尽力为父亲张罗，经常送上他爱吃的。郭山的妻儿只能在门外听候，吃罢见无事，才敢入内拜见相庆。

郭山受任同安知县，这个县的百姓苦于赋役轻重不均，他根据经费，依照田亩的好坏，确定赋役徭役，为贫民所欢迎。此县是内外货物船只聚集的口岸，除专卖税之外，他把其余浮费一概革除。郭山因父丧离任，当地父老挽留他而未成，于是就集资赠送他，作为盘缠和礼物，却被郭山婉言谢绝。服丧满后，他不再做官，说："以前做官，是为父母，如今再为什么？"《同安县志》《泉州府志》的《名宦志》中都为他立了传。

【明】**须瀹**，字伯通，号守斋，之彦胞兄。万历二十一年，会邑侯王福征议吁请永折，令原呈瞿仁子谦至京，谦病，举徐行、须瀹等，资以行。先揭本邑绅李先芳，遂疏于通司，通司有难色。瀹与本邑人听事掾黄世能（即陶淹祖）。具言未折前粮欠，既折以后粮完，自此永折，断无不完而欠之理。户部复奏依议。时有责令苞苴不至者，瀹出百金以偿。李公轮日，署批到部，即发本处抚按举行，将原呈人瞿仁、吴应麟，原奏人徐行、须瀹等，会同会勘，系及时完纳起解。抚按咨科部复奏，遂得永折。

【明】须大任，字胜甫，号华松，之彦犹子①。敏干有才能。天启四年，邑奉部议暂兑漕一年。在籍之彦等已叩请上台，时大任为粮长，率朱爆、张炯、封完等流涕直陈徐按台吉允奏。会权珰用事，至京必得其人，同事咸推大任。在京少司寇归子顾、给事中陆文献、侯震阳、职方孙元化、仪曹徐元嘏见赍疏至，共诣首揆顾公、大司农李公，言邑中无米必不能之故。旋奏旨照前折漕。山西司王仪、本部漕郎胡士容即回咨督抚，随令须大任具张署篆禀揭，使无异喙，而复漕之议始寝。

【清】戴亮，字采臣，家居广福。他是游击将军戴广的四世孙，很小就能背诵《通鉴纲目》，13岁录取为府学生。他生性十分孝顺，母亲死后，塑了遗像供奉，一日三餐，供饭时必哭。王道通、黄淳耀是他的老师。王道通死后，戴亮经办他的丧事，周济他的后代；黄淳耀为国身死，他冒着危险去料理丧事。他曾游学齐、鲁、楚、越等地，和钱禧一同担任学官，主持考试。康熙甲寅年，他寄居京城，吏部侍郎海宁陈凯永推荐他到边疆去做官，他推辞。康熙壬戌年时，当地推选他为乡饮宾，他辞谢不就。他死时66岁，有子戴鉴。

【清】戴鉴，字冰揆，号南邨，国子监学生，经考试授州同官职。康熙戊辰年，因呼吁免除当地水道运粮而被捕。判词中牵连到他的朋友孙致弥，于是戴鉴说：致弥和我通信，是对同乡人的关切，我绝对不会因自己的案件而连累他的。很长时间以后，戴鉴才得以释放。他的儿子戴范祁，字伊初，也是国子监学生。另一儿子戴范云，字机又，兄弟俩都能写诗。

---

① 犹子，谓如同儿子，指侄子或侄女。

文 学

【明】**戴冠**，字章甫，祖上是休宁人，由于被广福人家招赘为女婿，就此在这里落户而住。戴冠以长洲籍录取为县学生员。他学识渊博，一心钻研古文词。巡抚王恕很器重他。弘治年间他考中岁贡，到京城去参加复试。王恕正好负责选拔官吏，戴冠写了十条时论，提出他对于兴革政治的见解，被任为山阴训导。他为人自信，性格刚直。做县学生员时，有一个督学御史绍兴人某某，以为自己在文学上有造诣而自负。戴冠偶然说起他的文章有某些缺点或错误，御史怀恨在心，想贬退他，但没有成功。其后在官场相逢，那人仍记前恨，彼此争执，不能相让。没有多久，御史病死，他家里的人更加怀恨戴冠，戴冠就辞官归家，死时年 71 岁。

【清】**须孔经**，字修六，号芝田，广福人。少负隽才，未弱冠，即饩宝庠。入都，中乾隆癸酉顺天副车。云岩阿公招致之，训其甥永庆。寻丁外艰归。性刚，敦气节，议论风生，证据今古，不为人下，卒以此贾祸下狱，拟城旦^①，旋逢恩释。游楚中，时金山沈光麓观察湖北，延掌天门书院。复入京师，卒于天津寓舍。诗宗剑南，书学米颠，尺函寸蹄，人争什袭。子肇彬，诸生，工帖括、骈体、诗文，屡应京兆试，未第而卒。

【清】**金行模**，字舜陶，号丹亭，住广福北里。绩学攻苦，晨夕不休。制举义乔皇典丽，于国初史逸裘为近。州尊宋公楚望拔取冠军，谓非池中物也，补诸生，即饩于庠。寻中乾隆乙酉经魁，再上公车不第。侄忠照，邑庠生，善饮能文，蚤卒。

【清】**费葵**，号沧州，广福北里人，工帖括，补邑庠生。越明

---

① 城旦，原为秦汉时的一种刑罚名，这里指流放或徒刑。

年，食饩，试辄高等。为人仪度整饬，而性豪爽，具辩才，议论今古，莫能难也。性喜舆地诸书，手辑《两汉舆地考》。嘉庆丙辰贡成均。葺尊古阁，日坐其中，丹黄甲乙，兼课二子。寻卒，年五十有五。

【清】**王敬铭**，字丹思，又字末岩，诗文最初模仿李商隐，后来学习苏东坡，并仿李长吉。他向王原祁学习书法，写得神清骨秀。康熙丁亥年迎銮驾时，他呈献书法，受到赞赏，诏谕入侍畅春园，充任武英殿纂修，书成，议叙官职，辞却。癸巳年，参加乡试、会试，连考连中，成为进士一甲第一。皇帝召见后，对大臣们说："王敬铭久在内廷供职，他是我亲手培养出来的。"被任为修撰，赠予宅第一处。乙未年，担任了礼部考试的分考官。丁酉年任江西典试。己亥年，跟随皇帝去热河行宫，皇帝问他父亲年纪，敬铭答以父母年纪都已74岁，皇帝书写"齐年堂"匾额赠送给他。庚子年，因父丧而归。一年后，王敬铭亦去世，终年54岁。

隐 逸

【明】**王汴**，字安渠，号震峰，居六都（广福）。仪表鹤立，年十八，即出任漕兑，以亮直定军卒之哗。生平有大度，喜济人危，凡排解济赈事，指不胜屈，邑侯韩临淄辈悉皆敬礼。受檄丈田亩，人不敢干以私。漕兑永折，汴偕耆老力恳上官，得请于朝，为嘉邑永赖。父铼曾建东道石梁二十余处汴更广其志，孔道飞虹，皆独力承任。晚年焚借券累尺。万历间岁饥，捐粟为一邑倡，上官旌之冠带，力辞不受。子绳爵。

【清】**须鼎**，字尔新，居广福，布衣。业轩岐，负豪气，善铁笛，嗜酒，亦工于诗。

【清】**戴范云**，字机又，布衣。性嗜书，先贤著述。累抄成帙，一时名士如张云章、张鹏翀皆乐与之游。晚年侨寓于城。祖父戴亮家居广福，戴亮系戴广的四世孙。

流 寓

【元】**卢棠**，字中璜，号慕陶，浙江人。顺帝至正元年诏复科举，棠与兄裳、弟掌以对策同登进士，棠授翰林院国史编修官，与杨瑀、范汇并称。忤时相，左迁知嘉定州。莅任未几，时政非日，慨然慕晋陶元亮风，访诸野老，得州城东南杨泾，遂谢任隐焉。子三，振、迥俱家浙江，惟季子综侍养。今杨泾左右卢氏，皆其裔也。

【明】**归子顾**，字春阳，有光族子。恬淡寡欲，官谏垣时，神宗呼为归佛子。以疾乞休，诏加刑部侍郎致仕。及归，无屋以居，广福玺卿须之彦以数椽居之。客至，麦饭葱汁，坐论文史，充如也。闲惟著书自娱而已。

烈 女

【元】**杨九娘**，居杨泾侧。性至孝，父命夜守桔槔，苦为蚊啮，不易其处，竟以羸死。里人伤而祀之，其地方广数里，绝无蚊害。它所当暑夕，辄书九娘于壁以御蚊，其神异如此。

【明】**严氏**，广福须大英妻。23岁，夫亡，孝事舅姑，抚育两子，守节至72岁殁。

【明】**卢氏**，广福须讲妻。21岁夫死，值倭乱岁祲，艰辛备尝。

孝养舅姑，抚育三岁遗孤，至于成立，守节 40 余年。万历十三年，台使交奖，旌给以粟帛。67 岁而卒。

【明】**陆氏**，广福须凝仲妻。夫早夭，陆抚孤苦守 30 余年，至 61 岁卒。孤廷鼎尝割股疗母病。

【清】**须氏**，广福杨泾湾金钦妻。29 岁夫亡，守节至 53 岁。乾隆八年旌。

【清】**陆氏**，广福王乾妻。乾患疡，陆纺绩供医药，卒不起。殓后自经死，时康熙五十年，年二十五。

【清】**须氏**，广福卢凤略妻。夫亡无子，守节 30 年，抚侄士明为嗣。乾隆十七年旌。

【清】**王氏**，广福须肇彤妻，殿撰王敬铭之侄孙女，副榜须孔经之长媳。夫早亡，无子，抚叔肇彬长子承燮为嗣。饮冰茹蘖[①]，操持家政 30 余年。乾隆五十九年旌。

【清】**王氏**，广福须振玉之妻。年十六归须氏，甫三载而振玉疾，奉侍汤药，不少懈。旋卒，誓以身殉，亲属力阻而止。无子，壹女适贡士赵晓荣。饮冰茹蘖，50 余年。

【清】**卢氏**，广福须盛先妻。年二十四而寡。子光裕才三岁，教养成立，入太学。事姑能敬供甘旨，丧葬成礼。乾隆五十九年旌。

---

① 饮冰茹蘖指生活清苦，为人清白。

良 医

【清】侯智元，字春林，居广福，姿禀绝慧，少撄胎疾，全体挛弱，唯左手三指能自主动。读书过目不忘，枯坐无聊，常默究方书，了有神悟。父崇甫病危，审其脉知非药力所能挽，密令其弟智超肋割股肉以进，既而竟痊。弟泄其事，人威神之后，悬壶上海名甚噪，求治者日不暇，给所入渐丰恒，以余贷充施济。暇时三指画栈道小幅，洒落有致，题句亦工，因自署曰"三指生"，卒年五十有六。

【清】高荣，字复初，号治生，居广福，坛广生，工诗古文，避世业医。友云卿，病肺垂危，药石罔效，齿指血作书，割臂肉，和药以进。为母韩氏所觉，犹自以毁体引咎，劝母勿悲。妻许氏同时割臂潜进，而荣未知也。母患肝炎，荣弟晋复两次割臂，妹也如之，母病始愈。人皆称萃于一门云者。

【民国】吴桐生，住广福乡归王村赵家宅，年轻时在广福药店学生意，平时刻苦钻研医术，对医道较为精通，清末在广福开药店设诊所。民国时，因年事已高，在家设诊所，为民治病，遇贫苦者不收诊费并施以药资，故各地人慕名而来，看病者络绎不绝。

二、现代闻人

周叔康（1917—2013），原名卢文懋，男，1917年5月出生于广福村老卢生产队。1934年，他在上海国际电台任报务员；1936年5月，参加上海职业界救国会；1937年8月，加入中国共产党，同年8月31日离开上海往汉口，任中共湖北省委直属武汉电信支部支部书记，组织武汉电讯界抗敌服务团，任总务干事。其间，他还组织读书会，请范长江、沙千里等人讲政治形势，激发人民大众的抗日热情。1938年9月，他赴重庆任中共川东特委重庆电信特支书记、重庆新市区区委委员，后被反动当局追缉；1940年1月改名卢钟，在土场某运输总站当报务员，开展隐蔽工作。1940年2月，在上级安排下，他改名为周叔康，被组织送去延安进入中共中央党校学习、工作；1942年2月，被调任中共中央职工运动委员会任研究员，被选为中共七大四川选区候补代表。1945年11月，赴东北任《东北日报》社新闻台台长；1946年11月，任佳木斯市委常委、市总工会主席；1948年12月，被选任东北合江省总工会主席，在东北总工会（职工总会）主席李立三的领导下开展工作，协助李立三研究东北统一工资标准，并与他人合作编写《生产上的革命》一文，由东北新华书店出版单行本。1949年2月，他奉调东北总工会任常委、党组成员、工资部长（宋平任宣教部长）；东北改行工薪制时，被评为10级（准军级）。1953年，他任国家计委劳动工资局工业处处长；1955年2月，任国家建委劳动工资局副局长；同年4月，组织冶金、建筑工业、第一机械工业、轻工、交通、邮电等部的工程技术人员，编制《全国建筑安装工程统一施工定额》，1956年8月由国家建委作为试行条例向全国颁布施行。1958年6月，他任国家经委生产办公室副主任；1962年5月，任中共中央华东局计委劳动局局长兼"精简安置"领导小组办公室主任；同年6月，去浙江嘉兴县检查工作，总结该县安置城镇下放人员采取的"成户下乡""分散插队"的做法，其巩固率达100%，此工作经验被称为"嘉兴经验"，经批转在华东各省市推广，周恩来总理加以充分肯定后又在全国推广。 1973年，他任上海市革命委员会农村组的工业组副组长、规划组负责人；1978年4月，任上海市农业机械工业局局长、党组书记；1983年，被选为上海市第八届人大常委会委员（驻会委员、人事委员会委员）；1989年12月离休，享受副部级医疗待遇。周叔康于 2013 年 9 月 16 日病故，享年 96 岁。

王永良（1932—1997）男，出生于顾村镇广福村东街生产队，华东工业部同济高级工业学校土木科毕业，1949 年 11 月入团，1956 年 12 月加入中国共产党，高级工程师。1974 年—1983 年，他参加上海石化总厂建设，历任施工组副组长、工程管理处处长、二期指挥部副指挥，1983 年任上海市建工局局长；1986 年 6 月，任上海市市政工程管理局局长；1988 年，任市政工程协会会长；1993 年后调任市人大市政环保委副主任。

1954 年—1957 年，在河南省洛阳工程局工作期间，他曾被评为洛阳市劳动模范。20 世纪 80 年代，从上海市建工局（企业局）局长，转换到市政工程管理局局长，他广泛深入基层调研，把建工局的好经验与市政局实际结合起来，开创申城市政初期建设新局面。针对市政施工技术装备落后状况，先后调集近亿元资金，购置一批现代化施工设备，装备市政一、二公司及隧道公司和市政材料公司。他十分重视选拔重用年轻干部，鼓励年轻干部大胆干。他常挂在嘴上的一句话："出问题由我承担。"局长办公室常放安全帽，他经常深入现场，利用自己精通业务的优势，实地指挥施工。患病期间，他仍在病床上听取录音，指挥协调。《行政诉讼法》颁布后，他随即成立局法规处，起草《上海市城市道路桥梁管理条例》，病中病后组织讨论修改。该条例后经市人大通过实施，成为全国第一部地方性市政法规。他因操劳过度，视网膜脱落需要住院开刀，医生关照手术后三个月不能受震动。王永良出院后，家里成了办公室，一个个电话打到工地，一批批干部请到家里商量，上班前半个月就到工地跑了一遍，并戏言：一时半会儿瞎不了。后因患胃癌动了手术，他大病初愈，刚出院就赶到市府一号工程——杨高路工地冒高温慰问建设者，对工程提出具体要求。上海人民广播电台记者采写的《马路局长二三事》情真意切，一些听众感慨地说："这样的局长不好当。"1993年是上海市政建设的丰收年，全市有260多项市政工程正在施工，从浦东到浦西，从闵行到蕴藻浜，遍地开花，他为上海市政大变样立了大功。王永良于1997年逝世。

王一良　男，1936年10月出生于广福村东街生产队，1958年毕业于上海同济大学桥梁隧道专业，被分配至陕西省建筑设计研究院（后合并为西北建筑设计研究院）工作，期间多次被评为先进工作者，其事迹被《中国青年报》报道。1976年，他被调入陕西省建委（后更名为建设厅），20世纪80年代先后任设计研究院设计处副处长、处长和省抗震办公室主任；1995年，为省建设厅副巡视员；同年10月，被国家建设部评为科技成果鉴定评审专家。

王一良在延安、安康、汉中、宝鸡、西安、铜川等地完成了多项桥梁设计任务；1992年，又组织制定省建设厅、人事厅、体改委等七厅局联合颁发的《关于加快陕西省工程勘察设计单位改革的意见》，在行业内外引起强烈反响，也受到建设部的好评。他撰写的10多篇论文在《中国勘察设计》《陕西建设》等全国和省级刊物上发表，有的作为县（区）局长城乡建设研究班教材。

1996年，他任陕西省勘察设计协会理事长、西安同济大学校友会副会长；1997年退休。2000年，他被陕西省委组织部收录在《陕西省人物年鉴》一书中。

第四章　农事商贾

一、农耕

1. 概述

广福农业数百年来，以种植棉、稻、麦为主。以棉为大宗，稻次之，豆麦更次之。夏收曰小熟，秋收曰大熟。成熟之田，两年种棉，一年种稻。"八一三"邑遭难，谷贵棉贱，棉田改种水稻的居多。抗战胜利后渐复原状，即仍以种植棉花为主，直至新中国成立前后。

据《石冈广福合志》载：邑宜木棉，东南尤繁。练祁至张泾一带，土产最上。钱侗《赵堂随笔》云："吴中太仓松江诸郡，多植木棉花。相传元时有黄婆神者，自闽广移种至海上，名曰吉贝。"余案唐释元应《一切经者义》云："刧波育，或言刧贝者讹也。正言迦波罗。"罽宾以南，大者成树，以此小状如土葵，有殻，剖出以华，如柳絮，可纫以为布云。大抵木棉有大小两种，今所见其状如葵花，落后含苞，形如桃实，日晒苞圻，采制为絮，即其小者，吉贝乃刧贝之误，梵音义转为刧波，又转为迦波罗也。

广福居民历来大多从事农业，即使经商者或手艺人，亦兼耕种，仍不离农事。以种植瓜菜及畜种猪鸡为副产。施肥以豆饼为大宗，人粪、猪粪、河泥、垃圾为次要肥料。耕田多自有，租种者少，普通多能自食，富力差远不甚，不若西乡之贫富悬殊。田价较其他诸乡为贵，"八一三"前，大者亩价法币二三百元，抗战胜利后，多以棉花计算，大者亩价棉花十余担。

民国期间，广福佃农租田有两种形式：一种交地租，每亩约四斗米，交租时以钱代粮；另一种是脚式田，即佃农租种业主一亩土地，要给业主做 50 工左右人工，以人工代租金。新中国成立后的 1950 年 11 月，进行了土地改革，土地和生产工具归属农民私有，农业收入除缴纳一定数量农业税（缴公粮）外，全部收入归己。1951 年 3 月，农户之间成立伴工组，1952 年 3 月成立常年互助组，1954 年 12 月成立初级农业生产合作社，1956 年 3 月成立高级农业生产合作社（东马桥社）。1958 年 9 月人民公社化，东马桥社改称东马桥大队。中共十一届三中全会后，逐步取消大寨式评工、大呼隆干活，代之以分组计件和个人计件。1983 年，农业生产推行家庭联产承包责任制。上世纪 80 年代初，土地逐渐集中，向规模经营发展，把农户承包的土地向外来种植户转包或出租，农民基本上只种自留田。90 年代后，农户口粮款由村队统一发放，农业进一步从广福淡出。

2. 农业农事

古时广福地处东海海滨之地，近现代广福地处上海市近郊，因有得天独厚的地理环境，农户经济状况普遍较好，从事农业的生产条件相对优越，人口多，耕地少，农田耕作相对精细，农业收益逐年提高，农户生活水平也逐年提高。

1982 年时，东马桥大队（广福村）农户 493 户，人口 1889 人。可耕地面积 2330 多亩，全村人均耕地面积约 1.2 亩。

新中国成立前，耕作水平较低，栽培管理简便。水稻大多采用"插秧"（移栽），1 亩秧田可插大田 10 亩，栽插密度稀，有句农谚：不稀不密，粪桶不碰。少量采用直播（散播），秧苗出齐后再摆散。棉花采用麦后"抛天花"，及少量白地茬，播种时间都较晚，有"头时棉花二时豆"的说法。也有一部分是洋葱花。油料作物大多种植大豆（黄豆），油菜种植很少。

农作物茬口安排：三麦（小麦、大麦、元麦，或白板田）→单季晚稻（或棉花、西甜瓜），约占55%；洋葱→棉花，约占15%；条麦夹种蚕豆→单季晚稻，约占30%。种子一般都由农户自选自留自用，很少交流，品种较少，比较稳定，一百多年中无多大变化，也影响了农作物的产量、质量。农作物一般都施用有机肥，如绿肥（苜蓿）、猪羊灰、河泥、饼肥等。化肥（俗称"肥田粉"，或曰"粪精"）很少使用（当时偶有"狮马牌"肥田粉供应）。劳动工具简单落后，灌溉用牛车或脚踏水车，风车则很少。脱粒用稻床或连枷拍打。谷物落扬，经济条件好的农户用手摇风车，一般农户依靠自然风力。农作物产量普遍较低，以亩计算，水稻400斤上下；小麦220斤左右，大麦160斤左右，元麦180斤左右；棉花（皮棉）20斤左右；大豆150斤左右。

新中国成立后，广福境域内耕地面积基本保持稳定，1958年后因发展村队工业，开始占用少量耕地。20世纪50年代，农业生产方式基本沿用新中国成立前的品种、肥料和耕作方法，农作物产量增长缓慢。60年代，由于引进优良品种，至70年代耕作制度又进行了改革，产量逐年有所增长。农作物茬口从开始时的两年三熟，逐步发展为两年四熟、三年七熟到一年三熟。70年代消灭单季晚稻，百分之百地实行三熟制，提高了复种指数。粮棉比例基本对开，油菜为粮田面积的40%。1983年开始，三熟制改为两熟制，即三麦或油菜——单季稻的方式，由此减轻农民的体力消耗，并提升了稻米质量。90年代起，农村城市化逐步推进，农业的产业结构、生产方式乃至管理形式、农业科技等都发生较大变化。夏熟作物主要是小麦，秋熟作物主要是晚稻。棉花、油菜、青玉米等相继淡出。经济作物以蔬菜为主，辅以瓜果。2000年起，稳定粮食生产，减少蔬菜种植，扩种林木花卉。20世纪90年代后期，农户一律停止猪的养殖。

1986 年后，改变了小麦的耕翻播种，逐步推广免耕播种，俗称“懒舒麦”。1990 年开始，水稻逐渐改变以大苗移栽为主的传统种植方式，推广地膜小苗移栽及抛秧或直播。至 1994 年，麦子均由联合收割机收割，水稻逐步由联合收割机收割，直至全部机收。90 年代以后逐步推广麦田、稻田的化学除草。由于农业科技的不断推广，彻底解决了农民历来的“三弯腰”（插秧弯腰、拔稗弯腰、割麦割稻弯腰）问题，并且获得好收成。至 21 世纪初，小麦平均亩产 700 斤上下，水稻平均亩产 1000 斤以上。

3. 传统农具

农民沿用旧式农具进行旧式耕作，包括收割、落扬、翻晒等，传统农具大抵如下：

铁锴：四齿，齿端平，翻土用。

锄头：三角形，有大小两种，小者锄草、大者用于拾粪，故又名牛粪锄头。

镰刀：俗称“镢子”，有稻麦镢、草镢、韭菜镢之分，现今只有稻麦镢。

铁铲：三角，又称“花锏刀”，铲草皮用。现近于绝迹，已停止生产。

铁锹：有宽狭之分，主为宽板锹，用于开沟、挖泥。由宽板改用狭板、弯板，且放长，从原来 25 厘米左右增加到 40 厘米以上，便于开深沟狭沟，可降低地下水位和增加土地利用率。

铡刀：又称“料刀”，有大小之分，大者铡稻草，用于牛吃；小者铡笋干、药材用，已多年不再生产。

拉柴耙：有铁齿、竹齿两种，多数为竹齿，用于聚拢柴草。

粪桶：有直板、弯板两种，新中国成立前主要为弯板木制，上世纪 70 年代后期改用塑料制。

料桶：大于粪桶的直板木桶，多为盛放牛草用，亦可作浸种盛器。上世纪 60 年代就已停止生产。

料勺：俗称"粪料"，木制，有大小两种，上世纪 70 年代改用塑料替代。

扁担：有平头、翘头两种。分木制和竹制，以木为主。

畚箕：用篾丝、竹片制作，分有眼和无眼两种。有眼称"拖塜"，无眼为畚箕。

担绳：有棉纱、麻皮两种，挑稻麦柴草用，上世纪 80 年代前后改用尼龙丝。

连枷：用竹片制作，为手工脱粒工具。现已不再生产。

筛子：竹制圆形，有大小多种。网眼也有疏有密，有方形、三角形之别。主要用于筛糠、筛米和落大（大型筛子直径在 1.3 米左右，为落扬稻麦用）。

木犁：由质地坚硬树木制成，用于犁地的工具。现已不生产，亦不再使用。

犁头：生铁制，三角形，装在犁尖头上，分大小两种，用于切划土壤。现已不再使用。

百秒：木制，用于水田插秧前平整土地。

水车：木制的汲水灌田工具，配有板子岳式组成连头，用于车水。有牛车、风车、脚踏水车三种。脚踏水车还分两人、三人、四人三种。至上世纪 60 年代中期，已停止使用，改为电力排灌。

夯：筑坝修圩用，有木石两类，石制的圆形如磨盘，俗称"飞蛾"。今又改用铁制。

箔：捕鱼之用，分软硬两种。

耥：水稻田中除草用，上世纪 70 年代改种三熟制，密度较高，每亩五万穴，故停止使用。

拍麦榔头：盖麦抗寒用。

稻床：木制床架，中间匀嵌竹条，人力挥掼，使稻麦脱粒。

翻麦耙：翻晒粮食用。

花架：可折叠的木架，至少两个连用，架上毛竹，摊上簾子，可晒棉花；如再摊上涅菲，可晒粮食。

花棋扎钩：短铁杆，一头有弯钓，一头有木柄，拔棉花萁用。

栲栳：主要用柳条或簾条编成的半球圆形容器，大的称"栲栳"，小一点的叫"尼巴"，再小一点的叫"笆斗"。用于盛放粮食。

罱网：两根长竹竿根部装上蚌壳形的铁质抓手。人站在船上捞河泥，水从纱质网眼中漏掉，河泥夹放在船中仓。

滑抄：长柄的一端有勺形的农具，可在船上将河泥抄上岸，勺子原为木质，后改为塑料的较多。

畚箕：用篾丝、竹片制作，分有眼、无眼两种，用于挑泥、挑肥料。

篮头：塑料袋未盛行前用于上街买菜、农家到田里挑菜等。

栲栳、麻袋：用于装粮食等。

粪桶、料勺（俗称粪料）、扁担：施肥等农具。

纱筛：用于筛糯米粉或面粉的用具。

灶头：农村里用于煮饭烧菜的灶台。

囤条：和脚匾搭配，用于存放粮食。

坛子：存放粮食或小杂粮的器具。

落大、小大、糠筛：落大有四角眼、三角眼两种；小大多数三角眼，围圈和糠筛相仿。落大、小大系农民收成时用于落扬稻谷麦子等；糠筛用于筛大米、油菜籽等。

脚匾：用于落扬稻麦等粮食及翻晒小杂粮的农具，加上囤条，可以储存粮食。

筲箕：用于淘米。在冰箱未普及时，夏天高温时可用于盛放冷饭。

落箕扫帚：农村中用枯熟的植物"落箕"扎成的扫帚。洋皮畚箕：把长方形铁皮质的"洋（煤）油箱"斜剪成对称的两半，敲制成的畚箕。

上面照片自左到右分别为：拍麦锒头、铁锹、翻麦耙。拍麦锒头：寒冬腊月时，为麦子保温拍细、拍平泥土、以使麦子多分蘖；铁锹：有宽狭之分，用于开沟、挖泥；翻麦耙：用于翻晒粮食。

箬菲、帘子：用于摊晒粮食的用具。

附：杨泾美蟹

蟹：产杨泾者佳。里人王进士泰际诗：余里杨泾素出美蟹，二十年来，水浅簖密，移产廿里之外，每秋高客至，无以为供，因作此以博一笑。

海乡秋食唯一品，八跪双螯矜味殊。食者不廉取赤横，远徙却效南海珠。或云民贫地力索，介虫移产东西驱。朋好至期食指动，诮责闭户私甘腴。群声索醉促市蟹，市无片甲充庖厨。此情莫告告河伯，河伯入梦笑寒儒。移民移粟智亦有，何不迁家就蟹区？古人求州亦此意，况无监判相执拘。口腹累人忘屈己，挈瓶提具良非迁。但恐禄薄薄不注，郭索先生又远趋。累累索贯但吐沫，紫甲黄里仍它输。(《冰抱集》)

邑人钱宫詹大昕诗：巨螯团脐认雌雄，手缚寒蒲教短童。颇羡杨泾老渔者，一年活计纬萧中。原注："谚云：雄蟹舍不得螯，雌蟹舍不得脐。"(《潜研堂诗集》)

附：古代人捕捞大闸蟹的工具——蟹簖介绍

蟹簖算是比较古老的一种渔具，因其简单易用，可依据地形灵活布置，至今仍有沿用。在江南水乡，常可看到在河流中林立的蟹簖，流水从竹篾的缝隙里穿过，却把鱼虾蟹给拦挡在迷宫里。

单凭文献记载，尚难窥见古时蟹簖及蟹笼的全貌，幸有明万历三十年刊本的《三才图会》中的一帧蟹簖图：一渔夫泛舟于水面，在船的外围，是插竹而围起的一片半封闭式水域，渔夫手中持有两个竹编的锥状篓。图中关于蟹簖的文字注释曰："簖者，断也。织竹如曲簿，屈曲围水中，以断鱼蟹之逸。其名曰蟹簖，不专取蟹也。"由此可见，蟹簖虽然名为蟹簖，但不单单是捕蟹，也可捕鱼。至于蟹笼，则比蟹簖更加小巧易操作。实际上，蟹笼是由蟹簖的思维方式和原理发展而来的，蟹笼相当于一个小型的蟹簖式阻隔体系，将其原理浓缩于一器，则为蟹笼。蟹笼入口处的鬣，是细竹篾的倒刺，顺茬可以进入，逆茬则难出，不少渔具都采用了这一原理，民间谓之"倒梢"，不但需要巧思，还考验制笼者的编织技术，网眼需要整齐而周密，倒梢需要不松不紧，太松则易令蟹逃脱，太紧，蟹难以进入，分寸极难掌控。

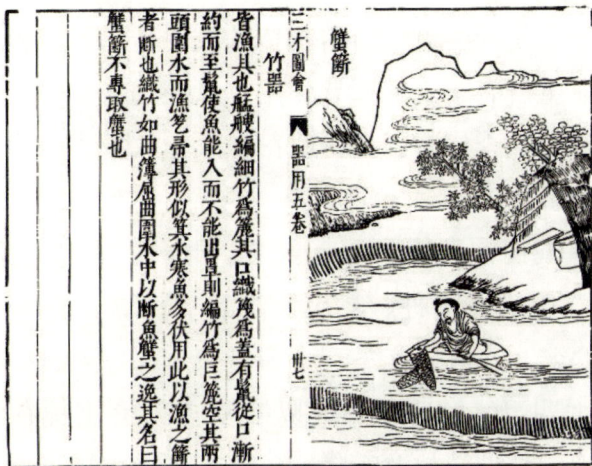

蟹簖图

附：汲水的工具——桔槔介绍

桔槔汲水图

桔槔亦作"桔皋"。井上汲水的工具。在井旁架上设一杠杆，一端系汲器，一端悬、绑石块等重物，用不大的力量即可将灌满水的汲器提起。《庄子·天运》："且子独不见夫桔槔者乎，引之则俯，舍之则仰。"《淮南子·氾论训》："斧柯而樵，桔皋而汲。"唐陆龟蒙《江边》诗："江边日晚潮烟上，树里鸦鸦桔槔向。"《红楼梦》第十七回："篱外山坡之下，有一土井，旁有桔槔辘轳之属。"

二、农谚

农谚，是农耕社会世代口口相传的农耕生活的经验总结和形象概括，对农业生产有一定的指导作用。从前的农业靠天吃饭，因此农谚往往涉及到四季作物、播种收割、天地气象、土地水肥、农历日期和二十四节气。

二十四节气按顺序依次为：立春、雨水、惊蛰、春分、清明、谷雨、立夏、小满、芒种、夏至、小暑、大暑、立秋、处暑、白露、秋分、寒露、霜降、立冬、小雪、大雪、冬至、小寒、大寒。

现将二十四节气歌收录于此以飨读者："春雨惊春清谷天，夏满芒夏暑相连。秋处露秋寒霜降，冬雪雪冬小大寒。每月两节不变更，最多相差一两天。上半年在六、廿一，下半年是八、廿三。"

我国因幅员辽阔，各地自然环境千差万别，农耕生活不尽相同，因而各地都有各具地域特色的农谚，在方言中都占有很大比重。广福地区农谚十分丰富，是前人的遗风余泽，现拾遗如下，供诵读品味：

1. 大熟作物（春种秋收的水稻、棉花、黄豆、芝麻、赤绿豆、山芋类等）

一年棉花一年稻，老老小小眉开眼笑。

一年棉花两年闹，棉花要花隔年工（年前选好种子）。

二月清明不忙落谷，三月清明抓紧插秧。

三稠九耘田，砻糠变白米。

三月雨来绿油油，六月雨来好锗（锄草）花。

四月十六，天上有云，地上有谷。

五月田，早种一夜高一拳。

六月勿热，五谷勿结。

六月南风里，生虫稻管里。

六月盖被，田里无谷，砻中无米。

六月二十雨垂垂，蒲包帘子盖墙头，大熟年成减半收（雨虫害多）。

六月勿搁稻，秋里叫苦恼。

六月稻田拔棵草，冬至吃一饱。

七月风潮，胜如剪刀。

七月小暑连大暑，棉田锄草莫失时。

七月下雨斗量花（歉收）。

七月十二棉花生日，忌雨。

七月稳（一般不施肥），八月狠（施肥），处暑不开黄花，收勿到好棉花。

八月廿四稻谷生日，忌雨。

八月雷公公，十个卢都（棉桃）九个空。

十成收粮，九成靠秧。

十成稻子九成扁秧，栽秧要栽蒲秧（根粗干直的秧苗）。

人（热得）往屋里钻，稻在田里蹿（生长快）。

人怕老来穷，稻怕寒露风。

大雪整苗床，秧苗壮又壮。

大伏不搁稻，老来喊懊恼。

小麦出穗好落谷。

小满种晚稻，夏至插晚秧。

小满栽秧一两家，芒种插秧满天下。

小暑里莳秧，只捞点钱粮。

小暑插老秧，过年卖老娘。

小暑里插秧，只好收点种子粮。

小暑发棵，大暑发粗，立秋长穗，霜降收谷。

小暑两边沉赤豆，两暑中间种绿豆。

小暑补棵一斗米，大暑补棵一升粞，立秋补棵补个屁。

大暑不耙稻，收成勿会好。

大暑不耘稻，到老呒好稻。

大暑前小暑后，正好种绿豆。

立夏落谷芒种插秧。

立秋无雨愁上愁，大熟年成减半收。

立秋勿拔草，处暑勿长稻。

立秋不稠稻水，处暑不长稻穗。

立秋打雷，田收瘪谷。

立冬无竖稻。（水稻收割完成）

干长根，湿长芽，水长叶，气促根。

干锊棉花湿锊瓜，干干湿湿锊芝麻。

千车万车（水稻田里的水），不及处暑一车（水）。

不要问爹问娘，三麦出头好落秧。

头时花，尼（二）时豆，三时种赤豆。

头时金锄头，尼时银锄头，三时无用头。

头时勿抢，尼时勿让，三时要抢（尼时头几天插秧正当时）。

有谷呒谷，要看四月十六（晴则雨多，雨则旱多，阴天最好）。

有利呒利，但看二月十二（天晴兆丰年）。

菜籽头上一撮花，种稻人家备出（水）车。

谷雨浸谷，立夏落秧。

谷雨前后，种瓜点豆。

清明前后忙落谷。

清明浸种，谷雨落谷。

清明浸早稻，立夏插早秧。

清明早，立夏迟，谷雨种花正当时。

清明种棉早，小满种棉迟，谷雨立夏正当时。

清明谷雨紧相连，棉花播种正当时。

莳秧一日迟，十日赶不上。

时里锄头，胜过垩头（肥料）。

芽长一粒米，落谷最相宜。

伏里无雨，谷里无米；伏里雨多，谷里米多。

宁愿田等秧，不愿秧等田。

田等稻秧，稻谷满仓；稻秧等田，没米过年。

秧好半熟稻，壮秧产量高。

稻田要干耕，胜过浇趟粪。

混水插秧，浅水耘田。

梅里莳秧，一夜生根。

栽秧栽得稀，稴稻笑嘻嘻。

插秧水汪汪，补秧眼泪淌。

过伏不栽稻，栽了收不到。

后季稻怕寒露一朝霜。

后季稻是季节稻，错过季节穗头翘，轮到割稻一包气，斗米斗出砻糠秕。

插秧赛赶考，收麦如拾宝。

伏里雨多，谷里米多。

柴船（知了）叫，割早稻。

处暑处暑，处处要水。

处暑无雨，结穗无收。

处暑里的雨，谷仓里的米。

处暑不浇苗（指施肥），到老无好稻。

处暑里的水，谷仓里的米。

多耘一次稻，等于多下一次料（肥）。

秧长三寸，浇担水粪。

秧田多拔一次稗，大田少弯百次腰。

稻田不耥草成窝。

稻耥黄秧草耥芽。

稻耘三遍谷满仓，棉锄七次白如霜。

稻怕胎里旱，还怕老来涝。

花要高低稻要平。

花靠锄头稻靠耥。

花靠锄头，稻靠拳头。

花（鲜花）变花（棉花），四十五天好捉棉花。

（棉花长到一定时期，先开嫩黄色鲜花，第二天变成淡紫色。鲜花谢了结成棉桃，乡亲称"芦都"，棉桃干枯开裂露出棉花。从鲜花到棉花约需45天。）

秋前不拔稗，秋后就拔坏（稗籽多）。

秋前不搁稻，秋后喊懊恼。

秋前不干稻田，秋后勿要怨天。

秋分晴到底，砻糠变成米。

秋天好日头，棉花堆山头。

伏天夜雨稻人参。

白露三朝露，好稻满大路。

白露白弥弥，秋分稻秀齐，寒露吭青稻，霜降一齐倒，立冬勿立稻。

白午枣发芽，好种棉花。

（乡亲们称枣树为"白午枣"。枣树长叶芽时，就可以播种棉花了。）

白露看花，秋分看谷。

白露有雾，稻穗有谷。

白露三朝，棉花上街。

白露三朝，中稻开刀。

白露秋分头，棉花才好收。

稻秀就怕风来摆，麦秀更怕雨来淋。

稻老要养，麦老要抢。

稻种好，不及养谷老。

粒饱的谷穗必低头。

割青不割青，三天一百斤。

蔷薇花（指野蔷薇）开种棉花。

黄梅锄头动，胜如下垩壅。

黄梅花，莳梅稻，小暑两边盛（种）赤豆。

黄梅雨前早鎝花。

黄豆最怕霜降早。

谷雨早，立夏迟，枣树发芽正当时（种棉花）。

谷雨早，小满迟，立夏种花正当时。

谷雨前种棉花，要多三根丫。

早晨一片金黄，傍晚绿苗成行（双季稻抢收抢种）。

早种半天秧，多吃半年粮。

早花结好桃，晚种收花萁。

早花多长铃，晚花多收柴。

早稻要抢，晚稻要养。

早稻白露起收，晚稻慢一步收。

雨过种豆晴种棉，种菜最好连阴天。

麦倒一把麸，稻倒满仓谷。

麦怕锈，稻怕瘟。

麦子一百，只要棉花一白。

麦花立夏前，早花立夏后。

（麦子还没收割时在麦田里种的棉花叫麦花，光田里种的叫早花。）

麦到芒种稻谷到秋，寒露才把黄豆收。

棉花一出土，见草就要锄。

棉苗下得早，棉花长得好。

棉吐絮，不宜雨，还要严防白露连阴天。

夏至棉花根边草，胜过毒蛇根边咬。

夏至棉田锄三遍，胜过多施三次肥。

好是好倒新女婿，苦是苦到拔花萁。

好种出好苗，秧好半熟稻。

若要（明年）花稻好，冰冻结得早。

若要发，靠手挖。

寒露开花，勿结卢都。

（寒露时开的鲜花，结不成棉桃。）

寒露到，割籼稻，霜降到，割糯稻。

霜降有霜，白米满仓。

腊雪盖上春，一步捉三斤（棉花）。

腊雪春烊（融），棉花藏到正梁。

只有白车水，没有白锸花（棉花田除草）。

生地种瓜，熟地种花。

开深沟，早锸花，棉花能长一人高。

锸花要等黄梅炘（时），锄头落地长三寸。

要棉好，有三宝，捉虫、施肥、多除草。

锄头勤脱锸（锄草），棉花白如银。

种棉不除草，冬天没棉袄。

耘稻拔草，胜过还债。

松土深一寸，等于上次粪。

伏桃只满腰（花袋装满），秋桃可盖顶（蒲包装满棉花）。

稳过七月（风潮），能过八月。

桃花开得好，棉花产量高。

中秋前后是白露，宜收棉花和番芋。

季节不饶人，种田赶时分。

精收细打，颗粒归仓；多掼掼，割稻饭；多抖抖，割稻酒。

2. 小熟作物（秋种来年初夏收的大麦、元麦、小麦、油菜、蚕豆等）

一到小满，蚕豆小麦饱满。

人冷盖被，麦冷盖泥。

八月寒露抢着种（小麦），九月寒露想着（不急）种。

九九不通沟，小麦十成收。

九成熟十成收，十成熟九成收（麦、油菜籽）。

九月蚕豆十月麦，过了节气都不发。

九月田鸡叫，种麦犁头撬（起旱）。

九月十三雨洋洋，稻罗头顶上出青秧。

十月蚕，荚头短；十月蚕，骗小囡。

三月清明麦勿秀，二月清明麦秀齐。

三月沟底白，莎草变成麦。

三麦不过立冬关，油菜不过小雪关。

小麦过小满，勿割自会断。

小满三天望麦黄。

小满见三新（小麦、油菜、蚕豆要收获了）。

小满小满，小麦油菜蚕豆满。

小雪麦不见青，一冬天难分蘖。

小雪不见（蚕豆苗）叶，立夏勿生荚。

小雪就见雪，蚕豆少结荚。

小寒大寒施腊肥，油菜小麦过冬齐。

大麦不过寒露，小麦不过霜降，元麦不过夏至（下种时间）。

大寒三白（三场雪），有得吃菜吃麦。

大麦元麦一起身，蚕豆小麦落脱魂（可收割了）。

寸麦不怕尺水，尺麦就怕寸水。

麦到小满日夜黄。

麦田多敲敲，胜如下肥料。

麦怕清明连夜雨，稻怕寒露一朝霜。

麦田春肥一勺，不及腊肥一滴。

麦秀撑撑，四十五天上场。

麦怕三月寒，棉怕八月连阴天。

麦秀风来摆，稻秀雨来淋。

麦黄得（种）（黄）豆，豆黄（种）麦。

麦熟不等人，耽误收割减收成。

麦到芒种谷到秋，寒露才把黄豆收。

芒种忙，收麦忙。

芒种夏至麦上场，家家户户一齐忙。

芒种忙割大麦，夏至忙割小麦。

夏至两边得豆，重阳两边种麦。

盐水把种浸，麦苗绿油油。

田晒白，好种麦。

春雪烂麦根。

春天落雨麦生病。

春分春分，麦苗起身。

春分麦起身，一刻值千金。

立夏三天收菜籽。

立冬种完麦子，小雪种完菜籽。

立冬蚕豆不出洞，到老一根葱。

冬发长产量，春发长看相。

若要麦丰收，腊前三场雪。

谷雨麦挺直，立夏麦秀齐。

清明种芋，谷雨种瓜。

霜降蚕豆立冬麦（下种时间）。

绿豆要吹大暑风，过了大暑呒没用。

做瓦靠个坯，种豆靠把灰。

若要番麦（玉米）结，不要叶挨叶。

冬天压麦泥，胜过盖条被。

连树开花麦饭香。

油菜籽，七成熟，十成收；十成熟，七成收。

油菜籽，芒种收割忙。

年老一岁，麦老一朝。

年纪活到八十八，未见荒脱早花麦。

龙口里夺粮，麦收如打仗。

冬至菜花年大麦。

寒露种蚕豆。

寒九湿三春，菜麦难生根。

寒露落草（籽），死多活少。

寒露种麦，前十天不早，后十天不迟。

寒露麦落泥，霜降麦头齐。

霜降蚕豆立冬麦，过了时节都不发。

秋分后，寒露前，草（头）籽好落地。

蚕豆种在寒露里，一棵蚕豆一把荚。

旱九水三春，烂断大麦根。

冰断麦根，牵断磨绳。

若要菜秧大，勿等寒露过。

若要麦，见三白（腊月下三场雪，麦子会丰收）。

秋分落之油菜秧，移栽过雪（小雪）要发僵。

栽菜要在小雪前，合理密植施基肥。

种菜不拣苗，到大长不好。

早种（油菜）要瘟，迟种要冻，不瘟不冻，霜降立冬。

要吃香菜油，埋没菜婆头。

附：乡亲们为什么称蚕豆为"寒豆"

同好老宋戏说，或许黄豆、赤豆、绿豆、黑豆因其色得名，扁豆、毛豆、豇豆因其形得名（豇者绳索也，绳索似的长长的这种豆称豇豆再确切不过了）。难道"蚕豆荚"因似蚕而得其学名"蚕豆"，因其属"夏熟作物"，秋种后经"一冬严寒"来年才能结荚，音乡音"夏"、"寒"同音，乡人因其生长的时间而称其为"夏豆"或"寒豆"不成？

3. 蔬果苗木

一只水沥瓜，可做一顿饭。

（从前乡间田地较多的人家种点西瓜，种点甜瓜，如水沥瓜、黄金瓜、十楞瓜、乌几瓜、雪团瓜等。乡间把瓜藤上最后一批瓜称为"了藤瓜"或"落藤瓜"，清理瓜田拔去瓜藤上所剩的瓜，称之"授藤瓜"。乡间"授"，含有将绳索收拢的意思。）

人靠吃饭，菜靠浇水。

六月小，瓜茄落苏就成宝。

七九、八九，种花栽柳。

七月葱，八月蒜。

九月栽菜十月吃。

九浇十锄，白菜肥熟。

三天不吃青，肚里冒火星。

三月三，荠菜花似白牡丹。

三朝萝卜四朝菜（菜籽出芽）。

三九、四九，冰上走。

小满枇杷已发黄。

小满桑椹黑。

小孩要管，小树要剪。

清明种番麦（玉米），前十天不早，后十天不迟。

藏菜开花还要冻煞人。

春种一园（畦）菜，夏抵一包粮。

深种茄子浅栽葱。

夏至出青蒜，不出就烂蒜。

好芥菜、好小熟；好黄瓜，好大熟。

要吃黄瓜早搭棚，要吃新米早插秧。

若要萝卜大，六月不要过（落秧）。

处暑萝卜白露菜。

头伏萝卜二伏芥，三伏里头种白菜。

立秋栽葱，白露栽蒜（青蒜）。

萝卜性情躁，常要水来浇。

霜前挡风，霜临盖草。

霜降拔葱，不拔就空。

霜打雪压青菜甜，立冬以后青菜肥。

桃三杏四李五年（结果）。

瓜靠豆饼菜靠粪，一张豆饼十担瓜。

歪瓜烂桃子。

响瓜不熟，熟瓜不响。

肚脐（西瓜）眼度（大）的勿及（不如）肚脐眼小的甜，纹路不清的勿及纹路清爽的甜。

乌几瓜，贼难看，吃到嘴里比蜜甜。

瓜留子根瓜，芦苏高粱低头穗。

黄梅芦粟七月吃，七月芦粟十月吃。

土地冻得硬，萝卜田里长。

黄瓜扁豆一只棚，一个老头子，一个小伙子（黄瓜谢了正好扁豆旺长）。

花皮生瓜只有水，台湾生瓜才有肉（花皮生瓜做的酱瓜薄，台湾瓜做的酱瓜肉厚）。

冰冻勒勒响，萝卜正好长。

北风刮得响，萝卜夜夜长。

种菜不用问，勤浇水，多上粪。

要想韭菜盛，多上灰与粪。

喜温作物跟九走（指春栽），茄子辣椒不进九，番茄刚进九，黄瓜菜豆不断九，豆角可出九。

（乡间种的四季蔬菜有青菜、菠菜、塌菜、弥陀芥菜、雪里蕻、黄瓜、倭瓜、丝瓜、洋芋芳、扁豆、豇豆、白萝卜、红萝卜、韭菜等。）

冬吃萝卜夏吃姜，少请医生开药箱。

清明雨，损百果。

清明挖笋，谷雨长竹。

枇杷开花吃柿子，柿子开花吃枇杷。

夏至石榴花开，处暑石榴口开。

寒露柿子红了皮。

立春好栽树。

种树无花巧，只要用力敲。

现在人养树，今后树养人。

种竹怕春到，插杉怕雨（谷雨）来。

4. 田间耕作

一尺沟不通，万丈沟白弄。

一穗落一粒，一亩拾一簸。

一步漏一颗，拾起来饭煮一釜。

一粒两粒不上秤，千粒万粒就成斤。

一年难老一个人，一日能误一个春。

一担河泥一担金，一担垃圾一担银。

一熟豆、一熟麦，种到头发白。

人勤地长苗，人懒地长草。

人误地一时，地误人一年。

人勤地不懒。

人热无处钻，花稻田里窜（长根）。

人黄有病，苗黄缺粪。

人靠饭饱，田靠肥足。

人忌生水，菜忌生肥。

人补桂圆蜜枣，田补河泥水草。

九九八十一，犁耙一齐出。

三耕六耙九锄田，一熟收成抵一年。

三锄头，六铁锆，一生一世总不发。

三月天气暖洋洋，排家排户搭车棚。

三分种七分管，一种就管，一管到底。

三年不选种，增产要落空。

三月里晒得沟底白，三条坑沟抵条麦。

三月晒得沟底白，青草也能变成麦。

大麦青，一包粞，元麦青，一包皮（收割不能太早）。

小寒大寒施腊肥，油菜小麦过冬齐。

小寒接大寒，勤进猪圈和牛粪。

小囡无奶不胖，庄稼无肥不壮。

小囡离不了爷娘，种田离不了河塘。

千层万层，不如底脚一层度草（苜蓿）。

千斤千斤，想得开心，没有肥料，只是听听。

正月半夜里风索索，菜籽小麦只剩壳。

菜浇花，麦浇芽（早施肥）。

春分有雨家家忙，先种瓜豆后下秧。

春天早种，秋天早收。

春打六九头，耕牛满地走。

春肥一勺，不及腊肥一笃。

夏熟一套沟，旱涝保丰收。

夏至东南一日风，勿种低田命里穷。

夏至棉花根边草，胜过毒蛇咬。

夏至一声雷，棉花只剩一根管。

秋草九子十三孙，秋前秋后要除根。

秋后不深耕，来年虫子生。

冬天耍遍泥，胜如盖棉被。

冬至不过六，萝卜青菜也变肉。

冬耕深一寸，赛过上回粪。

冬季清除田边草，来年肥多害虫少。

冬天拾草根，春天就是宝。

冬积一担肥，秋收一担粮。

冬天施河泥，防冻又肥田。

冬天浇上百担泥，麦菜胜过盖条被。

种花怕馄饨（卷叶虫害），种稻怕笠帽（螟害）。

种麦种勃雪里（指节令）。

杨树叶落得精光，种麦勿要心慌。

种田不养猪，好比秀才不读书。

种田好，那里及得养谷老。

种田勿坚，白望一夏。

种田勿着一熟，养囡勿着一世。

种田勿着一熟，寻娘子勿着一世。

种田三样宝，猪塯河泥搭度草。

种麦不上粪，种稻短了本。

种田不要问，深耕多上粪。

种田要胜人，肥足和人勤。

种到老，学到老，勿要忘记河泥稻。

种豆撒上灰，豆荚结成堆。

种好绿肥没有巧，只要排水做得好。

种田不拔草，到老啃野草。

种地不换茬，买马不看牙。

壮秧产量高，瘦秧愁到老。

壮秧三成收，瘦秧一半丢。

稻熟三朝，麦熟一时（这和"稻老要养，麦老要抢"，是一样道理）。

稻麦度草轮流种，九成变成十成收。

秧好稻好，秧好半熟稻。

棉花烂田雕，胜如买粪浇。

麦田开水沟，下雨不用愁。

麦田常干燥，麦苗哈哈笑。

腊里盖泥如盖被。

腊雪开场白，穷人饭粮着。

腊雪春炀，农民财饷。

腊雪春烊，种田人不要兑粮（丰收）。

若要麦，沟底白。

若要年成好，罱泥捞水草。

莳里打雷，米谷成堆。

莳秧要抢先，割麦要抢天。

养仔三年蚀本猪，壮仔田里勿得知。

养猪无巧，窝干食饱。

养猪勿赚钱，回头看看田（肥力足）。

风潮年年做，只怕处暑夹白露（庄稼损失最大）。

过了雨水天，农事接连牵。

寒里开沟胜盖被，春里开沟通口气。

苗好一半收。

松土深一寸，等于上趟粪。

起早不忙，种早不荒。

（冬）冷尾（春）暖头，春播早筹。

芒种芒种，样样要种。

多一分功夫，多一分产量。

精耕细作产量高，偷工减料一包草。

打了春，赤脚奔，挑荠菜，拔茅针。

水利不修，田沟勿通，有田也是白种种。

翻地过冬，虫死泥松。

地冻头九耕，过迟要悔恨。

过了惊蛰，春耕不歇。

草除草芽，不除草爷。

苗多欺草，草多欺苗。

瓜锄十遍，瓜上走；豆锄十遍，圆溜溜。

黄豆出齐就鎝草，不鎝草要长过头。

惊蛰清田勤，虫死几万斤。

若要病虫少，除尽田边草。

要想收成好，一敲二肥三除草。

瓜茬连瓜种，只有藤来不结瓜。

穷根变富根，冬来要深耕。

误饭一顿，误工一日，误田一熟，误人一世。

孩儿靠娘养，庄稼靠肥长。

灶头无柴难烧饭，田里无肥难增粮。

灯里有油火光亮，田里有肥多收粮。

多种一尺，不如多施一寸。

床是病窝，草是虫窝。

棉稻肥料足，扁担挑得两头曲。

绿肥施得足，多收两担谷。

草籽薄薄摊，豆饼要上担。

呒肉勿请客，呒肥勿种麦。

油菜三遍浇，产量一定高。

要得蚕豆肥，多施草木灰。

冷粪果木熟粪菜，生粪上地连根烂。

现在粪满缸，秋后粮满仓。

脚快手捞，样样好做肥料。

猪是家中宝，粪是田中金。

腊肥金，春肥银，春肥腊施银变金。

合理施肥料，谷担满满挑；肥料施不好，等于白甩掉。

施肥一大片，不如一条线。

施绿肥，没啥巧，一层土，一层草，勤灌水，常翻倒。

年里施肥浇条线，春里施肥浇个遍。

底肥施得足，多收两石谷。

旱地靠沟，水田靠埂。

两头出水是金田，一头出水是银田，呒处出水是死田。

发苗先发根，深沟引深根。

若要油，二月沟里流。

若要年成好，罱泥捞水草。

梅里芝麻莳里豆。

年初一早上霜，寻不着捉花郎。

年花年稻（田要棉花和稻轮着种），眉开眼笑。

宁种隔夜秧，勿插露水秧。

闰月不种十月麦。

田等秧，稻谷满仓；秧等田，没米过年。

杨花落在蓬尘里，收麦收在烂泥里。

要得来年熟，冬寒三场雪。

油菜粒，八成收（因为油菜籽熟得快，收成时一般要浪费一点）。

栽秧栽得稀，秈稻笑嘻嘻，割稻一包气，轧米哭啼啼。

猪肥多肉，田肥多谷。

早发花看桃，晚发花看苗。

早油菜，晚小麦，十年九勿着。

植树造林，勿过清明。

杨树叶落得精光，种麦勿要心慌。

5. 天地气象（月份均为农历）

一落一个泡，落后就好跑；一落一个钉，落畅落不停。

一落一只钉，落三落四落勿停；一落一个泡，明朝度（大）天好。

一日东风三日雨，三日东风一场空。

一夜阵雨七夜雨。

一年三季东风雨，独有夏季东风晴（也说"干松松"）。

一场秋雨一场寒，十场秋雨穿上棉。

二月初二雷，稻米家里堆。

二月初八张大帝生日观音到，风雨冰雪一齐到（农历二月初天气变化多端）。

二十廿一潮，天亮滔滔；廿五、廿六，呒涨呒落。

二月廿八，老和尚过江，有大风大雨。

三月三，冷风去，热风来。

三月初三天转暖。

三月初三晴，癞团（蟾蜍）断了魂（天旱）。

三月初三乱穿衣，棉衣热勿杀，单衣冻勿杀。

三月初清明（春寒），冻伤爱美人（冷暖无常）。

三月芒种雨，五月无干土，六月火烧屋（芒种下雨全年干旱）。

三时三送（雨），一年（田）白种（小暑前五六天忌连绵阴雨）。

三时忌问卜，勿好坐门槛。

三时已断黄梅雨，再雨就成倒黄梅。

三时已断黄梅雨，万里初来舶棹风。（苏轼句）

三时三天雨，更转（倒过来）做黄梅。

三伏不热，五谷不结。

三朝迷雾发西风，若无西风雨不空，西风一吹日头红。

四季东风不愁旱，六月东风一场空。

四九南风六月旱。

四月芒种让人种，五月芒种抢来种。

四季东风有雨下，只怕东风起不大。

五月初一落雨井泉铺（水大），初二落雨连太湖，初三落雨要落七十二个连环雨。

五月里有迷雾，撑船人不要问路（有大水）。

五月南风涨大水，六月南风火烧天（也说"井要干"）。

五月南风起，倾盆大雨至。

六月初一雷，风雨不会来。

六月北风转，阴雨细绵绵。

六月北风雨回头，七月北风及时雨，入伏北风当天雨。

六月初三一个阵（阵雨），上昼脱花下昼瞔。

六月（农历）雾，海塘枯。

六九五十四，再冷无意思（进了六九就不会太冷了）。

七月初一雷，一雷九台雨水多。

七九六十三，棉袄两头甩。

七月立秋收成好，六月立秋年要荒。

八月初八，潮头发白。

八月南风二日半（转雨），九月南风当日转，十月南风等不暗。

八月田鸡叫一声、度小雨水落一阵。

八月田鸡叫，稻在田里窜滚倒（指多雨）。

八月无好鲎。

八月十五（中秋）云遮月，正月十五雪打灯。

十月雷，人死拉耙推（瘟疫多）。

十月南风就下雨。

十月雨，泥鳅翻肚皮，不等鸡叫东风起。

十一、十二（潮来），吃饭不及。

十二月初三夜里晴，开春落雨到清明。

十三搭廿七，潮涨日头出。

干冬湿年，冬暖春冷。

干冬湿年，坐仔过年。

干净冬至邋遢年，邋遢冬至干净年。

干九湿三春，湿九干三春。

大寒不寒，人畜病多。

大暑一声雷，要做七十二个野黄梅（雨水多）。

大雾不过三，小雾不过五。

中秋晴，月当空，稻谷棉花堆成堆。

小暑东南风，四十五天干松松。

小暑交大暑，热得无钻处。

小暑凉飕飕，大暑热啾啾，小暑热过头，大暑凉飕飕。

小暑刮南风，十冲干九冲（天旱）；黄鳝问泥鳅，那里有陷洞。

小暑两边大热天。

小暑一交（过去），雨水就少。

小暑一声雷，黄梅依旧归。

小暑有雷，倒做黄梅。

小暑一声雷，倒转做黄梅。

小暑怕东凤，大暑怕红霞。

久晴必有久雨，久雨必有久晴。

久晴大雾必阴，久雨大雾必晴。

久雨东风天不晴。

久雨西风晴，久晴西风雨。

白露宽一宽（地含水分捂几天），寒露干一干（翻地晒一晒）。

白露难得三日晴。

白露日格（的）雨，到一搭（处）坏一搭。

白露身不露，再露变猪猡；寒露脚不露，露脚脚骨露。

春霜不露白（看不见），露白要赤脚（雨水多）。

春东风，雨祖宗；东北风，雨太公，夏东风，一场空。

春雷日日阴，半阴半晴到清明。

（春季）翘嘴白鱼腾空翻（跳出水面），不下大雨来便是风。

春寒多雨水，春暖百花香。

春季无大风，夏季雨水穷。

春雷东西起，河塘干到底。

春雷日日阴，要晴须见水。

春水铺（雨水多），夏水枯。

春霜不隔夜，隔夜就要赖（泥土潮湿）。

春雾日头夏雾雨，秋雾凉风冬雾雪。

春雾晴，夏雾雨，迷雾不收就是雨。

春夏雷雨少，秋后台风扰。

春雪不烊，饿断狗肠，腊雪不肯烊，来年有饭粮。

春雪落一尺，河水涨一丈。

春阴立夏早。

春分秋分，寒暑对半分。

春里的天，慢娘的脸，阴晴冷暖时时变。

春雾放晴夏雾雨，秋雾北风响，冬雾慢开天。

春寒雨若泉，冬寒雨不多。

春分昼夜对半开。

春分有雨病人稀。

春里的天，小囡的脸，一天变三变。

春吹东风雨连绵，夏吹东风牛可歇。

春天东风雨涟涟，夏天东风晴半年。

春东风，雨祖宗；夏东风，干松松。

春夏东南风，不必问天公（有雨）。

春发东风连夜雨。

春西北，晒被头；冬西北，必转晴。

春东夏西风，骑马送蓑衣。

春寒雨多，冬寒雨少。

夏至雨点值千金。

夏至后头三时半个厄（月），头时有雨天要旱，末时有雨河沟满。

夏至有雷六月旱，夏至有雨三伏热。

夏至勿来，雨门勿开。

夏至东南第一风（天气不会太热）。

夏至是晴天，雨水在秋边。

夏至西南风，雨水没（淹）小桥。

夏至西北风，瓜菜落苏全烂光。

夏日蚂蟥浮水面，时不过午天要变。

夏雨隔天晴。

夏雨北风生。

夏发北风，赶紧修屋。

夏雨连夜倾，明日天就晴。

秋冬西北风，日日好日旺。

秋分种草籽（苜蓿），寒露正当时。

秋寒少雨水，秋暖满小河。

秋后北风紧，夜静有白霜。

（立）秋后北风田里干。

秋后西南火风（指干热风）三日晴。

秋前北风秋后雨，秋后北风田里干。

秋热勿热两头。

冬前不结冰，冬后冻死人。

冬前不下雪，来春多雨雪。

冬至西南百日潮，阴阴湿湿到清明。

冬季干冷春季寒。

冬冷多晴，冬暖多雨。

东风代南风，下雨不必问天宫。

东出日头红，无雨便是风。

东风送湿西风干，南风吹暖北风寒。

东鲎日头西鲎雨。

东闪（闪电）太阳红，西闪雨重重。

东闪（电）西闪，晒死泥鳅黄鳝。

东风急，备蓑衣。

东风急，雨打壁。

东南风一紧，出门多带两斤（雨伞）。

东闪太阳红，西闪雨蓬蓬，北闪落大雨，南闪干松松。

南闪火门开，北闪阵雨来。

南闪千年，北闪眼前。

南闪一场空，北闪起狂风。

西风不过午，过午便是虎。

西风入夜静（停止），掼稻人高兴（天转晴）。

西风湿雨脚，不等泥头白。

西南转北（风），搓绳绊屋（草房）（来雨）。

西北风一吹蟹脚痒。

日出胭脂红，不是雨来便是风。

日枷风，月（夜）枷雨，枷里无星连夜雨。（枷，即在太阳或月亮四周有模模糊糊的晕。）

日落乌云涨，半夜叫雨响。

日落云里走，雨在半夜后。

日暖夜寒，东海也干。

日头白淡淡，大风就要来。

日头生耳朵，必有大风大雨临。

日晕三更雨，月晕午时风。

日转西风落夜雨。

风吹状元灯，雨打寒食坟。

雨浇上元灯，日晒清明坟。

雨打黄梅头，四十五天姆（没）涅头（太阳）。

雨打黄梅脚，四十五天赤刮刮。

雨打清明节，干到夏至节。

（谷）雨前雨毛（小雨）没有雨，（谷）雨后雨毛天不晴。

雨送九，家家有（丰收）。

雨天知了叫，晴天马上到。

雨中雷响，雨催天晴。

雨送三时到，稻农哈哈笑。

雷响天顶，虽雨不猛，雷轰天边，大雨涟涟。

雷打惊蛰前，四十五日不见天。

雷打立春节，惊蛰雨不歇。

雷公先唱歌，有雨也不多。

雷声绕圈转，有雨也不远。

霜后南风当夜雨。

霜夹雾，旱得井也枯。

霜（降）后暖，雪后寒。

霜重见晴天，瑞雪兆丰年。

雪落狗快活，麻雀一肚气。

雪上加霜得大晴。

雌（雨水多）（立）秋雄（雨水少）白露，荒一路、熟一路；

雄秋雌白露，白米摊街路。

重阳无雨一冬晴。

重阳无雨望十三，十三无雨一冬干。

重阳晴，一冬冰，重阳阴，一冬隐（不冷）。

重阳无雨看立冬，重阳无雨一冬晴；重阳无雨看十三，十三无雨一冬晴。

旱时东南（风）不下雨，水时东南（风）雨连天。

河底泛青苔（河面上浮起有气泡的片片青苔），必有阵雨来。

（花生叶）傍晚合拢是晴天，不合拢天气就要变。

鸡啁（不停地叫）风，鸭啁（不停地叫）雨。

惊蛰打雷米铺地。

吃了端午粽，便把寒衣送。

吃了端午粽，还要冻三冻。

吃了中秋饼，便把寒衣请。

初三潮，十八水，眨眨眼，没到嘴（潮涨得快）。

初八、廿三正小汛。

初雷早，九月雨水少。

初一落雨初二停，初三落雨落月半。

初一、月半子午潮；初三、十八点心潮。

初八、廿三，早夜潮来；廿五六，沟里干毕驳。

初十潮，无得摇。

初八、廿三，卯酉翻滩。

处暑处暑，只怕发水。

处暑响雷，百日无霜。

断虹早挂，有风不怕，断虹晚见，明天不变。

逢春落雨到清明。

馒头天，天气晴；缸爿云，晒死人。

黑云起白云，大雨马上临。

云低要雨，云高转晴。

黑云遮日头，半夜雨不愁。

鲎高日头低，必定就下雨。

黄昏上云半夜消，半夜上云雨来到。

黄昏上云，半夜消清。

黄梅西刮赤，明朝再湿湿。

黄梅天，十八变。

黄梅黄梅，芒种后逢丙进梅，小暑后逢未出梅。

黄梅无雨干黄梅，夏至有雨倒黄梅。

夹雨夹雪，落个不歇。

交了处暑节，夜寒白天热。

今日鸡鸭早归笼，明朝太阳红彤彤。

惊蛰闻雷米似泥（惊蛰宜雷）。

落雪勿及融雪冷。

落雨柴蝉叫，当天就要好。

蚂蚁搬场、青蛙开会蛇拦路，均有大雨。

蚂蚁搬场，晴天不长（马上有雨）。

麻雀囤食天要落雪。

天边起云，大雨来临。

满天星，明日晴。

芒种火烧天，夏至雨涟涟。

梅里不落时里落（黄梅天不下雨的话，黄梅过后必阴雨绵绵）。

梅里寒，井底干，莳里寒，没竹干（雨水多）。

梅里迷雾，有雨就在半路。

梅里南风大水来。

梅里西风莳里雨，莳里西风暂时雨。

梅天蛤蟆叫，必定有雨到。

迷雾不收就是雨。

蜜蜂迟归，雨来风归。

蜜蜂窝里叫，阴雨就要到。

棉花云，雨快临。

年内立春，春不冷，年头立春，三月冷。

牛出眼泪要落雨。

清明断雪，谷雨断霜。

清明晴，谷雨淋，黄梅旱。

清明若逢晴，梅里雨淋淋。

清明若阴，谷雨要淋。

清明要明，谷雨要雨。

清明南风起，天下皆欢喜。

清明有雨早黄梅，清明无雨迟黄梅。

蜻蜓低飞有雨来。

蜻蜓高，晴得焦。

晴天防阴天，熟年防荒年。

水里鲫鱼鼓泡泡，入秋后半要有暴（雨）。

曲蟮唱歌，有雨勿大。

曲蟮滚白地，不久有大雨。

热在三伏，冷在四九。

若要（棉）花满担，要看正月廿（晴天）。

闪电不闻雷，大雨不会来。

上半月，看初三，下半月，看十六，若要天好过廿六。

上半月，雨水看初三，下半月，阴晴看十八。

上看初三，下看十六。（雨或晴持续半个月。）

入伏下雨伏里旱，立秋下雨有饭吃。

水缸潮，下雨兆。

水九（九里雨水不能多）旱三春，干九湿三春。

太阳颜色黄，明天大风狂。

天旱独怕麻花雨。

天上勾勾云，地上雨淋淋。

头九冷，二九暖，三春暖洋洋。

头九暖，二九寒，三九冻得百鸟乱。

头时棉，中时豆，三时芝麻赤绿豆。

瓦块云，晒煞人。

白天东南风，夜晚湿衣裳。

白露阴天夜无露，有露日旺大（晴天）。

未（立）秋先秋（冷），棉花罗朵像绣球。

未到惊蛰（打雷），人吃狗食（收成不好）。

雾里见日头，晒破大石头。

乌云接日接得低，有雨总在今夜里。

乌云接日接得高，有雨不过在明朝。

乌云接日头，半夜雨愁愁。

先看电，后听雷，大雨后边随。

烟滚地，要落雨。

燕子低飞，鱼跳水面，灶烟滚地，墙地还潮。

燕子低飞雨来到，燕子高飞晴天告。

冬至后数九。

鱼鳞天，不雨也风颠。

月亮生毛，大雨滔滔。

云从西北起，狂风急雨连。

云交云，雨淋淋。

云色恶，必有雹。

云势像鱼鳞，不雨风不轻。

云遮中秋月，雨打元宵灯。

朝鲎雨，夕鲎晴；朝西（早晨鲎在西天）夜东风，日日好天空。

朝有被絮云，午后雷雨临。

早露大，日头大。

早晨起海云，风雨霎时临。

早晨下雨当日晴，晚上下雨到天明。

早看东南，夜看西北。

早看南云涨，夜看北云推。

早看日出，夜看日落。

早看西南，夜看东北。

（预测当天与明天阴晴）早起红霞雨连连，傍晚红霞火烧天。

早蚯出太阳，晚蚯迎雨来。

早上立秋凉飕飕，夜里立秋热到头。

早雾晴，夜雾雨。

早西南、夜东北，日日好天公。

（指白露前后）早霞不出门，晚霞行千里。

早起红霞晚上雨，晚起红霞晒死鱼。

立春打霜，当春烂秧。

立春晴，雨水均，种田人，手脚轻。

立春来雷公，十只猪圈九只空。

立春天气晴，一年好收成。

立春的雨水落到清明。

立春天寒，春季不寒；立春落雨，一春少雨。

立夏吹了东南风，几天几夜好天空。

立秋处暑有阵头（雨），三秋天气多雨水。

立秋无雨秋干热，立秋有雨秋落落。

立秋响雷，百日见霜。

立秋雷，田半收。

立冬无雨一冬晴，立冬下雨一冬阴。

两春夹一冬，无被暖烘烘。

正月立春潮汐大。

隔年春，长三春，田里生活不吃紧。

雨淋春牛头，七七四十九天愁。

雨水（日）连绵是丰年，农民不用力耕田。

雨水有水，有得吃来有得穿。

水淋春牛头，农夫百日愁。

年逢双春雨水多，年逢双春好种田。

芒种芒种，割麦插秧两头忙。

天上云层破被单，三日里厢风必来。

天上豆荚云，地上晒煞人。

天上赶羊，地上晒被晒粮。

天上钩钩云，地上雨淋淋。

天上鱼鳞云，笑杀晒谷人。

天上块头黑云，地上水多难行。

久雨闻雷天将晴。

先雷后雨不湿鞋，先雨后雷着套鞋。

疾雷天易晴，闪雷雨不停。

星光生暗毛，两天雨必到。

日出遇乌云，没雨就天阴。

日出胭脂红，勿是雨来便是风。

日落红云起，明日红日升。

日晕三更雨，月晕午时风。

日刹落雨（日出时如有带状黑云遮住，则要有雨）。

日落西山一点红，半夜起来搭雨篷。

鸡在高处鸣，雨止天要晴。

龟背转潮天作恶。

蜻蜓成群飞，风雨来凄凄。

蚊子飞成团，风雨一捉堆（一起来）。

刮了长东南，半月雨难停。

伏里东风不下雨。

旱出蚱蜢，涝出蝗。

冬南夏北，有风必雨。

过了秋分，一场秋雨一场凉。

青光过顶，干断水井。

晴怕夜阴，久雨怕夜星。

天干莫望云头雨，天雨莫看晚上星。

雾露出好天，不要问神仙。

晓雨就停一天晴。

雾罩地，蓑衣披。

腊月立春春水早，正月立春春水迟。

腊雪是被，春雪是刀。

鼠一兔二，猫三狗四，猪五羊六，牛马快满年。

三、商贾

1. 概述

据《石冈广福合志》载：广福镇，在六都。东西一里，半隶宝山。市，恃也。养赡老小恃以不匮也。镇，重也，压也。大抵市小而镇大也。"练川图志"有张泾镇，今已无考。曾《志》五市七镇。后市亦称镇，无他，以居民有聚散、贸易有盛衰故也。广福镇，明嘉靖中三百户耳，天启初有千室之聚矣。近日石冈、戬浜桥人烟辐辏，俱已成市，特备载焉。

广福商市以镇为贸易中心逐步形成。广福镇屡遭倭患，农业、手工业萧条，民不聊生，商业亦遭厄运。商贸中心由广福镇逐渐南移南翔，东移刘行等镇。民国初至抗战前，广福镇商市仍颇盛，一日二市。民国初镇南建有织布厂、糟坊、榨油坊、轧厂等。店铺有布庄、饭馆、酒肆、茶馆、杂货等31个行业，大小店铺70余家，各种摊贩20多户。原嘉境南北一街，江姓商铺最多，故有"江半镇"之称。宝境的东西一街，商市也较兴盛，尤以须姓开设的香烛店最有名气。抗战后市面减退，1953年宝山县政府与嘉定县政府商定，并经苏南行署批准，将原属嘉定县马陆区北管乡管辖的杨泾西的南北一街——广福村，划归宝山县刘行区广福乡管辖。此后，原东西一街逐渐由商转农，而西部的南北一街逐渐形成以后的广福镇商业中心，镇区聚落成"厂"字状，南北狭长延伸一华里，有百货、棉布、饮食等店铺，无工业，都新建农民住房。至21世纪初，广福集镇的商市中心逐步移至周家浜的弄里桥之南、宝安公路以北的中街区段，建有广福农贸菜市场等商铺商店，基本均由外来户借用民房经营。

2. 商铺

据《宝山县志》载，明朝万历三十三年（1605年），广福形成市镇。清朝乾隆年间（1745年），广福东西一条街，长一里余，商铺四五十家。杨泾西嘉定境内有南北一条街约半里，商铺二三十家，江姓商铺居多。（南市梢的江家元丰布厂最负盛名）

广福镇商铺鳞次栉比。民国期间的南货、杂货店有江森茂南货店（后改为江跃南货店）、江祖廷、江显廷南货店、江雪舍杂货店。茶馆较多，有戴阿雪茶馆、滕爱田茶馆、程克朋茶馆、管阿东茶馆、卢阿园茶馆、汪毛金茶馆、封林森茶馆。新中国成立初期，还剩下三四家茶馆。至上世纪 90 年代末，仅剩下一家背靠杨泾的广福老茶馆，由陈兴龙承包经营。

广福铁铺历史悠久，1860 年从无锡迁来的宣顺兴铁铺，前后经营了三代，直到新中国成立后的 1956 年公私合营，"宣家"铁铺先后经营达 96 年之久。广福镇的王记铁铺，锻打出来的菜刀质量是本地之冠，专销上海小南门百年老店沈长顺刀剪店。1952 年 2 月由刘行供销社的丁鹏飞、洪福弟两人奉命到广福镇组织个体铁业户纪文强、郁福根、王关林等四人，第一个成立刘行区广福乡铁器生产组，以生产各种铁制小农具为主，广福乡铁器生产组生产出来的产品由供销社负责包销。

广福镇商铺门类比较齐全，比较有名气的商铺还有高阿兴酒店、卢文斋米店、王阿如肉庄、管阿舍肉庄、施之球豆腐店、江左廷寿材店、程克明戏馆、孟开龙饭馆、彭明甫药店、胡鸿慈药店、王梦熊药店、须世华香店、徐忠信班船（抗战期间，徐忠信开班船往来于广福到南翔、广福到吴淞）、陈浩然修理摊、徐云章鱼摊、李凤芳鱼摊、顾秋亭鱼摊。广福鱼市很盛，周边渔民上百户，远去嘉定西境河道捕捉清水大闸蟹、鲜鱼、河虾上镇应市。上海鱼贩每天来广福镇收购新鲜的鱼、虾蟹等，踏鲜上海销售。

3. 坊铺

据史料记载，清代末年广福镇每天早市的贸易，以棉花、土布、六陈为大宗。客商到镇上收买鲜茧，茧市很盛。由杨泾北出练祁，东到罗店，西到县城（嘉定），南从分水墩以西到南翔，西北到戬浜桥，西到马陆。

广福镇江忠仁开办元丰织布厂，始于 1930 年，开办在广福南市梢，至 1937 年有职工 40 人，后发展到 200 人。拥有铁木织布机 40 台，资金 10 万余元，是刘行地区唯一的一家工厂，能自行发电。1956 年，元丰织布厂并入顾村的俭丰染织厂。

广福的榨油作坊有两个，即张家油车和江家油车。张家油车又名张德仁油车，创始人张飞卿。油车坊规模很少见，共有房屋 96 间，牯牛 22 头，还专开挖放养牯牛的牛河池。有大磨一座，压磨一座，压床 15 架。除了榨油，还能轧米。雇用临时伙计达数十人之多。该油车毁于 1937 年的抗日战争。江家油车作坊厂房 15 间，雇用伙计 5 人左右，"一二·八"事变后由江钟明创办，也能轧米，毁于"八一三"事变。

糟坊要数"江森源"的规模最大，有房屋近百间，缸具数百只，伙计 10 多人，自制烧酒、陈酒和酱油，经营批发和零售业务，该糟坊仅次于嘉定有名气的"文玉"糟坊。

广福早期的染坊为唐全甫所开，后期的为朱宝生所开，两个染坊均可染出 5~6 种颜色。

严福兴开办在杨泾边上的木行，木排从西马桥（广安桥）排放到三官堂（杨娥桥处）南的杨泾里。

第五章　教育和医药

一、学校

1. 综述

史料记载，明嘉靖年间提倡办学，嘉定知县李资坤在嘉定县城和全县 16 个大镇都建办小学，以教育地方子弟。广福杨溪小学等大都在明末清初停办。

清末（1911 年），广福国民学校由左思冲、江寿珩创办于广福镇中城隍行宫内。

民国元年（1912 年）4 月，县劝学所委派左思冲、朱鸿寿、朱尔杰，督导广福、刘行乡学区。

民国二年（1913 年），乡、村私立学校相继创办，广福乡的沈步吟在归王鲤鱼沟特设第三初级小学。

民国六年（1917 年），广福乡由乡教育会长沈仁麟、副会长彭祖绪负责督学。

民国八年（1919 年），县劝学所下设四学区。广福划为第二学区，刘行划为第三学区，由学务会员学区委员朱鸿寿负责视导。

民国二十年（1931 年），在归王鲤鱼沟的广福乡第六初级小学停止办学，原因是地方和当局不给补助，无经费。

民国廿六年（1937 年）抗战爆发，刘行、广福地区各学校因遭破坏而被迫停办。

抗战胜利后（1946 年），各学校得以恢复。

广福地区教育原以私塾为主。由教师私人设馆收费，教材仅限于古文，如《百家姓》《论语》《孟子》等。富户人家还聘师家中，专教一两个子弟。（在历史上，条件较好家庭请教书先生到家中来教育本族子弟的，称"家塾"；条件一般者，把孩子送到有钱人出资开办的学校，称"义塾"；教书先生等筹资办校，学生自费前往学习的，称"私塾"。）

清末民初，"废科举，倡新学"，先后在刘行镇、广福乡的广福镇和沈家宅、陈行乡的陈行镇等地创办了4所乡立初等小学堂以及3所私立学校。

1949年5月后，县区教育组织，开始在各地兴办民办公助初级小学，第二年民办公助学校一律转为公办小学，广福等校发展为完全小学。

1958年，东马桥大队（广福村）开办半耕半读的农业中学，次年各农业中学集中合并为刘行农业中学，至1962年农业中学全线停办。

1968年，广福小学附设初中班。翌年，广福小学东部（杨泾东）建造一排2层（3底）新教学大楼，西部（杨泾西）学生全部并入东部，并调整了校区招生部署。

1998年，广福小学被撤并至刘行中心小学。

2. 小学变迁

志书记载，清光绪三十二年（1906年），广福有两所小学堂，一所校名为嘉宝广福小学，系公立、初小；一所校名为志勤小学，系私立、初小。两所小学学生数51人。光绪三十三年（1907年），两所小学学生47人。光绪三十四年（1908年），两所小学仅存一所，学生数17人。清宣统元年（1909年），广福两所小学堂，学生数41人。宣统二年（1910年），两所小学学生数34人。

原属宝山县的广福中心小学，清光绪三十三年（1907年）由左思冲、江寿珩筹捐设立，校名为广福国民学校，校址在广福镇中城隍行宫内，一个班，两名教师，学生 38 人。1923 年，由广福乡彭家的彭养中办学，校址在广福镇东首的普慧寺内，两个班级，三名教师，60 名学生。1926 年 6 月，由广福乡的沈步吟任校董，县教育局捐款，添建了一间教室，校名为广福第一初级小学，有三间教室，三名教师，80 多名学生。

原属嘉定县的广福小学，由嘉定县马陆乡王家牌楼的王若龙在 1924 年创办，校址在杨泾西的广福南街，创办时有两个班级，三名教师，60 多名学生。

3. 广福小学

新中国成立初期，属嘉定县的广福小学有五个班级，七名教师，260 名学生；属宝山县的广福中心小学有五个班级，十名教师，200 名学生。两所小学都为完全小学，都属公办性质。

1953 年 2 月，原以嘉定、宝山两县分治的广福镇全部划归宝山县管辖，故原属嘉定的广福小学亦与宝山县的广福中心小学合并成为广福中心小学，但仍分东西两个学区教学。

1958 年，广福中心小学共有 11 个班级，500 多名学生，17 名教职员工。

1968 年，由于学校分东西两部，对学校的管理和教师的膳宿安排等都有很大不便，经宝山县教育局批准，将西部的校舍全部拆除，并入东部，建成了三上三下的南教学大楼。1983 年 8 月，又翻建成五上五下的北教学大楼，至此，共计八上八下，周围还筑起了围墙。校舍整齐，教学设备完善，教学质量不断提高，曾两度被县教育局评为先进集体。

1983 年，学校有六个年级，七个班级，学生 210 人，教师 12 人。同时附设幼儿班，幼儿 35 人，教养员两人。

1985 年，学校有九个班级，14 名教师，320 名学生。

1998 年，广福小学被撤并至刘行中心小学。

宝山县广福中心校第一届应届毕业生摄影

宝山县广福小学第十三届应届毕业生师生合影

广福中心校第二届初高级应届毕业生

二、医药

1. 概况

清同治年间（1870 年），广福镇上已有胡氏家族胡咏仪先生从医立业，擅长疯科（专治风湿病和皮肤病）。并在镇上开设胡庆余堂。

清光绪年间（1885 年），广福镇东北侧的赵家宅（归王）吴桐生，年轻时在广福镇一药店当学徒，后来成了一名较有名的医生，并在家开设私人诊所。

清代期间，居住在广福的良医还有候智元、高荣，医德高尚，医技精湛。

上世纪 50 年代前后，嘉定"黄墙"外科为沪上外科一大宗派，名扬太仓、嘉定、宝山地区。广福的卢大钧是"黄墙"传人之一，他造诣颇深，曾在大场挂牌数年，后入龙华医院任职。故乡人患有外科方面疑难杂症的，往往都前往卢大钧的任职医院或寓所诊治。一听是故乡人，卢医生总是十分热情和精心施术。其弟卢大明，是沪上知名的妇产科专家。

1958 年，东风人民公社医院下设顾村、广福、陈行、长浜（罗南）等 5 个卫生所。1961 年底，广福（东马桥大队）建立卫生室。1964 年，广福镇重新设卫生所（自负盈亏），由中医朱惠明、西医金仁修应诊。第二年撤销广福卫生所，设立合作医疗卫生室。上世纪 70 年代中期，卫生室乡村医生（赤脚医生）徐德良调离，任刘行卫生院副院长。20 世纪八九十年代，在外工作的广福人陈关兴为教授医师，须德高为主任医师。

2. 中西药店

新中国成立前，广福镇有三爿药店：彭明甫药店、胡鸿慈药店、王梦熊药店。三爿药店均为中药铺，并都兼营西药。中医在药店坐堂行医，而药店老板或伙计往往也精通中医之道，被称之为"半个郎中"。

胡鸿慈药店又名"庆余堂"。民国时期，胡鸿慈 8 岁就跟随祖父胡咏仪学医，帮其祖父抄方侍诊。因胡鸿慈之父弃医他就，胡鸿慈就继承祖业。又因胡鸿慈的字写得特别好，"广安桥"（西马桥）三个字由他亲笔题写。

王梦熊药店又名"延寿堂"，坐堂的中医在周边均有名气，如小儿科医生王寿祥、妇科医生朱孔照、内外科医生苏信鹤等。王梦熊本人也是一名口碑不错的内外科医生。其弟王梦兰新中国成立前在顾村老街开中药店，并兼营西药。老三王梦丽原打算在刘行也开中药店，欲在"三镇"形成"王氏"药铺的连锁店，由于某种原因未果，后一直帮大哥王梦熊经营"延寿堂"，直至上世纪 50 年代中期商店公私合营。

3. 私业行医

广福乡赵家宅的吴桐生，在药店当学徒期间十分刻苦钻研医术，终于成了一名较有名气的医生，在家开设私人诊所行医，为民治病，遇贫苦者不收诊费并施以药资，故各地人等慕名而来，看病者络绎不绝。

私业行医的一般为中医，胡鸿慈是世医之后，又是中西医结合的医生，常往来于广福、刘行一带。店堂内长期聘用能独当一面的学徒蔡其香，"半个郎中"的称谓在他身上得到较好诠释。

第六章　古诗文萃

一、书目作品

　　明清时期，广福地区涌现出许多历史文化名人，这在上海地区也是极为罕见的，他们撰写的书籍和创作的作品，为广福人民留下了宝贵的文化遗产。这里选刊部分历史文化名人及其书目、作品，以便让后人知晓广福地区有着丰富的人文资源和深厚的文化底蕴。

　　1.《徐烈女传》郭山著。

　　郭山原住广福，后迁居高桥。明朝嘉靖年间，举人，同安知县。

　　2.《议曹疏解》《须氏诗文集》《荆关确政二卷》《仪曹疏解》须之彦著。

　　须之彦原住广福，迁居嘉定东城，明朝万历年间，进士。尚宝司少卿。

　　3.《凝香阁文稿四卷》《诗稿六卷》，须之彦著，谢三宾作序。

　　4.《读书白鹤寺》《粤西奏议》，张任著。

　　张任系南翔人，死后葬广福东南二里处（张家坟山）。明朝嘉靖年间进士、兵部左侍郎。

　　5.《征倭纪略》《学圃吟草》，戴广著。

　　戴广居广福，明朝嘉靖年间，武科第二，柘林守备。曾获"汉家飞将"之美称。

6.《四书广古注》《冰抱老人集十八卷》《寿砚堂全集》《周易翼注》《历代诗类抄》《王氏世谱》，王泰际著。

王泰际居六都（广福），明末崇祯年间，进士。

7.《南塘青青草》，王霖汝著。

王霖汝系王泰际长子，明崇祯年间，举人。

8.《握灵本草九卷》《医家四种》《大年堂诗集》，王楫汝著。

王楫汝系王泰际次子，清朝顺治年间，举人。康熙年间，以子王晦为贵，赠翰林院庶吉士。

9.《箸云堂集》《木棉歌》，王晦著。

王晦系王楫汝之子，居广福。清朝康熙年间，进士。

10.《味闲漫衍录》，王敬铭著。

王敬铭系王晦之子，居广福。清朝康熙年间，进士。

11.《国朝练音集》《如斋吟稿》《练音诗话》，王辅铭著。

王辅铭系王晦之子，居广福。清朝乾隆年间，贡生。

12.《练音集补七卷》《明练音续集十二卷》《国朝练音续集十二卷》，王辅铭编辑。

13.《蕙纕词一卷》《长海集》，王恪著。

王恪居广福，清朝康熙年间，进士。

14.《元人事略忆事编年》《舆图备考》《潜夫诗草一卷》，戴亮著。

戴亮，游击将军戴广的四世孙，居广福。清朝康熙年间寄居京城，府学生。

15.《戴非略诗稿一卷》《南村残稿》，戴士冼著。

《练音集》小传云：士冼，字非略，游击广曾孙。读书罗溪里，与朱稚庵昆季，暨赵方尹以诗酒投合。有残稿一卷，藏于南村家塾。

16.《蒙难纪实》《紫庭诗草一册》《南村自怡稿》《南村词二卷》，戴鉴著。戴鉴系戴亮之子，居广福。清朝康熙年间，国子监学生。

17.《嘉定诗征》，戴鉴编辑。

18.《林园遗诗一卷》，张诗、戴鉴编辑。

19.《铁笛吟》，须鼎著。

须鼎居广福，清朝。《练音集》小传云：鼎，字尔新。布衣有豪气。业轩岐，好吹铁笛。嗜酒，醉后辄放笔为诗。与殷铭、俞嘉客同主白沙吟社。

20.《天门遊草》《芝田吟稿》，须孔经著。

须孔经居广福。清朝乾隆年间，贡生。

21.《艳秋室诗稿》《蠹南集》，左师相著。

左师相居广福，清朝，诸生。

22.《经解集腋》《医学针度》《格致医案》，高应麟著。

高应麟居广福，清朝。

23.《听鹂山房集》，戴辅著，侯智元跋。

侯智元居广福，清朝。

24.《雪烦诗稿》，费葵著。

费葵系广福北里人，清朝嘉庆年间，贡生。

25.《蕉石山房杂著》，李休征著。

李休征居广福，清朝，廪膳生。

26.《宝篆山房诗稿》二卷，高鋆著，潘履祥序。

高鋆居广福，清朝。

27.《红杏山房诗集四卷》，王元令著。

王元令居广福，清朝乾隆年间，进士。

28.《十国宫词》，王元勋著。

王元勋居广福，清乾隆年间进士，徐州府教授。

29.《石冈广福合志》，王元勋作序。

清朝嘉庆十二年（1807年）出书。王元勋时年八十。

30.《经解集腋》，刘械著，李休征序。

李休征居广福，清朝。

二、诗歌集萃

1.【明】钱世祯一首

过广福留宿少宾执文斋夜话

少宾姓戴，名尧，字希圣，游击广子，私谥孝简。

短櫂宵停曲水隈，

经师讲席夜还开。

守门鹤在何须叩，

载酒人过不用陪。

展卷漫寻先子句，

先子曾为游击公题战功画册。

据鞍犹忆故侯才。

后先遭际知谁是，

细雨挑灯百感来。

（选自《明练音续集》）

◎钱世祯，字士孙，号三持，万历己丑武进士。朝鲜征倭立奇功，官至天津参将。

2.【明】须之彦二首

赠金子鱼

当年早已谢公车，

小筑幽栖水竹居。
宾客满倾霜后酒，
儿童频灌雨前蔬。
闲身不作升沉梦，
老眼惟看感应书。
笑我未能离世网，
相期旦晚伴樵渔。

皇庆寺

高树悬千尺，
烟萝隔寺门。
林深护鸟迹，
石乱破苔痕。
虚籁传秋响，
翻涛起夕喧。
空山钟磬寂，
风雨易黄昏。

3.【明】王泰际四首

九日登南介山墩

薄云凉日逼秋闲，
宝惜良时共一班。
与菊花言高傲性，
借重阳上寂寥山。
来将淡泊分僧半，
归有波澜发酒间。
辈老正须尊晚节，

频修故事逐疏顽。

余里杨泾素出美蟹，二十年来，水浅齐密，移产廿里之外。每秋高客至，无以为供，因作此以博一笑。

海乡秋食唯一品，
八跪双螯矜味殊。
食者不廉取亦横，
远徙却效南海珠。
或云民贫地力索，
介虫移产束西驱。
朋好至期食指动，
诮责闭户私甘腴。
群声索醉促市蟹，
市无片甲充庖厨。
此情莫告告河伯，
河伯入梦笑寒儒。
移民移粟智亦有，
何不迁家就蟹区？
古人求州亦此意，
况无监判相执拘。
口腹累人忘屈己，
挈瓶提具良非迂。
但恐禄薄簿不注，
郭索先生又远趋。
累累索贯但吐沫，
紫甲黄里仍它输。

（选自《冰抱集》）

寿砚堂自题

先荫犹存乱砾中，
篝除试结小茆蓬。
燕知不笑梁如絮，
砚涤偏宜水近东。
放月尽来因旷地，
与花为计半梳风。
家门辋曲当何等，
俭富随时勿强同。

（选自《冰抱集》）

◎六都收号三十六图冈圩，明王泰际宅，王时敏书额。后为王氏享堂。

春仲收采木棉纪异

秋花冬必尽，
入春犹吐白。
譬彼彭籛寿，
商周阅八百。
老农诧未见，
少农翻笑哑。
物力忌太尽，
源源岂潮汐？
天或念民贫，
纵与无限格。
小人眼光短，
倾箧买田宅。

倚岁如倚父，

有索必无惜。

割地如割肤，

争较及寸尺。

岂知丰凶理，

往复若主客。

奇福吾不贪，

且自守中策。

（选自《冰抱集》）

4.【明】张任一首

读书白鹤寺

半榻来分退院僧，布衾纸张解囊滕。

涤将旧砚池如凤，草就新诗字似蝇。

惊铎晓风侵断梦，窥窗野鼠盗残灯。

不知春色今深浅，欲探邻梅开未曾？

5.【明】戴广一首

寒夜军中作

我生东海滨，敝庐依耕垅。

家世本儒冠，刀锥羞将种。

投笔乃浪嗤，从军非好勇。

遗训懔趋庭，丈夫忠孝重。

一朝海扬波，小丑蠢然动。

三吴日风靡，跳梁且汹汹。

幕府树高牙，丹书五云捧。

惊闻怒裂冠，赤血心头涌。

张我六钧弓，跃我青丝笼。

星斗扫欃枪，直捣倭夷洞。

虽分廊庙忧，敢藉君王宠。

锡命自天来，当之骨战悚。

报恩自古难，我更才如蠓。

将军绶带长，名士纶巾耸。

不朽在汗青，芳躅何人踵。

脱我铁戎衣，上我冼人垄。

荷锄话升平，陶陶无戒恐。

三更明月寒，褛被茅床拥。

一笑薄封侯，况此卑栖冗。

6.【清】钱大昕一首

羡杨泾渔者

巨螯团脐认雌雄，

手缚寒蒲教短童。

颇羡杨泾老渔者，

一年活计纬萧中。

原注："谚云：雄蟹舍不得螯，雌蟹舍不得脐。"（《潜研堂诗集》）

◎钱大昕（1728—1804），字晓徵，号辛楣，晚号潜研老人，又号竹汀，江苏嘉定人（今属上海），清代史学家、汉学家。生前已饮誉海内，王昶、段玉裁、王引之、凌廷堪、阮元、江藩等著名学者都给予他极高的评价，公推他为"一代儒宗"。

7.【清】王晦三首

喜敩儿登第

两年翔步玉堂清，
五夜藜灯卷帙横。
争笑衰翁方视草，
那知游子首登瀛。
寒回春色簪花丽，
膝舞斑衣赐锦明。
沂国当时曾有兆，
莫将温饱负生平。

（选自《王补亭诗集》）

芝园杂咏

门户难支畏市喧，
移家暂憩百年园。
秋风不定栖枝鸟，
夜雨偏惊挂树猿。
一曲疏篱围竹屋，
半湾流水接鸽原。
呼儿汎扫堂前地，
久闭紫荆砌草繁。

江湖归客剩闲身，
那有贻谋及后人。
田授余夫恒产尽，
雏营别业旧巢新。

相期绕岸培兰芷，
未许当门长棘榛。
连夕酒杯群从合，
霜螯银鲙紫丝莼。

忍漫含愁永不眠，
颓年生事转茫然。
砚荒不产科名草，
池浅难容书画船。
野寺孤村飞鸟外，
渔灯蟹舍断桥边。
相思多在长干里，
未厌登楼拟仲宣。

身如茧缩万丝攒，
多病支离强笑欢。
林竹拂檐同客瘦，
村醪入口带儒酸。
蛩吟向晚声偏细，
树色经秋叶渐丹。
欲老菟裘何处是，
梦醒槐郡隔邯郸。

（选自《王补亭诗集》）

木棉吟

吉贝旧从海岛植，
流入中华满阡陌。

故老相传号木棉，
其功直与蚕桑匹。
年年四月来牟黄，
播种入田乘雨隙。
迸芽发叶仅寸许，
田中茂草先盈尺。
挥锄流汗浃故衣，
赤日中天痛如炙。
半载辛勤到九秋，
西风夜发苞初坼。
幸逢稔岁霜信迟，
照眼花丛如雪白。
田夫珍重逾夜珠，
挈妇呼儿亲手摘。
归来索卖价苦贱，
百计经营供妇织。
机声轧轧寒月阑，
十指痛裂心不惜。
待输公赋偿私逋，
纵成万匹难存一。
吁嗟此物衣被天下民，
回看农妇两脚赤。

（选自《王补亭诗集》）

8.【清】王敬铭一首

己亥仲夏，抱疴寓斋，诵渊明《归田园居》诗，辍缀和章（录二）

吾家练祁曲，
水绿欺青山。
自呼玉溪子，
耕钓忘岁年。
学道慕闲旷，
读书意沉渊。
先曾陶令宅，
薄产苏家田。
虽贫有余乐，
尚志轻人间。
族属舍南北，
亚旅村后前。
父老约鸡黍，
招隐忘炊烟。
倦游古桂丛，
斋阁天香颠。
（阁名天香，予少壮时读书其中。）
维时意宏放，
万象归一闲。
那知堕尘网，
踟蹰了不然。

东庄我私田，

窃比鉴河曲。

水木淡而野,

中抱数椽足。

牛羊识家翁,

沟塍布棋局。

此镜心目闲,

至今若照烛。

何当生朝轩,

垂帘吸初旭。

（选自《未岩诗集》）

9.【清】王中铭二首

题德荫堂画室

寿砚堂四百步。

莫嫌斗室膝难容,

笔底偏能叠万峰。

千里暮烟笼翠竹,

一天晚露润青松。

闲敲诗句茶初熟,

兴绕溪山墨正浓。

坐久自然悬念绝,

白云堆里一声钟。

（选自《延晖轩吟稿》）

德荫庵纳凉

莺啼枝畔弄斜阳,

拂拂轻风送晚凉。

落日照林红影碎，

晴云如画碧天张。

木鱼声彻禅房静，

竹翠光摇野趣长。

知己溪头齐晚步，

临流争说柳颠狂。

（选自《延晖轩吟稿》）

10.【清】戴亮一首

送王孝廉东皋南归

酒饯青门道，

秋容荡柳烟。

我辞家十载，

君去路三千。

风雨盟应在，

须眉老共怜。

湘山佳丽处，

一一入诗篇。

（选自《惕庵集》）

11.【清】戴鉴一首

南 村

矮屋浑如系小艖，

卜居原不厌尘哗。

呼奴并乏千头橘，

却疾新分五色瓜。

岂是杏花寻酒社，

可知黄叶有人家。

青苔白石闲消受，

亦学栽桑亦种麻。

（选自《南村集》）

12.【清】赵镜一首

冬日清闻庵看梅

庵在姚浜桥北。

一径清幽净俗喧，

梅花万树锁庵门。

香风频送来禅榻，

手泽摩挲二老存。

谓定陶大父题额，

并有朴邨先生书碑记。

（选自《桐轩草》）

13.【清】张揆方一首

杨九娘歌

杨九娘，

生无兄弟为女郎。

阿爷终朝汗流浆，

搬水救活田中秧。

木棉风起天色暮，

含啼结束出门去，

去守桔槔替爷苦。

花鹰宿鸭闹如云，
仿佛秦邮邗水滨，
千秋同作露筋人。
土人庙祀于兹土，
手把银钗击神鼓，
秋赛年年比田祖。
君不闻田家踏车河水隈，
桔槔日夜声凄凄。

（选自《采堆山人诗抄》）

◎张揆方，字道营，号同夫，嘉定人。康熙丁酉举人，有《采堆山人诗抄》。

14.【清】金行模一首

吊杨九娘墓

孝女犹传里，
荒凉墓一丘。
蚊喧还有恨，
水咽总含愁。
迹共曹娥著，
名同青冢留。
樵夫犹未解，
漫说女灵侯。

（选自《丹亭诗稿》）

15.【清】姚承绪一首

杨　泾

元孝女杨九娘奉父母守桔槔，蚊啮不去，以羸死，土人立祠祀之，名其里曰孝女里。泾有菊花泉，饮之可益寿。

泾水东流尚姓杨，
清泉涓滴总流芳。
灵扉野外神祠古，
远火江干蟹蛳凉。
弱质竟遭蚊见厄，
贞心原与菊花香。
露筋有女同完节，
犹逊村姑孝行彰。

（选自《吴趋访古录》）

◎姚承绪，字缵宗，一字八愚。生于清嘉庆年间，嘉定人。博学能记，有《留耕堂诗集》十二卷。道光九年（1829 年），作者将自己所题汇而编之，凡五百四十六种，题之为《吴趋访古录》，书于道光十八年编就，刻于道光十九年。

16.【清】林大中一首

孝女杨九娘庙

灵旗缥缈卷斜晖，
太息当年白鸟飞。
仿佛露筋祠畔路，
行人但说蟹螯肥。

原注：庙在杨泾，产巨蟹。

◎林大中，清嘉定诗人，编有《练雅》。

17.【清】朱厚章二首

杨九娘庙

杨溪溪九曲，

九娘家在溪之澳。

溪名犹以九娘传，

溪上巍然作祠屋。

祠前杨柳风，

祠后菰蒲水。

村娃龙骨车，

夜踏明月里。

殷雷声销蚊母死，

环九娘祠今九里。

共话九娘孝且贞，

高邮小姑无二情。

朝朝祠壁看图画，

灵风萧然袅遗挂。

红莲稻熟吉贝收，

报赛神惠宜千秋。

题戴范祁杨溪书圃图

杨溪九曲波溶漾，

君家旧业杨溪上。

春风吹出读书声，

满树高花为君放。庭前辛夷甚古。

圣人往矣微言存，

其不传者俨相饷。

世人务博猎浮华，

叩以六经浑漫浪。

纵令竭力爱三余，

老至终愁失凭仗。

羡君志锐气不嚣，

诗笔师承有宗匠。朴村许君以名山业。

双扉昼掩人不来，

手挟陈编独高望。

白云如水荡心胸，

童子烹茶鸟鸣桁。

我欲从君数讨论，

舟行只向溪头榜。

（选自《多师集》）

◎朱厚章，字以载，号药亭，昆山人，廪生，寓居东里。乾隆
丙辰以博学鸿词征，未召试而卒。

◎戴范祁，字伊初，国子监学生。戴鉴之子。

18.【清】顾惇量一首

遗忠堂建兰诗

乾隆丙子夏，余北归奉母。岁祲，闲居须复庵，延余课其二
孙，曰肇彤、肇彬。庭有闽兰一盆，勃发二芽，花香袭人。余谓数
与时应，花为人瑞，因题一律。

名卉原来出海疆，
培根茁秀发奇香。
骈肩玉立成兄弟，
双鬟金衣学凤凰。
验比王槐当午润，
谶先燕桂占秋芳。
他时移置兰台上，
应佐薰风殿阁凉。

◎顾悙量，字万陶，号寿峰，江苏昆山新阳人，清乾隆优贡。以明经司铎南汇、甘泉。家贫力学，诗文、书、画兼长。梅、兰、竹、菊，顷刻能尽数十纸。纂有《昆山新阳合志》。

19.【清】翟灏、翟瀚一首

题孝女杨九娘

泾水东流尚姓杨，
清泉涓滴总流芳。
灵扉野外神祠古，
远火江干蟹舴凉。
弱质竟遭蚊见厄，
贞心原与菊分香。
露筋有女同完节，
犹逊村姑孝行彰。

◎翟灏（？—1788），清藏书家、学者。字大川，改字晴江，自号巢翟子，仁和（今浙江杭州）人。乾隆十九年（1754年）进士，官金华、衢州府学教授。性嗜藏书，自经史外，凡诸子百家、山经地志、稗史说部、佛乘道诰等书，广加收罗。建书楼三楹，储书检校，名"书巢"。自作有《书巢记》，记其储书经过。撰述勤奋，至老不倦。著有《湖山便览》《无不宜斋诗集》《说文算经证》《周书考证》等。翟瀚为其弟。

20.【清】孔素瑛一首

杨九娘庙

杨溪九曲水波平，
古庙长留孝女名。
今日桔槔声不断，
花蚊无迹柳风清。

21.【清】陆遵书一首

练川杂咏（选一）

遗事九娘重可悲，
庙旁肃肃卷灵旗。
偶过广福村西路，
夜听蚊声欲赠词。

◎陆遵书（？—1783后），清代画家。字即仙，号芙苑，一号扶远，嘉定（今属上海市）人。

22.【清】周兆鱼一首

潜溪杂咏（寿山垵）

中丞伟绩弇州文，

堕泪丰碑峙夕曛。

银杏一枝无恙碧，

酒杯更上寿山坟。

23.【清】张宏一首

清康熙二十三年甲子，棉花大稔。九月，广福有虎伤一民一僧，夜逸去。

有虎有虎嘤之东，

非其土产来何从？

村民驱逐恨无力，

闭门不敢窥腥风，

一方屏息真英雄。

有虎有虎嘤之曲，

爪铦齿利攫人肉。

何事淋漓弃道旁，

苦为无罪遭杀戮，

犹幸只闻一家哭。

（选自《国朝练音初集》）

24.【清】宣荩一首

游永昌寺

阳气初回后，

风光便不寒。

寻花同散步，

入寺且闲看。

诗句缘情适，
林泉得路宽。
迟迟逢细雨，
斗酒更盘桓。

（选自《临江集》）

25.【清】王述祖一首

永昌庵闲坐

何必之推高隐处，
土墩始许介山名。
风来寿砚移人洁，
水抱杨泾彻底清。
不少云光穿竹牖，
最宜铃语和揪枰。
是谁享此悠闲福，
使我登临眼倍明。

未妨小坐趁初晴，
畅好春光叠送迎。
一经斜阳无俗客，
半窗远树度流莺。
静参古佛颜微笑，
载诵穿碑感乍生。
三百年来余泽在，
先茔咫尺仰清名。

（选自《翥云堂初稿》）

◎王述祖，清代邑人。

26.【清】张朝桂一首

题永昌禅院陆清献公墨迹

当湖昔贤士，
本以儒术尊。
牛刀曾小试，
墨绶来海滨。
讼庭长丰草，
遗泽在斯民。
公余思农事，
驻节东野春。
招提寻旧迹，
颓圮半荆榛。
因之议修缮，
鸿笔炳贞珉。
沉复留宝翰，
时久迹未湮。
展卷俨道范，
墨色犹鲜新。
昌黎但辟佛，
我道洵干城。
晚岁友大颠，
相赏出风尘。
应机而接物，
岂必人其人。
此论倘不谬，
谁谓非公心。

唯当谨什袭，
勿使染埃尘。
并令曹兴笔，
点污如苍蝇。

◎张朝桂（1786—1860），宝山人，嘉庆二十一年举人。工诗，著有《题画诗跋》《养拙居尺牍》《养拙居诗稿》《养拙居文稿》等。

27.【清】杨大澂二首

访鸳鸯荷花池

荷花池畔柳青青，
销受湾头梦作醒。
好事南风吹不了，
至今菱芡满湖汀。

桂花亭有感

桂花旧圃草芊芊，
人去亭空阅几年，
细雨零烟埋断碣，
几回酹酒祭花田。

◎杨大澂，清乾隆时邑人。

28.【清】赵国荣一首

过西林庵

久知幽景集招提，

快绝精庐手共携。

麦陇闲云平槛外，

苔矶流水小桥西。

烹茶雨后看花落，

挥尘松间听鸟啼。

却怪驰驱名利客，

曾无清梦到林栖。

（选自《古藤轩稿》）

◎赵国荣，字绥亭，号虚谷。清代里人，邑庠生。著有《古藤轩稿》。

29.【清】殷懋新一首

为刘行镇西"顿悟寺"题诗

绿树荫浓飞乳燕，

野桥流水泛平川，

隔林烟火人家绕，

对面纶竿渔父眠。

径转幽篁开野刹，

台参古佛坐新莲，

虚堂寂寂惟禅诵，

消得金炉一缕烟。

30.【清】沈学渊一首

杨九娘祠

九娘居邑之杨泾，父守桔槔，苦蚊。九娘代之，不胜蚊啮，以赢死。

> 杨家有女初长成，木兰爱说替爷征。
> 不替爷征替爷死，桔槔堤畔水㳽㳽。
> 秋风凄，白鸟肥，一拳瘦骨血溅衣。
> 緪朱弦，弹玉徽，羽扇一挥，魂兮来归。
> 魂来归兮荒溪庙，露筋贞女曹娥孝。

◎沈学渊，字涵若，清宝山县（今属上海）人。少年即聪颖异常，弱冠以第一补诸生，嘉庆十五年（1810年）应乡试，中举人。主修萧议县志，嘉庆十九年（1814年），萧志定稿，次年刊行。沈氏主修萧志刊行后，时人即给予较高评价。此刊本《萧县志》现在存世尚多，各大图书馆皆有收藏。此后沈学渊终身未仕，道光五年（1825年）浙闽总督孙尔准慕其才学，邀其主修《福建通志》，凡七年。道光十三年（1833年）沈氏入江苏巡抚林则徐幕中，极得林公赞赏。未几卒，李兆洛为其作传，林则徐为其撰写墓志铭。

31.【民国】彭公望一首

为孝女杨九娘墓题诗

> 浊酒轻携莫墓门，
> 墩名分水至今存，
> 蛟龙知有芳魂在，
> 万叠波涛不敢吞。

（选自《宝山县志》）

三、名篇精选

1.《石冈广福合志》序一

赵稷思

海甸华离，割蓬莱之左股；洞宫幽邃，搜宛委于余函。北枕嶅①城，蜿蜒巽位②；东邻宝邑，控扼兑方③。广种福田，释氏之梵音如故；派延天水，公孙之墓碣犹存。招孝女之芳魂，沦漪古渡；眺蕲王④之战垒，突兀冈身。按厥版图，匪同撮土⑤；详其沿革，允属隩区⑥。此《石岗广福志》之所由合辑也。盖自南园，沈氏秋水轩为北园，石岗为南园。属于方伯，谓龚石岩。而西爽寓夫宗工，指程松圆。浑忘主客之形，遂号文章之薮。凝香阁畔，既握蛇珠；寿砚堂前，咸探麟篆。大魁登于昭代，名卿著于前朝。处固夙号纯儒，出则竞称仙吏。唐松阳治隆瓯越⑦，剔弊除奸；吴武康政冠雪苕⑧，赋诗横槊。人才嗣起，史策齐辉。良为蔚然，可云盛矣。洎乎寒门鼎盛，奕叶清华⑨；孝廉峻节，清风志传。一统定陶，鸿编伟绩；名振三吴，祖砚犹留。赏赉惊传日下，父书可读；声华流播江南（此下疑脱四字）。亦大书而特书，皆名世而传世。犀亭萧子，雅敦气谊，素擅才华，以庾鲍⑩名流，兼马班⑪史笔。哲人额在，孝笋⑫尚幸成林；蕊榜⑬名标，鸣珂⑭不忘故里。网罗放失，咸敛手而倾心；参考源流，必耳闻而目见。揽土风而非故，拈物产兮如新。水利则支干犁然⑮，义塾则废兴嗟若。忠贤节烈之具载，义植纲常；园亭第宅之靡遗，道归风雅。既班班⑯而皆核，遂亹亹⑰乎有言。瞿君木夫，秦君照实，念切枣梨^⑱，谊深桑梓。更征文而蒐献，大惧石泐金寒^⑲；还微显而阐幽，定教星陈云烂。千百年后先合志，义例分明；一十里丘域周知，广轮具备。本童子钓游之地，皆骚人酬唱之区。此日表章，庶几补苴于里闬^⑳；它年传布，伫望采掇于輶轩^㉑。

嘉庆十一年丙寅重九日，石冈里人赵稷思稼先氏书于雪携斋。

【注解】

① 璆（liú）城：嘉定别称。

② 巽（xùn）位：东南方。

③ 兑方：西方。

④ 蕲王：南宋名将韩世忠，死后追封蕲王。与岳飞、张俊、刘光世合称"中兴四将"。

⑤ 撮土：一撮之土，喻量少。

⑥ 隩（yù）区：深险之地。

⑦ 瓯越：活动于中国东南沿海一带的古民族，亦称"东瓯"，此处特指浙江丽水的松阳县。

⑧ 霅（zhà）苕：霅溪与苕溪源出一脉，自古为湖州主要河流，后以霅苕作为湖州的别称。

⑨ 奕叶清华：代代清秀华美。

⑩ 庾鲍：南北朝诗人庾信、鲍照。

⑪ 马班：汉代史学家司马迁、班固。

⑫ 孝笋：典出《二十四孝》之三国时孝子孟宗"哭竹生笋"。

⑬ 蕊榜：科举考试中揭晓名第的榜示。

⑭ 鸣珂：居高位。

⑮ 犁然：释然；自得貌。

⑯ 班班：明显貌；显著貌。

⑰ 亹（wěi）亹：勤勉不倦。

⑱ 枣梨：指代雕版印刷。古人以枣木、梨木为雕版刻书的上选材料，故称。

⑲ 石泐（lè）金寒：形容经历极长的时间。

⑳ 补苴（jū）于里闬（hàn）：补苴，弥补缺陷；里闬，指里门，代指乡里。

㉑ 采掇（duō）于輶（yóu）轩：采掇，采纳，搜集；輶轩，古代使臣的代称。

2.《石冈广福合志》序二

萧鱼会

《周礼》：小史①掌邦国之志，外史②掌四方之志，岁行人采风，登诸王③，以观治而辨俗。志之所系大矣。区宇有志，自窦威④昉也。其析而一方，自山谦之⑤南徐、沈怀远⑥之南越昉也。其又析之而郡县靡不志，自明兴昉也。降而至一乡，渺乎小矣，又奚足志？余所见娄东涂松市志，为前代本里人曹晖吉所辑，自土田、形胜以及逸事，无不具备。大约邑志识其著，其文简，里志识其微，其事繁。吾邑自嘉靖以来，周臣有《大场志》，殷聘尹有《外冈志》。国朝康熙间沈征佺有《青浦里志》，杨志达有《槎溪里志》，秦立有《淞南杂志》。夫一隅之事，有易地异辞者；同室之情，有闭户弗知者。故掎摭⑦旧闻，惟生长于斯者尤详且悉焉。今石冈广福诸里，虽属东南僻壤，而贤哲代兴，文章荟蔚，凡第宅园亭、桥梁庙坊遗址不少，邑志非不纪载，而例归简要。且自乾隆癸亥重修，迄今甲子已周，若文献无征，后将何述？爰与赵子葯香亟为搜辑，裒⑧成四卷，付诸梨枣⑨。而事必核实，文必援据，迩可以广邑乘见闻，远可以备国史采择。天下者国所积也，国者乡所积也，然则一乡之事，实天下国家之事。孔子曰："吾观于乡，而知王道之易易也。"于兹志而益信矣。是为序。

嘉庆十一年岁次丙寅中秋日，戬桥里人萧鱼会记筌氏撰。

【注解】

① 小史：古代的一种礼官。《周礼·春官·宗伯》：小史，"掌邦国之志，奠系世、辨昭穆……"

② 外史：古代官名。《周礼·春官·大宗伯》：外史，"掌书外令，掌四方之志，掌三皇五帝之书"。

③ 登诸王：记载各诸侯王之事。

④ 窦威：字文蔚，唐朝宰相、外戚，隋朝太傅窦炽之子，太穆皇后堂叔。雅好文史，早年曾出仕隋朝，历任秘书郎、蜀王府记室、内史舍人、考功郎中。

⑤ 山谦之：宋元嘉时为史学生，后任学士、奉朝请。受著作郎何承天之委，协撰《宋书》，孝建元年（454年）奉诏续撰。著有《丹阳记》《南徐州记》《吴兴记》《寻阳记》等。

⑥ 沈怀远：南朝宋官员。撰有《南越集》及《怀文文集》等。

⑦ 捃（jùn）摭（zhí）：摘取；搜集。

⑧ 裒（póu）：聚集。

⑨ 梨枣：书版。旧时刻版印书多用梨木或枣木，故称。

3. 送戴采臣①居广福序

吕奇龄

嫪邑自汉唐宋以来，代为吴会僻壤。邑之东南有广福者，泉甘而土肥，云深而水曲，畸人高士欲潜鳞戢②羽，正宜卜隐于此。戴子采臣年当强仕服官之间，负过人之才，具过人之识，而复怀贤人君子之德。余承乏嫪令，初下车，与采臣相见于邑署，一时邂逅，欢若平生。及邑有大事，或上关国计，下系民瘼③，与之前席纡筹，辄能推举其得失，持画其是非，若胸有成竹。即未然之事，亦能逆计其所以然，洞若观火。非其智慧过人，乌能若是哉？至于与人倾盖④，实能以肝胆向人。急戚友之难，不畏汤镬，不惜顶踵⑤。其侠骨热肠，皆余所目击者也。余令嫪凡十有二年，寒暑已易，裘葛⑥载更，而余与采臣交好，历久暂不渝。即余获戾⑦以来，自甘放废，行将终老于荒江寂寞之滨。采臣馈问殷勤，昕夕⑧慰劳，曾不以炎凉异视，此非人情所尤难者欤！采臣在邑城，实为嫪人翘楚⑨。居平载酒问奇，脱屣⑩者尝满户外。近见士风猥薄⑪，思为避地计。广福为祖所发祥，与亲族密迩，爰筑数椽，以为一枝之寄，既以展桑梓敬恭之情，复以申冬夏温情之意，即一事而敦本孝亲之道寓焉。昔裴晋公⑫出入将相，擅朝野重望二十年，退而优游于绿野。韩蕲王⑬躬统三军，亲冒矢石，一旦释兵柄，跨蹇驴⑭于西湖之上，若生平未尝有权位者。采臣虽未置身青云，然居城市而厌嚣尘，择幽而处，如置身百尺楼中，视天下皆在冰山火宅间矣。余指日行矣，天南地北，把袂⑮无期，聊述其卜隐本末、与余交情梗概如此。（赵克声《杂记》）

◎吕奇龄，山西平定州人，举人，顺治十七年（1660年）任嘉定知县。

【注解】

①戴采臣：戴亮，字采臣，广福人。

②潜鳞戢（jí）羽：隐藏形迹。

③民瘼（mò）：人民的疾苦。

④倾盖：途中相遇，停车交谈，双方车盖往一起倾斜。形容一见如故或偶然的接触。

⑤顶踵：不顾身体，不畏劳苦，尽力报效。

⑥裘葛：借指寒暑时序变迁。

⑦获戾：得罪；获咎。

⑧昕（xīn）夕：朝暮；终日。

⑨翘楚：比喻杰出的人才或事物。

⑩脱屦（jù）：脱鞋。

⑪獧薄（juàn）：轻佻。

⑫裴晋公：唐代文学家、政治家裴度。封晋国公，世称裴晋公。

⑬韩蕲王：南宋名将、民族英雄韩世忠。死后追封蕲王。

⑭蹇（jiǎn）驴：跛蹇驽弱的驴子。蹇，跛，行走困难。

⑮把袂（mèi）：拉住衣袖，表示亲昵。

4. 杨溪小学记

顾名儒

夫学校，风化之本也，风之存乎其人。古者入德于大学，自小学基之。故程子谓："大学之法，以豫为先。[①]"

匪养之豫，几何其不内生偏好，外烁利欲也？先王所以建学造士，自乡有乡学，至闾亦有塾，其因性牖民②，翼辅后学，以植大学之功者殷矣。滇南李侯宰嘉定，蚤暮不遑宁处③，罔不为民。科赋平矣，视若歉焉；经界正矣，心乃恻焉；百姓富庶矣，益重其不足之忧也。盖以嵺邑乃东海之隅，恐习染其故，学者离群索居，蔽其所习，既致力于庠校，而礼乐文物之盛，无是过矣。复建小学于各镇，择傅教治，以博惠焉。今广福小学既成，复赡以常稔之田④约三十二亩，以资其用。镌书数帙，以便诵习。学者由是有所趋向，如不及然，骎骎⑤乎由小学之教以储大人之用者，咸侯之赐也。侯赏辍政周览于学，进司教者曰："学贵实用，无徒缀缉⑥文辞，以为规取利禄之计。"是以境内偏弦诵⑦之声，而揖让之俗蔼如⑧矣。大宗主闻人先生旌其贤，俾勒石以昭不朽，名孚其实⑨哉！余自上洋过嵺邑，亲炙文教，乃知侯之为古循吏⑩也，遂以董工者⑪之请，第其实而书之。（朱子素《吴嵺文献》）

◎杨溪小学，明知县李资坤置，即观音堂改建，在十一都为号二图天圩二百七十二号，东西各三十三弓三尺，南六弓，北七弓。屋十一楹，置田三十二亩。今废。

◎顾名儒，明嘉靖中叶江南名士，卸任湖南道州知州后，曾购上海城北黑山桥地筑万竹山房。其弟顾名世在万竹山房东西开辟旷地，凿池得石，上有"露香池"三字，传为赵孟頫手迹，便筑园为"露香园"。

【注解】

① 大学之法，以豫为先：北宋中期程颐提出了"以豫为先"

的原则，意思是：大学的教育方法是预先防备。豫，同"预"。

②牖（yǒu）民：诱导百姓。

③蚤暮不遑宁处：早晚都忙于应付繁重或紧急的事情，没有闲暇。

④常稔（rěn）之田：常年丰收的田地。稔，庄稼成熟。

⑤骎（qīn）骎：迅疾的样子，形容事业进展得很快。

⑥缀缉：编辑。

⑦弦诵：弦歌和诵读，指学校教学。

⑧蔼如：和气可亲的样子。

⑨名孚（fú）其实：名声和实际都被人信服。孚，为人所信服。

⑩循吏：奉公守法的官吏。

⑪董工者：监督管理工程的人。

第七章　节庆习俗

　　节庆习俗是一种乡土文化，是儒家重"礼"教义在民间约定俗成的习惯做法。家庭贫富的差异，也体现在节庆习俗上，历来就是一幅幅"几多欢乐几多愁"的风俗画卷。有钱人家讲究排场体面，没钱的人家连温饱都难保证，哪还有闲钱、闲情去顾及习俗，这就是生活的酸甜苦辣，这就是人间的千姿百态。随着时代的发展，节庆习俗也在新陈代谢，吐故纳新。

　　下面是曾经在广福、刘行及顾村地区流行过的风俗习惯，有的已不复存在。

一、生养旧俗

　　做舍姆　妇女刚怀孕叫"来喜娘娘"。这时孕妇特别想吃某样食品叫"熬食"。孕妇刚生小孩在家休养叫"做舍姆"。刚生小孩的妇女叫"舍姆娘"。女性亲友带了礼物看望刚生了小孩的妇女，叫"望（音似盲）舍姆"。亲友送的礼物叫"舍姆羹"。过去的"舍姆羹"含红糖和"朝板糕"（一种约长两寸、宽一寸不到、厚两三分的烘干米糕）等。

　　十二朝和做满月　小孩出生第十二天叫"十二朝"。这天备糕点、馒头、红蛋等回送亲友，叫"作十二朝"。小孩出生满一月，宴请亲友，叫"做满月（如前乡音"厄"）"或"办满月酒"，亲友一般会携礼祝贺。也有出生满两个月的叫"双满月"。旧俗中因重男轻女而"做男不做女，做头不做二"，即只做第一个男孩，其余孩子不做满月。贫寒之家一般不做"满月"，"十二朝"也多半不做。孩子满月剃头叫"剃胎毛"。旧俗中，有用红丝线把胎毛扎成球，将孩子第一次剪下的手指甲放到葱管里，一起挂在蚊帐钩上的习俗。现有将胎毛做成笔的习俗，谓之"状元笔"。满月的孩子第一次去外婆家时，有在其鼻尖涂锅底灰的习俗。不会走路的孩子在春季走亲戚时，有在其衣服上插一把麦苗的习俗。孩子长大掉乳牙了，嘱孩子闭上眼睛，使劲将掉下的乳牙扔到屋顶的习俗，谓之将来出牙整齐，也有将乳牙放进葱管和胎毛、指甲等一起保存的做法。

百家锁　旧俗中，父母为求孩子好运，用亲友送的礼金为孩子办的挂在胸前的银锁链，也有至亲相赠的。

陈事　广福乡亲把"回赠给亲友的喜庆吃食"称之"陈事"。他们苦思良久不得其字，只得借用此二字的音。

乡俗里家有喜庆，回赠亲友的食物，通常有纪桃、考、饺、锭胜糕、粽子、馒头等。

纪桃即寿桃，是将米粉（粳糯对半）做成带馅的团子，然后放进木核桃形状的模具里，再倒在竹箬上蒸熟、冷却，点上红记即成。纪桃分甜咸两种，不管哪种，里面都有一粒煮熟的黄豆。

考（据传是庆贺考中状元的吃食，所以用"考"字），是一种无馅的油炸食品，在长方形面粉皮中间剪几刀，搅成花，然后下油锅炸至金黄即可；其甜的用面粉，咸的用米粉，再加些葱做成。

饺，是一种有馅的油炸食品，通常用圆形薄面皮包进剁碎的枣子，包成半圆形饺子，边上再捏出绞丝花纹后在油锅里炸熟。

锭胜糕是将拌了糖水的粗米粉（粳糯对半）放进锭形木模蒸熟后，两块的底相粘成"一档"的米糕。

生日寿诞　生日和寿诞是有区别的。习俗中，50岁及以下做生日，60岁及以上做寿。

孩子出生后满一周岁的第一个生日，叫"满纪"。富裕人家此日办酒水，吃面条，叫"做纪故"，或叫"做满纪""偷满纪"。酒水即"宴席"，经济条件较好的至亲给孩子送金木鱼、银手镯、银项圈、长命锁等。有外公、外婆送一套红衣服的习俗，还有外公、外婆送十二斤切面、一对红烛和寿字香的习俗。"做满纪"时，旧有"抓岁"的习俗，即在香案上放置笔、书、算盘等物，嘱孩子抓，看孩子抓哪样，谓之可预测孩子的未来。

做生日寿诞的当天上午，一般客堂中央置一八仙桌，后置红漆木椅一把，挂老寿星图，或挂一张写了寿字的红纸。八仙桌上的红漆木方盘中，有堆成宝塔形的寿面。寿面用红纸扎成，每束百根以上。八仙桌上另设两盆，盆子里放置叠成塔形的九只纪桃和九档糕，三盘并列，不设酒杯筷碟。燃点红烛寿香至下午。中午时分燃放鞭炮，下午分送各乡邻盖浇面一碗，以示庆贺。主人回赠亲友的是切面和糯米粉团。

以后除四十（四死同音）、七十（人死后每七天为"七"）不做外，逢十才做，也有"做九不做十"的习俗，（如69岁当70岁做）。从不做生日的，叫"忘岁数"。做满纪或生日寿诞，邀亲友吃饭，亲友通常送些切面、红烛、寿香、寿桃和寿糕等。旧俗中送寿面通常在12斤以上，取其双数。贫寒之家一般不做"生日寿诞"。

另外，旧有"椿萱并茂"一说，即"父母都健在"的意思。"椿""椿庭"者父亲，"萱""萱堂"者母亲。还有"耄耋老人"一说，即指八九十岁的老人，所以有"猫戏蝴蝶"图。

过去"寿"分上、中、下，100岁称上寿，80岁称中寿，60岁称下寿。旧时还有过了60岁逢闰年闰月做寿材、寿衣和被褥的习俗，谓之可以"添寿"。其木工、裁缝可得双倍工钱，谓之"喜钱"。

过房亲　交谊亲密以子女相寄，叫"攀过房亲"。"房"字似"方圆"的"方"音。原因一般有：婚后多年未育者，生有子女怕夭折者，本交往密切想更亲密者，为巴结权势作为靠山者，等等。乡俗里叫作"过房爷娘""过房子女""过房侯（儿）子""过房殴

（丫）头"。还有将孩子寄名给菩萨的。旧时认过房亲的仪式通常是先请算命先生合好八字，然后寻找合八字的亲友；要认的人家带了孩子，备了香烛、切面，去被认的人家家里叫"拜寿星"；被认的人家家里设香案祭祖，孩子行跪拜礼，被认的人家为孩子备碗筷一套，衣服一身，另起名字一个。旧俗中，过房爷娘去世时，过房子女应在其亲生子女之后，身着白衣，行跪拜礼。

拜师学艺　年轻人为学一种手艺，经人介绍，认一手艺人为师傅，然后由师父传授技艺。拜师学艺的时长一般为三年，第一年做师傅的帮手，第二年学艺，第三年出师。有"徒弟半个子"一说。旧俗中，徒弟每年要给师父拜年；师父夫妇过世时，徒弟在其亲生子女之后，着白衣行跪拜礼。

二、婚嫁旧俗

童养媳　也叫"养媳妇"。因家境贫寒，收养幼女，长大为儿媳。养媳妇一般饱受歧视。旧时有钱人家还可买少女回家，作为丫头使唤。

攀亲六礼　为孩子定亲事，即订婚。攀亲后，如女方在未过门前就夭折了，男方重定的女子，习惯上也认夭折女孩家为娘家，婚后也有人情往来和相应走动。

旧时婚嫁有"六礼"一说，即纳采（男方请媒人向女方提亲）、问名（男方请媒人了解女方的名字和出生年月日）、纳吉（男方卜得吉兆后，备礼通知女方，决定缔结婚姻）、纳征（纳吉后男方以聘礼送女方，女方收下聘礼则表示同意）、请期（男方择定婚期后，备礼告知女方，求其同意）和亲迎（新郎亲自去女方迎娶新娘）。

八字行盘　"父母之命、媒妁之言"，是旧时男女婚姻必须遵守的原则。按天干地支排列一个人农历的出生年月日及时辰，如

2017 年农历八月初八上午八点出生者，其八字是丁酉（年）己酉（月）丁巳（日）壬午（时）。旧时男方央媒求亲，叫"讨八字"，也叫"讨月（音似厄）生"。女方认为可以将女方出生年月日的"八字"写在红纸上给媒人，叫"出八字"。然后男方会请算命先生推算双方八字是否合适，这叫"合八字"或"排八字"。若命相无冲克，方可谈婚论嫁；若不合，则将"八字庚帖"退回女家。讲究一些的人家，还需要请算命先生对五行，即核对男女命相中的金木水火土，命相不克的方可成婚。

行盘，也叫纳聘茶礼，现在叫彩礼。旧时男方将彩礼放在红漆盘里，通常为两盘，一盘放些金银首饰、布匹和写明迎亲日子的红帖；另一盘放些茶叶、万年青和三仙干果（即核桃、红枣或黑枣、桂圆、荔枝干、板栗等）。茶叶是不能缺少的，所以叫茶礼。女方收受后要退回一些茶礼，并附上表示同意迎亲日期的庚帖。迎亲日期叫"好日（音似涅）"。定下迎亲日期叫"捉日（音似涅）脚"。行盘时有请专人带了红漆木盘来服务的习俗，叫"挑盘"。

婚事安排　婚嫁日子定下后，旧俗一般排场叫"三日头"，即第一天"落作"，乡间土厨师到场备酒宴，茶炉子进场安排酒宴用的碗碟桌凳，亲友相帮搬嫁妆，相帮用喜幔、长台、和合二仙图和蜡钎等布置喜堂；第二天亲友赴宴，迎娶新娘后成亲拜堂；第三天即三朝，新人认亲祭祖回门。排场大一些的则安排五天，即第一天杀猪备菜肴，中间三天同上，第五天收拾东西。

乡间宴席行"四盆子"。"四"似"司"（第四声）音。旧时酒席冷盆名称，即八种冷菜拼成四盆（俗称双拼四盆子）。上世纪四五十年代，较讲究的人家在家里办的宴席酒水菜单大致如下：

四拼盆：火腿（或咸肉）、爆鱼、肉松、皮蛋、桃仁、油爆虾、白宰鸡、猪肚、白切羊肉、海蜇、糖醋的蔬菜等，八样菜肴拼成四盆，也就是"双拼盆子"。

八汤炒：腰花、肉片、肉皮、香蕈、鱼片、时件、鸡鸭肉、冬笋、荸荠、西米、水果、小圆子等，六咸两甜的八种，带些汤汁的菜肴。

六大菜：鱼圆肉圆肉皮的三鲜汤、扣三丝、扣羊肉、扣油走肉、鱼块、茨菇鸡块等。

两点心：八宝饭、糯米糕、馄饨或面。

三仙干果：核桃、桂圆、栗子、荔枝干、红枣、黑枣、花生和瓜子等。

比较而言，从前即使较富裕的人家，其在家里办的宴席酒水，也比现在的简单许多。

陪嫁嫁妆 "陪嫁"和"嫁妆"是不同的。过去男女婚事定了吉期后，女方家长就为出嫁女准备嫁妆，这叫"备妆"。"嫁妆"是女方为出嫁女儿准备的带到男家的生活器具用品。"陪嫁"是指出嫁女从娘家带走的物品和钱财。嫁妆因家境贫富而定。富裕人家讲究"一堂一房家具细软""对橱对箱""全套桌椅"，并给"垫箱钿""压箱钿""花粉钿"（通常多于男方所送彩礼，甚至双倍数）。家贫人家则较简单，但马桶、脚桶和两条被子必备。嫁妆可由女方亲友赠送，称"助妆"，有姑母、伯母等送被子的习俗。铺盖中放入喜钿红包，称"子孙包"。马桶称"子孙桶"，内放红蛋（喻多生孩子）、枣子（谐音"招子"）、染成红色的长生果（喻长生不老）。脚桶内放一只内装木梳篦箕的"梳头匣"和"针线剪刀筐"等。旧时嫁妆里，都有女方自做的布鞋和家织老布。因实行"独生子女"政策多年，乡间行两面排新房，即在男方和女方家中都安排新婚夫妻的新房，嫁妆的概念已逐渐淡化。

搬嫁妆。新娘家在婚礼前一天，由伯母、叔母、姑妈等女长辈缝好被子，将陪嫁的嫁妆排列在客堂里，嫁妆里塞着花生、枣子、桂圆、甘蔗糕饼，还有炒熟的稻谷。新郎在媒人和亲友的陪同下，带了公鸡青鱼、猪腿鞭炮、捆扎嫁妆用的深蓝色家织布到女方家里，叫"迎妆"。迎妆有杠棒和扁担靠在女方家门前的柴堆上，女家不招呼不得进客堂的礼俗。女方父母请迎妆的亲友进家门稍事茶水休息后，迎妆者须全部退出门外，由女方兄弟摸一下嫁妆后，将马桶搬出大门口表示同意，这叫"发妆"；然后由女方兄弟先桶后铺盖再箱橱家具搬出门口，交男方接妆的人，新娘家燃放鞭炮送行，新郎临走前一定要再次进女方家门致谢，叫"谢妆"。嫁妆到男家后，鸣鞭炮迎妆，放入客堂，由全福太太（花烛夫妻子女双全的有福之人，通常由新郎伯叔父夫妇或姑夫夫妇担任）象征性地点验嫁妆后，搬进新房，再为新人解被铺床，叫"接妆"。新郎以红包表示谢意（旧时红包是象征性的一两元钱或一块毛巾等物）。铺好床后，请一男一女两个小孩在床上玩耍会儿，旧称"压床"，谓之"童子压床，子孙满堂"。当夜，新马桶要由一小男孩撒尿在里面，并且放到第二天。

如男女家之间路途遥远，有新娘带妆上门的习俗，即出嫁当天，新娘随身带些急用物品，其余嫁妆经伯父、舅父同意，可暂放娘家以后再取。嫁妆不兴"送嫁妆"，不能由女方派人把嫁妆送到男方，更不能由女方父母一起把嫁妆送到男方，如果那样做了，意味着为把女儿赶出家门，陪送些不值钱的破烂货。这是婚俗一忌。

花轿迎亲 花轿。花轿四周披有红缎金绣轿衣，饰以流苏彩球，顶上有花团锦簇的凤凰，红漆轿杠。迎亲队伍的行进，依次是写有男方姓氏的一对大红灯笼、一对锣、丝竹乐队、新郎官（富裕人家坐绿呢的布轿子）、媒人、花轿，最后是替肩轿夫等。新娘由"喜牙婆""开面"（也称"开脸"，即用细线绞去脸上汗毛）、梳头，然后再插装头饰花帽，红缎宫装（粉色或红色缎子绣成的花旗袍），凤冠霞帔，脚穿红鞋（俗称"上轿鞋"）。妆扮完毕，为娘的和新娘一起哭几声，为娘的再按"三从四德"的旧俗，嘱咐新娘要孝敬公婆、勤俭持家等话语，亲友午宴散后才将新娘送上花轿。旧有出嫁这天，出嫁女不兴在家吃午饭的习俗（谓之"若吃了午饭，娘家要被吃穷的"）；只在上轿前，由女眷或为娘的喂食一碗糖糯米小圆子。轿门里放铜脚炉一只和万年青一棵，万年青带到夫家后种在宅前宅后。花轿至上世纪五六十年代不再时兴，而改用自行车等，现在则流行轿车迎亲。

迎亲。新郎在媒人及亲友的陪同下，随花轿和丝竹等去女方家中迎接新娘。到达后，女方厨师端出水潽蛋作为点心，新郎在蛋盘下放一红包致谢。新郎拜见岳父母并上下打点，随行的喜牙婆催女方酒宴开席。待酒宴的热炒上桌，新郎可起身商求新娘启程。新娘经多次催促，才姗姗地出得闺房，在酒足饭饱的众亲友的笑声中，由弟兄穿鞋携手出大门交给新郎（旧俗由喜牙婆扶着上轿）。迎亲队伍在鞭炮声中启程。走出大门几步，新郎返回新娘家，请新娘平辈的男性随后去新郎家共赴晚宴。现行迎亲队伍到达男方家，新娘在鞭炮声中由新郎送进新房。晚宴中，新人在公婆陪同下向众亲友敬酒，待收受见面红包后入席。

做亲认亲　做亲。旧俗婚礼，也叫结亲、拜堂，现在叫结婚。旧时新娘不参加夫家婚宴，而是在上轿前吃母亲喂的一碗甜小圆子。花轿在夫家鞭炮声中来到堂前，停在预先放在地上头朝堂屋的梯子上。梯子两面垫些豆萁，轿门朝堂屋，新娘在轿内等到行礼时辰（讲究的人家事先会请先生看好黄历，定好吉时良辰），由喜牙婆扶着新娘，跨过轿子里的铜脚炉后，踏上铺在地上口朝里的麻袋至堂前红毡。婚礼在挂满喜幛的客堂里进行。此时汽灯高挂，司仪高声宣布婚礼开始。丝竹声起，客堂中央一对红漆八仙桌上，放着锡制的成套香炉蜡钎和线香、一对大红花烛（通常六斤至八斤重，红烛上雕有龙凤，或另配一对彩色绒质龙凤花朵）、一对小红烛和一对小蜡钎。新郎新娘手牵红绸，面北在桌前红毡上站立，男东女西，喜牙婆象征性地扶着新娘，新郎外公或舅舅点亮小蜡烛后插在小蜡钎上，然后由事先指定的三个"移花烛"的年轻后生在小蜡烛上点燃花烛和线香，插在锡制的蜡钎上和香炉里，把彩色绒花插上红烛后，退至一旁。这时花烛高照，香烟袅袅，高朋满座。口彩多多的司仪高喊一拜天地，新人转身面南跪拜天地；二拜高堂，新人面北行跪拜礼；夫妻对拜，新人再起身行相拜礼。最后司仪高喊"送入洞房"时，三个"移花烛"的后生各擎花烛、蜡钎和香炉在前面开道，顺时针绕八仙桌走三圈；新人手牵红绸紧随其后，进入新房。花烛移至新房内的梳妆台上，点至第二天天亮，夫妻再同时吹灭残烛火（忌花烛先后熄火）。花烛旁放一碗清水，剪刀一把，剪下过长的烛花放入水中，花烛熄火后剪下烛芯放入清水中。现在流行由婚庆公司安排新式婚礼，新娘着白婚纱，花烛拜堂做亲等已不时兴。所以旧俗称原配夫妻为"花烛夫妻"。

坐床。旧俗拜堂做亲后，新娘在新房内，坐在床沿上"守花烛"，叫"坐床"。

闹新房。婚礼当晚，酒宴结束，新娘坐床个把时辰后，新郎用小秤杆挑起新娘头盖，闹新房开始。亲友在新房内嬉闹新人，新人不可生气，习惯认为越闹越发，所谓"三日无大小，越闹越发乐""三天无老小，娘舅姑夫都可闹"。

认亲。从前新人不兴婚宴上敬酒，亲友不兴当面送见面礼。新娘过门的第二天上午早饭后，在客堂置一红漆八仙桌，两边各放一把红漆木椅，桌前的地上铺红毡一块，新人象征性地在旁人的指点下，从旁人手中接过茶碗敬茶，行跪拜礼认亲。当新人准备行礼时，受礼人往往会马上手扶新人表示不必拘礼，所以实际上多数新人还没行跪拜礼，亲也就算认了，只是在旁人的引导下，仅按亲疏关系叫了一声而已。血亲或至亲将红包放在八仙桌上的红漆方盘里，给不给红包，红包内包多包少，全不讲究，只注重见个面，认个亲，而送过"小人情"的一般就不送红包了。此虽是旧俗，但比起时下没完没了的敬酒和专人记录赠红包者姓名、数量的做法，倒觉得以往的做法更合礼仪。婚后第三天，有新娘给男方小辈发压岁钱的习俗（钱不在乎多少，只讲究多了个长辈名分而已）。

三朝回门　新娘子过门第二天为"三朝（zhāo）"，这天需要做三件事。第一件是上午敬茶认亲；第二件是中午祭祖，客堂中设香案，供酒菜，新人在红毡上行成双跪拜礼，有焚化锡箔时，还有烧一对红纸元宝的习俗；第三件是午饭后带了公婆准备的"三朝礼"（通常是粽子、定胜糕和馒头之类的，供娘家分发亲友、乡邻等），然后跟随来请的兄弟回娘家看望父母家人。新娘过门的第二天回娘家，叫"三朝回门"；第十二天叫"十二朝回门"；一个月叫"满月回门"。结婚未满月的新娘，一般不在娘家过夜，叫"头月不空房"。

如女方是招女婿的，三朝这天的午前，女方家里设香案祭祖，香由新郎点着后插入香炉，新郎新娘行跪拜礼，谓之从今以后女方家庭的香火由新郎接续。

邀满月　新娘婚后满月，由其兄弟前去接回，在娘家小住几天后，再由新郎接回，叫"邀满月"。

新娘子，即新婚妇女。婚后或婚后多年，长辈对小辈妻子当面的客气称呼。第三人称某某妻子叫"阿啥勒娘子，阿啥了屋里"。

小官人，也称官人、新官人，即新郎官。女方长辈对小辈丈夫的称呼。第三人称某某丈夫叫"阿啥勒官人"。

小老姆，俗称"小老婆"，是旧时一夫多妻制的产物。

入赘续弦　入赘，也叫"招女婿"。女家有女无子，为女儿招男方入门成亲。入赘后要改名换姓，所生子女随母姓。谚云"宁做老猪郎，勿做雄新妇"，可见一斑。

续弦，古有"琴瑟夫妻"一说，故丧妻再娶谓之"续弦"。续弦将前妻娘家也当作自己娘家看待，婚丧来往一视同仁。

扛孀守节 强迫无子女的寡妇嫁人，叫"扛孀"。死了男人的女人叫"寡妇"，寡妇不改嫁，叫"守节"。

拜寡妇 族人不许寡妇改嫁，另有男人想和寡妇成婚者，备些酒菜央人上门说合，族人默认后，寡妇天黑时去男家做饭菜请乡邻，叫"拜寡妇"。

叔接嫂 穷苦人家的寡妇与小叔或大伯成亲，叫"叔接嫂"。

换亲抢亲 男女双方因贫穷，由父母做主，将彼此兄妹或姐弟互相结对成亲，叫"换亲"。男女已攀亲，因男方家贫无力行聘成亲，有的彼此默认趁夜色将女方"抢"到男家，叫"抢亲"。男女已攀亲，女方嫌男方家贫悔婚的，叫"赖婚"，退回彩礼。

附：六十多年前的婚礼司仪辞

30来年前，在张家湾采风时，有老亲眷拿出一份红纸文书，说是沈兹纯1955年所写的。沈兹纯是上世纪四五十年代故乡小有名气的"假先生"，除看阴阳宅地风水外，还常应邀去附近村宅或远至真如、南翔等地担任婚礼司仪，书写喜联，布置喜堂等。这是沈先生留下的婚礼司仪辞，据说他会随丝竹"和唱"：

桃之夭夭 灼灼其华 之子于归 宜其室家
桃之夭夭 有蕡其实 之子于归 宜其家室
桃之夭夭 其叶蓁蓁 之子于归 宜其家人
满堂喜慢 华灯初上 高朋满座 欢聚一堂
良辰吉时到 奏乐——
请众宾客入席——
天作一对 地造一双
今朝（男姓）家金童（男名）迎娶（女姓）家玉女（女名）成

婚大典开始

　　升花烛——

　　请新郎入席——

　　有请"妈妈"花轿拱手延请新娘——

　　一步跨过铜脚炉 欢天喜地

　　两步跨出花轿门 喜上眉梢

　　三步踏上红毡毯 佳偶天成

　　四步跨进家门 文定吉祥（"家"字前加男家姓氏）

　　陪——（"妈妈"扶着新娘进门鞠个躬。）

　　有请新娘入席——

　　有请新郎新娘牵红

　　桃之夭夭 灼灼其华 之子于归 宜其室家

　　五福临门 鸾凤和鸣 喜结良缘

　　一拜天地——

　　桃之夭夭 有蕡其实 之子于归 宜其家室

　　六合吉庆 玉堂富贵 花开并蒂

　　二拜高堂——

　　桃之夭夭 其叶蓁蓁 之子于归 宜其家人。

　　七星高照 才子佳人 新婚燕尔

　　夫妻相拜——

　　八仙上寿 百年好合 伉俪情笃

　　九九同心 安居乐业 阖家幸福

　　送入洞房——

　　花烛起——

　　十全十美 天遂人愿 吉庆有余

　　百年好合 百子同庆 鹿鹤同春

　　千年顺遂 太平有象 螽斯衍庆

万事如意 子孙万代 福寿绵长

礼成——

三、丧葬旧俗

旧时的丧葬习俗，现在因废除棺材土葬而改行火葬，所以不少习俗已吐故纳新。

床祭端送 寿材寿衣，即为死者准备的棺材和衣被。

叫方醒。旧时人在家中行将断气时，请邻居两人爬上正屋顶，上下运动扫帚一把，一人口喊"某某回来。"另一人答"回来了。"谓之"叫方醒"。亲人陪伴死者左右叫"送终"。所以做丧事将死者送走，叫"初丧"或"端送"。

烧床祭。人在家断气死亡后，由血亲擦洗死者身体后，换上内衣，盖上被单，移至客堂西壁门板上后，子女及邻居撤去死者床上蚊帐，丢到堂屋顶正中，随后持香列队，将死者床柴席子用一根蚊帐杆抬至宅边田埂角烧掉，焚烧所散发的烟尘不能吹到宅上，叫"烧床祭"。再然后差人将丧事告知亲友叫"报丧"。有报丧者在亲友家门口喝口水不进门的习俗。

着白守孝 过去家中亲人去世后，家属亲友着孝服以亲疏分为五等：斩衰、齐衰、大功、小功、缌麻，即"五服"，分别用生麻、熟麻、粗麻、细麻做成。血亲子孙重孝，行礼时白长衫外套麻衣，束白布条，白帽子外扎白布，戴稻草做的"三梁冠"，手持"哭竹棒"，故有"披麻戴孝"一说。现在已无"五服"之分了，但父母离世，子女媳婿重孝，其余小辈白布条束腰。旧俗夫亡妻重孝，妻亡夫不戴孝，众亲友均白布条束腰。现俗重孝，男圆形白帽，女方形白帽，帽前缀粗麻布一小块，男女白肩背，白束腰，鞋头缀白布。轻孝白布条束腰。一般亲友黑袖章，孙辈在黑袖章上缀一小红布。

满白鞋。过去人死后，子女近亲均需"满白鞋子"，供初丧期穿着，即在平常穿的布鞋根部留出一两寸外，鞋面上缝满白布。满鞋有"满毛边""满光边"之分，鞋口白布毛边缝在外的叫"毛边"，鞋口白布毛边朝里缝的叫"光边"。子女按"父左母右"的原则，母死父在，子女左脚鞋毛边，右脚鞋光边；母在父死，子女左脚鞋光边，右脚鞋毛边。孙辈和亲友均光边。通常满过白布的鞋子穿到"三七"。"三七"时，子女要穿新做的白布面的"白鞋子"，白鞋子通常穿一年。

居丧守孝。为凭吊亲人，死者去世后的一个月中，子孙不剃头、不同房，叫"居丧"。死者去世后一年中，血亲小辈及媳婿头年穿白布鞋，儿媳女儿外穿滚边素衣，不戴首饰，发扎白绳；三年内，家中不办婚嫁喜事。死者去世后的第一年春节，家中贴黄纸对联；第二年春节，贴绿纸对联，春节不放鞭炮，叫"守孝"。

吊唁香烛 丧家派人将死讯通知亲友，亲友得悉后，上门吊唁，安慰丧家，丧家发给白布条。亲友上门吊唁时，习俗是从正门进，先点三根棒香，插于灵前行礼（一般亲友供手或鞠躬，至亲跪拜），礼毕送丧礼"香烛轴子"等；女眷扶丧哭泣几声后，动手"满白鞋子"。大户人家安排有专人记录来客和送礼情况的"先生"。

香烛轴子。旧时丧礼有送香烛、轴子和锡箔礼金的习俗。乡音"轴""局"相同，乡音里"轴子"就是"挽联"。据民国十二年广福卢氏《乡堂应酬》中记载，死者自己的子孙需白烛一对和棒香（多子孙也只需一对白烛），女婿甥侄送绿烛，其他小辈送红烛。儿孙吊唁长辈用中堂式轴子，上书奠字或四个字及上下款。讲究的人家挽联用字男女有别。子孙吊唁血亲长辈不具姓，女婿甥侄具姓名。有钱人家用白布或绸缎做挽幛的，所用的字和挽联大体相同。后来时兴送缎子被面，系由此演变而来。现在流行送花圈、花篮、锡箔等。现在的追悼会上，偶尔也能见到挽联，其字数随意，用字考究，内容耐品，书法耐看，体现了丧家亲友不俗的层次与学养。

转尸焚衣 旧俗死者断气后，至亲给死者擦洗身体，更换内衣裤，移至客堂西壁后，叫"转尸"，停尸后有忌猫狗靠近的说法。死者的蚊帐卷在蚊帐杆上置屋面瓦上叫"撤帐"。死者头枕三张屋顶上拔下的瓦片，身蒙被单，上盖寿衣，前竖帘子，中挂白纸黑奠字，两边白丝布球一对。置香案，木神之牌位后的牌位，其布色和香案的桌帏布色有讲究：死者没有亲生子女的用灰布，有亲生子女的用蓝布，子孙男女齐全的用白布，子、孙、曾孙齐全的用红布。牌位前放三个酒盅，内置三团湿面，各插三根香棒，点一盏豆油长明灯，叫"停尸"。停尸一般两天，年长者三天。

烧衣裳。死者去世"转尸"前，在房门口烧一身随身内衣。当天晚上，将死者的生前衣物穿在柴草人上，其他衣物打成包裹，在堂屋烧掉，门口用铁器磨地，至亲持香顺时针转三圈。

买水。给死者穿衣前，由相帮的一人拿个脸盆、一块新布和几枚钱币，众亲友持棒香，到宅边河里打水回家给死者洗脸，钱币丢河里，棒香插河边。

佛道丧仪 从前家人故世，初丧期请佛道人员来家里念经超度，在木神之牌和灵位上写好亡者尊讳名姓。请"假先生"来写丧牌和头看地。

血湖经。有亲生子女的女性去世，在小殓前，佛、道人员要"浴血湖"，念"血湖经"，"破血湖"，感谢父母生养之恩，并祈祷减少死者在阴间的罪孽。只因传说人都是从母亲的血湖中来的。地上放"小匾"一只，在小匾内倒米成"赦破血糊"或"血湖浩荡"四个字和一些纹饰，点香烛，中间纸扎宝塔一座，叫"血湖塔"，另备纸扎小船一只，叫"血湖船"；子孙披上死者寿衣，长子拖着次子推着纸船顺时针围着小匾转圈，和念经者相对而立行礼。

幡引。又称"招魂幡引"。道士或和尚采两尺许竹枝一根，用四根白棉条子打成白花一朵，系于竹枝上面作为"幡引"，丧事后和万年青一起插在灵台角边的破瓶里。

丧牌和头。丧家请"假先生"来，他就做三件事：第一件是在棺材和头（死者头顶部木板外）上写"民故某府公某某之灵柩"或"民故某门某氏孺人之灵柩"等字样；第二件是写丧牌（讣告牌）；第三件是为灵柩看落地位置的风水。

丧棚。旧俗中，以为人应在自己家里去世才好。如家人在外面去世，死者上有长辈的，则尸体不能进家门，在门口场角搭丧棚停尸，也有长辈要求敲掉墙壁抬进屋内的，盛棺之后再在门口抬出去。

小殓大殓　以前时行棺材时，乡俗小殓大殓连续完成。

给死者穿衣叫小殓。上午，女儿、儿媳跪在灵前，边哭边用锡箔包49包棒香（两支一包），边包边诉说死者的恩德，谓之"包香经"。旧时死者帽额前和鞋头上有缀珍珠、玉片的习俗，意指走路时看得见。死者口中塞红纸包好的小银器或玉器，预示来世讲话能早些、好些。子女在死者寿衣及被褥上咬牙印，烫香火洞，所以死者的被褥叫"香花被褥"。午后，长子跪在灵前的稻草捆上，脸朝外，双手伸直，由土作（旧时专门给死者穿衣的人）或相帮的邻居将死者的寿衣一件件由里到外地在其身上套好（寿衣背部在跪着的人的前胸）后，用腰带（旧时不管多穷，都备一根新腰带，谓之"来时一根脐带，去时一根腰带"）捆扎，挂在不戴砣的秤钩上，并回答说是某某的衣服。衣领要三、五、七、九单数，衬、棉、罩三条裤子。考究的人家，妇女加老式女裙；再考究的，则在外衣外套上披风或斗篷。旧时还有用"衾"（类似于现在尸袋的一种，将尸体全包裹的丧葬用品）的人家。秤好衣服后，秤杆丢弃于屋顶的蚊帐边，待送葬队伍回来前夕拿下。套好衣服，长子捧头，次子或媳妇、女儿提脚，由"土作"或邻居给死者穿衣，有婆婆遗留的金首饰传给替婆婆梳头的儿媳的习俗。给男尸剃须发。另备香袋一只，内放纸扇一把、方巾一块、木梳一把、49包棒香和锡箔若干。富裕人家用银链做香袋拎襻，在香袋里放些银饰品或玉器，老年妇女发髻上插一银玉簪。死者右手通常捏几个小额钱币，或玉饰，或银饰品；习俗里不戴金器，所以有在手指上戴纸做的金元宝的习俗。

旧时尸体入棺祭奠叫大殓。现在殡仪馆的追悼仪式就称之为大殓。旧俗午后，棺木停放堂屋正中（考究的还要观察棺木与梁柱的位置），地底垫稻草捆，先在棺内铺生石灰和烧衣灰，铺厚黄纸，以及死者用过的一条被絮（撕下一角留子孙）和摆成七斗星状的七枚铜钱、寿褥，三张小瓦上放枕头、脚枕。死者儿子捧头，媳妇提脚，然后和土作一起将死者抬进棺材，盖上被子，头边用棉条子塞满，放朴树枝一根。土作用在河里买来的水，在死者脸上擦两下。有钱人家还在死者枕边放些瓷器等随葬品，里面盛米和茶叶，用红纸包扎好。盛有尸体的棺木叫灵柩。完了才将棺材抬起，搁在两条长凳上。灵柩前竖簾子，挂轴子，前置香案、布幔、灵位木牌位及荤素供品，如配偶已故的，则放两双筷子和两只酒杯。

丧事有专司哀乐礼仪者（俗称"生意浪宁（人）"的人）主持。男性称作"司祝"，女性称作"妈妈"，分别接引死者生前的男女亲友行跪拜礼，并端起事先放在灵台两边的酒碗，边随着跪拜者跪拜的快慢节奏，口唱"陪——陪——陪——"边将酒碗上下摆动三下，待跪拜者跪拜礼快结束时，"妈妈"会象征性地扶一下女眷起身。子孙行跪拜礼时，奏竹笛慢调哀乐，十分凄凉；其他亲友行跪拜礼时，奏唢呐（俗称啦叭）曲。

祭奠时，按男右女左（男在死者右边，女在死者左边）的礼仪，子女孙辈等分坐在灵柩两边的稻草捆上；其他亲友分立两边，按亲疏长幼先后，夫右妇左，夫妻成双或先男后女行跪拜礼。这种跪拜礼乡人称之为"唱茶"。

祭奠先在笛子的哀乐曲调中开始，子男孙男各手捧一根贴了锡箔的短竹（哭丧棒），同女眷一起面朝里，逐人（夫妻成双、先长后幼、先男后女）退至门口灵台前面北而跪，行第一次"一跪三叩"的跪拜礼，然后进入仍坐在稻草捆上。亲友在唢呐哀乐曲调声中开始行礼，有"男不代女女代男"的礼俗（即已婚夫妻男右女左成双礼，如夫妻中有一人因故不能到场行礼的，男的到场只行一次礼，女的到场必须行两次礼）。全部亲友行礼完毕，子女再次退至灵台前行第二次"一跪三叩"的跪拜礼。礼毕，和尚或道士在门口摔碗一只，叫"摔羹饭碗"。如死者没有亲生子女，由入嗣子女送终的，则摔灌水的小甏一只。祭奠结束。

祭奠结束后，将灵台移至一旁，撤去簾子和轴子，土作用香袋里的纸扇象征性地给死者扇几下后，撕坏了放入香袋，将香袋拎在死者的左手。死者的儿子趴上灵枢边喊三声某某，见死者最后一面，盖上反面钉了铜镜的棺盖，由儿子在第一只钉上象征性地敲一下后，由土作钉上棺盖，最后再由儿子垫了麻衣白衣，将一枚饰有铁如意的"荷头钉"，（子孙钉）钉在棺盖上的前部，盖上包尸被单（避天光），由男性邻居抬起灵枢"起灵"。

起灵时，死者子女全部退至门外，面向灵枢，行第三次"一跪三叩"的跪拜礼，成最重的"三跪九叩首"礼。这时，相帮的邻居抬起灵枢出门。灵枢被抬出门后，众子女起身随行，众亲友随后，将灵枢送至坟地。

出丧做七　家人和众亲友一起将灵枢送至田野里或墓地叫"出丧"。出丧时有专人备好锡箔，丢"卖路钱"开道，随后是道士或和尚接引，长子手捧丧牌（讣告牌）和哭丧棒在灵枢前，其他人和哀乐队随灵枢后行。暂时不落葬的，为避风雨而替棺木盖一小屋或盖些稻草的，叫"白云葬"。如落葬的，墓穴上要搭凉棚避天光，穴前备香案供品，长子拿下盖棺被单跑步回家再回墓地，土作在挖好的墓穴里撒上石灰，烧些锡箔"暖坑"，众人一起将灵柩按风水先生要求抬进墓穴，插上子孙竹（灵柩入土通常男左女右，如配偶已入土，则插在两棺之间。如入土者系妻子一人，则插在左侧；如入土者是丈夫一人，则插在右边），长子铲上一铲泥土后，由土作填土埋葬（日后再以子孙竹为中心，堆高成圆锥形坟堆，俗称坟尖宁，种上万年青）。众亲友在墓地祭奠后回丧家场头时，须跨过火堆，叫"回丧"。习惯上午饭以素菜待客，晚饭荤素皆有，此谓"吃豆腐束白布"。丧牌挂在堂屋门口，到"断七"撤去。

做七。自死者去世后，每隔七天祭奠，至"七七四十九"天为止，即"断七"。每个七都要焚化初丧时佛、道人员书写的黄纸"路引"。其中"五七"最隆重，其次是"三七"。"五七"前日半夜设祭叫"闹五更"，旧时还请和尚或道士念经做"功德道场"，焚化纸扎房子、箱子等叫"出库"。有女儿做"三七"及儿子做"五七"的习俗。"五七"前下午，去庙里领回死者灵魂，沿途撒些锡箔。未及出席大殓的亲友，可在"三七""五七"补上丧礼，参祭亲友送锡箔、冥箱或礼金等。有"七不过年"的习俗，即如在春节前死了人，不管离春节还有几天，不把七次"做七"分在年前年后做，全都需要在年前做完。现在已不太讲究这些了，也有初丧里七次一起做的。"断七"后，子女不再腰束白布条。

偷寿碗。旧时80岁以上老人去世，吊唁的亲友可将丧家饭碗带回家给小孩用，以为可借长寿保佑孩子。现俗丧家买了带寿字的碗作为回礼，分赠给来吊唁的亲友。

香台　也叫位台、灵台。死者送出后的当晚，有撒些豆子不扫地的习惯，意寓方便死者回家"寻眼乌珠"。第二天上午，在堂屋一角置一香案，上置死者的木神主牌位，后面放木架上幔布的灵位和照片。神之牌和灵位中间竖写"民故某某某之神位"等字样，前置筷子一双，如夫妻全亡则放两双筷子，里角置一破旧瓷瓶罐，内插"幡引"和万年青。台档下搁一双死者的鞋，壁挂挽联挽幛，每日供午饭酒菜以尽哀思，满百日撤除，叫"督香台"。

停柩落葬 灵柩抬出去后停在田野待葬的，叫"停柩"。死者灵柩送到田野暂不下葬，用砖瓦砌成避风雨的小屋叫"炕"（通常因年轻或等配偶亡故后一起入土）。用稻草避风雨的叫"盖棺材柴显"。挖深坑埋下的叫"落葬"，俗称"做坟"。旧时家境贫富不同，灵柩入土落葬的形式不同，坟墓大小也会不同。有的穷人家的薄皮棺材一直在"化人滩"，最终烂成了一堆烂木白骨。落葬时间一般为出丧当日、"五七"、"百日"或来年的清明、冬至。灵柩放入事先准备好的砖石墓穴的叫"进山葬"；放进铺了石灰的土穴的叫"石灰葬"。落葬时有先在坑穴中焚烧纸钱，叫"暖坑"。用整段杉木拼幅做棺材的叫"圆心棺材"。事先做好并抹桐油或油漆备用的叫"寿材"。板材不满一寸且木质差的叫"薄皮棺材"。贫穷或特殊原因用稻草编成长形草窝放尸体的叫"草窝棺材"。十分隆重办丧事并落葬的叫"厚葬"。简单办丧事并落葬的叫"薄葬"。"厚养薄葬"，即对死者生前要尽心尽力照顾好，死了后丧事简办，这是应该提倡的做法。现在实行火葬后，用骨灰盒或瓷罐，落葬时撑黑伞也是"避天光"的遗风，坟墓占地较少。墓碑通常用白色石料，冠以"先"（旧俗用"显"），尊讳姓名。子女给亡父母立碑，用"先父母"（旧俗用"显考妣"）；子孙给祖辈人立碑，用"先祖"。旧俗男用"显考某公某某之墓"，女用"显妣某门某氏夫人之墓"。旧时妻子给亡夫立碑，自称"未亡人"。死者名字等用黑字，姓及立碑人姓名全用红字。旧俗还可在墓碑上刻有亡者籍贯、生殁及落葬年月等。旧俗立碑人只具男名，不具女名，现在因独生子女政策实行多年而不太讲究了。唐朝王建《寒食行》最后四句有："三日无火烧纸钱，纸钱哪得到黄泉。但看垄上无新土，此中白骨应无主。"

按目前的情况发展下去，若干年后，无人祭扫的墓地恐怕会多起来，或是墓葬用地越来越紧张，因此现行的殡葬习俗大有改革的必要。生前嘱子女待自己死后薄葬并将骨灰撒入江河湖海等节地的做法，是一种明智的选择。

新时节　忌涅（日），是死者去世周年纪念日，家中设香案，酒水饭菜，点心瓜果，完后焚化纸钱锡箔，后辈行跪拜礼。有忌日做三代的习惯，即子孙为死去的父母、祖父母做忌日，和为见过面的曾祖父母做忌日等，还有不做冥寿已满百的先人的忌日的说法。亲人去世第一年中的清明、农历七月半、十月初一（十月朝）、冬至四节的当日，在家中设香案祭奠，邀亲友参祭，现俗为"新清明""新七月半"等。

四、年节旧俗

过年习俗　乡俗从腊月二十三日送灶，到正月十五，谓之过年。过了初八就很少有人再出门或上门拜年了。无论贫富，大家都会办点年货，家贫者买点"素局（豆腐干等）"，多少浸些糯米，以做蒸糕或圆子，除夕祭祖，祈求安康。

送灶接灶　阴历腊月二十三日傍晚，送灶君上天，谓之"送灶"。乡间旧有"官廿三，人廿四，乌龟廿五贼廿六"一说，这天灶君上天向玉皇大帝汇报人间情况。傍晚吃汤圆、馄饨，用煮熟的地栗、茨菇、老菱或麦芽糖献灶，献灶后用麦芽糖，又叫"廿四糖""寸金糖"抹一下灶君像的嘴，谓之请灶君"上天言好事，下界保平安"。完毕后取下灶山上龛里的灶君像和龛的门帘，到门口放在豆萁上焚化。送灶后的几天中，各家各户准备过年了，洗被褥大扫除，旧谓"掸烟尘"。浸米磨糕粉，拌糖水，用木蒸笼蒸糕，有红糖糕、猪油白糖枣子糕、赤豆糕等，谓之"装糕"（或许是

"糕"字）。石臼斗粉，备汤圆粉，谓之"圆团粉"。有钱人家年廿六日杀猪杀鸡等，谓之"腊月廿六杀年猪"。旧时因新年禁忌而有从除夕夜开始在梁上吊点着的"盘香"，用黄纸卷成的纸棒叫"纸出"，从盘香上引火种吹旺取火的习俗。用嘴唇缩紧吹气，断续用舌顶住嘴唇气口，吹旺"纸出"的火星取火。除夕傍晚，把新买来的（习俗说请来的）套色灶君画像和套色纸刻门帘贴在灶上龛里，点上香烛，放上供品，等灶君下凡回来称"接灶"。

祭祖封井 除夕，也称"度（大）年夜"，是一年的最后一个夜晚。不管贫富，都比较重视一年中的这最后一顿叫"年夜饭"的晚饭。除夕前一天称"小年夜"。除夕这天，外出的家人要尽量回家团聚，邀亲友同餐，叫"吃年夜饭"。这天无管贫富人家，"祖宗虽远，祭祀不可不诚"，都在家设香案祭祖，谓之"做年夜饭"或"斋老太太"；也有提前一两天做"做年夜饭"的，饭中有放黄豆，祭祀后不动坐凳，以表留祖宗在家过年的意思。从前，规矩大的人家似鲁迅《祝福》里那样，寡妇一般不会主动参与除夕祭祖活动的。饭后贴春联，也叫"门对"。有在大门正中、屋顶瓦片下插芝麻秆、冬青柏枝的习俗。有这天留火种在脚炉，燃至年初一的习俗，以求"今年富（火）到明年"，谓之"隔年火"。旧俗除夕夜用红纸将井口封住，到初三早晨点香烛后，化锡箔元宝后启封。乡间称给祖宗先人焚化锡箔纸钱及冥器为"熇 hè"（乡音似"汉"）。

新年习俗 年初一，农历正月初一，又叫大年初一、春节。王安石有诗云："爆竹声中一岁除，春风送暖入屠苏。千门万户曈曈日，总把新桃换旧符。"早晨开门燃放鞭炮，家堂设香案，置三双筷子，供总三仙干果盆和甜小圆子，焚化锡箔元宝。乡邻见面互贺"新年好"。小孩穿新衣，要压岁钱。旧俗初一有不动刀、不吊水、不扫地、不争吵、不走亲访友等禁忌。如小孩说了不吉利的话，大人就会说"小孩放屁，百无禁忌"。有早饭吃白糖小圆子，中、晚饭食素的习俗。

年初二，出嫁女儿带着夫婿回娘家拜年，当晚必须回夫家，谓之"正月不空房"。

压岁钱。农历新年或其他场合，长辈给小辈一些小钱，谓之发"压岁钱"。这一习俗源于古时用红线穿铜钱挂于孩童胸前，以"避邪压祟"。"祟"即"鬼怪"，因"祟""岁"同音而成。

破五赶穷和接财神。旧俗初四夜祭财神，初五谓之财神生日，各家各户早起燃放鞭炮，以赶走"五穷"，迎接财神到家。"破五赶穷"，即过年时的各种禁忌至初五起不再讲究为破五。"五穷"指智穷、学穷、文穷、命穷、交穷。初六商店开门营业。

人生日。农历正月初七，旧俗谓人生日。古云"岁后十日，一日鸡，二日犬，三日猪，四日羊，五日牛，六日马，七日人，八日谷，九日天，十日地"。又谚云"正月初七晴则丰，阴则灾"。这天吃面条或杂豆饭，称人体重量。

初八稻谷生日。传众星神仙这天聚会，如满天星斗则预示五谷丰收。

初九玉皇大帝生日。庙里烧香者众，祈玉皇大帝保风调雨顺五谷丰登六畜兴旺。

十一是石头生日，不能动土动石。

十一日是子婿日，岳父请女婿来家里吃便饭。

扛门臼姑娘。旧俗正月十五晚上，臼姑娘下凡占卜。点香烛于门臼边，年轻姑娘两人指抬插了银簪的翻转，竹畚箕请得门臼姑娘后，移至筛了米粉的方桌上，求卜者行跪拜礼，再然后按竹畚箕上下摆动次数和银簪画出图案占卜，解释求卜人的问题。

走三桥。旧俗元宵节晚上，三五姑娘相约外出走过三座桥后返回，谓之可"消除百病手脚轻"。谚云"走三桥、去百病"，返回时带回一两棵青菜，谓之可"干干净净过一年"。

老鼠娶亲。正月十六晚上,在家里壁角撒些豆谷,放一只小孩鞋(传说老鼠娶亲嫁妹的花轿就是小孩的一只虎头鞋)在灶脚边(鞋里放几粒米),以祈少鼠患。

元宵灯彩 宋代姜白石有诗云:"元宵争看采莲船,宝马香车拾坠钿;风雨夜深人散尽,孤灯犹唤卖汤圆。"唐寅《元宵》诗云:"有灯无月不娱人,有月无灯不算春。春到人间人似玉,灯烧月下月如银。满街珠翠游村女,沸地笙歌赛社神。不展芳尊开口笑,如何消得此良辰。"农历正月十五晚,晚饭吃汤圆、馄饨,香烛献灶。用高竹竿挂一串灯笼于堂屋前,谓之挂塔灯、望田灯、祈丰收。孩子手牵兔子灯,街上挂各式灯笼。旧时广福、陈行、罗店、大场、南翔等集镇上的商会,都会在街上办"出会",闹元宵,商家一起组织舞龙灯、划龙船、抬阁等活动,十分热闹。将儿童打扮成各种戏文人物,坐或绑在人们抬着行走的彩阁上,叫"抬阁"。各式乡俗娱乐,"发活龙段(舞龙灯)""摇荡湖船""打莲湘",一应俱全。下午有顽童烧干茅草的习俗。种田人晚上手持稻草火把,在田头边跑边喊"花三担,稻六石,芝麻赤豆收几石",以祈丰年,谓之"烧野火"。吃了正月半的圆团后,年才算过完了。

四时八节 即春、夏、秋、冬四季和立春、立夏、立秋、立冬、夏至、冬至、春分、秋分八个节气。立春吃糕和酒酿汤,还有吃"塌饼"的习俗,叫吃"春饼";立夏吃青蚕豆和白煮蛋,草头摊粞饼,谓之防疰夏;立秋吃瓜和块头肉,说是"补膘"防病;立冬吃发芽蚕豆、小圆子和菜粥。夏至吃蚕头元麦饭。冬至有钱人开始吃补品。春分吃"塌饼"(春饼)。秋分吃馄饨或汤面。

农历二月初二,旧谓"二月二,龙抬头",这天有剃头和吃猪头肉的习俗。

二月十二百花生日。当天在花、果树的主干上贴一小块红纸,以示庆贺,还吃撑腰糕,说吃了撑腰糕,以后干活腰不会疼痛。

二月十九观音生日。这天老年妇女去庙里烧香。

三月初三生轩辕。谚云"三月三，生轩辕"，所以三月初三是人祖黄帝的诞辰。另外，古时候以三月第一个巳日为"上巳"，三月初三为"上巳节"。《后汉书·礼仪志上》记载："是月上巳，官民皆絜（洁）于东流水上，曰洗濯祓除，去宿垢疢（病），为大絜。"因此这天有去水边洗刷和郊外游春的习俗。另谚云："三月初三，蚂蚁上山，只去不来。"传说这天在灶脚四周浇点河水，灶上一年没蚂蚁。再就是"三月三，上巳节，煮鸡蛋，吃地力，可强身，不生病"。

三月廿八庙会，俗称"出会"。这日乡人抬了庙里的菩萨神像出巡街坊田头，有盛大的仪仗。各庙宇香火旺盛。

另有春、秋两季（春分、秋分前后几天）给田头"后土之神"（土地爷）石碑焚香的习俗，谓之"春社日"和"秋社日"。

寒食清明 祭祖扫墓。清明是二十四节气中的重要节气。唐代杜牧《清明》云："清明时节雨纷纷，路上行人欲断魂。借问酒家何处有？牧童遥指杏花村。"清明又叫"冥节"，与七月十五、十月十五合称"三冥节"，主要是祭奠先人，上祖坟扫墓，以增进宗族人群间的同宗血亲意识。清明当日，叫正清明。逝者死后的第一个清明，必须在"清明"当日祭奠，子孙在家中设香案祭祖，邀出嫁女儿、亲友聚会，谓之"做清明"，被邀客人谓之"吃清明"。做清明可提前几天，一般不延后。家人整修墓地、除草，谓之"扫墓"。有儿童不给先人扫墓的习俗。有出嫁女有了孙辈，除非娘家没子孙，否则就不上娘家坟扫墓的说法。还有女儿不可以抢在儿子之前去扫父母之墓的做法。旧时清明日前十五天的春分叫"放节假"，过十五天后的谷雨则叫"收节假"。清明前后一个月中，有忌婴幼儿出门远行；如要出门远行，则需在其衣服上插一把青麦苗，以避邪。

挂落钱。自唐朝以来，清明扫墓烧纸钱已成习俗。后因人们按《周礼》中"仲春以木铎修火禁于国中"，施行寒食而禁火，墓祭不能焚化纸钱，人们才把纸钱挂在墓地，这一习俗延续至今。子孙在祖宗墓地挂长串白纸钱，女儿在父母墓地挂长串彩纸钱，谓之"挂落钱"。从传统习俗来看，扫墓挂纸钱便可以了，不必焚香点烛烧纸钱，还备酒菜瓜果祭墓什么的。现在流行供束鲜花，应予提倡。

柴锭。旧时用小麦秆做成的直径约一尺多的圆形容器，放满锡箔后焚化给先人，一般清明时用。现广福、刘行地区已绝迹，嘉定、青浦等地还见有卖"柴锭"的老人。

放水灯。农历七月十五晚上、清明节晚上，将蜡烛点在蜡纸做成的荷花中，放于河水上，以祭奠先人。有唐诗云："牧儿驱牛下冢头，畏有家人来洒扫。远人无坟水头祭，还引妇姑望乡拜。"可见，放水灯的缘由是祭奠远方无坟的先人或孤魂野鬼，这一习俗一度失传，现又流行起来。

端午节 农历五月初五"端午节"，源于纪念爱国诗人屈原，有吃粽子和"五黄"（雄黄酒、黄鱼、黄鳝、黄瓜、黄豆芽等）的习俗。孩子们的额头上用雄黄酒写"王"字，胸前挂香囊和五彩丝线的小网袋，里面放一个熟鸡蛋或五彩丝线的粽子。屋里烧（乡音称"没有明火慢慢焚烧慢慢冒熏"，为动词第三声的"煤"音）干艾草，门口插青艾菖蒲，谓之驱邪驱蚊避瘟。旧时罗店等地还有划龙船的习俗。

端午节乡俗。五彩网兜和五彩粽子：1）五彩丝线熟鸡蛋小网兜的做法，取五彩丝线各约30厘米10根，各在离对折处2厘米的地方打结，不同颜色的丝线交叉穿进一根双股丝线，依次用两根相邻的不同色丝线在离上个结2厘米处打结，再用同色丝线在离上个结2厘米处打结，如此打七八个结，注意相邻线打结，上下两结距离相等，最后将10根五彩丝线一起打个结做底，修剪总的结下的余线作刘苏。这样,一个五彩丝线网袋便做好了。2)五彩丝线粽子的做法,裁取两三厘米宽的薄硬纸条,从一个头开始,在同一面折11个45度直角三角形,利用折纹做成一个纸粽胚,将第11个45度直角三角形剪小些,插进缝里。五色丝线依次线挨线地缠绕在纸胚外,线头嵌进纸胚缝,最后绕成五种颜色条纹的"五彩粽子"。同样方法做大小不等的几个彩色纸粽,用双股丝线穿成串,另用五彩丝线做刘苏。

六月六 六月初六"天贶节",相传宋王这天梦见神降书泰山。这天天晴则晒经书、衣物,故有"六月六,晒红绿"的说法。这天吃馄饨,谓之"不疰夏";狗洗澡,谓之"六月六,狗汰浴,不生虱"。

中元节 即七月半,"鬼节"。道教有"三官三元"之说,将五月十五、七月十五、十月十五定为上、中、下三元,分别为天官、地官、水官的诞辰,成为天官赐福、地官赦罪、水官解厄的三元节。道教把农历七月十五日称之"中元节",地官下凡定人间善恶。佛教把七月十五日称"盂兰盆节",佛教弟子"目连救母"受苦之日。儒家把七月十五日定为"祭祖日",强调孝道。当父母在世时,儿女应亲奉甘旨;当父母死后,也要"祭如在",跟父母在世时一个样,倡导对祖先春、秋两祭之外,中元节也应祭祖先。这样,农历七月十五日的中元节便是佛、道、儒三教合流的节日,家中设案祭祖。因古人有"天地合一"之说,在祭祀自己祖先的同时,还要祭祀一下各路的孤魂野鬼,所以晚上在河里放水灯或在路边烧纸钱锡箔,以慰亡灵。有人也把"中元节"视为民间"敬孤文化"的传统。乡间从前家家做"七月半",以祭奠先人(乡人称"斋老太太")。有年内亲人故世的,还要做"新七月半",邀亲友来家中一起祭奠先人。

插地藏香。农历七月卅是地藏王菩萨的生日,傍晚在家门口、灶边、井边插香，以祈地藏王保佑。小孩在茄子上插四小木棍成牛状，插满香叫"茄子灯"，以祈平安丰年。

中秋重阳 香斗。农历八月十五谓之中秋节。苏轼《中秋月》云："暮云收尽溢清寒，银汉无声转玉盘。此生此夜不长好，明月明年何处看。"旧俗中秋节傍晚祭月神，用香做成斗状的"香斗"，香斗里插五彩纸牌楼和旗帜，中供兔儿爷，置大门口的方桌上，供瓜果月饼等，过后五彩纸牌楼和旗帜供孩子玩耍，香斗焚化。

送夏衣。新婚夫妻初夏携礼回娘家，谓之"送夏礼"。娘家备以夏衣回赠，谓之"送夏衣"。也有新娘兄弟专程送去，并邀新娘回家小住几日以度夏的。旧时老派妇女都有热天回娘家小住两三天的习俗，谓之"千年不断娘家路"。

重阳节。农历九月初九，吃糕和登高，街上买的糕还插了五彩小纸旗。

冬至。仅次于清明的鬼节，各家备菜肴祭祀祖先，称"冬至大如年"，有为先人落葬的习俗。

腊八节。十二月初八中午，吃杂粮菜粥。

五、乡间俚俗

扎库启库 扎库。用纸和芦苇秆扎制冥器（如房子、家具、车马、衣箱等）叫扎库。旧时广福、刘行、陈行均有专门的纸作店手艺人扎库。

启库。旧时请神汉问卜释疑，指点家中风水物件等不妥之处及化解方法。

查仙。旧时请巫婆问卜断疑，说家中有不妥之处，或说是死去的人附在她身上，然后与家人对话。

求签。旧时到庙里烧香拜佛时，拨动庙里内有 30 支竹签的签筒，按跳出来的竹签上书写的文字来问卜断疑，解释命运，预测吉凶祸福人生。其实，求签释签，仅是一种心理安慰或心理暗示而已，不足信矣。

风水算命　看风水。专事勘选阴、阳宅地的人，叫"风水先生"。风水讲究"前阔后靠""前水后山"。从《易经》角度看风水，其实风水讲究的是人、建筑物和自然环境的和谐，人的身体、心理与周边居住环境的和谐。建筑大师贝聿铭先生 2012 年曾对杨澜说过，建筑师都相信背山傍水的建筑风水，不相信迷信的风水，但风水先生讲得有道理的话，应予参考。

算命。算命有相面、卜卦、拆字、鸟衔牌算命等。算命先生大多是盲人。算命先生按天干地支十二属相，结合金、木、水、火、土相克的道理，把人的出生年月时辰，排成五行八字，来预测人生祸福、男婚女嫁等。看相则是按手相、面相来预测未来。

经忏道场　经忏，原指佛、道两教超度亡者、祈祷延寿类的经文和忏（悔）文，后来指佛、道两教人员用写在黄纸上的文字图案加盖印章，表示已经念过经文、忏文的凭证。

道场。道士做的功德仪仗，事主按要求陪着进香磕头。以往一般将道士请到家里来，乡音叫"做功德""打醮驱邪""谢天地"。另有请道士来"斋宅神"等。

路引。大殓当日，佛、道人员为死者书写 10 张"路引"，盖上道观或庙宇方形大红印鉴，供丧家"做七"时逐张焚化给死者。迷信说人死后灵魂入地狱，佛、道就给死者 10 张"通行证"给"十狱十殿阎王"，分别是秦广、楚江、宋帝、五官、阎罗、卞城、泰山、平等、都市、转轮等 10 个大王。

造梦。旧时如亲人死在外面，"五七"夜里请道士来家里设香案念经，将一匹蓝色土布拉开，至亲持香拉住布边，让亲人的亡灵从布上走回家。

步罡踏斗　罡指北斗，是道教斋醮时礼拜星斗、召请诸神、抑邪扬善的常用法术仪式。在醮坛方丈之地上，铺设罡单。罡单画有四灵（青龙、白虎、朱雀、玄武）、二十八宿和九宫八卦组成象征九重天之图像，在众道士的配合下，高功法师着道冠道袍云鞋，手持七星宝剑和权杖，在罡单上随着道教乐曲的节奏，带领众道士念唱经文，而自己则按星辰斗宿之方位和九宫八卦之图，以禹步踏之，神驰九霄，启奏上天，礼请诸神，福佑人间。道教乐曲按不同道仪，有《迎仙客》《三上香》《献花偈》《香赞曲》等。

其他俚俗　鸡啼狗哭。黄昏鸡啼，谓不祥预兆；雌鸡啼鸣，更是不祥，要斩下啼鸣鸡头，血涂门槛，以示消灾。

狗哭。谓之狗看到鬼而哭叫，预示有人将去世。

眼皮跳。预示祸福吉凶，有"左福右祸"和"男左女右"的说法。这其实是眼疲劳的一种生理反应。

吊蜘蛛。很小的青蜘蛛突然在你面前从一根蛛丝上挂下来，说是老祖宗叫你小心些。很小的红蜘蛛吊在你前面，说是喜蛛，是好事将至的喜兆。

出壁脚老鼠叫。夜晚，老鼠发出一种"嗞嗞"的声音，谓之老祖宗不安魂，预示有倒霉事将发生。有人说其实这是老鼠磨牙的声音。

解梦。解释梦境。如梦见粪便满身，预示将发财；家里火烧，实际是好兆头，等等。

挂八戟。如有孩子夭折，按算命说的日子，在家门口用小戟钉住木质小八卦，屋顶上砌三个瓶口对外的小屋，谓之可避免其他孩子夭折。

这些俚俗，皆为旧时迷信，读者当会自鉴。

【附】

1. 信仰与迷信 信仰是人类对世界万物真理唯一性的认同和崇拜，是精神上的一种目标追求。迷信则是人们对世界虚谬事理的一种盲从，是对超自然力量愚昧的崇拜。一般普通群众只是想借虚无世界寻求某种精神的抚慰或寄托，是一种从众心理。民族应有信仰，人应有信仰，切不可沉湎于迷信之中。

2. 敬畏与禁忌 生活在大自然中的人类，因认识的局限性，千百年来形成了对天地江河、日月星辰、风雨雷电、祖宗先人的敬畏，形成了在日常生活中对天象祖灵的禁忌。人又是社会的一分子，在我国，受儒家学识、国家法律及公序良俗的约束，又有社会交往的法律或道德禁忌。人们应该有敬畏自然和先人的心理，敬畏国家和法律的心理，自觉遵守法律道德和公序良俗中约定俗成的禁忌。

3. 广福地区道、佛两教 清朝、民国时期，广福、陈行及刘行地区有多处庙宇、道观，一般百姓都信奉佛、道两教。乡间还有一批不驻道观的"正一派"道士和驻庙有家小的和尚。

民国时期，广福地区的居家道士行拜师入门学道三年，具备了"吹（会全套丝竹乐器和曲调）、打（锣鼓铜磬颂钵）、写（用毛笔书写各种经忏和榜单文书）、念（念唱经文、忏文）"四种功夫，方可参与道场活动。经道界认可，广福徐家宅的沈建峰是广福地区道教的法师，广福镇、洪家桥、孙家头、蔡家堂等地的道士一般都是他的学生或徒弟，即使在南翔百寿庵、嘉定沈甘庵等地拜师学道的，学成后也要认沈建峰为师。广福驻观（西马都巡）道士有金阿毛和金阿乱兄弟两人。

新中国成立前，顿悟寺的金泉和尚、白云庵的春兴和尚、石岗庙的根宝和志元和尚，是广福地区佛界的"四根庭柱"（四个主要和尚），也具"吹打写念"的本领。金泉和尚与春兴和尚都是驻庙有家室的和尚。广福从前有钱的大户人家，将佛、道同时请到家中分开做佛事道场的，叫"对场"或"拼场"。

六、民间用联

1. 春联

春联也被乡亲称为门对。以往春节前，各庙宇为各自地界上的百姓送门对，各家收到后常回赠些米麦，多少不论。春联的内容，一般都是些让人能再三诵读的古训或名言。如白云庵春兴和尚写的对联，旧时《乡党应酬》中也有些对联内容，此处摘录如下：

修合无人见 存心有天知	莫作无为事 常修清静心
兴家必勤俭 高寿宜子孙	德从宽处积 福向俭中求
人生难圆满 世事常不平	百年歌好合 五世卜其昌
事从五伦做起 文本六经得来	青竹依松栽 腊梅傍柏开
过如秋草割难尽 学似春冰积不高	欲除烦恼须无我 历尽艰难好作人
闲谈莫论他是非 静坐常思己过失	万石家风惟孝悌 百年世业在读书
能受苦方为志士 肯喫亏不是痴人	欲高门第须为善 要好子孙必读书
遇事虚怀观一是 与人和气誉群言	松竹梅岁寒三友 桃李杏春风一家
勤能补拙俭养廉 寿本乎仁乐生智	传家礼教惇三物 华国文章本六经

快乐每从辛苦得 便宜多自喫亏来	读经书学好便好 创大业知难不难
未觉池塘春草梦 阶前梧桐已秋声	人品如山极崇峻 情怀与水同清幽
四字箴言克勤克俭 两条正路惟读惟耕	当家才知柴米贵 育儿更觉父母亲
须知难得惟兄弟叔伯 务要相孚以财情性心	积德不倾择交不败 读书不贱守田不饥
一粥一饭当思来处不易 一丝一缕恒念物力维艰	世事让三分天宽地阔 心田存一点子种孙耕
承祖宗一脉真传克勤克俭 教儿孙两条正路惟读惟耕	惜食惜衣非为惜财缘惜福 求名求利但须求己莫求人

2. 寿联

旧俗 60 岁起逢十做寿。民国十二年，广福卢家卢庭生，陈行朱仲良、朱品芳，在他们用毛笔书写的《乡党应酬》内，就有"乡俗应酬""礼俗礼节""梓里用联"等内容，此处也撷取一二备考：

月	贺男寿联	贺女寿联
1	春放万花晴献寿 云呈五彩晓开樽	宝婺辉联南极晓 斑衣彩舞北堂春
2	瑶岛香浓芝草圃 玉楼人醉杏花天	天护慈萱人不老 云弥寿树岁长春
3	期颐喜逢百岁公 福履同庆三春寿	香蜚玄圃发金辉 春永瑶池联玉树
4	风前芍药留春住 天上蟠桃献寿来	王母瑶池青鸟降 麻姑盱谷紫云飘
5	麻姑酒献千年绿 榴火花明五月红	艾叶香浓笼彩帨 榴花色艳映斑衣
6	椿树大年宜余庆 莲花生日正当时	千年蟠桃开寿域 九重春色映霞觞
7	坐看溪云望牛女 笑扶鸠杖话桑麻	寿同松柏千年碧 品似芝兰一味清

8	万斛桂香飘天地 五云瑞气接蓬莱	萱草含芳千岁艳 桂花香动五株新
9	酒中泛菊颜常驻 松下摊书手自编	菊满东篱称寿客 萱荣堂北祝慈龄
10	寿锡天孙多富贵 畴陈箕子益康宁	金萱和日照满庭 宝婺挹星辉遍地
11	上寿与池桃并献 遐龄同宫线齐添	萱草凌霜翠犹碧 灵芝浥露香更浓
12	青山有雪存松性 碧天无云称鹤心	萱花挺秀辉南极 梅萼舒芳绕北堂

年　龄	贺男寿联	贺女寿联	贺夫妻同寿联
六十寿辰	二回甲子春初度 满庭笙歌醉太平	六秩华诞新岁月 三迁慈训大文章	青松翠竹标芳度 紫燕黄鹂鸣好春
七十寿辰	三千朱履随南极 七十霞觞进北堂	蟠桃初熟寿且健 萱草长春庆古稀	日月双辉仁者寿 阴阳合德古来稀
八十寿辰	春酒流香醑寿酒 耄龄添美祝遐龄	沧海月莹寿母相 瑶台仙近女人星	天上人间齐焕彩 椿庭萱舍共遐龄
九十寿辰	南极桑弧悬九一 东海桃实献三千	庆花甲一周加半 祝萱堂百岁有奇	椿萱并茂春深日 耄耋齐眉瑞颐年
百岁寿辰	松柏不残四季翠 岁月难老百岁人	天上三秋婺星转 人间百岁萱草荣	人瑞并称耀日月 天龄永享溢期颐
五十生日	人方中年五十艾 天予上寿八千春	庭帐长驻三春景 海屋平分百岁筹	五秩年华看并蒂 百年寿域庆双辉

3. 喜联

从前办喜事，除十分贫穷者外，一般都要在堂屋里布置喜堂喜幔。考究的人家，还会在堂屋里面挂“和合二仙”画轴或红底金“囍”字，两边再请人写有喜联。现从《乡党应酬》撷取如下：

通　用	男　娶	女　嫁
天作之合 文定厥祥	射屏得偶 种玉有缘	求我庶士 宜其家人

鸳鸯比翼 龙凤呈祥	云拥香车至 星迎宝扇开	梅香喜陪嫁 桃面和衬妆
百年歌好合 五世卜其昌	十里好花迎淑女 一庭芳草长宜男	酒酿黄花谐琴瑟 诗题红叶配鸳鸯
玉堂双璧合 宝树万枝荣	礼乐于今歌大雅 衣冠从此作成人	景丽三春桃初熟 祥开百世谷更香
雪案联吟诗有味 冬窗伴读笔生香	庭前奏笛迎宾客 户外吹笙引凤凰	可堪洞府神仙质 亦作人间富贵妆
天结良缘绵百世 凤成佳偶肇三多	种就福田如意玉 养成心地吉祥云	萧史台中初引凤 周姬经上待歌麟
两姓联姻成大礼 百年偕老乐同春	金屋笙歌偕鸣凤 洞房花烛喜乘龙	作妇须知勤俭好 治家应教子孙贤
九畹兰香花并蒂 千树梧碧凤双栖	净扫蓬门迎贵客 鼓乐琴瑟接佳人	有缘于归聚白首 同心宜室结青鸾
玉镜人间传合璧 银河天上渡双星	画屏射雀成双璧 桂树鸣鸾庆百年	百尺丝箩欣有托 千年琴瑟永和鸣
乾坤交泰琴瑟和谐 新婚燕尔百年好合	笑拥梅花迎翠步 题留红叶动仙娥	忆昔梦时征弄瓦 如今归去还宜家

4. 挽联

从前家人故世后，时兴在家摆设灵台，亲友吊唁送香烛、"轴子"（挽联）。通常在街上的烟纸店里或纸扎店里买下白轴，然后由店员问清情况后，书写相关内容。子孙用"奠"字或"四字"中堂轴，只具名无姓；婿、侄等用七字白对，具姓名。题好上、下款。上款在右上边，与第二个联字平肩，书写亡者尊讳关系；下款在左下面，最后一个字略高于最后一个联字底。考究的人家，挽联内容讲究男、女有别，也有不讲究字数内容和格式的。大殓时挽联挂灵前，初丧后挂在灵台两壁，满百日后撤灵台时在门口和灵位、桌帷、鞋子等一起焚化。上世纪四五十年代，陈行西街烟纸店里有个邱姓店员，为人和气，挽联上的行楷字写得很好。

挽联内容大体如下：

通用	男用	女用
泪倾太岳	西游佛国	懿范长昭
魂断黄泉	驾鹤西去	遥池驾返
秋风鹤唳	德隆望重	慈云西逝
夜月鹃啼	玉楼应召	母仪千古
音容已去	流芳百世	音容宛在
顿赴仙拜	遗爱千秋	懿德常存
梅含孝意	德泽犹存	慈颜已逝
柳动伤情	道范常存	风木同悲
情怀旧雨	音容宛在	兰摧玉折
泪洒凄凉	德泽铭心	花落水流
三更月冷鹃犹泣 万里云空鹤自飞	流水夕阳千古恨 凄风苦雨百年愁	瑶池旧有青鸾舞 肃幕今看白鹤翔
五径寒松含露泣 半窗残竹带风啼	大雅云亡不遗老 老成凋谢足千秋	宝瑟无声玄柱绝 瑶台有月镜奁空
天高地厚恩何尽 目残心伤泪难收	骑鲸去后行云黯 化鹤归来霁月寒	母仪可则辉彤管 婺宿况芒寂肃惟
从今不复闻謦欬 此后何堪忆笑容	老泪不多哭知己 苍天何要丧斯人	青鸟传来环佩声 玉萧曲断凤楼空
泪滴千行大地湿 哭声一片暮云低	魂驾已随云影杳 鹃声犹带月光寒	雨霖杏芯流红泪 雪压松梢戴素冠
情凝雪片皆飞白 泪洒枫林尽染红	素车有客奔无伯 绝调无人继广陵	西竺莲翻云影淡 北堂萱萎月光寒
悲音难挽流云住 哭声相随野鹤飞	月照寒空枫谷深 霜封宿草素车白	朱墙碧瓦归仙驾 象服鱼轩想母仪
魂归九天悲野月 芳流百代忆春风	扶桑此日骑鲸去 华表何年乘鹤来	风吹蕙帐萱花落 月冷吴江杜宇悲
蝶飞竟成辞世梦 鹤鸣犹作步虚声	三更月冷鹃犹泣 万里云空鹤自飞	绮阁风寒伤鹤泪 兰阶月冷泣鹃啼
菽水无欢喜自去 夜台有情月仍寒	白马素车愁人梦 青天碧海怅招魂	西地驾杳归金母 南国光沉仰婺星

七、童谣游戏

从前的农村，孩子没啥玩具，听着长辈念的童谣慢慢长大；稍长后又和小伙伴们一起玩，在口口相传的童谣中自找乐趣。即使如今已满头白发的广福老一代人，依然难以忘记幼时大人所教的一些童谣。

1. 摇啊摇，摇啊摇，摇到外婆桥，外婆叫吾好宝宝。糕一块，糖一包，外婆捉条鱼来烧。头忽熟，尾巴焦，盛拉碗里吱吱叫，吃拉肚里发火跳。跳啊跳，跳啊跳，一跳跳到外婆桥，宝宝开心得来哈哈笑。

（大人两膝并拢，儿童骑大人腿上。大人双手抓住儿童的双手，轻轻地一前一后摇动上身，边摇边念。唱到"哈哈笑"时，改成一手前推，一手后拉，移动三下，同时大人头轻轻碰儿童胸前，逗儿童笑。）

2. 兜兜兜兜逢逢飞，野鸡野鸭一道飞，飞到娘舅拉竹园里，娘舅么话要养拉兮，舅妈么讲要杀拉吃特伊。

（儿童坐大人单腿上，背靠大人一手臂。大人一手把住儿童的手，让其竖起食指，一手伸出食指与儿童食指相碰，念一字碰一下。念到"杀拉吃特伊"时，大人抓住儿童食指，逗儿童笑。）

3. 浪浪浪，浪浪浪，骑马到松江。松江到，马么叫，宝宝骑得哈哈笑。

（儿童面对面骑在大人腿上，大人抓住儿童的双手，轻轻上下抖腿，逗笑儿童。）

4. 牵牵磨，枷枷磨，老鼠做豆腐，做仔豆腐呒（没）人要，一挖挖特伊（意即：没人要就倒掉）。

（儿童面对面骑大人腿上，双手互相抓住，一拉一推地摇动身体。念到"一挖挖特仔"时，边摇边加快语速，大人头碰儿童胸，逗笑儿童。)

5. 划河泥，操河泥，一划划到河浜里，操仔河泥倒浜里。

（儿童脸朝天，大人双手臂托住儿童，左右摆动。口念"倒浜里"时，大人脸亲儿童脸，逗儿童笑。可反复念反复做。另外，这里的"划"是"倒掉"的意思，音似乡音"伐"字。)

6. 一箩麦，两箩麦，三箩开花打稻麦。噼噼啪，噼噼啪，大家来打麦。稻麦多，稻麦好，稻麦做馍馍。馍馍甜，馍馍香，从前度爹（即爷爷）阿爹（即爸爸）吃，现在宝宝囵囵吃。

（两人对坐，"一箩麦"时，甲两手胸前合掌伸出，乙两手心碰甲两手背后缩回；"两箩麦"时，乙两手胸前合掌伸出，甲两手心碰乙两手背后缩回；"三箩开花打大麦"时，甲乙各自在胸前拍一下手后，同时伸出右手拍对方右手，缩回后，再各自拍一下手后伸出左手拍对方左手，如此继续拍打；口念"从前度爹阿爹吃，现在宝宝囵囵吃"时，双方各自在胸前拍一下手后，同时伸出双手，一方右手去拍对方左手，左手拍对方右手，连续六下。)

7. 金锁银锁，挎搭一锁。

（儿童两人对坐，一人朝天伸出一食指，碰着另一人张开的手掌，双方口中重复念念有词。坐庄者出手掌，出其不意地在"挎搭一锁"时抓住另一人的食指为胜，反之为败，胜者坐庄。也可让两三个小孩边念边食指指点大人手心，大人出其不意抓住小孩手指。)

8. 点点戳戳，芝麻蜡烛，新官上任，旧官杀脱〔或：点点戳戳，芝麻蜡烛，雌鸡拆（下）断（蛋），雄鸡杀脱〕。

（儿童数人围圈，一起念念有词。坐庄者手指逐一点人，念一字点一人，念到"杀脱"的"脱"字时，点到的人逃走了则胜，反之为败，胜者坐庄。)

9. 笃笃笃，卖糖粥，三斤蒲桃四斤壳，吃你格肉，还侬格壳，张家老伯伯，问侬讨只花小狗。

（儿童两人相向围小桌而坐，双手握拳，左手心向右，右拳小指处敲打左拳拇制处，"笃笃笃，卖糖粥"，边敲边念。念到"还侬格壳"的"壳"字时，做庄者可故意不抓对方右拳，以麻痹对方，也可以出其不意地用右手抓住对方的右拳，抓住者为胜反之为败，胜者做庄。）

10. 下雨了，打烊了，小巴拉子出场了，小巴拉子开会了，哦——

喂喂喂，侬姓啥？吾姓黄，啥格黄？草头黄，啥格草？青梗草，啥格青？碧绿青，啥格碧？原子笔，啥格原？2006年。（可以是孩子自己出生的年份，也可以是当年的年份，目的是让孩子记年份）

喂喂喂，侬姓啥？吾姓李，啥格李，木子李，啥格子，草籽葛籽，啥葛草，度草葛草，啥格度，度天白亮葛度……（引导孩子学庄稼名）

喂喂喂，侬姓啥？吾姓孙，啥格孙，子小孙，啥格子？香瓜子，啥格香？麦饭香，啥格麦，大麦元麦和小麦。（意在引导孩子识庄稼）

（一群儿童，喊着"下雨了，打烊了，小巴拉子出场了，小巴拉子开会了。哦——"出场，而后一对一，一问一答，自编自念，长短皆可，引导孩子记住自己的姓和某样东西。）

11. 用浦东话念：屋里赛（啥）人？吾伲阿（音似 ai）奶，阿奶好伐？好勒斜格（身体很好），还有赛人？还有大大（爷爷），大大勒拉做啥？大大勒拉汰汰（正在洗涮）。

用罗店话念：河里么有只船（音似"寿"），船里么有只碗（音似委），碗里么有只度馒（音似"梅"）头，装得来满（美）透满透。

12. 星搬场，星搬场，勿局（不及）吾的头发长。（儿童夏夜望

星空，看到流星时，比谁讲得快）

13.西瓜皮，冬瓜皮，小姑娘（男孩可用小赤佬）赤膊老面皮。（夏日洗澡时大人逗儿童玩水时用）

14.小赤佬，瞎污搞。不听话，打屁股。本来要打千万记，现在辰光来勿及，马马虎虎打七记，一二三四五六七。（儿童不开心时，大人佯做打状时用，数字可多可少，通常用七）

15.稀奇稀奇真稀奇，饭瓜（南瓜）生勒拉（在）米龛里，小湖羊落勒拉（生在）灶肚里，老婆婆困勒拉摇篮里，白胡子立勒拉立桶（旧时冬天儿童站在里面取暖的器具）里，依讲稀奇阿稀奇，其实一眼阿勿稀奇，宝宝娘子勒拉娘娘肚皮里。（最后一句也可由孩子自己改成其他内容押韵的话，如："宝宝屎出勒拉被头里"，"赖学精现世包漏得答答滴"，"赖里头娘子勒拉笑嘻嘻"，等等）

16.撒尿郎，卖家堂（或"烂哉糖"）。糖么甜，加把盐。盐么咸，拎只篮。篮么漏，盛斤豆。豆么香，买块姜。姜么辣，赶群鸭。鸭么飞，呼只鸡。鸡么啼，杠爿犁。犁么曲，要造屋。屋么高，撒尿郎宝宝哈哈笑。（戏逗尿床的孩子）

17.天上有个度（大）月亮，地浪（上）*（参加游戏的人数）挺机关枪。大家出来白相相，勿巧碰着徐文长。东啊长，西阿长，看看啥人当徐文长。

（儿童数人，单脚着地，双手抓住另一脚屈腿，互相碰撞，坚持到最后者为胜）

18.扇子扇风凉，越扇越风凉。亲妈（奶奶）扇娘娘（姑母），娘娘一跤白浪荡。（夏天手摇扇子给孩子扇风时边扇边念）

19.老鼠怕猫叫，驼背怕跌跤，赖学怕啥人，就怕先生到。赖学精，白相精，头浪钉只小洋钉，书包丢勒拉屋头顶，看见先生难为情。（戏逗不肯上学的孩子）

20.乓令乓冷齐啊，乓令乓冷齐啊，乓令乓冷齐啊，乓令乓冷齐啊。

（这是数个小伙伴遇有需分组或合伙游戏前的童谣，大家围成圈，右手拍右腿，口中有节奏地念着上面的话。"啊"念完时，大家伸出右手，同时出手掌者或同时出手背者各为合伙人，如此反复直到分妥为止，再开始游戏。）

21. 点点戳戳，芝麻蜡烛，啥宁（人）撒屁烂臀贡，供来供起随（就）是侬。（小伙伴数人围圈，一人边念边手指人逗笑）

◎以上老童谣，用道地的家乡话念，韵味十足，十分有趣。

22. 小老鼠，上灯台，偷油吃，下不来，骨碌骨碌滚下来。

23. 麻子麻攀，挑副糖担，挑到广福西海，一家人家留嗯吃夜饭。麦粞饭，煱韭菜，迭种末事叫吾哪能吃得惯。我伲屋里鱼吃粥来肉吃饭，外加新造房子十八间。东洋乌龟乩炸弹，乩脱我麻子麻攀格西房间。勿眼勿眼再勿眼，有仔钞票再造一间度房间。

24. 摇啊摇，摇啊摇，摇到外婆桥。外婆买条鱼来烧，头未熟，尾巴焦，盛嘞碗里"吱吱"叫，吃嘞肚里跳三跳，一跳跳到外婆桥。叮咚叮咚把船摇，一摇摇到爷叔嘞门前桥，一家人家留我吃中饭。白米饭，小炒肉，小肚皮吃得实笃笃，外婆看得来哈哈笑。

25. 嘟嘟嘟，嘟嘟嘟，骑马到松江。松江到，老虎叫，别转马头朝东北跑。一跑跑到广福桥，桥上有只鸟，飞到石冈桥，桥边有只庙。庙里有个小和尚，嗯啊嗯啊要吃绿豆汤，拨伲大家打一记，老老实实孵日旺。

26. 牵磨，伽磨，粳米，糯米，几化米？三把米。三把米，喂只鸡，鸡生蛋，蛋生鸡。把嘞釜浪蒸蛋糊，蛋糊蒸四碗，爸爸吃一碗，妈妈吃一碗，妹妹吃一碗，还剩一碗啥人吃？还是拨嘞妹妹吃。

27. 天上有星星，地浪有白银，阿妈讲要买点心，要买啥点心？豆腐炒面筋。面筋咸，买只篮。篮么漏，买包豆。豆么香，买只羊。羊么叫，买只鸟。鸟么飞，飞到娘舅啦烟囱里。娘舅讲要赶出去，舅妈讲要养啦兮，养到明朝孵小鸡，小鸡小鸡没道理，撒污撒啦青草里。

28. 今朝礼拜三，上海来了个小瘪三，着件红布衫，撑把红阳伞，前门不走走后门，屁股跌成两瓣瓣。

29. 小三子，推车子，一推推到广福西，捡到一把西瓜籽，吃得来来撒污撒了一裤子，乃到杨泾去汰裤子，一勿当心一跤跌嘞啦河浜里。

30. 三三三，大家侪是木头人，勿许哭来勿许笑，还有一个勿许动。

31. 一条长凳两（二）个宁（人），大家一道散（三）散心，试（四）试焐（五）心勿焐心，唔么录"六"勿起侬么缺（七）勿消，大家拨（八）勿动，一道叫救（九）命，医生来了实（十）在难为情。

32. 屁是肚中之气，哪有不放之理，你能管天管地，哪能管我放屁。

33. 勃乱度革水花，扫帚度革尾巴，到底啥革么事呢？撩起来一看啊，原来是一只白米虾。

34. 儿童游戏类

扚扚獴。这里的"扚"是轻轻抓住的意思。两人对坐游戏。甲右手拇指食指轻扚住乙右手背上一点皮，乙以同样方法扚住甲左手背皮，甲再以同样方法扚住乙左手背皮，四只手一起上下移动，同步口念"扚扚獴，扚扚獴，扚开皮肤勿要痒；扚扚獴，扚扚獴，扚开皮肤勿要痒"，如此反复，没抓住者败，在地上画记号记录胜败次数，多者胜。

造房子。地上按单单单双单双个方块半圆程序画线，孩子分别逐格往方块里丢小砖一块，然后按画的线或单脚或双脚跳地去取砖后返回，成功丢得最远者胜。

吃麻子。包了小石子或豆类的小布袋若干，一把撒下去，捡一只往上丢，趁未掉下的时候赶紧抓分散的小布袋，得多者胜。

甩香棒。新年过后收集香棒，几个孩子先剪刀石头布地决定先后，然后依次一把香棒松手撒在桌上，一根一根地拿走易拿的棒，拿走时不能动其他香棒，动则输，拿多者胜。

挑线板。用环状线套在双手食指和拇指上，变换花样的游戏，两人对玩。

急急风。将纽扣或类似的东西用线穿过两个孔成圈，双手拉拉一松线圈，使纽扣旋转。

打弹子。地上斜放一块砖，几个孩子分别把小玻璃球朝砖上丢，远的朝近的弹，中者胜。

钉铜板。地上斜放一块砖，几个孩子依次在砖的垂直线上用眼睛看铜钱和砖块，松手后，铜钱掉在砖上滚出去，再按滚出去的远近，远的捡起朝近的丢，丢中者胜。

荫野马。即捉迷藏。"荫"似"辫"音，即躲的意思，也叫"捉野马"。数人在一定范围内，留一人蒙上眼睛，待其他人躲好了才能睁开眼，寻找躲藏的人。

抓强盗。也称捉坏人。男女孩子数人，在场地上先定谁扮坏人或强盗，然后其他人追逐他，抓住者胜。

轧老撑。也称"轧和尚"。孩子们紧贴墙壁，互相挤推离墙壁，坚持到最后一个者胜。

抬轿子。两人四只手搭成井字状，让一人坐上面后行走。

跳绳。分一人跳、多人跳两种。分别数数，跳多者胜。通常女孩玩得比男孩好。

踢毽子。用公鸡毛和铜钱做的玩具。分别数数，踢多者胜。通常女孩玩得比男孩好。

打棱角。棱角是木质陀螺，偶有购买，旧时多数由男孩自己用刀刻成的一种中间鼓出的圆球形玩具，在上半部缠上绳子趁势摔出，于地上旋转时间长者胜。

抖空竹。买的一种玩具，双手用绳子甩着旋转，发出"嗡嗡"的响声，所以乡人也叫"电黄牛"。

车铁箍。多数男孩都会玩的一种游戏。铁箍用粗铁丝弯成钩，套在铁圈上使其向前滚动；也可用一小棍，靠在废旧的自行车钢圈槽里滚动前进。

第八章　方言汇释

　　方言，是华夏多民族语言在特定地区流通使用的一种乡土语言，是不同地区百姓深扎故土的精神根系和地域传统文化的载体，在语音、词汇、语法上各具明显的地域特点。方言大多以口语形式流传，通常缺少与其意思匹配的书面语言，较难用文字记录其语音语调。方言随着国家官方语言影响力的扩大而发展变化，甚至日趋消亡。因此，历来就有将方言作为地区文化研究并重视收集、整理成册的机构和人士。

　　江、浙地区古属吴、越，这些地区的方言属于吴越语系。吴越语系已有 3000 多年历史，底蕴深厚，使用人口众多，是中国七大方言语系之一。苏州古属吴的苏松地区，属吴语系的苏州方言是中国历史最悠久的吴语系的代表性方言之一。广福自唐、宋起，属江苏苏州郡，后来属苏州府太仓州嘉定县管辖，地处苏松吴语地区的东部。广福随宝山从嘉定析出近 300 年。作为行政区划，有 1000 多年历史的广福，曾先后设立过市、镇、厂、乡、村；原来属广福管辖的刘行从广福析出已有 200 年，原来属刘行管辖的顾村（旧称顾家宅）从刘行析出也已有八九十年的历史。所以，广福、刘行及顾村这一地区的方言，虽然脱胎于吴语系苏州地区的方言，但是，经过了百姓几百年的使用和流传，这个地区的语言已经形成了以广福方言为代表的自己的乡土语言。

　　这些地区经二三十年时间的采风收集，整理方言俗语，竟粒米成箩。以下试着借用某个字的音或某两三个加下划线的字的连读音，来表示广福方言的某个音；试着借用汉语普通话的四个声调（第一声"阴平—"、第二声"阳平／"、第三声"上声∨"、第四声"去声＼"），来注明广福某个方言音的声调；试着用文字记录广福方言的点点滴滴。

一、方言探析

为使读者对广福地区的方言有总体的了解，现对其乡音做如下探索梳理与讨论分析。

1. 广福地区方言中保留了大量的吴语系苏州地区的方言及其用法，并有了新的发展变化

为了探索广福方言的渊源，现将苏州话和广福话筛选比对，以发现广福地区的方言特点等。

（1）保留了苏州话中不少合成音的方言及其用法

主要有："阿曾（音'餷'a zen）"（表示"过去是否已经……过"或"曾经……过"），"勿曾（音'餶 fèn'）"（表示"过去还没有……过"或"还没有曾经……过"），"勿要（音'覅 fiào'）"（表示"不要"），"赛过"（表示"譬如"），"乃末"（表示"那么、于是乎"），"革末"（表示"那么"），"革嘞"（表示"所以、因此"），等等。

苏州话中，有三个合成音在广福方言中意思没变，但发音都有了变化。

①苏州音"餷（阿曾）"（广福乡音"曾、陈、成"同音，既不是 z、也不是 c 开头，或许因清浊音的差异而与 zen 有点差别），在广福音中被"盎 àng"音代替了；苏州音的"餶 fèn"，在广福地区有人把苏州音的 f 开头变成 w 开头，成了广福口音"温 wèn"或者"温……嘞"，甚至还有"温像"的说法。如广福乡音"侬盎到过北京？""晤还温到过北京嘞。"（"你过去是否已经去过北京呢？""我过去还没有去过北京呢。"）"伊盎起来嘞？""还温嘞。"（"他是否已经起床了？""他还没有起床呢。"）"这么多年侬做得阿曾像个阿哥哇？温像过啊！"（这么多年，你做得是否像个哥哥呢，

你做得没有像个哥哥啊！）

②苏州音"覅 fiào"，在广福乡亲口中成了"缓"音（乡音"缓"和"碗"的音似 wèi），如"缓缺"（表示"不要吃"）、"缓起"（表示"不要去"）、"缓撼"（表示"不要做"）等。

广福老辈人说过的一些苏州合成方言，如"纳亨（表示'怎么样'）""实梗（表示'这样'）"，在广福后辈人中已逐步演变成了"纳能（表示'怎么样'）""实能（表示'这样'）"或"迭能"等广福地区自己的方言了。

（2）保留了苏州音中大多数的人称方言和用法

保留了苏州音第一人称单数"唔"字。苏州音的"唔""饿""我"同音同调，还有似"嗯 ǹg"音（第二声），表示"我"。这些读音保留了苏州音第一人称复数"唔伲 ń ni""伲 ni"（表示"我们"）。

苏州地区方言第二人称单数兼用"俫 nǎi""依 nóng"（表示"你"），在广福地区方言中较多地用"依"来表示第二人称单数"你"；苏州地区方言中的第二人称单数"俫"（表示"你"），在广福地区方言中较多地作为第二人称复数用、音变为"那 nǎ"（表示"你们"）。广福地区方言中似没有苏州地区方言第二人称复数"唔督 wu du"一说。

苏州地区方言中的第三人称单数兼用"俚 lǐ""伊 yǐ"（他、她），在广福地区方言中较多使用"伊"（他、她），未见广福地区有人说"俚"的；苏州地区方言第三人称复数说"俚督 lǐ du"（他们），广福地区方言第三人称复数说"伊达 yi da""伊叠 yi de""伊啦 yi la"，两者有了差别，未见有人说"俚督"表"他们"的。

苏州农村地区老辈妇女以前说"奴"，表示"自己"和"我"。后来，苏州地区少见年轻人说"奴"的了，在广福地区也未见有人说过"奴"的。倒是广福地区老辈人和苏州地区老辈人说过的"属嗯（似 shu ǹg）"，音表"我"，在广福地区后辈人口中成了"实嗯（似 shi ǹg）""嗯（似 ǹg，应是腭鼻音）"，音表"我"了。

（3）保留了苏州音的许多名词性方言

如"奥糟"（表示"身上的陈年污垢、龌龊、脏东西"），"事体"（表示"事情"），"宝货"（谑称同伴或无能的人），"中牲（'牲'音似乡音'省份'的'省'）"（畜生），"夜（音似'雅'）饭"（晚饭），"娘子"，"官宁（人）"（丈夫），"新娘子"（新婚女子、男方长辈对小辈配偶的称呼），"新官宁（人）"（新婚男子、女方长辈对小辈配偶的称呼），"（新）嬷嬷（ma）"（对父亲兄长之配偶的称呼），"（新）婶婶""婶娘"（对父亲弟弟之配偶的称呼），"末事"（疑是"物事"的讹音，表示东西、物品），"菜干"（晒干的干菜），"单避（借用'避'的音表示'被'意）"（被单、床单），"饭糍（'糍'音似'自'）"（米饭的锅巴），"粢饭"（蒸熟的糯米饭），"汤三鲜"（鱼圆、肉圆、肉皮烧的三鲜汤），"一顿饭"（一餐），"马桶发洗"（洗刷马桶用的竹条刷把），等。但广福地区年轻一代已经改说"汤三鲜"为"三鲜汤"、改说"单避（被）"为"避（被）单"者居多。

（4）保留了苏州音的许多动词性方言

如"熝 āo（借用这个字的意思，乡音似'督 du'）"（文火煮较长时间），"煠 zhá（音似'闸'）"（大火煮较长时间），"过……"（传染给……），"批"（斜切薄片），"捅"（稍稍移动一下位置），"登嘞……（住在……）""得牢"（粘贴住），"弄讼"（捉弄别人），"出道"（成家立业），"搲 wa（乡音似'蛙呃'）空"（白费劲、瞎胡闹），"讲争（音似'港张'gǎng zhāng）"（大声说话、毫无原则地不停争辩），"缠勿清"（脑子糊涂、无法沟通、纠缠不休），"汏（音 dǎ）"（洗），"擦身"（擦洗身体），"泅（音似'眯'）"（小口酌酒），"赅（音似'购 gòu'）"（拥有），"灈（乡音似

'顶'dǐng)"（容器中慢慢地沉淀），"撘（音似'他'tā，表示'拉扯'）"和"撘（音似'榻'tà，表示'涂抹'）"，"搛 jiàn（音似'见'）"（用筷子夹起），"羼 chàn（乡音似'枪'）"（把一种东西混合在另一种东西里），"菝（音 bié）"（躲藏起来），"瞌聪"（瞌睡），"眯特歇"（打个盹），"困宿 sù 瘤 hū（乡音'瘤'似'忽'）"（睡过头了），"咬尼（借用'尼'音表'耳'意）朵白话"（说悄悄话），"罚东道"（打赌），"（动词）+ 畅 +（动词）+ 畅"（同一动作反复了多次），"拨（给）……搭搭"（给……尝尝）（如"阿要拨伊咸菜搭搭"即"要不要给他点咸菜尝尝"，"阿要拨侬拳头搭搭"即"你是不是要吃拳头啊"）等。

但有些苏州话在广福有了变异，如苏州音"弄讼 sòng"，在广福地区有人说成了"弄数 shù"；苏州音"罚东道 dào"，在广福地区有人说成了"罚东堂 táng"或"横东道"；苏州音"搛 jiàn"，在广福地区有人说成了"揭 jiē"音；苏州音的"讲争"，在广福有人说成了"死张"；苏州音的"擦身"，在广福说成了"揩（音似'卡'kā）身"；苏州音的"甩 shuǎi"（丢掉），在广福说成了似"豁特"的音，表示同样的意思。

（5）保留了苏州音的不少形容词、副词方言

如"登样"（有模样），"萋 qī（借用这字和音）"（美丽漂亮），"邋遢"（肮脏），"龌龊"（肮脏），"天好"（晴天），"豁烧"（做事干脆利索），"搞花"（交叉丝纹），"豪烧"（借用这两字的音，表示"赶快"），"侪（音似'才'）"（都，全部包括在内），"交关"（很、相当的），"猛门"（借用这两字的音，表示"不可理喻"），"加尼加三"（愈发、更加地），"惬意"（舒服满足），"热络"（亲热），"野（音似'雅'）哗哗"（行为没分寸、没边没沿），"焐 wù 心"（心情舒畅），"涕遢"（脏乱差），"连牟、勿连牟"（按最低标准办的话，做得成或做不成），"本生"（本来），"板要"（偏偏要、绝对要），

"齐巧"（恰巧），"硬劲"（'硬'音似'昂'áng）（非那样不可），"屑粒索碌"（持续不断地发出小的声响），"（形容词、副词）+来死特"（程度加强，相当于"很……"），"（形容词、副词）+透（形容词、副词）+透"（程度加强，相当于"很……"），等等。

苏州话的"勿出趟"，在广福有人说成了"勿出浪"。在广福年轻一代中，已少见说"蔓"，而说"好看""漂亮"或一个字"美"者居多；已少见说"涕遏"，改说"勿干净"者居多。

（6）保留了苏州音的不少四字成语方言

如"恶形恶状"，"杭情杭事"（许许多多），"贼头狗脑"，"瞎七搭八"，"神志糊之"，等等。还保留了许多歇后语，如"汤罐里爊（'爊'音似'督'）鸭——独出嘴巴""脚炉盖当洋镜——看穿""额角头浪搁扁担——头挑"，等等。苏州话"七不牢三牵"，广福有人说成了"七勿牢牵"。

（7）保留的苏州音还有许多吴语常用方言

如说数字"十五"，音似"舍嗯 shè ń"；"每月阴历十五日"，音似"嗯呃半（'半'音似 bèi）"；"大月小月"，音似"度嗯呃，小嗯呃"或"嗯呃度，嗯呃小"。因为吴语"月"音似"嗯呃"，"月亮"叫"嗯呃亮"。

又如寄名别人家谓"过房"（guò fáng），如乡音"算命先生说，倷只小出佬要起认个过房爷娘了"一句，就是"算命先生说，我家孩子得去认个干爹干娘才行"（"干爹"，乡音又称"寄爹"）的意思。这是吴语的说法。

再如"222"和吴语一样念"两百廿尼"。广福民间还有些数字的用法和吴语一样，如"毛廿个"（约二十个）、"靠一百"（近一百）、"千把"（一千上下）、"一万横里"或"一万上落"（一万左右）；再如"揩两浦"（擦数遍）、"走一埭"（走一趟，乡音"埭"似"大"，趟、次的意思），等等。苏州人通常用"场化（'化'音似黑呃）"表范围大些的地方，用"伍堂"来表范围小些的具体位置，如说"侬啥场化出生革"，而不说"侬啥伍堂出生身革"，来表示"你是什么地方出生的啊"的意思。用"笔倷摆勒啥伍堂了"表"你把笔放在什么位置了呢"的意思。这种说法在广福老辈人口中还能听到，而广福年轻一代少见分清"场化""伍堂"了，通常用"地方"取而代之，或说"侬啊里浪宁（人）""侬啊里浪出生"来表示"你什么地方出生的"了。但是，这种变化不影响交谈。

还保留了如"鸟"似"吊 diǎo"音（第三声），"花""化"似"夫呃"音（第四声），"人""银""宁"（无 n 音，第一声）等语音。

（8）保留了苏州方言的某些语法含意的语音

苏州方言中用特定的语音来体现语法意思的现象，在广福方言里也有所体现。主要有以下六种：

①用动作前缀音"勿"或"呒"来否定动作。如"勿去"（不去）、"勿来"（不来），"呒做头"（没继续做下去的必要和意义）、"呒话处"（没地方诉说）等。

②表示"归属关系"的常用音有"革""格""个"等。如"侬革书包"（你的书包）、"伊革饭碗"（他的饭碗或谋生的手段）等。

③表示"祈使、给予、拿"的常用音，有"拨""奈"等音。"拨侬吃几记耳光"（给你捆几下子耳光）、"奈迭只鸡杀特伊"（把这只鸡杀掉）。

④表示"位置、方位"的常用音，有"浪""块""板"等音。如"迭浪"（这里）、"迭块"（这地方）、"迭板板"（这一边）、"伊浪"（那里）、"街浪"（街上）、"路浪"（路上）等。

⑤表程度"加强"的常用音，有"煞""透""畅"等。如"笑煞人"（笑死人）、"做得苦煞"（做的苦死了）、"重透重透"（很重很重）、"恨透恨透"（恨之入骨）、"做畅做畅"（做了好长好长时

间）等。

⑥表示"时间状态"的用"曾"音，表示"过去"事情，主要有"阿曾""勿曾"。用"嘞啦"表"现在正在"的事情。如"侬阿曾读过书？"（你过去曾经读过什么书吗？）"晤勿曾读过啥书。"（我过去没有读过什么书。）"伊嘞啦读书。"（他现在正在读书。）

广福方言保留苏州话中的语法现象还有：动词叠词后缀"看"，表示"试试该动作"的意思，如"穿穿看""写写看""问问看"。定语倒置，如"热闹"，说成"闹热"；"度（大）月、小月"，说成"月度（大）"或"月小"；"客人"，说成"人客"等。状语后置，如"乃侬坐革嗒哦"（那么你就坐这里吧）。宾语前置，如"饭侬盏吃嘞"（你是否吃过中饭？），"上下楼梯扶手拉拉好"（上下楼梯要拉好扶手）等。还保留了苏州话中的一些量词的用法，如"吃顿饭革工夫"（吃一餐饭的时间），"借晤支笔"（借给我一支笔）等。

（9）还保留了苏州话中虚词"阿"的用法句式

①做名称前缀。表亲近的如"阿爹、阿妈、阿哥、阿姐、阿弟、阿妹、阿嫂、阿侄、阿囡、阿度（大）、阿小、阿王、阿芳"等；表贬义的如"阿飞、阿混、阿戆 gàng"，等等。还有"阿姨（这里'阿'的乡音似啊 à，对母亲的姐妹或对母辈女性的敬称）"和"阿姨（指妻子的姐妹）"的字虽然相同，可是其音和意思都是不同的。"阿舅"（妻子的兄弟）、"阿婆"、"阿公"（丈夫的母亲与父亲），其音和意思与后者同。单称"爷"（乡音似 yā），仅指父亲而不是指祖父。广福从前没有称祖父为"爷爷"与称父亲为"爹"的叫法。"阿叔"指父亲的弟弟或比父亲小的父辈男性的敬称，也指丈夫的弟弟。

②做动词、形容词前缀。表示猜测、询问，如"侬阿曾起过上北京呢？（你是否曾经去过北京呢）""侬阿去上海？（你去上海吗）""侬最近阿好？（你最近好吗）""侬阿是中了大奖？（你是否

中大奖了）”；表感叹如“阿是想不到哇，伊考了 100 分！（想不到吧，他考了 100 分呢）”；表反问、警告如“再瞎闹，阿要吃家生（再胡闹的话，是不是要用器具打一顿啊）！”

③“阿”合成的形容词、象声词。如“阿屎臭”“伊做了桩阿屎臭革事体（他做了一件很糟糕的事情）。”“阿曲死！”“伊真是阿曲死，那能奈皮夹克放嘞水里汰革（他真是似懂非懂闹了笑话，怎么能把皮夹克放到水里洗的呢）。”“阿噗阿噗（气呼呼）”；又如“唔今朝皮夹子拨人家偷起了，气得阿噗阿噗！（我今天钱包被人偷走了，气死我了！）”“阿呸阿呸（异议、反对、蔑视）”；如“阿呸阿呸！我勿同意迭能做法。（哼！我不同意这种做法。）”

（10）还有在把广福方言整理成文的过程中，反复比对方言和对应文字时，发现了广福方言中，仍在使用的几个古汉字，如作“看”解释的“眪 máng（似‘盲’‘望’音）”，如“唔来眪眪侬（我来看望看望你）”；做“于是、就”解释的“遂 suì（似‘随’音）”，如“唔做完作业遂困”（我做完作业就睡觉）；还有一种方形的渔网自古就被称为“提罾”的“罾”（音 zeng）字，等等。

在寻找与广福方言匹配的文字过程中，还发现了广福方言中存有清、浊音的区别。如 ga，清音 g 的有“家省”“家主婆”“吃价”，浊音 g 的有“老嘎”“嘎嗒嗒”“嘎三糊等”“伽牢住”等。

广福和苏州一样，各个小地方，老年人和年轻人说的方言尽管都有些微小差别及变化，但两地的民众及各自的老、少人等，互相都能听得懂对方，并不影响沟通交流。只是随着时代的发展，如今广福地区的孩子和苏州地区的一样，从小接受普通话的教育，他们已经听不大懂他们的父母偶尔说的几句方言，而他们的父母或许也听不大懂他们的父辈、祖辈讲的方言了。

2. 音素比普通话的音素少，并有一些特有乡土音素

广福地区方言中，似无半舌音 r 开头的乡音，如乡音"二""而""儿"等无 r 音。

几乎没有腭舌音 n 在中间的音，多用腭鼻音 ng，如乡音"五""鱼""嗯 ǹg（我）"音（用腭鼻音）。"办""板""半""搬""盼""显""献""官""关""惯""罐""安""寒"等语音中间无前腭鼻 n 音。

以"w""h""f"三音开头的乡音常常相混，因此"黄""王"不分，"富""火"不分，"文""混"不分，"吴""胡""何"不分，"河""湖"不分。以 f 开头的"风""封"等音成了"轰 hong"音。用特有的 v 音（上齿轻触下唇、浊辅音）代替了一些以 f 开头和以 h 开头的音，如说"佛 fo"时，乡音没有了开头的 f 音，说成了 v 开头的音，再如乡音说"或 huo""活 huo""火 huo"没有开头的 h 音，说成了 v 开头的音了。

常用"e（呃）"音替代"a（啊）"音，如"马""麻""骂""码"等不发 ma（没啊）音而似 me（木呃）音。

"x"和"s"音有时相混，如"死""西""细"等音不分，似"四衣 si"音。再如"下""夏"等无 x 音而似"呃"（第四声）音，如"下作（乡音似'呃作'，下流的意思），乡音中夏熟作物"蚕头"称"夏豆（乡音'夏'似'呃'音，所以乡人称'蚕豆'音似'呃豆'）"，而"蚕丝"的"蚕"音似"dz 也"。

看来，广福乡音中，还有些独有的似 dz 音，既不是 s，也不是 z，舌头平躺抵下齿，近似于英语浊辅音 dz 音，如乡音"是""树""竖""船""传"等语音；再如既不是 q，也不是 j 音，而似英语中的清辅音 tr，如"吃""曲""缺"等语音。

和普通话比较，广福乡音中似有清浊音之分。如 p

和 b, t 和 d, g 和 j, f 和 v 等。如：普通话中应是 p 开头的"排""牌""旁""蘋""贫""陪""佩""棚""嫖""葡"等，在广福乡音中似都用 b 开头了。在普通话中用 t 开头的"台""搨""踏""谈""唐""桃""特""题""田"等在广福乡音中似用 d 开头了。普通话中用 g 开头的有些字的音在广福乡音中有时用 j 开头了，而本该在普通话中用 j 开头的一些字的音在广福乡音中却用 g 开头了。在广福乡音中，仿佛 g 还有清、浊音的区别，并用清音的 ga 代替了普通话的 jia 音。如"家主婆""嘉定""加法""假期"等中本该是 jia 音的"家""嘉""加""假"等，广福乡音却变成了 ga 音；普通话中发 ga 音的"嘎""伽"等音（如"老嘎""嘎嗒嗒""嘎三糊""伽牢住"等），在广福乡音中，g 成了浊音。换言之，广福乡音"嘉"等和"嘎"等，其发音是不一样的。普通话中本该用 j 开头的"讲 jiang""降 jiang"等在广福乡音中却变成了似以浊音 g 开头的"港 gang"音。普通话的"特务""特别"广福乡音有点像"叠务""叠别"。

3. 同一类宾语使用的乡土音动词多样化，但也有通用的乡土音动词

广福方言中，同样是"播种下地"，同类宾语因意思不同、播种的方法不同，所用乡土音动词也不尽相同。"播种蚕豆"要用粗铁棍状的"度（大）插刀"凿两三寸洞后，将蚕豆种放进洞里，叫"沉呃豆"。"播种黄豆"用锄头或小刀挖开泥土放进豆种后培土，叫"得豆"。"播种麦子"是将麦种撒到田里后，用铁鎝钎削盖上泥土，叫"撒麦种"。"播种稻谷"是将发芽的稻谷种撒在做好的"秧板"地上，叫"落谷种"。"播种菜籽"是将菜籽撒到整理好的地里后，用双脚走一遍压实细土，叫"落菜籽"。"播种黄瓜、茄子类的种子"，是用小刀挖开土后把种子放进浅土后培上土，则叫"秧黄

瓜秧、落苏（即茄子）秧"。

反之，有时候不同类的宾语却可通用一个特有乡土音动词"han"（音似"撼"），类似于动词"弄"的意思和用法。

4. 特定乡土方言的流行范围东西宽些、南北窄些

广福、刘行和顾家宅地区的方言，在其流行的范围里，可能会有些差别。这种差别，东西之间小些，南北之间大些。换句话说，就是相同距离的话，南北地区的方言会有些不同，而东西地区之间就几乎没有什么差别。

如广福、刘行、老顾村镇（旧称顾家宅）一线上的方言基本相同，而同属这一地区的北片的北沈宅、老安一线和南片陈家行、沈杨、朱家弄一线就有些差别。

如"碗"，北片音似"委呃"，而南片音似"伍也"音；"馒头"的"馒"音，广福、刘行一线音似"姆也"，而稍北的沈宅音似"姆呃"。再如表示"拿"意思的乡音，沈宅一线音似"内呃"，而广福及南片音似"内爱"。

如"棺材"的"棺"和"当官"的"官"等音，广福、刘行一线及其南片似"谷也"音，而北沈宅东西一线音似"归"音。

再如"马""骂""码""麻"等的音，同属沈杨村的蕰藻浜南的郭家桥宅和浜北的须家宅的人，不久前的音还似"木屋"音，而稍北的沈巷、戴家宅的音一直似"木呃"音；就是同住戴巷宅的村民，浜北多数音似"木呃"音，浜南以前曾有人发似"木屋"音。

又如新中国成立前，广福镇南面的陈行镇及以东地区属广福管辖，陈行镇地处蕰藻浜北岸，这一地区乡音"块"，南北音差别较大，蕰藻浜南的音似浦东音"库也"，而蕰藻浜北的音似"库呃"；乡音"一把米"的"把"，蕰藻浜南的音似"不奥"，而浜北的音似"不呃"。

即使是北片的相距不远的两个村庄的方言也非铁板一块。如北片的原沈宅、包家楼等地的老少口音可能有别，南北东西也有可能略有差别，如"南、男"的音，有的乡音口音似"内欧"，有的乡亲音似"内也"。不一而足。

5. 方言中"头"字后缀用法较普遍

广福地区的方言中，"头"字后缀用法较普遍，可和名词、动词、形容词、方位词、数量词及称呼等合用。

和名词合用的有"饭碗头"（本意是"饭碗"，转义为"职业"）、"饭榔头"（谑称很会吃饭的孩子）、"龙头"（本意是龙的头，转义为重要的）、"男团头"（男孩子）、"笔头"（本意是笔的头，转义为书写能力）、"西风头"（西风）、"粒粒头"（有些成粒的颗状物）、"脚脚头"（脚音似 jia（入声），表示"所剩无几的东西"）、"话头"（说法）、"屁股头"（后面）、"脚头"（来去的次数或频率）、"手头"（手边、手里）、"脚跟头"（身边、近边、旁边）、"床横（音似'伍昂'）头"（床头边）、"浜海头"（河岸边）等。

和动词合用的有"讲头"（说法）、"推头"（找借口）、"找头"（找回的零钱）和"想头""看头""姘头""做头"等。

和时间合用的有"早晨头""黄昏头""夜（音似'雅'）头"（晚上）、"年夜（音似'雅'）头"（近年关）等。

和形容词合用的有"花头"（鬼点子）、"老实头"（为人老实本分的人）、"香头"（烧菜用的葱姜类调料）、"寿头"（傻瓜的谑称）、"度块头"（"大"乡音发"度"音，对身材高大的人的戏称）、"小毛头"（对婴幼儿的昵称）、"毛毛头"（"毛"发第二声，有一点起毛的意思，"毛"发第四声，则做婴幼儿解释）。

和方位词合用的有"上头"（上面）、"下（音似'呃'）头"（下面）、"外头"（外面）、"后头"（后面）、"前头"（前面）、"灶前头"（大灶烧柴火的那一面）、"隔壁头"、"西头"（旧时广福、陈行以东的人称青浦、昆山一带），"南头人"（旧时广福、刘行一线原蕰藻浜北的人称浜南莳塘，尤其真如一带的人）、"西头阿乱"（广福乡民谑称昆山人、青浦人）。

和数字合用的有"几家头"（几个同伴一起）、"一记头"（一下子就行）、"嗯 ǹg 分头"（五分角币）等。

鲜见"儿"字后缀，但"子"字后缀有不少。如"房子""镬子"（锅）、"厄子"（一种方形坐几）、"台子"（桌子）、"粽子""簿子""帽子""车（'车'音似'刺呃'）子""娘子""伲（儿）子""老头子""铅角子"（分币）等。

6. 动作和程度修饰后缀和用法多样化

广福方言中，用"……头势"来表示动作、程度的加强。如乡音"做头势"（长时间非常卖力吃苦地干活）、"哭头势"（不停地大哭）、"打头势"（打得难分难解仍不停手）、"缠头势"（不停地纠缠）、"吃（似"缺"音）头势"（不停地吃、海量地吃）、"乖（乡音 gua）头势"（孩子非常懂事乖巧）、"好头势"（非常好）、"坏头势"（十分坏）、"是就头势"（乡音'是就'表脾气很急躁，动辄不分青红皂白地马上发脾气）、"小气头势"（非常小气）等。

又如用"……之娘兴""……之样些"或"……叠汛汛"，做动词的后缀来表示"动作结果数量之多"，其动作的宾语（名词）可前、可后，如"衣裳做之娘兴""衣裳做叠汛汛""衣裳做之样些"和"做之娘兴衣裳""做之样些衣裳""做叠汛汛衣裳"三种句式，同样作为"做了许多许多衣服"的解释；如"挑之娘兴籼米"和"籼米挑之娘兴"意思相同（挑了许多许多籼米），"囥 kàng 之娘兴钞票""囥叠汛汛钞票"和"钞票囥之娘兴""钞票囥叠汛汛"意思相同（藏了许多许多钱），等等。

广福方言中，程度的修饰词也用 ABB 式和 AAB 式。

在 ABB 式中，BB 两叠字表程度，含"有一点儿"的意思，修饰 A 字。如"……嘻嘻""……督督""……朋朋""……格格""……忾忾""……哝哝""……通通""……乎乎""……刮刮""……兴兴""……搭搭""……兮兮""……势势"等。

如乡音"甜兮兮""甜咪咪""甜津津""酸济济""酸溜溜""苦答答""辣蓬蓬""辣豁豁""辣咪咪""笑嘻嘻""哭比比""黐督督"（有点黏稠感）、"滑腻腻""滑塌塌""碍（乡音似'眼'）督督"（有点发呆的样子）、"痛朋朋"（有点痛的感觉）、"痒徐徐""痒兮兮""鲜格格"（有点自我表现的味道）、"嘎搭搭"（有点逞能的样子）、"戆忾忾"（有点傻）、"木兴兴"（有点木讷）、"慢哝哝""暗出出""黑洞洞""红彤彤""白乎乎""蓬松松""干松松""软塌塌""硬邦邦""硬实实""瘪塌塌""薄哝哝""胖乎乎""瘦刮刮"（比较消瘦）、"臭烘烘""香喷喷""白乎乎""白搭搭""青奇奇""黄芡芡""绿澄澄""吓势势""冷势势"等。

在 AAB 式中，似有四种情况：

其一，AA 两叠字表示状态，而 B 字表状态的程度"一点儿"，这种结构似只有"能"一个。如"缓缓能"（轻轻地抚摩身体上的痛处，或小声地干某事）。

其二，AA 两叠词往往是名词，B 是含"很"的修饰性形容词。如"血血红"（很红）、"雪雪白"（很白）、"墨墨黑"（很黑）等。

其三，AA 两个叠词是动词，B 是其宾语。如"过过门"（场面上应付得过去）、"开开眼"（见见世面）、"招招手""摇摇头""咬咬牙""散散心""吹吹牛"等。

其四，AA 两叠词是副词，修饰动词 B，如"呱呱叫"（很好）、"着着叫"（狠狠地）、"塌塌潽"（很满）、"嗨嗨弯"（很多、很远）、"团团转"（很着急）等。

程度的修饰词还用"……（特）来"表"有点……"的意思。如"远来"（"有点远"的意思）、"度（大）来"（有点大）、"冷来"（有点冷）。另有"斜（音似 xiǎ）气……"表示"非常的……"，如"斜气好"（非常的好）；"交关……"表"非常……"的意思，如"交关冷"，即"非常冷"（但"性命交关"却表"与性命相关联"）。还有"……来西""……滴答"表"样子有一点儿……的"等，如"和头来西"同"和头滴答"两句都是表示"样子有点儿老实的"的意思。

7. 动作已经完成、状态已经形成有其特殊后缀用词

广福方言中，常用"……特叠"表示"动作已经完成了、状态已经形成了"，或"……特"表示动作、状态已经形成，但其结果没有前者"已经……了"明确。

譬如乡音"吐特叠"（毛发、表皮等已脱落了，或将嘴中的东西已经吐掉了）。采风中发现，乡音"脱"有三个音，tuō 音则是"取下拿下"，如"脱衣服"；tù（借用"吐"音）则表"掉落"，如"脱皮""脱头发"；tè（乡音似"特"）则表示"没赶上"，如"特特班车"，"坏特叠"（东西已经坏掉了），"损特叠"（瓷器、玻璃类器皿已有裂缝了），"欣特叠"（纺织品经拉扯用力过度而已经变形了）。"碎特"（物品碎的程度不明确），"粉特"或"复呃特"（纺织品、纸张类物品因存放不当，导致质地变脆，其程度不明确），"腌特"（腌制的鱼、肉因存放不当而发黄发霉，纺织品因存放不当而发霉变色，其程度不明确），"显特"或"耗特"（腌制的鱼、肉类食品因存放不当而发黄、发霉后产生怪味，其程度不明确），另如"揪 qìn 特"（事情摆平，或可能使事情流产、半途而废），"隐特"（灯、火熄灭）等。

又如，含"扔掉"意思的乡音有"发（借用"发"音）特""丢

特""掼（乡音似'拐'）特""乩"（乡音似'督屋'特）"等。

8. 乡土谑言詈语屡见不鲜

广福地区的乡亲们在生活中，常有诙谐的谑而不虐的玩笑话，包括发泄情绪脱口而出的嬉笑怒骂的詈语。"谑言"就是开玩笑的话，"詈语"就是咒骂的话。

乡间的谑言詈语，有些并无恶意，只是挖苦或借喻嘲笑罢了。如戏称矮胖的人谓之"石秤砣""矮冬瓜"；瘦高个子谓之"电线木头"；身材高大的谓之"排门板""柏油桶"；谑称脸宽的人谓之"踏扁夜（音似'雅'）壶"；谑称自己家的小男孩谓之"小几""小拖老童""小棺材""小赤佬""小瘪三"等；谑称同伴为"短寿""棺材""瘟贼""赤佬"等。比较而言，在日常生活中，男性使用谑言詈语比较随意，而女性使用得极少。

在日常生活中，乡亲们为表示慈爱，常用谑称女童的称呼昵称男童，常用谑称男童的称呼昵称女童。

譬如"轻骨头"（作风轻浮的人）、"促客鬼"（善于使坏让人上当的人）、"推板货"（差劲的人或东西）、"穷瘪三"（穷汉），等等，这种话语有时并无多大恶意。

嬉笑怒骂的詈语，虽因有其粗俗失礼的一面而应尽量避免，但因其属于当面直陈或背后发泄的一种语言，表达了人们的一种情绪而已，作为方言素材的收录留存，理应有其一席之地。这和用不用骂人的粗话，是两回事情，也和普通话中有国骂"他妈的""婊子养的""放屁"，包括英语中同样有与之对应的"Damn it!""Son of bitch""Shit"或"Talk nonsense"，其道理是一样的。纵观世界各地，各种语言都有谑言詈语，只不过有教养的人不用或少用，而缺少教养的人会经常使用而已。在国际外交场合，弄不好也会用骂人的话互斗。

9. 数字词语随处可见

广福方言中，有许多数字词语。如"一排生"（一排齐整）、"一落式"（一个式样）、"一脚一手"（一下子完成）、"一门家将"（全家、全部）、"两样生（'生'音似'式昂'）"（两种式样）、"两家头"（两个人一起）、"尼配（'尼'表示'二'字）"（二婚者）、"三脚猫"（技艺不高者）、"四眼狗"（戴眼镜者）、"五路头"（进深有五对梁柱六根椽子的屋面）、"六斗头甏"（能装六斗粮食的甏）、"七石头缸"（可存放七石的大陶缸）、"八度（大）菜"（旧时婚宴的一种菜式）、"九路头"（进深有十对梁柱九根椽子的屋面）、"什锦菜"（一种混合酱菜）、"十二朝"（孩子出生第十二天）、"廿三发头"（门面左右有二十四对椽子二十三张蒙砖的屋面）、"百涅（日）头"、"万三句（乡音'句'音似'鬼'）"（喋喋不休、吹牛的人），等等。

四字成语的有："一歇勿停"（不停地）、"一天世家（界）"（到处都是）、"一时头浪"（眼下时刻）和"勿三勿四""瞎三话四""缠五缠六""吆五喝六""七弯八扭""七支八搭""瞎（ha）七搭八""乱话（'话'音似'无呃'）三千"等。

10. 指代用词和用语有其特有搭配

广福地区方言中，有许多特有的指代用词和用语，如"迭"（指"这"的意思）、"实"（指"这"的意思）、"伊"（指"那"的意思）、"勒"（指"场所"的意思）等词后面，加不同的后缀"能""板""革""拉""浪""块"等，就会有不同的用语和含意。

"迭能"——这样，"实能"——这样子，"伊能"——那样；

"迭板（乡音 bái），迭板板"——这儿，这里，"伊板（乡音 bái），伊板板"——那边，那里；

"迭眼，迭眼眼"——这一些，"伊眼，伊眼眼"——那一些；

"迭搭块"——这边，这里，"伊搭块"——那里，那里；

"迭面搭"——这边，这里，"伊面搭"——那边，那里；

"迭块（带）"——这里，"伊块（带）"——那里；

"迭葛，迭板革"——这一个，这边一个，"伊葛、伊面革"——那一个，那边一个；

"迭（革）浪"——这里，"伊（革）浪"——那里；

"勒达"——正在，"勒概"——正在进行中，"勒嗨、勒浪"——在、在里边。

如乡音"侬实能远哇出来盯（máng）吾，真叫吾勿好意思啊"一句，即表示"你这样子从老远的地方来看望我，让我真不好意思啊"。又如乡音"伊实能做法实在呒没啥道理革"一句，表示了"他这样子做法实在没有什么道理的"。

二、特有方言

1. 特有一个音似普通话"撼"（hǎn）的动词乡音

广福、刘行及顾家宅地区，特有一个音似"撼"的动词乡音，其用法类似于动词"弄、做"，或类似于东北方言"整什么什么"的"整"的意思。在广福、刘行地区，凡带"弄"的意思的动作，基本上都可用"hǎn"这个音来代替。如"照顾小孩"说成"撼囝"，"准备吃饭菜"说成"撼菜"，"问对方在做什么"说成"侬勒拉（正在）撼啥"。

许多在外地生活工作多年后返乡的亲友都说"撼"这个乡音，是广福、刘行和顾家宅地区独有的口音，也是这个地区方言乡音的密码，不管走到哪里，只要口吐"撼啥"音的，马上会露出言者是这个地区出生的马脚来。也就是说，凭着一口"撼啥"的口音，就能找到广福、刘行的同乡。

200年前，刘行从广福析出；90来年前，广福、陈行、福民三乡合并成广福乡，辖区的大体范围南与南翔乡、真如乡接壤，东南与大场乡、江湾乡交界，北接罗店乡等地，西与嘉定石冈连成一片。后来广福又和刘行合并，范围又向东扩展到顾家宅以东地区。"撼"这个音的用法，为什么在这片土地及其周边的地区（如南翔、大场、月浦等地）乡音中出现，是否与哪个古吴语词汇有关，有待学人去探索研究了。

以下为广福、刘行地区乡音密码"撼啥"的各种用法，特录于此（前面是音，括弧里是意思）：

勒拉撼啥（在做什么），撼勒拉（正在做呢）；

勒里撼啥（这边正在做什么），勒搭撼（那边正在做呢）；

撼勒里（正在做着呢），来概撼（正在做呢）；

撼勒概（正在做吧），勒嗨撼（正在做呢）；

实伊撼革（是他做的），实尼撼革（是我们做的）；

实伊拉撼革（是他们做的），实嗯撼革（是我做的）；

实侬撼革（是你做的），实侬达撼革（是你们做的）。

这种特有的乡音方言，各地都有。如崇明、海门一带的人，"鱼"似"嗯爱"音（抵住上腭后放下），说"拗起话伊"，表示"不要去说了"。崇明话语气中常带"哈"音，所以有一嬉谑的说法："崇明蟹（ha），嗯得哈，嗯哈哈。"如遇开口带这些口音者，便知言者出生崇明、海门一带无疑。

2. 其他典型的乡土方言

如前所述，广福、刘行地区方言中，存有不少苏州方言的遗存，加上电脑汉字输入的局限，增加了用现代文字表述广福方言的难度。有的方言可能有匹配的文字，只是编者学识有限而不知道，有的可能没有文字可借用，有的勉强可借用近音字。这里挂一漏万地介绍一些典型方言以飨同好，或提出一些乡音希望引起大家讨论的兴趣。

1）"齆 wèng（同'嗡'音）"，即"鼻塞住"的意思。"鼻子塞了"乡音里说"鼻头嗡来"，"他讲话时鼻音较重"说成"伊讲闲话革辰光嗡鼻头嘻嘻"。"齆"字已不常用，可其意思却仍在广福、刘行乡音中流行。只不过广福、刘行乡音中表"鼻塞住"的"齆"和"嗡""翁""蓊"等都不用 w 音开头，而说成 ong 音了，和"齆 wèng"音略有差异，其中原因留待有兴趣者去考证了。

2）"遽（jù）"，即"急、仓促"的意思。乡音中有个表"性子急躁、动不动就发火"的音，似"是就 dzu"，不知是否是"遽"这个字音在广福地区流传过程中慢慢失去了开头的 j 音。如"这家伙脾气急躁得很"一句，乡音就说成了"迭扎棺材是就来"。

3）乡音"zhōng"音"中"，即"把一头不整齐的弄整齐"。如"把筷子弄整齐"，乡音说成"奈筷中中齐"。那是不是"中"呢？还是"筑"zhu（第四声，用手捣鼓东西）的变音呢？

4）乡音"hài"，似"嗨"音，即"用工具从水中捞物"的意思。如捕鱼虾的小网兜叫"嗨兜"。为什么在提手旁的字里，没一个可表示这个动作意思的字呢？难道表示这个动作的汉字已经变形变音了？

5）表示"灵巧能干"意思的乡音"夏咋 xia za"，不知道是什么字。又如表示过分受宠爱的孩子哭闹时为所欲为，乡音称之为"其肮"。乡音称"吃不到葡萄反说葡萄酸的"话为"其肮话"，又是个什么字呢？

6）乡音"du"，借用"驮"字，表示"背上背人"。这个"驮"字成了"动词"，如乡音"伲阿哥驮嗯去格"，就是"我哥哥

背我去的”意思。乡间有儿语“背背驮”或“阿背驮”一说，是
“背上背人”的意思。是这个“驮”字吗？

7）表示“暗中嫉妒挑拨、拆台，让人不成功并想自己取而代
之”的乡音“其也qie”（第四声），不知用什么文字来表述。如
“侬本来可以当队长革，是拨伊其也特革啊”一句，是“你本来可
以当选队长的，是他暗中挑拨嫉妒想自己取而代之才使你没当上
队长的啊”的意思。又如有乡亲会说“侬其也伊，伊其也侬，做
啥呢，收稍结末，大家侪呒没当成主任，有啥好处呢”一句，就
是“你说他坏话想自己取而代之，他说你坏话想取而代之，结果你
们两人都没有当成主任，你们有啥好处呢”的意思。这里“收稍结
末”作为“最后、结果”的解释。

8）乡音中还有个意思是“掮qián”，如果是这个字的话，那
么乡音却没有n音，倒像“其也qie”音（第四声）。这个“掮”
字是“一人用肩扛”的意思。但是，广福乡人称“两人一起抬为
杠”，一人或“挑”或“掮”。况且乡音“扛”不用k开头，而用g
音开头，“扛”似“缸”音。为什么呢？

9）还有些乡土方言的语音，虽苦思良久，仍无法用文字表述。
如表示“搂抱”的乡音，只得借用汉语拼音的“哥g”（第一声）
的近似音，或借用“英语国际音标浊辅音g”。如“侬帮唔g呃g
迭个囡”一句，就是“请你帮我抱一下这个小孩子”；又如“侬看
啊，伊啦两个青年宁g嘞啦一道”一句，表述了“你看啊，那两
个年轻人搂抱在一起呢”。“我g嘞捆稻柴”这样一句乡土话，就
是“我抱了一捆稻草”的意思。

10）乡亲有“藏柴”一说，但“藏cáng”只有储藏的意思。
但“藏柴”，除储藏的意思外，还含“把一捆一捆柴草堆放叠好”
的意思。到底是个什么“藏”字呢？

11）表示“灵巧能干”的乡音似“几啊jia”，也苦思多年找不

到同音同义的字。如乡音称"为人能干又能说会道的人"为"几啊宁头"。

12）乡亲们常说"夺哦"来表示"傻"的意思。如"迭个囝像有点夺哦，夺哦头夺哦脑哦"，即"这孩子好像有点傻，样子傻乎乎的嘛"的意思。"夺哦"是个什么字呢？百思而不得其解。

13）乡音"是移啊气"，找不到同音字，想用"斜气"，可音不对。表"非常的"，如"是移啊气好"，即"非常好"的意思。苏州话也有此一说。这又是个什么字呢？

14）乡亲们"礼貌地请人不要着急"，用"落哦套"，其反义词音似"毫少"。是些什么字呢？

15）乡音称"猫"为"墨昂"（第四声），会不会是"獴méng"（一种小哺乳动物）字呢？乡人把黑木耳称"墨昂尼朵"，是什么字呢？又称秧苗密为"墨昂"（第三声），会不会是"莽mǎng"（一种密生小草）字呢？

16）乡音说把饭菜快快地扒几口到嘴里为"吼"，会不会就是这个"吼"呢？但意思不对啊。那又是个什么字呢？。

17）乡音"si dz yi"，似是"舒齐"意思，却似"丝齐"的音，广福、刘行人"舒""丝""四""司""私"等音不分。乡音"齐"似"dz 衣"音，"丝齐"意思就是"齐全"的意思。如"女儿出嫁的事已准备好了"一句，乡音可说成"丫头出嫁革事体乃丝齐啦哉"。而"煞齐"是"整齐"的意思。"这些水稻秧苗插得很整齐"，乡音说成"迭点秧蒋勒煞齐"。

18）表示"搔 sāo"的意思，乡音似"遭"（第一声），即"用手抓痒"的意思。如乡音"特嗯遭一遭"，意即"给我抓一下痒"的意思。

19）"绞 jiǎo"字，乡音似"稿 gǎo"，即"多股线绳合在一起叫一绞"的"绞"，是量词，如"三绞纱线"。"用手将湿布拧干水"

的"绞"是动词。是音变了还是另有其字?

20)乡音"on zon",音似"翁中"(翁无 w 音),即"懊悔不已或碰到晦气不快的事"。如乡音"吾翁中来",即表"我心中有说不出的不快或懊悔"的意思。

另外,乡音中"个""葛""格""革"同音。乡音中还常用似"革"或"格"音表示"的"的意思,如"侬革、我革"即"你的、我的"。"葛"如作姓则似"谷"音。

所以,有些乡音还能借用某一个或两三个字的音,作为近音字记录下来,还有不少方言乡音实在无法用文字记录下来。

编者不是研究方言的专业人员,对于故乡的方言俚语、农谚俗语,原先只出于好奇而收集,随着同好的参与整理的深入,采风时的讨论,落笔时的思考,修改时的探究,越来越感到将方言素材整理成册是一件很困难的事情。好在有众亲友的支持与帮助,有华东师范大学和上海社科院老朋友的协助指导,历经数年,策驽砺钝,黾勉从事,终于绳锯木断,九转丹成;同时,也深深地感到广福这块土地上祖先的聪明智慧。广福有些方言,竟让编者同好苦思冥想多年,甚至彻夜不眠,却仍找不到其字,结果突然间"踏破铁鞋无觅处,得来毫不费功夫";有些方言更是妙不可言,只能意会不可言传,无法用现代语言给读者解释清楚;有些方言竟是那么的形象化,含意那么丰富,有时竟令编者同好拍案叫绝欣喜若狂。这就是方言乡音、谚语俗话的魅力所在,抑或正如同好老黄所说,这就是乡音方言能流传至今的缘故吧。

语言也会发展变化、吐故纳新。随着上海城市化建设的高速发展,广福、刘行及顾村地区原有的农耕生活已经远去,原有的自然村落大多已经拆迁,原住乡民散居各处,包括大量外来人口导入,或许有一天,广福、刘行及顾村地区的乡音方言也会慢慢地变异和淡化,甚至消失在国家推行的普通话的汪洋大海之中。

三、常用方言

　　下面列举了广福地区的一些常用方言，不尽全面。句前文字尽量用广福方言读，表示方言的音，不尽准确，也并不一定表其意，或仅借用其音来表达这句方言的语音而已。句后是这句方言的意思及其用法的简单解读。

　　丫　借用"丫"字的音，表示"看"的意思。乡音"丫"似"衣亚 ya"。如"让吾丫丫看"，是"让我看一看"的意思。字典上有"睚"（yá）字，作为"眼角"解，乡音的"丫"和"睚"字有无关系呢？

　　上　做动词用。

　　1）到……地方去。如"上上海""上罗店"。

　　2）答应干某事。如"叫侬杀特迭只猪猡，侬上哇？""唔上革！"一问一答，就是"叫你杀掉这只猪，你干不干呢？""我干的！"

　　广　借用"广"字的音，表示"伸手试着摸一摸，或轻轻地抚摸"的乡音。应该是个什么字呢？

　　吭　借用"吭 hàng（第四声）"。

　　1）表"气喘气急"。以前乡人称"哮喘"为"吭病"，也叫"吼白"。

　　2）干活干得上气不接下气，也称"吭 hàng"。

　　3）体力或能力恐难以胜任某工作，也称"吭 hàng"。如乡音"叫唔挑三百斤革担子，我有眼吭革"一句，就是"叫我挑三百斤的担子，恐怕不行"的意思。

　　行　和银行的"行"同音，指"全力拼搏一下了"。如乡音"三千元买侬迭块玉佩，我行一记嘞"一句，就是"三千元买你这块玉佩，我拼一下买下了”的意思。

俏 借用“俏 qiào”字的音，乡音似“次衣奥”。

1）参与并从中作梗，也可说“扯 ”。如劝架时乡亲会说：“侬扯嘞合做啥，让伊啦两家头自家解决算了。”就是“你干吗要参与阻扰他们呢，让他们两人自己解决算了吧”的意思。

2）给婴幼儿上尿布称“俏司布”。

车 借用“车 chē”字音，似“刺哦”，即“批发”，车进来，即批发进来，车特，即批发掉、卖掉。

轧 乡音似“革啊 ga”。g 浊音。疑是英语 get（得到，进入）音译外来语。英语 get 用法灵活。“轧”字用途也较广。如“轧朋友”（交朋友）、“轧闹猛”（喜欢挤到热闹的地方去）、“轧头”（理发）、“轧苗头”（见机行事，见风使舵）、“轧道”（交朋友圈）、“轧姘头”（找婚外情人）、“轧老桩（一种儿童游戏，把别人挤出墙根）”等。

另外，乡音“轧 ga”还表示“很拥挤、用力挤”。如“迭部汽车轧来，侬轧得上起哇”，即“这辆公共汽车很拥挤，你挤得上去吗”的意思。

专 乡音似“子也”。借用“专”字的音来表示乡音的三个动作：

1）用刷子蘸水轻刷去除污垢。不知是否“搌 zhǎn（轻擦抹刷）”字的变音。

2）将东西反复在两个容器间互相倒进倒出，或许是“转”字的一种用法。用两个碗倒来倒去使很烫的汤水凉下来的音似“专一专让汤冷下来”。

3）大人抱起吃饱奶的婴儿，忘了在其背后轻拍几下的话，婴儿可能把奶回吐出来，乡人称“专那（奶）”。

缠 乡音“缠 chán、传、船、全”同音，似是也（第三声）。

缠是"搅扰"的意思，如乡音说的"侬缠勿清""侬勒拉瞎缠""侬哪能缠来"三句，意思都是"你怎么胡搅蛮缠的呢"。

团 乡音似"叠呃"，无 n 音。动词与名词同音。如用糯米粉做的汤团，乡人叫"圆团"。作为动词用时有"弹"的意思，如"团花"（叠呃佛呃），即"弹棉花"。乡音"团条避西"，即"弹一条棉花胎"。乡音"被絮"似"避西"音。

汆 汆 cuān，乡音似"车"（刺呃）音。把食物放到开水里煮一下拿出来。如"汆汤""饭汆粥""汆鱼圆"等。

氽 氽 tǔn，乡音似"特嗯"音。浮在水面上，或用油炸一下的意思。如乡人说的"油氽果肉"，就是"油炸花生米"。

滦 借用"滦 luán"字的似"勒呃"（无 n 音）音，表示把食物放入开水里煮得半生不熟，再拿出来冲一下凉水这个动作。如"滦馅"，即把要做馅的青菜等放进开水里煮一下后，拿出来用凉水过一下。

焯 焯 chāo，乡音似"嚓"音，把蔬菜类放进开水稍煮一下就拿出来用冷水冲后挤去水，这个动作叫"焯水"，乡人把蔬菜"焯"一下后切碎放点酱油就可当佐餐，如"焯蓬蒿""焯红梗菜（马兰头）"等。肉类放入开水里煮一下去掉血水，也称"焯"。

熝 借用"熝 āo"的意思。（这是个古字，与"熬、煮"同义），乡音说"笃"，小火慢慢煮。如"腌督鲜"（鲜咸猪肉加莴笋竹笋烧的汤汁菜肴）。

煠 煠 zhá（烧、炸），乡音同"闸"，大火煮较长时间，并利用余温继续煮，以期将食物煮得熟透酥烂。如乡亲们都会说的"煠粽子""煠蹄髈""煠酥豆"等。点心店卖的"油条"，乡亲称之为"油煠桧"。

煸 煸 biān，热锅快速翻炒，如"煸肉丝"，不一定要熟透。另有"炒 chǎo"，热锅慢慢翻动至熟，比煸时间稍长些。

"熮 lóu"，乡音似"楼"。热锅翻炒至熟，通常用于蔬菜，如"熮青菜"。

上面"汆""煸""熮""炒"等字含意差别不大，习惯说法有异。

煎 jiān，乡音似"尖"。热油锅里慢慢炸烤。如"煎荷包段（蛋）""煎鱼"。另外，有个把鱼类用料酒盐等稍腌一下，借用"炝一炝"的音。

爿　爿 pán，乡音似 b 开头，成"败爱"音。如"柴爿（烧火用的木柴）""酱爿（做酱用的原料）""鞋底爿（做鞋子的鞋底胚子）""鞋爿（穿过的破鞋）""拖鞋爿（穿鞋只套上脚的前半部分，即'趿'）"。

夹　借用"夹 ga"音，乡音"夹"似"鸽阿"。"走"的詈话。如"侬夹勒啊里起了"，即"你走到哪里去啦"的意思，通常用于骂小孩尤其小女孩。

扣　也叫"结扣""巴结"。算计精明，干事利索勤俭。如"迭只棺材生活扣来"，即"这家伙干活很利索勤俭"的意思。谚云"人算不如天算，算计不通一世穷"。

扚　乡音"扚 dí""的"同音，意即用手掐断。如乡音"扚嫩头""扚缸豆""扚根须"等。乡音还有个用拇指和食指轻轻地抓一点皮肤起来，也叫"扚"，如有个儿童游戏叫"扚扚獴"。

汏　汏 dǎ，洗。如乡音"汏 dǎ 浴""汏衣裳"（苏州音）。

拦　乡音似"乱"或"勒呃"，第四声。表示张开双臂拦住或用东西挡住。

伛　借用表示"弯腰"意思的"伛 yǔ"字。乡音"伛"与"殴"同音，表示"身体弯腰"。如"伛腰屈背"，即"弯着腰驼着背"的意思。又如"伛呃来"即"弯下腰来"的意思。旧时有一种供婴幼儿睡觉可摇动、有边沿的小床，叫"欧篮"。

寿 借用"寿"字音，表"傻乎乎"的意思。如乡音"侬搭革种宁轧朋友么，侬寿哇"，就是"你跟这种人交朋友的话，你傻吗？"的意思。"寿头"字典上作"傻瓜"解释。

服 乡间也有"服不服水土"一说。但乡亲们说的"服不服"范围要比水土大些。海货、花粉、药物，甚至食物，都可说"服不服"。"服"的表明吃了后没事；"不服"就是吃了后要么过敏了，要么不舒服了。如乡亲会说"嗯牛那勿服革，缺之要肚皮痛革"一句，就是表示"我牛奶不适合吃的，吃了后肚子要痛"的意思。

钝 1）钝 dùn，刀具不锋利了。2）钝 dùn，做"挖苦、嘲笑"解释，也说"钝乱"。如乡音"侬勿要再瞎弄嘞，勿然要拨伊钝乱嘞"，就是"你不要再瞎搞了，否则就要被他来挖苦嘲笑了"。又如"唔晓得错了，侬就孬钝我哉"一句，就是"我知道错了，你就不要挖苦嘲笑我了"。（苏州音）

揶 借用"揶 yǎ"字的意思，表"硬塞给别人，强行给别人"的意思。乡音似"晏""呃 e""安"（第四声）。如乡音说"侬讲勿要就算了，我以勿会硬紧揶拨侬革"一句，就是"你说不要也就算了么，我又不会强行给你的啊"的意思。（苏州音）

鲠 鲠 gěng，乡音似"梗 gan"（第三声）。鱼骨等东西卡在喉咙里。

忒 忒 tuī，乡音似"特"（第四声），表程度"太"。如乡音"侬迭件衣裳忒推板了啊"，即"你这件衣服质量太差了啊"的意思。（苏州音）

膯 膯 tēng（饱的意思），乡音似"等"（第二声）。吃得太饱后胃里有一种实实的发胀的感觉。乡音"迭顿中饭吃嘞忒多哉，膯嘞吼，难过来"一句，就是"这餐中饭我吃得太多了些，胃里实实的发胀，很不好受"的意思。乡人把"吃得太多了难消化"称"膯食""膯牢"。

偃　借用"偃 yǎn"字的音，乡音似"厌"（第三声）。用肢体或东西作为标准，去大体地测量或比画其他物品长短或大小。如乡人会说"让我来用手偃偃看，看迭条裤子有多少长革尺寸"（让我用手来大概地比画一下，看你这条裤子有多大的尺寸）。

熯　熯 hàn，乡音似"汉"（第一声）。在锅里用极少的油煎，把饼烤熟，如"熯塌饼"（广福乡间的一种饼类吃食）。又如"奈迭点塌饼放嘞镬里熯革熯再吃哇"一句，就是"把这些塌饼放到锅里去，倒一点点油，煎一煎，烤熟再吃吧"的意思。

广福乡间还有三个动作的音和乡音"汉"相同：

1）往开水锅里下馄饨、圆子等，如"汉馄饨"。

2）把吊起的阖（dá）放下来，如"关门汉阖"。

3）给先人焚烧锡箔等，如"熇锡箔"，"熇"乡音似"汉"。

除第三个可能是"熇"字外，其余两个音至今不甚明白是什么字。

怮　怮 qiū，乡音似"邱"。做"不好，恶劣，不正经，坏的"解释。如"迭个赤佬革脾气怮来，伊怮好勿分革"一句，就是"这个家伙的脾气很差劲，他好坏也分不清楚的"意思。（苏州音）

炀　炀 yáng，乡音似"衣盎 yǎng"，火苗旺，太阳光很好。如"炉子里的火炀来（炉子里的火很旺啊）""今朝日头炀来（今天太阳光很好啊）"。乡亲们把"大晴天"往往说成"度炀日头"。广福地区原有几个自然村宅，乡亲称之为"炀家楼呃""炀小桥""炀港"等。"炀"不知道是不是"旺"的讹音？

斫　斫 zhuó，乡音似"作"，砍伐，割断的意思。如乡音"斫稻"（割稻）、"斫麦"（割麦子）、"斫草"（割草）。

箇　箇 gè，乡音似"革"（第一声）。开口说话的语气词，含"这个……啊"的意思。如"箇天气，倒蛮冷革"一句，就是"这个天气啊，倒挺冷的啊"的意思。

耿 耿 gěng，性格脾气固执。乡音"耿"的 g 是浊音。如乡音说的"迭只棺材耿来（这家伙脾气很固执）"。

套 套 tào，用谎话好话骗取，如"套取""套购"等。如"侬起套套伊看，看伊阿是真有意思搭尼合作"。（你去用好话诱他一下，看他是不是真的想和我们合作。）

潽 潽 pū，即"液体沸腾发泡溢出容器"的意思。如"粥镬潽了"即"煮粥的锅里汤水漫溢出来了"。"潽""浦"同音。

滗 滗 bì，乡音同"毕"，即"挡住渣滓或泡着的东西，用勺子把汤水弄掉或倒掉"的意思。如乡音"奈菜汁水毕特伊"即"把菜碗倾斜把汁水倒掉"的意思（苏州音）。

汩 汩 gǔ，乡音似"过"，用水漱口。如"吃完饭要汩汩嘴巴"。

作 肆无忌惮地发作（zūo），莫名其妙地吵闹。

把 乡音似"不呃"。

1）量词，指一手能抓住的数量。如"一把米、一把菜"。

2）大拇指尖到无名指尖的尺寸为"一把"。

3）大人坐着双手抓住婴幼儿的双腿，让孩子露出屁股，训练孩子按时大小便习惯的这个动作，称"把"，如乡音"把撒水（音si）"，就是用这个动作来训练小孩按时小便的习惯。

坐 借用"坐"字的音，表示"灌水"的意思。如"奈迭点水坐勒迭只瓶里"即"把这些水灌到这个瓶里"。

苏 借用"苏"字的音，表"看望"的意思。如"吾勒拉苏伲阿嗲"就是"我在看望我爸"的意思。

欣 欣 xīn：1）草木庄稼茂盛的样子。如乡音"迭点秧长得欣来"一句就是"这些水稻秧长势很旺啊"的意思。2）用手指头按住一个鼻孔，让鼻涕从另一孔中喷出去叫"欣鼻涕"。

垩 借用"垩 è"字的音（第四声），表示"将就拖着过日子"。如"㧭日甲"即"将就着过日子"，或"重病人拖日子"的意思。所以有"㧭死"（即等死）一说。

园 乡音"园 kàng""康"同音，意即把东西藏起来。如乡音"迭扎老太婆奈眼钞票园勒寻勿着哉"一句，就是"这个老太婆把一点点钱藏得找不到了"的意思。（苏州音）

驮 音似"度"，第四声，放在背上背着走。

甜 乡音"甜 tai""他"同音。本意是"露出舌头"，转义为"露出来"。如乡音"奈甜出来的绳塞进起"，即"把露出来的绳子塞进去"的意思。乡音"甜"鼻涕，就是经常让鼻涕流在鼻孔外面（苏州音）。

搨 借用"搨"字，有两个不同的音表示不同的意思。

1）音似"他 tā，"（第一声），表示"拉扯"意思。如"奈迭个囝搨度"（把这个孩子拉扯长大）；又如"伊拉嘞啦相打，快起奈伊啦搨开"，就是"他们两个人在打架，赶快去把他们拉扯开吧"的意思。

2）搨，音似"他"，还可做"露出、拖着、跟着"解释，如"伊屁股头搨了根绳"（他屁股后面露出了一根绳子）、"伊搨嘞啦排革队后头"（他跟在整个队伍后面）。

3）音似"榻 tà"表示"涂抹"。乡间有"调花搨脸（涂脂抹粉）"一说。

勣 勣 yì，乡音似"异""易"。刀具螺丝使用久了后，棱角没了，锋刃磨损了。如"迭只螺丝勣特叠，晤弄勿出来叠（这个螺丝纹磨光了，我没办法弄出来了。）""螺丝纹勣掉了退不出来了"。乡音有时还可以说成"这个螺丝豁边了"。"豁边"还可以解释为"事情弄尴尬了"。

搙 搙 nuò，乡音似"涅屋"音（涅不用 n 开头），表示"双手并排反复使劲揉搓"。乡音"肉、玉、搙"的音相同。如"奈迭件湿衣裳搭革搭"一句，即"把这件湿衣服在水里使劲反复揉搓挤压一下"的意思。乡音中的搓衣服的"搓"，是把衣服拿在两手间对搓。揉面团的动作"揉"，在乡音里也似"搭"，如"揉面"乡音说"搭面"。还有，乡音的"面"有时指面条，乡亲称"面粉"为"干面"，乡亲们称机器压制的面条为"切面"。

渎　借用"渎 dú"（本意"小水沟"）字的音，来表示"小火慢炖，使之黏稠些"。乡音"渎""读""毒"同音同调。锅里已烧开的东西，等一会儿再用文火烧一下叫"渎"，如"侬起奈粥镬渎一渎"，即"你去把刚才烧开的粥镬再用小火烧一下，使粥更黏一些"的意思。（苏州音）

浪　借用这字的音（第三声），表示"晾晒"。如乡音"浪衣裳"（晾晒衣服）、"浪单避"（晾晒被单）、"浪避头"（晾晒被子）、"浪干"（晾干）等。"浪"或许是"晾"的讹音。

戥　"戥 děng"，本来指称金银或药物的小秤，乡音似"等"，用手掂量东西的重量。如乡音说："戥戥迭点菜，好像分量不足秤啊。"（苏州音）

戗　戗 diān，音似"掂"，用手大约估计或斟酌分量。如"让我戗戗看"和"让我戥戥看"一样意思。"迭桩事体侬自家戗戗分量哇。"（这件事情，你自己斟酌一下怎么办吧）。（苏州音）

隐　熄火。乡音"火隐特"，即"熄火"的意思。

撩　撩 liāo，表示"掀起来"，如"撩起长衫"。如乡音"勒拉船上撩浜里革垃圾（西）"，是"在船上捞河里的垃圾"的意思。"撩蕰草"就是"捞河里的一种褐色带状水草"，如"撩鱼摸蟹"。

敆　tou（第三声），乡音似"特呃"（第三声），将挂着的东西脱或拿下来。如"奈迪副金丝圈敆呃来"，即"把这两只金耳环脱拿下来"的意思。乡人把金耳环称作"金丝圈"。"奈迭只戒子敆呃来"（把这个戒指脱下来）。"奈挂嘞扎钩浪革篮头敆呃来"（把挂在钩子上的那个篮子拿下来）。

掸 dǎn，乡音似"短"，即"撢"，作"扫除、扫掉"，如"鸡毛掸帚""秧掸帚""掸灰尘"。如"晤气得奈台子浪革碗俬掸光"（我气得用手把桌子上的碗全部一扫落地）。

摊 乡音似 tāi 后面的"特呃"都应是"推"字，即"摊开"，如"特呃段"即"摊蛋"；"特呃面饼"即"摊饼"；"特呃避头"即"摊被子"，等等。

嘎 嘎 ga，g 浊音。

1）嘎 gá，第二声，老嘎老嘎嘻嘻，自诩能干、故意逞能的一种行为。"嘎乱"戏称有这种行为半大不小的男孩，如"迭个团嘎来"，即"这个小孩好像啥都懂似的"的意思。乡间有谚云"乱推头团嘞啦篱笆洞里撒司——嘎乱"。这句谑语的含意实在难以言表，只有本地人才能心领神会其妙处。这句话妙在利用了乡音的一音（ga"嘎""夹"同音）双关（"嘎"即"故意逞能"、"夹"即"被夹住了"）的特点，使其产生了难以言表又妙趣横生的效果。"乱推头团"是指八九岁的男孩，这个淘气顽皮的男孩在篱笆洞里撒司（小便），本想逞逞能的"嘎一嘎"，那知道临了"小鸡鸡"反被篱笆洞"夹住"了。"夹住小鸡鸡"成了"嘎乱"（想逞一下能的小男孩）。

2）嘎或伽，gǎ 第三声，夹住的意思，如"嘎住了""嘎牢哉"等乡音。

3）嘎 gǎ，第三声，和"紧密"成反义词，如"迭根绳绞得忒嘎了"即"这根绳子绞得太松了，不紧密"。

4）嘎 gǎ，第三声，和"黏稠"成反义词。如"迭点粥烧得嘎来，一点啊勿凝格"，即"这些粥烧得这样稀汤寡水似的，一点也不黏稠"的意思。

傻 乡音"傻 shǎ""啥"同音。借用这个"傻"字的音，不用其义，第四声，表动作词：

1）表"斟、倒"的意思，往杯碗里慢慢倒茶或酒水的意思。

2）表"锯"的意思，把木材等用锯子锯开，如乡音"奈迭根木头用钓子傻开"（用锯子把这根木头锯开）。乡音称"锯子"为"钓子"。

裹 包的意思，如裹圆子，裹粽子。

着 乡音似"扎"，表示"穿"的意思。如乡音"侬今朝着得三清四绿，做啥起啊？"（你今天穿得整整齐齐，做什么去啊？）另外，"扎"还可说扎扫帚、扎辫子等。

着 乡音"着 za、宅、石、煠、闸"同音同调。说"着着看"或"着一着看"，动词，作为"趁其不备去看个究竟"解。如乡音说的"吾正好到大场起，让我起着着看，看伊是勿是真的有病了"一句中的"着着看"，就作为"趁其不备去看个究竟"的意思。

豁 乡音"豁 gé、革"同音，混合在一起的意思。如乡音"豁馅"，就是把剁碎的肉和蔬菜混在一起搅成馅；再如乡音"豁活性命"，就是合在一起过日子的意思。"豁伙"就是合在一起干活的意思。

綮 綮 yíng，乡音"綮、英、音"同音。乡音中，把纱线绕在某个器具上，和"綮"同音同意。

挡 挡 tǎng，乡音"挡、汤"同音，用东西遮挡、防御。如"冷天最好外头加件风衣，可以挡风。"乡间有"挡勿住""挡勿牢"一说，含"阻挡不了""没成功阻止住""承担不了"的意思。（苏州音）另外，乡音的"挡 dang"含"阻止"的意思。

撸 借"撸 lū"字表示乡音"用手掌轻轻地摸一摸或用手掌把许多细粒的东西扫拢"的动作。如"撸平""撸拢"。把不体面的事情掩盖后处理掉，乡音叫"撸特"。

腌 乡音"腌、嗡 wēng、翁"同音，不用 w 音开头，用 o

音开头。东西浸在水里时间过长而产生怪异臭味，乡人说"水臭膉"。

揭 揭 jiē，借用这个字的音来表述"用筷子夹东西"这个动作，乡人叫"揭 jiē"。苏州音表"用筷子夹东西"这个动作，即"搛 jiān"，可广福乡音无 n 音，疑变音了。

荡 荡 dàng，用这个字音来表述"摇动容器使液体在里面晃动"这个动作，乡人叫"荡 dàng"。从前有"摇动容器使液体在里面晃动"这个动作的字，"汤"字下面加个"皿"，后来实行汉字改革和"荡"合并了。乡人"刷锅洗碗"说"荡碗，荡镬子"。

挣 挣 zhèng，使劲挤压。如"奈迭眼血挣出来"，即"把这点血挤压出来"。

撳 "撳 qìn"同"揿"，与"庆"同音（第一声）。例如乡音"帮吾奈电视机开关撳一撳"。

趟 量词，等于"次"。有上趟（上次），下（e 呃）趟（下次），迭趟（这次），伊趟（那次）。

避 借用这个"避"字的音，来表示将刀类用具在厚布或沙石类东西上稍作摩擦，以增加其锋利度，或用手指轻触新磨的刀口以测其锋利度。旧时剃头用剃刀，剃头师傅常将剃刀在一块窄长厚布上擦一擦，以增加其锋利度，这块布叫"避刀布"，这个动作叫"奈剃刀勒拉避刀布浪避一避"。另外，乡人常用"避刀布"来比喻肮脏不堪的外衣。

烊 乡音"烊 yáng""羊"同音。

1）融化。如"你的棒冰要烊特了。"

2）天黑了，商店关门休息叫"打烊"。

黄 疑是"荒"的变音，表示没希望了。如"侬革女朋友阿是黄特叠了"，即"侬革女朋友是不是不和你谈恋爱了"。"迭桩事体黄特叠了"，即"这件是没希望了"的意思。

掰 掰 bāi，乡音似"佰"，如"掰番麦"，就是"从玉米秆上把玉米摘下来"的意思。乡音"玉米"称"番麦"。

宰 第四声，被人故意占了便宜。"宰侬冲头"，即"你如此不知趣，人家是故意要占你便宜，你还浑然不知"。

崭 第二声，似同"赞"无 n 音，极好的意思。

豽 豽 nì，乡音似"凝"，无 n 音，后鼻音似"拧"音，第三声。苏州音。

1）表"又黏又稠"的意思。如乡音说"奈迭点粥渎渎豽"一句乡音，即表示"把这些粥煮得黏稠一些吧"的意思。

2）饼干类食品因受潮不脆了，乡音称为"豽之豽牵"。

3）因气候潮湿肌肤上黏乎乎的不适感，乡亲称为"豽来"。

4）豽牵牵，食物有韧性难以咬动。

嗲 疑是英语 dear（亲爱的）的音译外来语。孩子对父母表露出的特有的亲切感，"发嗲"即"撒娇"的意思。"嗲来"即"好一副撒娇的样子"的意思。

额 乡音似"嗯阿"。

1）减少、缺损。如乡间俗语"万宝全书额只角"。再如乡人会说"迭扎碗额忒个口，变成了扎额碗"。（这个碗缺损了一个口，成了一只有缺口的碗了。）"额碗"就是"破损有缺口的碗"。

2）买主要求卖主打折扣。如乡人可能会说"迭革价钿忒度哉，侬额忒点价钿唔就买了"。（这个价钱太大了点，如你再能打点折扣减少点价钱的话，我就买了。）

皴 皴 cūn，皮肤因冷风干燥而变得粗糙。

缓 缓发 wi 第三声，是苏州音"覅 fiào"，表"不要"在广福的变异音。如"缓来"即"不要来"，"缓奈"即"不要拿"。

勤 勤 fèn，苏州音"分"，是"未曾""不曾"的意思，乡音似"温"（wen），第四声，不是 f 开口而是 w 开头。如乡音一问

"侬齁上过街（你是否上过街呢）？""齁上过街（还没上过街）"。

齁　苏州音"阿曾"，表"曾经……过"，在广福成了"盍"音。如"侬盍起过北京？"（你是否曾经去过北京？）

戆　乡音"戆 gàng"似"港"音，傻的意思。

脬　乡音"脬 pāo、泡"同音，可和"场""堆"同义，用于屎尿的量词。如乡音："等一等吾，让吾先撒脬水。"（等等我，让我先去拉一次小便。）""让唔先起撒场污。"（让我先去拉一次大便。）乡音"撒水撒污"就是"屙尿屙屎"的意思。

掗　掗 wā，音似"蛙"或"窝呃"（第一声），抓的意思。如"掗一把米"即"抓一把米"的意思。有"掗空"一说。

嘲　借用"嘲"音，表如下意思：

1）不适当地哄抬、攀比。如"迭趟吃酒革人情钿拨伊啦嘲得送勿起了啊"，即"这次吃喜酒的礼金数被他们一个比一个送得多而觉得送得少了，就不像样了啊"。

2）传来传去走样了，胡说一通。

宿　宿 sù，借用这个字的音来表述"用嘴用力对着口小的物品吸"这个动作，乡人叫"宿"（第一声）。如"宿螺丝"。（用嘴对着烧熟的田螺宿，用力吸出螺肉。）

窠　乡音"窠、窝、库"同音，似 kū，即鸟兽的窝。

齁　齁 hōu，乡音似"吼"。

1）吃了太甜或太咸的食物后喉咙里的不适感。

2）不满意。"不满愤怒情绪难以平息、发泄不了而心里不好受"的意思。如"侬借吾铜钿三年勿还，侬讲吾齁哇"。（你借了我的钱已有三年了，你还不还给我，我心里好受吗？）"发齁"就是"无可名状的怨恨，内心难受的情绪无处发泄"的情绪涌上心头。

3）齁势，心头无可名状的忧愁，或天气闷热潮湿得人不舒服的感觉。"寻齁势"是"故意找茬"的意思。

4）乡亲们还有个说法也是"觩"音（第三声），表示"事先答应或承诺过"，看来不是这个"觩"的意思了。如两个乡亲一问一答，甲："侬阿晓得伊今朝来勿来？"（你是否知道他今天来不来呢？）乙："伊昨日觩过吾说来革。"（他昨天答应我的说今天来的啊。）又如"伊觩嘞嘿，勿会勿来做革"一句，即表示了"他承诺过的，他不会不来做的"的意思。

赅 赅 gāi，乡音似"够"，g 浊音，做"拥有"解释。如"算俫赅仔几张钞票，有啥了不起呢！"（算你们有了些钱，这又有什么了不起的呢！）又如"伊啦度爹伊歇赅廿多亩田地搭之牛车嘞"。（他爷爷从前拥有二十多亩田地和牛车等财产。）再如"赅着侬迭种好娘子真是吾命好"。就是"我拥有你这种好老婆，我命真好啊"。

筲 筲 qiá，歪斜，乡音似"其啊"。如乡亲说的"迭只台子放得筲革（这个桌子放得歪斜了）"。乡间称"斜视"为"筲吧眼"。

骱 骱 jiè，乡音似"戛 gǎ"，g 浊音，即"骨关节"。骨关节可能会不慎脱离正常位置，影响功能，医学上称"脱臼"，乡音称"脱骱 ga"。脱开了就要有人弄上去，从前乡间就有人专门义务"捏骱"，不收分文。（苏州音）

蛮 无 n 音，似"姆爱"音。

1）第二声，"比较"的意思。如"蛮多"（比较多）、"蛮好"（不错）。

2）第四声，干活卖力。如"伊做起生活来蛮蛮哦"，即"他干起活来很卖力"。第一个"蛮（第二声）"做"比较，很"解，第二个"蛮（第四声）"做"着力，干活很卖力，有一股傻劲"解。

3）第一声，孩子的不理不睬。如"迭个团蛮来"，即"这个男孩不大听大人的话，大人叫他时他常常爱理不理似的"的意思。

4）第四声，身体结实，经得起困苦。如"迭个团蛮来"即"这个男孩身体很结实"。

眈眈，有"盲 máng""望 wàng"两音两意。这是个苏州古语字。

1）看望的意思。"吾客客勒拉眈伲娘"，即"我刚才在看望我母亲"的意思。

2）希望，如"眈侬达好起来啊"，即"希望你们好起来啊"的意思。

伽 借用"伽 gā"字的音。"伽、嘎"同音。g 浊音。

1）第三声，紧塞在小缝中间。如"有眼末事伽勒牙缝里"。

2）第四声，似"轧"，使劲挤进缝隙中去。如"让唔伽进起"（让我挤进去）。

3）第一声，似"夹"，被两边的东西或人夹住了。如"唔革包包拨门伽牢哉"（我的包被门夹住了）。

瀴 乡音"瀴 yīng、隐、印、影"同音同调。冷，凉。反义词说"暖涅（热）"。如"外头蛮瀴革，多穿点"。有"瀴督督"一说，即"有点凉快"。反义词说"涅（热）同同"。

隑 乡音"隑 gāi、该"同音同调。g 应是浊音。斜靠。例如"隑嘞床横头眯特歇"一句，就是"靠在床头打个盹吧"的意思。

碍 乡音似"嗯爱"，"眼、碍"同音。呆，不灵活，没精神。也说"碍博隆冬"。

锵 锵 qiāng，借用这个字的音，不用其义。疑是英语 cheap（价钱便宜）的音译外来语。含价钱便宜的意思。如"锵卖（便宜地卖掉）""锵货（价钱很低的货物）"。

捻 捻 niǎn，乡音似"nī"。用拇指和食指对搓。将一叠纸张一张一张用拇指食指分开，或将纱线用拇指食指搓紧。

拟 拟 nǐ，轻微马虎地擦一下。

揩 揩 kāi，乡音似"卡"。用抹布使劲擦。

掼 掼 guàn，借用这个字的意思，乡音似"拐 guǎi"，g

浊音。

1）意思同"甩 huai"，扔掉，甩掉、丢掉。例如"你勿乖，吾就奈侬掼特"。乡音有"掼舍（纱）帽"一说。

2）摔跤。如"唔今朝掼了一跤"。

撏 撏 xián，借用这个字的意思，乡音似"全"。拔掉禽类的毛。如"迭只鸡革毛吭没撏干净"（这只鸡的毛没有拔干净）。

郁 乡音"郁 yù"字的音来表示"折叠"的音。乡音"郁"似"yue（入声）"。如乡音"奈迭条单避郁革郁"，就是"把这条被单折叠一下"的意思。

洇 水渗透。如乡音"墙壁洇水"（墙壁渗水）。

忖 思考。如乡音"侬肚里忖忖看，唔待侬哪能"（你自己好好思考一下，我待你怎么样）。

沫 lei（第四声），因接触而沾上水或脏东西。如乡音"唔迭件西装勿当心搨沫特叠，乃要奈到汏衣裳作里起汏一汏哉"。（我这件西装不小心沾上了脏东西了，这下要送到洗衣店去洗一洗了）。

绗 在棉衣、棉被等物品上，用针线粗粗地、距离较大地固定一下。这个动作可用"定"代替。如乡音"定避头""绗避头"，同样是"缝被子"的意思。

摈 bin（第一声），相持不下，互相较量。如乡音"大家侪摈嘞吼，啥人啊勿肯让步，迭桩事体就吭办法解决嘞"（大家都相持着，谁也不肯让步的话，这件事就没办法解决了）。

滮 biao（第一声），液体从小孔中射出来。

一记 乡音"记"是量词，即"用手使劲地打、击"。"一记"就是"一击"，"三记"就是"三击"。据查，这是个自古有之的用法。如乡音"阿要拨侬吃两记耳光"一句，就是"要不要掴你几下耳光啊"。这里乡音的"两记"的"两"是个约数，并不一定指"二"。

一眼　乡音"眼"似"呃爱"音，也叫"一眼眼、一点点、一滴滴"，表"轻、微、少"的意思。如乡音"迭眼人情铟是一眼眼，像啊勿像革，奈勿出手革"，即"这点礼金很少的，不太像样，也拿不出手的"。

人情　乡音"人""银""宁""凝"音相同，无 n 音。人情，即婚丧喜事亲友送的礼金。乡间婚事送给新人父母的礼金，叫"度人情"；送给新人的礼金，叫"小人情"。

上手　1）准备吵架、打架。如"侬还勿去道歉，人家就要来上手叠哦"，就是"你还不去道歉的话，人家马上要来动手打你了啊"的意思。2）为主者，与之对应的副手就叫"呃（下）手"。乡音中"下"似"呃"音。

上灶　1）主厨，对应的是"呃（下）灶"，即主厨的帮手。2）开始灶台上的劳作了。这里的"上"是动词。上述"上手"的"上"和下面"上勿上""上福"的"上"，都作为动词用。

上福　疑是"上府"的遗音，因为这是"把孩子做的错事告诉孩子父母"的意思。乡音"福""府"不是 f 音开头，而是 h 音开头似"ho"。如"迭眼小事体勿要上福伲娘叠"，就是"这点小事情，不要给我妈告状了吧"的意思。

下手　这里的"下"，乡音似"呃"的音（第三声）。

1）助手，副手。为主者叫"上手"。

2）动手快慢，如"伊下手快，才抢到迭本好书。"

3）出手轻重，如"晤下手蛮重革"。

下作　下流。"下作"的"下"，乡音似"呃"的音（第三声）。"下流"的"下"，音"xià"。乡音"下作"的"下""蚕豆"的"蚕""夏天"的"夏"同音，似"呃"音。另外，乡音"下麻屄小"中的"下"，"呃"音，"麻"似"姆呃"，"屄"音"比"。"下麻屄小"是含"不成体统，长幼无序"的乡土骂人口语。

下间 "下"音似"呃","间"音同"间隔"的"间",指多子女家庭中某个孩子的下一个孩子。如乡音"吾呃间是个妹妹"一句,就是"我家兄妹排序中,我下面是革妹妹"的意思。其反义词是"上间"。

下饭 "下"音似"呃",就是"下饭"的意思,不过音不同罢了。

小器 也说"小家排气"(小家子气)。小气,抠门,吝惜,过分计较,气量狭小容不得人。孔子曾骂齐国名相管仲"小器"。"器"者成业之势,"气"者心胸之量。现在"小器""小气"有时通用。

门风 一个家族的家风,几代人对小辈言传身教相同的价值观和为人处事准则。广福乡亲十分看重"门风",凡婚嫁之前必先多方打听了解对方"门风",门风口碑不太好的一般较难成婚配。

土作 从前专门给死人穿衣服的穷人,也称专门为人家挖土做坟的穷苦人。有人说听说过这一老古说法,但未见专司此职之人。从前乡间这些事情都由乡邻相帮解决的。

口风 讲话的意思或话外之音。如乡音"听伊口风赛过讲伊拉阿公毛病蛮重",即"听她的话外之音好像是说她公公的病很重的呢"的意思。有"讨口风""讨口信"一说。表示"打听消息"的意思。有"口风紧"一说,表示嘴巴紧,不传言。

好 这是广福西片嘉定、广福南片地区"风俗习惯"的俗称。"好"疑是"孝"的讹音。有种竹子,每年冬季、夏季两次长出竹笋,乡人称之为"慈好竹",疑是学名"慈孝竹"的变音,有地方称之为"孝娘竹"。广福有可以在宅前种"孝娘竹"得说法。

中牲 音似sāng,乡音"生""省('省份'的省)"同音。即畜生。如乡音"侬中牲啊勿如('如'似'是'音)"一句,就是"你还不如畜生"的意思。

中世　疑是"成事"的讹音,含"把事情办成功"的意思。如乡音"吾勿晓得叠桩事体托伊托得中世哇",即"我不知道我托他办的事他能否办得成功"的意思。再如"吾年纪一把了,勿晓得叠个团阿领得中世",即"我年纪大了,不知道能否将这个孩子抚养成人"的意思。"中"也可能类似于北方话中表示"行的"的"中"字。否定的说法就叫"勿中世"。如乡音"迭个团革爷娘呒没叠,乃吾担心养勿中世伊叠",即表示"这孩子的父母都没了,我担心不能把他抚养成人"的意思。

水性　此处"水"乡音,似"四"音。能否在水里游泳叫"水性""水性好",就是善于游泳。

末事　"末"似"墨"音,物品的统称。乡音"烧末事",一指"烧饭菜",二指乡间厨师应邀为东家做宴请菜肴。从前农村的厨师,一般家境较好,为人也较能干。

心相　1)心里想的,考虑,想法。如乡音"嗯勿晓得伊革心相",即"我不知道他心里怎么想的"。2)用心,认真。如"迭革团读书心相好来",即"这个孩子读书认真得很"的意思。

心思　心里所想、情绪牵挂的流露。如"心思重""没心思做事"。另有"心事",则是指心里经常牵挂的事情。

气块　让人想想就生气的人或事。

勿局　做不成功。"勿"乡音似"伍呃"。乡人把"不太能干的人"称之为"勿局势"。

勿碍　乡音"碍"和"眼"同音。"勿碍",有时说"勿碍啥",即"没事的"意思。

乡音有"碍着侬哇"一说,即表示"是否妨碍你了啊"的意思。乡间有人说的"碍着侬哇"和"踏侬尼巴"意思差不多,即"踩到你的尾巴了吗",狗才有尾巴,把对方当狗,显然不是友好的话。

常时　做"猜测、可能"解释，如"晤常时会起上海革"，一句表示了"我可能会到上海去的，还没最后肯定"。但乡音"有常时"则作为"有时候"解释。如"晤有常时读报纸，有常时练练毛笔字"一句，则作为"我有时候看看报纸，有时候练练毛笔字"。

　　火着　火烧、火灾。如"客王迭个柴脊火着叠"，就是"刚才这个柴垛火烧了"的意思。柴脊有两种，一是把稻草或麦秆头尾相叠，不用捆扎的柴垛，叫横柴脊；二是把稻草或麦秆头向上，尾向下，相叠捆扎成圆形的柴垛，叫圆柴脊。乡亲们称"柴垛"为"柴脊"。

　　巴结　"巴"似"布呃"音，"巴结"有两种意思：

　　1）生活节俭。如乡音说"侬达度爹伊歇巴结来"一句，就是表达了"你爷爷过去过日子很节俭、干活很勤勉"的意思。乡音"生活巴结"含"过日子很节俭"和"干活勤勉"两层意思。因为"生活"两字，老辈人的意思是"干的活或做的事情"，现在因受普通话的影响，老少均认可了"过的日子"的意思。另外，乡音的"吃生活"就是"挨揍"。

　　2）讨好人。乡音如说"侬乃迭点钞票起送拨伊，阿是侬起巴结伊"一句，就是表达了"你把这些钱去送给他，你是不是想去讨好他拍他马屁啊"的意思。

　　毛脚　未婚的儿媳、女婿。如"毛脚女婿""毛脚新妇"。乡亲们称"儿媳"为"新妇"。

　　乌儿　1）乌龟。2）也叫"戴绿帽子"，妻子与人私通的男子。

　　乌糯　脾气温柔和气，性格随和合群。

　　由性　索性，愈加。如"本来晤蛮开心革，伊越讲晤好闲话，我由性勿开心"。（本来我挺开心的，他越讲我的好话，我索性愈加不开心了。）

　　扎作　结实，实惠，真材实料，有分量，质量好。如"迭碗饭盛得蛮扎作革"一句，就是"这碗饭盛得很结实"的意思。又如"迭只台子做得蛮扎作革"，就是"这个桌子做得很结实"的意思。木质家具常称"做得扎制"。

扎劲　产生兴趣，干活来劲。"勿扎劲"即"产生不了兴趣、提不起劲来"。

扎泥　也说"着泥"，借用这两个字的音来表示给菜肴勾芡，即在烧好的菜肴出锅前加一点水淀粉，使汤汁有点黏稠再出锅的一种烹饪方法。

月生　乡音"月"似"嗯呃"音，音似 sáng。"月生"，指出生月份的大小。乡音有"大月生"一说，通常指其生日在上半年；而"小月生"一说，则指其生日在下半年或年底。如两人比较的话，则生日在前的谓"大月生"，生日在后的谓"小月生"，或说谁比谁的"嗯呃丝昂度"或"嗯呃丝昂小"。

手头　手里的，通常指经济宽余，大方与否。

劣切　借用"劣切"两字的音，表示"小孩子动不动就哭闹不停的性格脾气"。

立身　力量、力道、势力。

白话　1）也说"说白话"，即"闲聊、说话"。如乡音"侬再坐歇，搭伊白话话"，即"你再坐一会儿，和他聊聊天"的意思。2）白说，等于没说。

白相　1）玩。白相心重，即贪玩的意思。2）故意占别人便宜，玩弄别人。3）白相人，游手好闲的人。

白雕　乡音"鸟""雕""吊"同音。白雕，不明事理、不识好歹、不识时务的女人，嘲讽怄气用语。

加尼　越来越、尤发、更加，也说"加尼加三"。如乡音"弄破一点点皮啊，又勿痛革，加尼加三革，哭成这个样子，再哭，加尼难为情哉"。（只弄破了一点皮，又不会痛的，好像很痛似的，竟然哭成这个样子呢，再哭，就更加难为情了。）

光火　发火。"光"似"guāng"音，和另一个表示鼓出和吃得太多太饱的意思的乡音"革伍昂 guāng"同音。乡音中还有个"光黄"，就是"很黄很黄"的意思。

因头　话由，事出有因，事情的起因。

行头　"行"音似"ǎng"。

1）穿着。有"翻行头"一说，即"变换穿着"。

2）从事某行当所需的道具服饰。如戏服就是唱戏人的"行头"。

打棚　作为"开玩笑"解。"打棚里系"即"有点开玩笑的味道"的意思。乡音"彭""棚"同音（第四声）。乡音中还有个和"彭"同音（第四声），但其意思是指身体某部位反复发胀的不适感。如乡音说的"吾奶水忒多哉，伲迭扎小鬼（音"巨"）吃勿特，嗯扎那彭勒痛来"，一句是"我的奶水太多了，我的小宝贝吃不了，所以我这只乳房涨得有点痛了"的意思。

车侬　借用"车 chē"，表示"嘲笑、挖苦、讽刺"。另有"钝侬"和"车侬"意思相同。"车某某"和"钝某某"一样意思。

卡活　借用这两字的音表示"快活，开心"。

讨信　询问，打听，咨询。

出手　1）指衣袖长短。如乡音说"迭件衣裳出手忒短"，就是要表示"这件衣服袖子太短"的意思。2）手头钱款的多少，如乡音"出手革宽紧"，表示"钱款付出得宽余或不宽余"的意思。如"出手胖"表示"出手大方"。3）收入的婉转语。如乡音"迭只脱底棺材现眼呒啥出手了，连得粥饭啊勿连牵"一句，即表示"这个烂料胚的家伙，现在没有什么收入了，连一天三餐也很困难哪"的意思。4）下手动作的速度。如有"出手快慢"一说。

出客　身材面容俊俏好看，上得了台面见得了生人。"勿出客"就含有害羞、见不了生人的意思。如乡音"伲迭只小拖劳童勿出客革"，即表示"我们这个小男孩在生人前面要害羞的"。"勿出客"也说"勿出趟""勿出郎"。

出道 踏上社会、开始自立。如"吾爷死得早，吾从小遂要养活自家，所以我出道蛮早革"，即"我爸死得早，我从小就要自己养活自己，所以踏上社会挺早的"的意思。这里有个字"遂"（就、于是）是个古汉语字。

后生 年轻些。反义词"老气"。

田碍 即"田埂"。这里借用"碍"的音，疑是"岸"字，因为这里的"岸""眼""碍"，乡音似"呃爱"。

田鸡 青蛙。乡间原有三种常见的蛙类：青蛙，"勒啊团"，即"癫蛤蟆"；"鸽端"，即比青蛙小些的泥土色的一种蛙；乡人又称其黑色单尾幼虫为"那那文""那么文"（即"蝌蚪"）。

呃削 借用"呃削"两字的音来表示"喜鹊"。现几近绝迹。乡音"呃"似"安""晏""削"，音似"司衣啊"。

从前广福、刘行地区农村有各种鸟，有老鹰、野鸡、野鸭、猫头鹰、喜鹊、乌鸦、燕子、麻雀、白头子（白头翁）、黄伯辣、嫂嫂呱多（布谷鸟）、衔鱼鸟等。

脚式 乡音"脚""甲"同音同调。

1）旧时帮人家种田的佃户人家。如"伲度嗲伊谐是忒人家做脚式革"一句，即"我爷爷过去是帮人家种田的佃户"。

2）老手、行家、把式。如乡音说"傛度爹伊歇革个种田革好脚式"一句，就是"你爷爷过去是个种田的行家里手好把式"的意思。

3）在日常生活中扮演的角色和起的作用。

尖钻 尖，乡音似"子也"。善于精算、巧于算计、自私刁钻、爱贪小便宜的行为和人。如"迭扎棺材是扎尖钻棺材"，就是"这个家伙是个善于精算、巧于算计、自私刁钻、爱贪小便宜的人"的意思。乡人喻"精于算计的人"为"橄榄"，十分形象。

发格　疑是英语 fracas（大吵大闹甚至大打出手）的音译外来语，指大吵大闹，甚至大打出手的行为。

发禄　善于办事，办事内行，办事顺利效果好。勿发禄，即办事不顺利效果不好。也叫"发乱勿发乱（乱无 n 音）"。发乱，即行；勿发乱，即办事不顺利，效果不好，不会办事或办事不行。

发噱　乡音"噱"似"血"，逗笑的话或举动，也说"噱头""噱头噱脑"。但乡音"摆噱头"，就含"故意卖弄，显摆逞能"的意思了。如乡音"啥人勿晓得侬几斤几两啦，侬摆啥噱头呢"一句，就是"大家都知道你是个什么样子的人，不要再在这里卖弄什么东西了吧"的意思。

发嗲　撒娇。

冲头　有便宜可让人任意占去的人，容易上别人当的人。

污苏　穿着不整洁，环境脏乱差，气候不宜人。

伤特　1）身体受伤了。2）突然变得理不直气不壮了。

收捉　收拾，也可做处理、处置解。

幼扭　借用这两个字来表示"有点潮湿"的意思。也可说"幼幼扭扭"。如"迭块毛巾幼幼扭扭革"即表"这块毛巾还有点湿，还没干透"的意思。

归起　回去。乡音"去"似"起"。

头挑　排在第一，最好的。

准足　准确度。如"侬弄弄正足哦，勿要骗吾"，就是表示"你要弄弄准确，不要骗我了"的意思。

叫应　偶遇时相互打招呼。乡间常用的打招呼用语有"侬饭盍吃嘞（吃饭了吗）"或"饭吃吗（吃饭了吗）"。

乡亲们打招呼的话还有"爱歇会（待会儿见）"、"明朝会（明天见）""开年会（明年再见）"等。

叫罢 罢休，事情到了某种程度才罢休。乡音"啊叫罢"作为"也就算了吧"解。"阿叫罢"表示"是否可以罢休了"的意思。

外加 而且，还有。

叼嘴 说话口齿含混不清，乡间也称之为"短舌头"。

字基 乡音的"字"，似不用 z 开头的，也不是 s 或 c 开头，而是舌头前半部平躺靠近下牙后面，似英语辅音 dz。方言里有"字基深浅"一说，表示"文化程度高低""字基深"，即"文化程度高"。

寻死 1）自杀。2）自找死。3）自寻麻烦。

有数 心里有数的意思。

有主 有人要的物品，卖起来较容易的东西。

有堆 看起来有点体积，也说"有堆场"。

肉麻 这几句里的"肉"音似 nüo（入声），"麻"音似"木呃"。惋惜、怜惜、心痛、舍不得。如乡亲都会说"侬奈伊碗饭倒特叠，吾肉麻来"一句话，是"你把那碗饭倒掉了，我感到很惋惜"的意思。又如有乡亲会说"迭个囡身体勿好，伊拉亲妈肉麻来"一句话，就是"这个孩子生病了，她奶奶感到很怜惜"的意思。

肉娘 猪肉的肥膘。乡音"娘""让""酿""孃"同音。

厌气 1）时间过得很慢且无所事事的一种感觉。2）因经常做同样的事而厌烦的一种情绪。"解厌气"就是"借做另外的事情来转移这种感觉、消除这种情绪，消磨时间"的一种做法。

厌子 令人作呕。因对方肮脏不堪等而产生的一种不愿接近、不愿看到的心理状态。有时可说"厌子革搭"。另有近似的"子腻"（令人作呕的感觉）一说。

老唽 借用"老唽"音，表示身上或器具上的陈年污垢。乡音表达"去除这种陈年污垢"的动作，借用"昔 gan"音，即"蹭"的意思。"昔到灰尘""昔破皮"等。

老嘎 乡音"嘎 ga"似"伽"。g浊音。"嘎乱"和"老嘎"意义相同，笼统可指下面两种情况：

1）小青年故意显出内行里手、逞能的样子，可称之为"小嘎乱"或"小老乱"。

2）小孩懂事似乎较早，可说"老嘎嘎"，也可以称之为"小嘎乱"或"小老乱"。

老腔 也叫老几（鬼），意即做事内行而老练。如"伊做迭桩事体蛮老几革"，也就是"他做这件事很内行老练"的意思。"老腔"在广福还指"女人抽烟"。

老蟹 乡音"蟹"似"哈"音，多为骂老年妇女的话，偶尔也骂年轻妇女为"蟹"。

西野 乡音"野"似"呀 ya"音，即荠菜，原是一种冬季野菜，现已广植，是乡人做糯米圆子、馄饨馅的好材料。广福农村对一些果蔬有广福乡音的叫法，如茄子称"落苏"，苜蓿（草头）称"度草"，豌豆称"小呃（豆）"，蚕豆称"呃豆"，马来头称"红梗菜"，苋菜称"米苋"，等等。

过门 新媳妇婚后到男家落户叫"过门"。另有"勿过门"一说，表示"事情不解决不会让步"的意思。

乱气 男人不爽气的个性。如乡音"迭扎棺材乱气来"，即表示"这个家伙做事很不爽气的"，也说"牛皮糖脾气"。乡音"乱""卵"同音，指男性阴处。

足正 合乎常理。如"迭个宁做宁勿足正革"，就是"这个人为人不地道正派"的意思。

做头 做法，做的必要等含意。需视语境来理解含义。举例说"侬讲勒傌老板手呃头做省活蛮曲力革，钞票又一眼眼，那老板又勿重视侬，实嗯看啊，侬是呒啥做头了"一句，就是"你说在你老板手下干活挺累的，钱又一点点，你们老板又不重视你，所以我看哪，你确实没有再干下去的必要了"的意思。

呒没　还没有，没有。如乡音"骨圂"含"质量较好较实惠，手感沉甸甸"的意思，所以乡音说的"呒没啥骨圂"，就是东西拿在手里手感较轻薄、质量较差的意思。"呒没骨圂"也可喻人"不实惠"。

呒啥　没有什么事或没有什么东西。

呒道　没人做伴。如"嗯一革人住蛮呒道革"，即"我一个人住，没人做伴"。

呒数　1）不知道。"呒"苏州口音。2）人事关系上没交情。如乡音"晤搭伊呒数革（我和他没啥交情）"。

作孽　乡音"孽""业"同音。

1）表示不满与怨恨的情绪，也叫"前世作孽"，认为今世的不幸是前世罪孽所致，怨天尤人。

2）对不惜物惜福的婉语。如"侬哪能奈迭点米倒特呢，真是作孽啊"一句，就是"你怎么把这些米倒掉了啊，作孽啊"的意思。

歪话　无中生有，诽谤胡说。乡音"歪"似"娃"，"话"似"伍呃"。如乡音"侬勿要歪话实嗯，我明明嬱奈过侬革啥末事"一句，就是"你不要胡说八道我了，我明明没有拿过你的什么东西"的意思。

定规　1）规定、规则，已做出的决定。如乡音"因为区里迭歇（现在）还呒没啥定规，迭种事体到底哪能弄法，革嘞村里啊呒啥定规"一句，就是"因为区里现在还没有什么明文的规定究竟怎么处理这种事情，所以村里也没做什么决定"的意思。

2）一定，非……不可。如乡音"实伲后日（"日"音似"涅"，入声）为迭个囡作纪古，侬定规要来"一句，就是"我们后天为这个孩子庆祝一周岁生日，你一定要来参加哦"的意思。

赤佬 疑是英语 chela（门徒、弟子）的音译外来语，属"家伙"的谑语，可恨可谑。如乡音"伲扎小赤佬明年要讨娘子哉"，即表示"我家小家伙明年要结婚了"的意思，言者为父母的喜悦心情溢于言表。又如乡音"侬迭扎赤佬夸滚开"，即"你这个浑蛋家伙快滚开"，言者愤怒的心情略见一斑。

另外，赤佬，就是"鬼"的意思。如乡音"今朝碰着赤佬哉，迭扎小赤佬勿晓得阿里浪起叠，寻阿寻勿着伊"一句，是"今天碰到鬼了吧，不知道这个小家伙到哪里去了，找了半天还没找到他"的意思。这句话中有两个"赤佬"，前一个做"鬼"、后一个做"小男孩、小家伙"解。

弄数 1）捉弄人。如"伲勿好弄送老人咯"（我们不可以捉弄老人的）。2）感恩的客气话，也称"弄承"。如有人帮乡亲甲做了某事，甲就说"弄送侬了帮我做了迭桩事体，真是弄承侬哉"，就是"谢谢你帮我做了这件事，我要好好谢谢你了"。

枉库 通常指做出了与年龄不相适应而又令人不齿的事情的老年男性。

花头 也说"枪花"，贬义词，指鬼点子。"花头度"，也说"度花头"，即"鬼点子多"。如乡音"伊花头度来"是"他鬼点子特别多"的意思。"出枪花"就是出"鬼点子"。

花腔 贬义词。指招式、办法、手段，不大实惠的行为和言语。

单打 除"独人做事"意思外，"单打"还指穿着一两件衣服。旧时流行长衫时，还有个方言叫"短打"，指穿着短袄短衫类的衣服。

冷炕 又叫"冷棺材"，骂人话，相当于"他妈的"，但语气弱些。可对人，也可对牲畜，还可对事情。如"冷炕喔，做迭眼生活迭能吃力哇侧革"，即"他妈的，干这么点活怎么如此费力啦"的意思。

把细 做事小心仔细，考虑周全。

谷切 借用"谷切"，也说"谷立"，还说"谷谷切切"，含"清爽、干净利落、上得了台面"的意思。如"伊迭桩事体做得一眼啊勿谷切"，即"他这件事做得一点也不干净利落"的意思。反义词是"涕遢"。

谷列 借用这两个字的音，表示"干脆干净"，含有"干脆干净得已无回旋余地"的意思。如"伊说呒没办法，回答得谷谷列列革"（他说没办法，回答得干脆干净得没啥回旋余地了）。

闷特 气得一时说不出话来。

坍台 惹人笑，有失体统，下不了台。

识相 知趣，见风使舵，见机行事；勿识相，不知趣。如"识相点哦，勿识相要吃生活勒哦"，就是"识相知趣点吧，如不识相的话，就要挨打了"的意思。

闲话 即说的话。闲无 n 音，似"ǎi"音。乡音"讲闲话"有两种意思，其一是说话，其二是被人笑话。

来赛 能行，也说"来事"。含能胜任、内行、会做人，精明等意思。如乡音"侬蛮来赛革"，即"你很内行，很会做人"的意思。又如乡音"迭桩事体侬来赛哇"，就表示"这件事你能胜任吗"的意思（苏州话遗音）。

灵光 好，漂亮。如"迭桩事体弄得蛮灵光革"，即"这件事办得很漂亮"的意思。

灵动 悟性好。

饭桶 只会吃饭、不会干活且贪吃的人。也可昵称小男孩。

阴积 难以言表的冤屈窝囊、伤心痛苦。

抑息 性格内向、不太开朗、别人不易明白其心思的行为。乡亲们称经常有这种行为的人为"抑息巨（鬼）"。

拉三 疑是英语 lassie（小姑娘）的音译外来语，指生活态度不严肃、不检点的年轻女子，也说"拉三货"，又叫"烂菜皮"。

抬扛　拌嘴，拌嘴唇皮，无原则地争论、吵架和相骂。

育娘　民间接生婆。

和头　乡音"和"似"无"（wu）音。

1）也叫好和头，指过分老实的人。如"和头来西，和头滴答"，即"较老实，不惹事的人"。

2）烧的菜肴中加进去的辅材，叫"和头"。如"迭条嗯里加眼黄芽菜和头"，即"在烧这条鱼的时候加点黄芽菜在里面一起烧熟"。

3）棺材靠近死人头的部分，。如骂人的话"踏着侬棺材和头了哇"，即"是否碰到你的什么了啊"的意思。

和顺　1）日子过得舒心。2）人缘关系和睦。3）机器运转正常。

炀盆　乡俗婚事用六根青竹搭成联结的两个围上豆萁小麦柴的小棚，迎送嫁妆或迎送新娘放鞭炮时焚烧，或者做坟时用三根青竹搭成的围上豆萁小麦柴的小棚，落葬放鞭炮时焚烧。

挖萨　疑是英语worse（更糟糕的）的音译外来语，指心里无可名状又难以发泄的难受情绪，也指潮湿难受的天气。

胎本　先天的身体条件，体质，通常说"度胎本"，没听到有人说过"小胎本"的，只说"胎本小"。另有个乡音说法"伊里小"，指身材矮小。

迭出　凸（tū 突）出，"鼓出"的意思。

板作　结实。

拆奸　故意设坎捉弄别人，并让他失败。

拆发　"让人破费"的礼貌用语。言者因故让对方破费了，就用"拆发侬了"或"拆发侬达特"来表示"让你破费了"的礼貌谦辞。

录局　疑是英语rotter（令人讨厌的人）的音译外来语，指性格怪异、常给人使坏、难以相处又不讲事理的人，或指让人讨厌的人，又称"录局货"。

捉刹 多得没办法应付，甚至快被忙得累死。如乡音"嗷吷，伲养嘞八九十扎猪猡，嗯要拨伊啦捉刹哉"一句，就是"啊呀，我家养了八九十只猪，多得我没办法应付了，我快被忙得累死了"的意思。

刮皮 也叫老刮皮，善于占他人便宜。

刮插 冬天手足部的皴裂，裂开的地方称"刮插"。

软生 "软"似"厄也"音，"生"似"省份"的"省"音（第四声）。没用过的，通常指纺织品或食品。如乡音"迭碗饭是软生革"，即表示"这是刚盛的还没人动过的饭"的意思。

软察 "软"似"厄也"音，表示体质心理软弱、弱小。如"伲迭革囝软察来"，即表示"我们这个小孩体质、心理都比较软弱"。

茅柴 干枯的茅草。冬季枯萎时，顽童就"㸒（音 tái）茅柴"，即烧田野路边坟山上干枯的茅草取乐，任其一片一片地燃烧。

茅针 清明时节茅草花的嫩芽。小孩子"拔茅针"，即拔下茅草花的嫩芽，味微甘，吃着玩。

知肉 这里的肉，音似前述。亲友之间"心贴心、知已贴肉"的意思。

现世 丢人现眼，难为情。

卖样 乡音"卖"似"mǎ"音，故意逞能或把东西显示给别人看。

约砸 借用这两个字的音。这里的"约"音似 ya（入声）音，也说"约约砸砸"，含劝人对事不要太讲究细节的意思。如乡音"侬过日甲约砸点么叠"一句，就是"你过日子不要太讲究细节，马虎一点吧"的意思。

苦恼 1）日子过得清贫艰苦。2）心里难受的一种感觉。

冲撞 用语言顶撞、冒犯、触犯，是一种失礼行为。

刮痧 旧时一旦身体不适，通常就刮痧解决，即用一磨得光光的铜钱，沾点食油，在人背部胸部腹部等来回刮动至出现紫色条纹。现在还偶见有人刮痧的。

牵记 牵记，仇记。多次听到过类似乡音土话："吾常常牵记侬，毕竟吾俹是几十年老朋友了。""侬还勿起（去）道歉，人家仇记着呢，说勿定马上上门来骂山门、打侬也说勿定。"前句"牵记"的是别人对自己的情谊和好处，后句"仇记"的是别人对自己的不好或伤害，是"记仇"的意思。什么该"牵记"，什么该"仇记"，乡亲心里有杆秤。

度西 借用这两个字的音来表示"子孙小辈"。乡音"西"似"四衣"音。如"迭个老太呒没度西革"，即"这个老太没有子孙的"的意思。

度年 同龄。

度髭 边缘鼓出的部分。如"侬迭只脚革度髭哪能迭出革呢"，即"你这只脚背的外档怎么大出来的啦"。"鼓出"乡音还说"革伍昂出"。

革勒 也说"革没"，含"所以"的意思，在语境上表因果的一种用法。如乡人说"昨日天勿好，革勒吾呒没来"，就是表示"昨天天气不好，所以我没有来"。

革么 那么。如乡音"天嘞拉落雨（音 yǐ），革么侬勿要出起叠"一句，就是"天在下雨，那么你就不要出去了吧"的意思。

独幅 自私，不容别人沾手。"幅"不是 f 音开头，而是 h 音开头，似 ho 音。如用整幅布做某个东西或用整块原木做某个台面等，均可称"独幅头"。

洋盘 疑是英语 young pan（年轻的脑壳）的外来语音译，含

"外行、不内行"的意思。"盘"似 bie 音。不是行家里手，做事不内行，不是老手。

烂塘 路上的泥水坑。家养的鸡拉出的黏乎乎棕色的粪便，乡间称之为"烂塘鸡污"。

结扣 做事利索勤俭。如"吾是前世作孽啊，新讨进的新妇一眼阿勿结扣哦"一句，就是"我前世作孽啊，新娶进来的儿媳干事一点也不利索不勤俭"的意思。乡音还有个说法叫"勿利落"，含"不太能干、不太会做人、做事不合常理"的意思。

挑瘅 借用"瘅 dan"字的意思（中医称人体的一种可用针刺穴位的病症）。乡音"瘅""传""船""全"同音，似"兹也 dz ye"音。不知这个似"传"的音应该是个什么字，会不会是"疾"的讹音。过去乡间缺医少药，乡间的土郎中替人治病，用金针在人体穴位处挑起皮肤，有时还出点血。

绝虫 也说"绝世"，骂人的话，即"做事叼钻绝情、不近人情、坏到极点了"的意思。

逆畜 乡音"逆""热"同音，"畜"似"促"音，即"不肖子孙"的意思，又说"呒逆种"。

盐齑 "齑"和"荠"同音，指冬季农家缸里腌过的咸白菜。乡俗说"过了正月半，灶君公公到盐齑缸里来汏过脚了，所以盐齑就开始变味道了"，其实，之所以盐齑过了正月半可能变味，主要是经一个冬天的拿取食用，所剩不多了，并常露在空气中，所以变味了。因此正月半以后，如还有盐齑，乡亲们就把盐齑切碎晒干成咸菜干（类似于宁波人的霉菜干）。盐齑变味乡音叫"空口特"。

焐心 开心，心情舒畅。焐，音 wū，用热的接触冷的使冷的变暖。普通话中有"窝心"一说，指"心里抑郁无法发作"的意思。"焐 wù 心"和"窝 wō 心"，两者的音和意思都不同。

瓶菜 广福有人称之为"叠菜"或"叠咸菜"。乡亲们旧时春季腌制的挤压进小甏里的一种咸菜。开封后的容器要密封倒置水缸盆里，若保管不慎会变味，叫"空口特"（少了新鲜咸菜应有的鲜味，易产生发淡发酸的"屋索气"怪味）。

起得 "起"第一声，含幸亏、亏得的意思。如"实嗯起得觯来哦"，即"我幸亏没有来"。

摠空 乡音"摠"似"蛙"音。"摠空"含"白费劲、瞎胡闹"的音思。如乡音"奈一两百块钞票来买房子阿是摠空"，即表示"用这一两百元钱来买房子是不是来瞎胡闹啊"。这一句乡音的妙处只能意会难于言表。苏州话也有"摠空"一说。

啦啦 广福乡间儿语，第一声，含肮脏的意思。广福地区儿语以叠音居多，如"饭饭""菜菜""狗狗""糖糖"和"嗯嗯"（大便）、"司司"（小便）、"窝哇"（疼痛）等。

脚头 来去的频率次数。如乡音"侬常章来看俫娘革，脚头蛮勤革"一句，是"你经常来看望你妈妈的，来的次数很多的哦"意思。

浪声 "浪"第二声，也说"浪里浪声"，不爱听的话，啰唆唠叨不断。

做特 1）事情做完了。2）被人暗中杀了，也说"做开"。

裁集 借"裁集"的音，要表示"话多、啰唆"的意思，又叫"刺奥落"，只是借用这三个字的音来表示"话多、啰唆"的意思。是否有文字待考。

裁过 疑似"罪过"的变音。

1）对不起良心、罪过。如"侬奈迭点饭倒特，真裁过啊"一句，即"你把这些饭倒掉，真是罪过啊"的意思。

2）客气用语。如乡音"侬帮嗯忙，奈裁过侬哦"，即表示"你帮了我忙，罪过罪过，谢谢你了"的意思。

裁节 蟋蟀，黑褐色小虫，雄的好斗，能出声。

从前广福、刘行地区的乡亲对其他几种昆虫的称呼，如蚯蚓称"曲鳝"，夏天雨后蚯蚓鸣叫称"曲鳝唱歌"。再如"知了"，乡人按其叫声的不同分三种：青色中形的叫"雅字端"，其叫声似"雅字——端——"；褐色小的叫"字醒"，其叫声似"字——醒——"；大的褐色的叫"柴（音似字啊）前（蝉）"，其叫声似"柴——前——"

从前的农村，一年四季有不同的昆虫，"织布娘""纺织娘""叫姑姑""娘牛"（天牛）、"蝼蛄""冈蛞"（蜗牛）、"萤火虫""螳螂""革（蚱）蜢""长脚蚂蚁""苷污虫"等，不少昆虫还是孩子们的玩伴呢。现在城里的孩子已无此乐趣了。

蜡烛 1）祭奠时用的成对蜡烛。2）谑称不知好歹的人。

吃价 乡音"吃 ga"，g 清音，借用"吃价"两字的音表示"在众人面前可显摆显摆一定会受到好评"的意思。如"倷娘舅从外国回来送拨侬伽多末事，真吃价"（你舅舅从外国回来，送给你了那么多东西，真可以大大地炫耀一番了）。

吃力 乡音"吃""曲""缺""屈""喫"同音。下面有多个以"缺"开头的乡音，多位同好认为借用"缺"音表示乡音"吃"的音调最接近。

1）体力消耗得较多，累。

2）难以成事。乡音"蛮吃力"，即"有点难度，有点累"的意思，视具体语境而定。

吃死 骂人的话。什么人才缺死的东西的呢？读者不言自明。也叫"阿缺死（西）"。指带点阿Q式的、不伦不类、遭人唾弃、不知好歹而又到处惹事的人。

吃进 也叫"兜进"。因理亏而说了等于白说，自认倒霉。

吃污 骂人的话。污即屎。狗才吃屎，把对方比作狗。

吃瘪 气得说不出话来，自认倒霉。

吃酸 1）心里难以忍受而又难以言表。2）因故难以胜任某事，但又不甘心的一种心理状态。3）想干但自己能否胜任，心中无数的一种感觉。

惹毛 乡人"惹"音似"字啊"，惹人生气。如"字啊宁笑"即"惹人笑话"的意思。在这里借"字"的音，来类比乡音中的 dz 音。

惹气 乡人"惹"音似 zǎ，惹人不开心。

触气 看不入眼、不满意、讨厌的一种感觉和情绪。

晦气 倒运和倒霉的意思。

淘气 乡人说的"淘气"，不是孩子"顽皮"的意思，而是"吵架"的意思。

嗝气 乡音称"饱嗝""打嗝"（吃得过饱时不由自主地出声）为"嗝似 gé 音"。另有，让肚中之气回出口称"gāi 气"，和"嗝gé 气"音似有些差别。

哈人 乡音"人""宁""银"同音同调。指"什么人、谁"的意思。

盎三 "盎（āng）三"，疑是英语 on sale（廉价出售的商品）的音译外来语，指差劲的，令人讨厌的，可说人或物为"盎三货"。

盎头 乡音"盎 āng"可做"歪的"解释。乡音"盎头"就是"歪头"，有的人可能头颈有点问题所以头有点歪的，乡音称为"盎头"。乡音"盎头盎脑"谑称小孩不注意形体端庄。

道伴 乡音"伴"，音似"bei"，指同事或朋友。

揭特 这里借"揭"字，音似 e（入声），和"鳄"同音同调，表示"埋掉，埋进土里"的意思。如"侬种树革辰光要奈烂泥揭揭紧"一句，是"你种树的时候要把埋上去的泥土弄严实一点"的意思。

吼拔 借用这两个字的音表示"哮喘"，长期咳嗽、气急不止。

断食　咒骂的口语，指吃食，类似的有"摆头边""吃更饭"等。

塔皮　互不欠账。

夏咋　借用这两个字的音，来表示"小孩聪明能干"。"咋"音似 zha，苏州话的遗音。如"㑚个囝夏咋来"一句，就是"你家的孩子很聪明能干啊"的意思。

熬乱　借用这两个字的音，来表示"莫名火无处发作，心里非常不舒服"。乡音似"熬"（意为"咬"），后腭压紧后发"熬"音，乡音"乱""卵"同音。

操祭　"吃东西"诙谐话。

操睬　"骂"的诙谐说法。

勒塞　借用"勒塞"音表示"垃圾"。南方人"垃圾"似"勒塞"音，不知是否同宗。

顺特　含有"似乎是多余的、浪费掉的"意思。如乡间有句"咸酸粥里革度豆——顺特革"，"咸酸饭"就是"菜饭""咸酸粥"就是菜粥，"度豆"就是一种黄豆。菜粥里放黄豆，有的人认为没必要，所以就有了这句歇后语。

傻度　"傻"音似 sā，表示疲劳感。如"做了一天生活，吾傻度来"，就是"干了一天的活了，我很累了啊"的意思。

派头　故作姿态的大方慷慨。又叫"掼（guǎi）派头"，现代语。

送巨　乡音"巨"即"鬼"。

1）旧时按神汉巫婆所说的消灾的一个做法，把祭奠鬼神的香烛饭菜用篮子拎出门倒在荒田野外。

2）旧时丧事中的一个仪式，通常长病而死的人，死后将尸体盖上被单停在堂屋西壁后，要在其躺的门板下放一篮子，内设香烛、菜肴。死者入棺前，把篮里的香烛和菜肴倒在村庄的下风向处，谓之"送受死巨（鬼）"。

3）行贿行为。

费气 1）麻烦，费时费力费精神。2）难以成事的一种感觉和情绪。

怕忌 "怕"乡音似"破呃"，害怕违忌的心理。如"迭个囝弄达一点怕忌啊呒没革，对外人凶得像八天王"一句土语，是"这个孩子被惯得没有一点害怕违忌的心理了，对外面的人凶得像个凶神恶煞"的意思。

联建 借用这两个字的音，来表示"不爽气，不听劝告一意孤行"。常用指小孩哭闹不停的小脾气。

退板 推音似 tāi，疑是英语 too bad（太差了）的音译外来语，含差劲的意思。过去印刷行业，如有印错印坏的就得把排字版子退出重做，叫"退版"。

浪特 耽搁，耽误。如"吾来得勿是辰光，浪特侬吃饭了"，即"我来得不是时候，耽误你吃饭了"的意思。

搭嘎 有关系。如"迭桩事体搭吾勿搭嘎"，即"这件事和我没关系"。

结棍 厉害，结实，也说"扎作""扎制"。但"扎制"似限于木质家具类物品。

着力 "着"似"是阿"音。买力，使劲，厉害。如"侬做生活蛮着力哦！"（你干活挺买力的哦！）。又如"侬着力点奈迭只蹄髈吃特伊"，即"你使点劲把这个猪蹄髈吃掉"。再如"今年三九天冷得着力哦"（今年三九天，冷得真厉害）。

斛算 合算。

促客 疑是英语 tricky（狡诈的）的音译外来语，指刁钻使坏让别人受损的恶作剧，称这种人为"促客巨（鬼）"或"促客货"。

堆场 也叫堆作，"有体积"的意思。"对场度来"即"东西显得较多"的意思。"有堆来"即"东西显得挺多"的意思。

诈死 也说"诈人"，就是现行的"碰瓷"，意指借故敲诈。

懊侘 懊悔不已。

猛门 "猛"音似 mǎng，不讲情理，气势汹汹。

瞎聪 瞌睡。

戳涨 借用这两个字的音，来表示"不小心手上戳到小的刺"，乡音可说"戳着一根涨"（刺进了一根小刺）。乡亲们称戳进皮肤里的小刺音似"涨"。

特为 特地、特意，也说"迭为"。

事体 事情。如"啥事体"，表示"什么事情"的意思。

砸墩 结实。"砸""扎""只"三字同音。

铜钿 钞票，钱。

酒巨 即"酒鬼"，喜欢喝酒的人。

痴子 疯子，指精神不正常的人。

瘌毛 稀少的头发。

嚼蛆 乡音"嚼"似快读"自衣啊"音，"蛆"音似"妻"。嚼蛆，骂别人胡说八道。如"侬嘞啦嚼蛆，嚼啥革蛆啦"，即"你在胡说八道点什么东西啦"的意思。

懂经 精通讲究内行，善于见风使舵、见机行事，见多识广。多见于贬义。如"伊对吃蛮懂经革"，即"他对吃东西很内行讲究的"。

廪子 乡音"廪 lǐn、林、灵"同音。暗示。发廪子就是发出一种暗示。

钮头 借用这两个字的音，来表示"花蕾"。花朵开放前的花苞，乡人称之为"钮头"。

盼昂 "盼昂"两字合读成 pān，借用这两个字的音，来表示"在炒菜时在锅边洒少许的料酒或水"这个动作，乡人叫"盼昂"。

矮棒　拐杖。

搔背　此处的"搔"，乡音似"遭"，即"老头乐"，一种竹木制搔痒的手具。"搔"是"抓痒痒"的意思。

搭搭　尝尝味道称"搭搭"。如乡亲会说"侬阿要搭搭味（mǐ）道"，就是"你要不要尝尝味道"的意思。

墨黑　非常黑。

龌龊　肮脏不堪的，很不干净的。

说到"龌龊"，另一个乡土话"奥糟"，指的是身上的陈年污垢、脏东西。"奥糟"音同"燠灶"，如苏州昆山名点"燠灶面"。据说当年大清隆皇帝下江南微服私访，行至昆山半山桥，见一村姐在烧面条，灶台肮脏不堪，满是奥糟，奈何饥饿难忍，就上前讨一碗面吃，然后顿觉味道鲜美无比。后来天子铭记在心，遂赐名"燠灶面"，从此芳名远扬。

乡音"奥糟"在乡间还有个土音，如"使劲擦去陈年污垢"称为"苷 gān"（音似"革昂"但 g 应是浊辅音），意思和"蹭 cèng"相同。如乡亲称"用手掌使劲把干玉米粒从玉米穗上搓下来"叫"苷番麦子"，称"用手使劲把身上的陈年污垢擦掉"为"苷奥糟"，称"不小心把墙上的脏东西蹭到衣服上了"为"苷着龌龊"，称"不小心在石头水泥块边蹭破了皮肤"为"苷破皮肤"。

度胖　大腿，也叫"度腿"。

胳落　腋下，也说"胳落里"或"胳肢窝里"。乡亲称"背部"为"背心头"。

宰癣　过去得了癣，清晨到道士家里，由道士口中念念有词，用毛笔蘸了墨在癣上画圆圈，叫"宰癣"。

蛮板　两个字都发第一声，无 n 音，含做事一意孤行、蛮不讲理的意思。如"侬为啥迭能蛮板法出呢"一句，即"你为啥这样横蛮不讲理的呢"的意思。

第八章　方言汇释

揩特　把劣迹处理掉。

嘎门　嘎 gā，第一声，不在乎的意思。也说"嘎门嘻"，即"不稀罕"。

戆特　"戆 gǎng"指"傻"。原有的灵巧，一下子因理亏而突然变得傻了。

戆大　疑是英语 gender（雄鹅，傻瓜）的音译外来语，指傻瓜。

撤血　骂人的话，也叫"撤脓血"，即"胡说八道"。乡音"插、撤"同音。

难板　难得，偶尔。

家当　乡音"家 ga、街、加、嘉"同音。"家当"即"家产"。"一家一当"就是"全部家产"。

家省　乡音生熟的"生"和"省份"的"省"同音。"家"似"革啊 ga（g 清音）"音。"家省"就是家中的器具，也说"活命家省"，如锅碗瓢盆、桌椅台凳。说"木匠家省"，则是木工工具。如说"吃饭家生"，则是从饭碗类器具转化为职业所需的器具。

麻将　"麻"似"姆呃"me 音，即麻雀。另外，一种供娱乐用的小牌块也叫麻将。

煞朴　也说"煞卜"，厉害的意思。

煞胚　身材高大、身体健康壮实。

煞辣　干脆厉害的意思，也说煞煞辣辣。如乡音"伊爱勿听侬革闲话，奈伊煞煞辣辣打一顿"。（如果他还不听你话的话，就把他好好打一顿。）

煞根　疑是英语 shocking，（令人震惊的）的音译外来语，含厉害的、极至的意思。如乡音"侬格几句闲话蛮煞根革"，即表示"你的几句话很厉害的哦"。

嚛头　疑是英语 shit（骗人谎言）的音译外来语，指故弄玄虚、滑稽可笑的事。乡人有句俗语"噱头噱头噱嘞啦头浪，蹩脚蹩脚蹩嘞啦脚浪"，来暗喻"出客时头发要梳理好帽子要挑好的戴，鞋子要挑新的穿"的意思。

落开 处事适当，很豁达，能让众人满意。如"老板蛮落开格，拨吾奖金交关多"，就是"老板处事适当，很豁达，给我很多奖金"的意思。

揩油 从别人那里占点小便宜。

笃定 也叫"笃定泰山""笃定三千"。不着急，慢悠悠，胸有成竹。"笃"似"得恶"音。乡音"得恶 特"就是"丢掉的意思"。如"丢掉它"叫"得恶 特 伊"；乡音称"跛脚"为"得恶 脚"。

穿浜 穿帮，事情败露，骗局戳穿。

豪少 借用这两个字来，表示"催人赶快"的意思。

恩实 质量好，实惠。如乡音"伊拉迭顿饭蛮恩实革"一句，就是"他们家的这顿饭的饭菜的质量挺好的，也很实惠"。也可以说人"恩实"，则表明被说的人为人比较实惠，不善花言巧语。

烦难 心里烦恼，事情难办。

鹅头 也叫鹅头鹅脑，或说"戆度"，即傻乎乎的意思。乡人有时称家养的鹅为"戆度"，这是外来语，英语 gander 音似"戆度"，是雄鹅、傻瓜的意思。此乃中英文异曲同工的一个词汇。

郭列 借用这两个字的音，表示"干脆、干净"。如"伊说呒没办法，回答得郭郭列列革"。（他说没有办法，回答得干脆干净。）

乐惠 实惠，舒服。

得知 体贴、贴心、体谅，有共同语言。反义词就是"勿得知"。

搭浆 马虎了事。搭浆兮兮，搭浆滴答，表"有点马马虎虎的样子"的意思。

僵尸 站着不动的人。

僵特 事情突然停止了，难以下台和掌控。

疲特 旷日持久而产生的懈怠感觉，没了往日的激情和干劲。

硬伤 明显的不足之处。

福显 借用这两个字表示"打雷前的闪电"。"打雷"叫"雷响"。"福"不是 f 音开头，而是 h 音开头。

觩极 突然发火，拉下脸了。

眼刺 也说"眼污"，即"眼屎"。"眼刺"的"刺"疑是"眼屎"的"屎"的讹音。

豁边 超出预期设想和计划，事情未按计划进展，结果出人意料的不圆满。"豁"音似 fa（入声）。

涕遢 也说"涕涕遢遢"，含有"拖泥带水，不善于收拾"的含义。如"迭个女人做啥事体涕遢来"，即"这个女人凡事都不善于收拾干净"的意思。与其对应的反义词是"谷切"。

脚胖 小腿。乡音"度脚胖"就是小腿又粗又肿的一种，被称为"橡皮腿"的病。

碍度 借用"碍度"的音，来表示"傻乎乎的人，没精神的样子"。

邋遢 疑是英语 litter（垃圾）的音译外来语，是不整洁、肮脏的意思。

碍着 "碍"音似 ngǎi。有"妨碍了吗"的意思。如"阿碍啥革，勿碍啥革"（这事有影响吗，没关系的）。再如反问句："吾碍着侬啦？"（我碰到你了吗，影响你了吗？）

疙瘩 1）也说"疙里疙瘩""疙瘩度来"，不爽气的意思。2）人与人之间的隔阂，如乡音"伊拉两革人勿搭理，有眼疙瘩勒吼"。（他们两个人互不理睬，两人之间有点隔阂吧。）"。3）麻烦事，如乡音"迭桩事体蛮疙瘩革"一句，就是"这件事情挺难办的"意思。4）不可理喻、难以合作的人，也说"疙瘩货"。

蹩脚　乡音"蹩 bié、别"同音，疑是英语 bilge（废话，舱底污水）的音译外来语，指差劲的意思，也说"蹩脚货"。

瘪三　乡音"瘪、笔、必、毕"同音同调，疑是英语 beggar sir（乞讨的老兄，可爱的小家伙）的音译外来语，指不务正业、游手好闲的穷汉，也可戏称小男孩。贬褒均可，贬则表示骂人，如"侬迭个瘪三（小瘪三），穷得倷老婆啊卖特哉"即"你这个穷光蛋连老婆都卖掉了"；褒则表示可爱，通常加"小"字，如"迭扎小赤佬小瘪三，真好白相"，即"这个小家伙真好玩"。

瘪特　原有理直气壮，突然变得理缺词穷，哑口无言，仿佛泄了气的球。也叫"吃瘪"。

拷边　本指缝纫前，将裁剪好的布片四周在拷边机上加拷缝一圈线的一种方法，转义为协从，协同干坏事。拷边模子，协同干坏事的人。

翻梢　后悔、报复，推翻原来说的话。如乡音"侬阿是要翻梢，要翻梢么现在还来得及"（你是否要推翻你原来说的话呢，如果这样的话，现在还来得及）。

一米米　广福地处上海北郊，受市区沪语的影响，近代广福方言中也有不少外来语。"一米米"疑是英语 mini（超小型的）的音译外来语，也说"米米小"，一点点，很小很少。

一只鼎　出类拔萃地好，最好的一个。

一包气　也说"一团气"，受太多的闷气。

一帖药　手到病除，心服口服。

一篓蟹　多子女的家庭。如"迭家人家一篓蟹，苦勿完哉"，即"这家人家有这么多孩子，苦得没出头日了"。

一虎口　大拇指尖到食指尖的距离。

一沰沰　"沰 duó"乡音似"哆"。从体积上看，很少的一点点。如"一沰烂堂鸡污（一小堆烂鸡粪）"。乡间"雨（yǐ）水滴滴沰沰落革勿停（雨水滴滴答答，下个不停）"。

人来疯　在客人面前超常地表现，手舞足蹈得不看场合，别人越说他越起劲的行为。"疯"音似"轰 hong"。

十三点　疑是英语 society（社会，交往）的音译外来语。有人说，时钟只敲十二点，坏钟才敲十三点，形容行为出轨或行为不适当的人。可贬可褒。如老公用乡音说老婆"侬迭扎十三点，哪能饭也勿会烧革呢"，就含有"你这个可气可恼又可爱的老婆啊，怎么饭也不会做的呢"的意思了。也可骂人，如"侬迭扎十三点，是只拉三啊，啥人勿晓得啦"，即"你是个不正经的女人啊，有谁不知道啦"的意思。要视说话人之间的关系、语境、言者表情而定。

三只手　将惯于顺手牵羊、小偷小摸的人比作"三只手"。

三勿像　不伦不类。

三寸骨　咽喉部位。

三脚猫　凡事不精通，但都能懂一点也能做一点的人，也叫"万金油"。"万金油"就是"清凉油"。

丫丫叫　悄悄地。如"侬丫丫叫走过来"，即"你悄悄地走过来"的意思。疑似沪语，广福人说得不多。

万三几　乡音"几句话"的"句"和"几"同音。"一万句话中只可以相信三句"，骗人的鬼话，无诚信可言的话语。

上勿上　因体力能力不够而不能胜任去干某事。

上场昏　一临现场就紧张起来。

小大人　人虽小，讲话却像大人的口气。另似有"老大人"一说，表"惯于讲老古话老习惯的老朽"。

小赤佬　小鬼，昵称小男孩。

小老乱　对故意逞能的男青年或男孩的蔑称。

幺呢三　做事做人不合常理且较怪异的人，也说"勿捉正"。

干松松　乡间表达感觉的词有"冰冰瀴（yìng，冷的意思）""硬邦邦""滑腻腻""黏答答""烂（糊）糟糟""干呼呼""湿答答""痒兮兮""热烘哄""油腻腻""软窝窝"等。

千人客　这里的客，乡音似"k（入声）"，即"压"在身上的意思。同义的还有"操千人、堂客"，相当于"婊子"的意思，谩骂女性的恶话。湖南人的"堂客"当妻子讲，而乡音"堂客"却是谩骂女子的毒语。

门槛精　疑是英语 monkey（猴子）的音译外来语，指善于为自己打算或精通某事的行为。

门里手　凡事只会为自己打算的人。

水潽蛋　乡音"水"似"四"，乡音"蛋"同"段"，所以借"段"音表"蛋"意。乡音"潽"似"浦"。乡间"蛋"的几种吃法：

1）敲破鸡蛋壳倒进沸水煮熟加糖或盐盛碗里，是乡人待女婿或贵客的点心，乡亲们称之为"倒段"。

2）将鸡蛋倒进碗里打散，倒进烧开的水里，加盐，也可事先放些榨菜、蔬菜等煮熟，旧称"水潽段"。

3）把蛋打碎倒在碗里，加少量水打散加盐，隔水蒸熟，叫"段糊"。

4）"摊蛋"，把少许茭白类蔬菜丝拌上打散的蛋液，在锅里摊成薄片，加少些水，和作料烧开出锅盛碗，是乡间一味家常菜。

其他如"白煠蛋""腌咸鸭蛋""皮蛋"等。

木灵头　"木灵头"广福南片流行语。"木灵"，疑是英语 moron（痴呆人）的音译外来语，指傻乎乎的人。乡音"木灵头"，也说"阿木灵"，指没有悟性或悟性很差、傻乎乎的人。如乡音"哪能弄法革，学了半日，一眼木灵头阿吭没革"，就是"怎么搞的啦，学了不少时间了，一点悟性也没有"的意思。

勿来赛　不行的，办不成事的，要出事的。也说"勿来事"。

勿着港　物品短缺，没着落。着港，已在手里，有了着落。

勿称心　这里的几个"勿"音，上齿轻触下唇成 ve 音。

1）身体上的不舒服。

2）身体不舒服或者是生病的委婉词，如乡音"伲爷迭两日勿称心"，即"我爸爸这几天身体有病"。

勿督乱　不合常理或常规的不良行为，也说"勿入调"。

勿作兴　不应该（做的）。但"作兴"却含"猜测、可能"的意思，如"伊作兴明朝上趟上海"一句，就是"他可能明天去次上海"的意思。

勿生世　也说"勿囫囵"。

1）不成体统的意思，也有"在男女私情上不正经"的意思。如乡音"叠个勿生世的老头子还勒拉嘎姘头呢"，即"这个不成体统的老头子还在找女人做姘头呢"。再如"勿生世革度人养着勿生世革小团"，即"不正经的父母生了不正经的孩子"。

2）不会过日子，好吃懒做，混一天算一天，也可说"勿礼勿禄""勿另勿头"。不大会办事，不大懂事理，或"难于言状的不正经"。如"迭个女人有眼勿礼禄嘻嘻"，即"这个女人有点不大懂事理的味道"。或"迭个女人有眼勿礼勿禄"同"迭个女人有眼勿另勿头"，即"这个女人有点不大懂事理、不大会办事、不大正经的味道"的意思。

勿连牵　连牵，马马虎虎、最低标准才过得去。勿连牵，马马虎虎、最低标准也过不去。如"迭桩事体做勿连牵"一句，即"这件事马马虎虎也弄不成功"的意思；而"伊歇伲屋里粥饭呀勿连牵"，即"以前我们家最低标准过日子的话，粥饭也吃不饱的呢"的意思。

勿识头　倒霉。如"吾勿识头兮兮，前日眼睛跳来，今朝医生叫吾住医院哉"，就是"我正倒霉，前天眼睛跳，今天医生要我住医院"的意思。"勿识头"还含有迷信碰到鬼的意思。

勿识相　说话办事不看场合。

勿出浪　怯场，内向，害怕大庭广众之下露面说话。苏州话说"勿出趟"。

勿出客　面容或穿着不漂亮。酒席质量较差也可说"勿出客"。

火着烛　一旦被人惹了，马上就发火的人。

什革种　杂交种。

手指喀　手指甲，也说"节喀 kā 指"。

扎台型　争面子，显得有面子。现代语。

木人头　乡音"人、宁"同音。木讷、不灵活。也有称"木块头"的。

白白里　白做、白说、白费劲等，含"竹篮打水一场空"的意思。

白马肉　即嫩豆腐。"马"音似"木呃"，"肉"音似"涅（无 n 音）屋"。从前早晨乡间有挑担卖豆腐的，乡亲用黄豆换一点豆腐回家，浇点酱油就可当吃粥菜。乡间称"切豆腐的动作"音似"撩"。乡间有"刀切豆腐两面光"一说。

白鼻头　奸臣，坏蛋。

打相打　打架。"相骂"就是"吵架"，也说"寻相骂"。

打圆场　折中调解。

打嗝端　乡音"嗝"gé 似"革"，也说"捉嗝端"。通常因突然受冷等使胸膈痉挛引起的打呃，所以也说"打冷嗝端"或者"捉冷嗝端"。

出枪花　乡音"花"似"复呃"音。出鬼点子，也说"调枪花"。乡音"花头"就是"鬼点子"。

出乱戏　也叫"坍台戏"，即难为情，不好意思，做了上不了台面的事，是一种诙谐的说法。乡音"卵"即男性生殖器。

汉郎头　与女子私通的人。女子私通叫"偷汉"或"偷汉郎头"。

石乱子 1）卵石。2）身材矮小但力气不小的人。

石秤砣 身材矮小壮实的人。沪剧《阿必大回娘家》里的童养媳"阿必度"，因长得矮小，被恶婆婆称为"石秤砣"。

收骨头 收紧，开始从严管理。

收脚执 "走、跑"的骂人话。如"侬收脚执到啊里起特"，即"你跑来跑去的刚才死到哪里去了啊"的意思。乡音"脚"似"甲"。

头颈骨 也说"颈骨"，即"头颈"。

头豽骨 乡音"豽""办"同音，似 bai，头骨。

头骷髅 谑称"骷浪头"，脑袋，人头。骷髅叫当"死人骷（kū）浪头"。乡音"骷髅"似"苦芦"。

犯勿着 不合算，不妥当，不情愿。如"要吾跑一趟啊叫罢，还要倒贴铜钿，犯勿着革"，就是"要我走一趟倒无所谓，去了还要倒贴钱，不合算，不妥当，我不愿意"的意思。

发虎跳 翻跟头。

寻铜钿 挣钱。铜钿就是钞票、钱。很能挣钱，乡人说"钞票蛮寻得动革"。乡亲把"钱"称"铜钿""钞票"外，还称"洋钿"，如"一块洋钿"（一元钱）、"十块洋钿"（十元钱）。乡土语言未见称"钱"的。

寻鮜势 "鮜"音 hōu，似"吼"音，找茬子，寻衅闹事。

有心相 专心于某事。

肉滋滋 肉乎乎的，胖乎乎的。乡间说状态的有"煞煞齐（很整齐）""急吼吼（很着急）""紧帮帮（有点紧）""慢吞吞""几（鬼）戳戳（似有不可告人的目的）""慢慢叫（慢慢地）"等。

肉格气 猪肉特有的一种骚味。

同朝人 同龄人。

老九三 大家不便言明，但心知肚明的人或物的代称。几乎可包罗万象，大到建筑构件、小到饮食起居的物品，甚至姑娘家的例假等，都可用"老九三"代替。

老面皮 不难为情，不害羞。

老刮皮 "老刮三"，善于占别人便宜的人。

老菜皮 没便宜可让别人占的人，也有指年老色衰的女性。

老油条 见过世面、不肯出力吃亏、油腔滑调的人。

老婆鸡 老母鸡。

老侄官 大侄子。第三者称甲某的老侄官乙某，那么，乙某是甲某的大侄子。未见当面称呼时用过。

老人送 这里的"人"音似"宁"。咒骂男青年的话。另有"老勿死"是咒骂老人的话。

老鼠奶 这里的"鼠"音似"丝"。疣子的俗称，病毒感染所致，种类较多。

讲斤头 斤斤计较，讨价还价，谈判条件。

买关子 紧要关头留一手。

过过门 场面上应付得过去、意思意思罢了。如"年夜了，我奈送眼水果送拨啦伊拉娘舅，只是过过门啊"，即"春节了，我把这些水果送给他舅舅，仅是图个场面上交代得过去而已啊"。

名堂经 小聪明，小动作，搞鬼。如"侬勒拉搞啥名堂经，还勿来吾迭浪"就是"你在搞什么鬼啦，还不到我这边来"的意思。

戏娘物 这里的"物"即"核"的意思，戏娘物，就是"淋巴结"，常因劳累疼痛或炎症，在颈部或腋下出现的小块状物。

扩一扩 这句方言，笔者问过许多人，都说方言中有此一说，却不知其字，只得借用"扩"字这个音。如把较脏的衣服在碱水里浸泡一会儿，叫"扩一扩"；如把刚腌制的咸菜压紧放半天或一天，也叫"扩一扩"；如把许多青菜紧塞在一个袋子里，过了半天或一天，全发黄了，则说"扩坏特叠"（扩坏掉了）。既不是"醒一醒"，也不同于"窝一窝"或"焐一焐"，同好认为用哪个字妥当呢？

申报纸　这是广福乡间对各种报纸的统称。上海《申报》于 1872 年 4 月 30 日创办，1949 年 5 月 27 日停刊，历时 78 年。

节头骨　手指头。常有"大节头骨"或"小节头骨"之说。"节客 kǎ 指"就是"指甲"。另有一说"手头"，就是"手边、手里"的意思。

节节高　一种竹枝挂钩。栽取长两三尺、直径两三厘米的竹子一段，留下五六对、各三四寸长的竹枝做挂钩，挂在屋沿檐下向阳处，晾晒鞋物等。

杀千刀　谩骂人或牲畜用语。

呒脚蟹　无助，寸步难行。

呒清头　做事无规矩，掌握不了应有分寸的行为。

呒话处　没地方诉说。

呒收祝　无法收拾了，不会变好了。"收祝"疑是"收拾"的变音。

呒嘎事　不在乎，不计较。嘎 ga，g 清音。

呒吃头　这里的"缺"音表"吃"意。没有再吃下去的必要，或不值得一吃，不经吃，很快就吃光了。

呒做头　没有再做下去的必要，或不值得一做。

呒讲头　没有再说下去的必要，或不值得再说了。

呒话头　没有再说下去的必要，或不值得再说了。

呒缠头　没有必要再纠缠下去了。

呒搭头　没有必要再继续搭讪下去了。

呒弄头　没有再弄下去的兴趣和必要了。

花擦擦　带有嘲讽口吻说男女关系不严肃的言行。如乡音"伊迭革人有眼花擦擦革"，即表示"他这个人在男女关系上不太严肃"的意思。

坍招势　惹人笑，有失体统。疑是现代语或外来语。

坍台戏　丢人现眼、有失颜面的事。程度比"出卵戏"严重些。

抖豁豁　也叫抖抖豁豁，胆小怕事的一种心理状态。

两差差　大体地平分一下。

受尸几　乡音"几"即"鬼"。传说中等着人死去收人灵魂的鬼，转义为等着不走的人。乡人"鬼"似"几"音。又可做"反复说同一件事的人"解释。

伯姆道　姆无 n 音，只发 m 音，即妯娌关系，各自的丈夫系兄弟的两个已婚女子。

寿缺死　傻乎乎的不知好歹的人。

寿格格　有点傻，一副傻样。

弄轧档　"轧 ga"，g 浊音。弄得尴尬，忙中出错，横生枝节。

饭郎头　饭量大的人。

饭泡粥　1）用米饭烧成的粥。2）啰唆、唠叨。

那那温　也叫"那么文"，即小蝌蚪，蛙类的黑色单尾小幼虫。

鸡革郎　借用"鸡革郎"音，表示一种两三寸长体圆浅黄色的小鱼，清明前后肥壮味美，现已绝迹。

告家精　借用"告"音，表示"搅"的意思。把家里搞得鸡犬不宁的人。

张张看　张，看望的意思。如乡音"吾来张张看"，即表示"我来看一看"的意思。乡人说的"张张看"，通常含有"朝远处看，往外面看"的意思，看到了没有，看到了什么，乡音"张"不多讲究。对于看眼前细小的东西，通常不用"张张看"，而只用"看"。乡音"看"似"客呃"音（苏州音）。

香面孔 接吻。乡间常对小孩这样说"囡囡香香"，小孩就会把手伸到说话人的鼻子嘴边，或把脸靠近说话人的嘴边，以示亲热。

拦牢住 用东西围住挡住。如"奈迭两扎鸡乱牢住"，即"用东西把这几只鸡拦住，不让乱跑"的意思。也说"蜡啊 牢住"，"乱、拦"似同音。

冷势势 冷得缩头缩脑。

死促客 恶意捉弄人。

阿四臭 不好的事情，丢人现眼的事，不光彩且难于启口、众人鄙之的事情。

阿缺死 不按常理做事的人，骂人的话，表示对对方不满意。乡音"死、西"音似"死衣"音。

阿伍卵 办事无准则、不讲场合、不近人理、瞎搞一气的人。也有人认为是"鸭孵卵"，即无能无用懒潦之辈。因旧时鸭蛋是要由母鸡孵出小鸭的，鸭是不会孵蛋的。

阿必度 受气的儿媳。有沪剧《阿必大回娘家》，主角"阿必度"是个童养媳，受尽恶婆婆的气。

阿木灵 凡事无悟性的人。

狗齐疯 贬义词。许多人在一起戏闹起哄。

夏糊脸 没睡醒的脸容。

钎头皮 挨批评，遭数落。

担肩胛 乡音"胛"似"嘎"，承担责任，挑起重担。

和宿困 白天穿什么衣服，衣件没脱掉就睡觉称"和宿困"。

拗肉痛 "拗 ǎo"似"奥"音。也说"拗门痛"，即心痛，肉痛，难以言表的不舍得。

刺毛虫 初夏杨树上的一种小花虫，叮咬后起红肿块又痛又痒。

眯妻眼 小眼睛，近视眼。"洋白眼"是患了"斜视"症的眼睛。

拆烂污 做了无法收场的事，或做事马虎，不负责任。

拆鬏脚 使奸计捉弄并让别人办不成事。

拆家牌 总是把器具物品弄坏。

捉板头 故意寻找缺点差错，找茬子。

捉死做 做事呆板，不灵活。

板错头 也说"捉错头"。找茬子。

录起来 这两个乡音"录"似"录屋"。乡音"录起来"中的"录"，是"爬"的委婉的说法。如乡音"侬困勒床浪好几日哉，今朝录得起来哇"，即表示"你在床上躺了好几天了，今天能起床了吗"的意思。"困"即"睏"的简化字。

定头货 胡搅蛮缠的人，惹不得的人。疑是"钉头货"的讹音。

定样样 双眼发呆。

现开销 当场处理，现场解决。

现世宝 丢人现眼的人。如"迭扎老出棺材，现世棺材，现世宝，还勒拉嘎女人勒，面孔阿勿要哦"，即"这个老头，还在找女人，真是个丢人现眼的老家伙，真不要脸"的意思。

拍马屁 趋炎附势，阿谀奉承。

苦勿完 苦得没有出头之日。

刮节柴 借用这三个字的音来，表示"医学上的细菌性痢疾"。"柴"乡音似"字啊"，就是"拉肚子"。如有血丝，则叫"红刮即柴"。过去医疗条件差，儿童夏天易得这种病，土方法就到田野里去寻找"红经小叶草"（一种丛生细梗细叶的草），煮水喝，能减轻些症状。

骂山门 骂人，遭人骂。

大卵气 自叹勿如，有点灰心。如乡音说的"叹大卵气"，就含"自叹不如"的意思。

大好佬 乡间公认的好人、老实人。

大老倌 1）乡间对男青年的戏称。2）旧时指富裕的大户人家。

大块头 身材高大壮实的人。

大牵头 带头干坏事的人。

大花头 出馊点子、鬼主意让人做坏事。

大咖腔 带点少爷的派头，满不在乎的样子。也说"大咖腔结格"。

度死人 乡音"西、死"同音。啥事也不管、糊里糊涂过日子的人。

书毒头 书呆子。这里借用"毒"字的音，表示"傻子"的意思。

洋葱头 常被别人占便宜的人，或糊里糊涂被人占了便宜还不知道的人。有"宰侬洋葱头"一说，即"故意占你便宜"。

笸巴眼 "笸 qiā"是"斜"的意思。眼睛长得歪斜或左右视力极不平衡。乡音有时候称"歪笸"为"其啊"，乡音"恰、笸、洽"同音。还有称"两个肩有点高低的人"为"笸肩呷"。

学舌理 学话传话。乡音"学"似"呃豪"音。

话勿出 说不出口。宁波方言里也有此说及表此意。

绝足疯 脚趾烂光。咒骂用的口语。

消地光 孩子躺在地上耍无赖。这里的"消"是个动作，指躺着后往脚的方向移动身体，如乡音"侬再消呃起眼"，是"你再往下躺一些"的意思。"呃起"即"下去"。

烦心思 费心思。如"迭桩事体吾烦心思来"，就是"这件事费尽我的心思"的意思。

裁吐水 唾沫，口水。

做人家 勤俭持家。

做好日 日子叫"日脚"。男女结婚叫"做好日"。

插牌九 打大老开、对舍蟹、接龙、吃亨、对牌，扑克牌的几种玩法。

阎伯伯　阎王爷。乡音"阎""年""严"不分，均无 n 音。

吃香烟　抽烟。乡间谜语云"生不吃、熟不吃、边烧边吃（香烟）"，乡间称"谜语"音似"媒媒子"。

吃白食　不劳而获，白占便宜。

吃排头　挨批评，受挤压。

吃豆腐　1）人死了去吊唁，丧家以豆腐饭招待。2）话语上面想占点便宜的行为。另有"冲撞"一说，是指话语得罪了人。3）挑逗年轻女子欲占其便宜，"吃某某革嫩豆腐"。

吃家生　挨别人用器具打。"家生"就是"家什""家里的硬质器具"，也称"吃生活"，即"挨揍"。这里的"家 ga"，g 清音。

吃轧档　受到排挤与不公平对待，或者两头不讨好的意思。又说"吃轧头"。

吃生米　常人不会"吃生米"，喻"不可理喻的人"。

吃耳（音 nǐ）光　挨打耳光。

吃勿剩　乡音"剩"似"常"音。客气话，表示送的食品不多。如"迭眼粽子送拨侬吃，吃勿剩革"，即"这些粽子送给你吃，很少一点点。"

吃勿落　本意指"吃不下去"，转义为：

1）受的气太多，咽不下去，想不通。

2）能力有限，承担不了某事。

吃勿忒　本意指食物太多，吃不下，转义为事情太多，处理不完或处理不了。

吃勿开　不善社交，不受众人欢迎。

吃勿消　身体或心理上的受不了。

吃勿光　吃不完。

惹人笑 "惹"似"字啊dzǎ"音。"人"似"宁（无n头音）"音。因不好的事或不体面的事而被别人笑话。

蜡蜡黄 指颜色的几个乡音，如"旭旭红""碧碧绿""雪雪白""生生青""墨墨黑""青奇奇""蓝歇歇""蓝亨亨""绿盆盆""黄咕咕""黄咋咋""黑赤赤""碧绿""墨黑""蜡黄"等。

甜咪咪 乡间说味道的有"辣蓬蓬""酸济济""香喷喷""臭烘烘""臭噱噱""苦叼叼""甜滋滋""咸咪咪""咸塌塌"等。

夏糊脸 1）孩子玩耍戴的面具；2）戏称孩子弄得很脏的脸面。

败家精 乡音"败"似"罢"。指好吃懒做败家的人。

困宿瘖 乡音"瘖hū"似"忽"。指睡过头了。如乡音"唔今朝困宿瘖叠，上班恐怕要晏（音'呃'）了"，就是"我睡过头了，上班恐怕要迟到了"。

落哦套 礼貌地请人不要着急。如"侬老娘家落哦套走噢"，即"请你老人家慢慢地走哦"。反义词音似"毫少"。

草板筋 1）盘根错节的杂草根，冬季万木凋零时，有人钎草板筋，把泥土拍掉后喂羊或晒干做柴草。2）身体硬朗的老年人。

家主婆 苏州话。指妻子、老婆。这里的"家"音似"嘎ga"，g清音。

温余水 温水，喻"慢性子的人"。

骂山门 上门来恶言骂人。

假样头 假装样子。

敖勿得 1）妒嫉。2）恶心想吐，又说"肚肠翻身"。

眯特歇 打个盹。

屁梢精 1）啥也没有，白干一场。2）偶见说是马屁虫，有时也称"跟屁虫"，老跟着别人走的人。

昏特哉 昏头了。

横司横　横下心来什么都不怕。还说"横竖（音 sī）横拆牛棚"。

狗操革　狗娘养的。

滴沥滑　很滑。

馋痨胚　嘴馋（的人）。

照牌头　按常规办，按常理说。另有"隁……牌头"一说，则作"有……依靠了"或"依靠……"了。

雌婆雄　衣着、声音、行为或举止有点不男不女的男性。

雌老虎　凶悍的女人，不讲理的女人。

赖学精　赖学、不肯上学的学童。从前学校里的老师常常体罚学生，方式有打手心、立壁角、罚抄书、撕掉不好的作业本等，还在骂人的孩子嘴上用红笔画圈，家长也不会怪罪老师。小学生都怕"先生"，见了"先生"马上变成"抑立几（怕得在一旁哆嗦）"。

踏盐齑　"齑 jī""荠"同音。秋风起，本地白菜晒一下，盘在缸里，撒上盐，用脚踩出水后压上石头，又叫盐咸菜。此是从前家乡人冬季的家常菜。"踏盐齑"又称"造盐齑"，这个"造"是借其音，不用其意，是"踏"的意思。"踏牢伊"同"造牢伊"的意思相同，都解释为"踩住它"的意思。

浪汤锦　也叫老什锦、浪汤山，即乱七八糟的杂物的诙谐说法。如"啥个浪汤锦啊"（这是什么乱七八糟的东西啊）。也说"浪汤三"，物件的蔑称、戏称。"侬包包里园之啥浪汤三？"（你包里藏了什么东西啊？）

野豁豁　也说"野野哗哗"，指做事没分寸、少把握，行为处事没边没沿。

满臀脑　没肛门的人。咒骂时的口语。"肛门"乡间称"屁眼""屁眼孔"。

做响阁　家中有不明原因的声响，迷信说是家中有鬼。

箍镬盖　乡音"箍""过"同音，乡音"镬""获"同音。用毛竹爿给木锅盖四周加上宽边的叫"箍镬盖"。旧时有肩挑担子游走乡间的手艺人，口喊"满纱筛箍镬盖"（在细粉筛子上重铺设细铜丝筛网，在木锅盖边上重装宽毛竹片边沿）。乡音"纱"似"舍"，"筛"似"师"。

哭早夜　旧时家中亲人死去后的一段时间里，家中女主人行早、晚两次在死者的灵台边啼哭。如小孩整天瞎哭，那么乡人恨时就会骂孩子"哭早夜"。

叠瓶菜　也说"叠咸菜"。初夏时间，芥菜或雪里蕻切碎，用盐腌制一两天，放进布袋用石块压掉水分，用"赶饼柱"一点点地挤压进小陶罐或小甏里，挤压得快到甏口时，塞稻草压紧，再用竹箬壳泥巴封口后，倒置在草木灰里，过半月至一个月时间，开封食用。土豆丝或蚕豆瓣和瓶菜烧汤，咸鲜可口，是乡亲们夏天的家常菜。乡人"使劲往容器里挤压"的动作，音似"叠"。

屋索气　借用"屋索"两字的音，表示阴暗潮湿处特有的一种霉酸气味。

酸胖气　因受冷或胃纳消化不好，吃进去的食物发酸，打嗝时回到咽喉处的酸臭味。

焦毛气　烧焦烧煳的味道，也说"焦毛臭"。

贼骨头　偷东西的人。

贼门槛　也叫"门槛精"或"精刮"。指做事精于算计的人精，或者做事十分老练到位，办事利索，精打细算。

赛过说　好比说，譬如说。如"伊讲伊革儿（nǐ）子是个涅促，赛过白养"，即"他说他的儿子像个畜生，譬如没生养他。"这是苏州话的遗存。

着末脚　最后的意思，也说"末脚"。

孵日旺　人晒太阳。乡音"孵"似"部"音（第三声）。

豁一脚 趁便顺道走一趟。

邋遢快 也说"夸（快）腊着"。乡音"着"似"是阿"，指干活动作很快，但细节马虎粗糙。乡音"腊着 za"是肮脏的意思。

勃勃跤 乡音"跤"似"高"。也说"勃高"，即"摔跤"。"勃"疑是"搏"，乡音略有差别。

隑牌头 "隑"音 gǎi。指有靠山依靠了。如"迭桩事体吾要隑侬牌头勒哦"，就是"这件事我要依靠你去做成功了"的意思。

露马脚 私情败露，秘密泄露。因旧时女子以小脚为美，传说明太祖朱元璋夫人马氏坐轿时，风吹起轿帘，露出一双大脚，后人就有"露马脚"一说。

翻皇历 乡间从前有叫"翻六马书""问岳神"的。"六马书"即"老黄历"。旧时大的行动之前，以问卜、翻皇历来决定可否。

醒革醒 乡音"醒、心、新、信"等同音，不用 x 开头，而用 s 开头。"醒革醒"表示"歇一歇""再等一等"的意思。乡亲说"醒一醒"，表示"等一等、歇一歇"。乡亲说"等待和好的面团发酵"称之为"醒面"。所以借"醒"字说"醒革（一）醒"，似乎说得过去。

摆噱头 故弄玄虚。

挖墙脚 用不正当的手段侵占他人利益或搞垮他人。也说"拆台脚"。

锡箔灰 对钱财不满的说法。

铅角子 即分币。

拿手戏 内行的工作，做起来很熟练。

娘娘腔 女人腔，缺少男人味，喜欢混迹于女人中间的男人。

解厌气 散心，消磨时间。

偷避怪　偷懒的行为。

铁公鸡　把钱看得很重，轻易不乱花钱的人。

触霉头　倒霉。

脚碰脚　半斤八两，彼此彼此，差不了多少。

兜得转　办事灵活，善于公关。

额角头　又说"额角头碰天花板"。意指碰巧。

猪头三　猪头肉是不肥不瘦的，喻"不识好歹的人"。

煨灶猫　没精神，萎靡不振。

炒冷饭　讲话啰唆，反复重复。

敲木鱼　经常提醒。

敲竹杠　敲诈勒索，故意侵占他人钱财。

塌塌潽　满得快溢出容器。

慢慢叫　也说"慢慢能"，慢一点儿，不要着急。

缓缓能　"缓、碗"同音同调。做"轻轻地、慢慢地"解释。

隔壁头　隔壁邻居或房间。

黑吃黑　侵占别人的不正当财产或惯于敲诈、偷鸡摸狗的人。

揩屁股　收拾残局，收拾干净烂摊子。

瞎乱撞　也说"投五投六""胡搞八搞""胡搞百叶结"，没头绪地瞎搞，盲目行动。

黄伯伯　又叫黄先生，做事不可靠的人。

翘辫子　"死亡"的谑语，也说"翘老三""一脚起（去）"。

嘎三糊　疑是英语 gossip（啰苏）的音译外来语，指消磨时间的聊天。

嘎搭搭　1）嘎 gā，乡音"嘎""骱""夏"同音。g 浊音。"嘎搭搭"指"办事不上紧，满不在乎的样子，不放在心上的样子"的意思。也说"嘎呵呵""嘎门相"，如"伊对缺啥一直是嘎呵呵革"，即"他对吃什么总满不在乎的样子"的意思。乡音"嘎门"就是

"不在乎、不稀罕"的意思。2）嘎搭搭，嘎 gá，可指年轻人或小孩子不知天高地厚地在大人前显摆的意思。如"小赤佬，勿要嘎搭搭，两百斤革担，侬来挑挑看"，即"小家伙，不要不知天高地厚了，这两百斤的担子你来试着挑挑看"的意思。

聆勿清　悟性差些，听不出弦外之音，难明事理。

笃悠悠　慢悠悠地，也说"笃定三千"。

壁戏窟（库）　1）从前家里有一种脚细长约两厘米、身体芝麻般大小的蜘蛛，在墙壁上做的灰白色的直径约两厘米圆形扁茧，剥下来的话，是薄薄的一层白色的膜（据说是最好的竹笛笛膜），中间有一粒虫茧样的壳，这种虫茧叫"壁戏库"。2）旧时夏天大人和小孩子赤膊时逗着玩，因孩子的乳头乳晕（乡音叫"小那那"）恰如墙壁上的"壁戏库"，大人戏称孩子胸前长了两只"壁戏库"，叫孩子自己找。孩子找不到时，大人就点给孩子看，逗孩子开心。这时，大人还用双手轻轻提起孩子"小那那"下半部分，就又成了一个"燕子库（燕子窝）"，里面还有一个小的燕子蛋呢（孩子的小乳头）。

呃削窟　喜鹊窝。旧时大树上的枝丫丫里，都能看到喜鹊用小树枝搭成的窝。乡音"杵翻呃削库（窟）"，是指"吵翻天了，闹声不断"的意思。

燕子窟　从前一般人家堂屋檐下，都有燕子窝。燕子的叫声在乡人眼里是在说："勿缺纳革水勿缺纳革米萌纳借棵柱——（不吃你家的水不吃你家的米问你家借用一下梁柱）。"最后的"柱"字用长拖音。读者可去试试，看看燕子是不是这样叫的。

雀子斑　雀斑。

鼻头管　鼻子，也谑说"鼻充管"。乡亲称猪鼻子为"猪鼻冲"。

脚节头　脚趾。乡亲们称"脚趾甲"为"脚趾喀"。

背精骨　背脊骨。乡亲们称"肋骨"为"肋骹骨"。

脚馒头　膝盖。"馒"似"姆也"音。

脚块子　1）小腿骨。小腿后面鼓出的肌肉叫"黄鱼肚皮"，下面细的一段叫"脚块子"。2）祖上传下来的一种谋生手段或密传技艺。

脚板头　脚背。连接小腿和脚背的部分叫"脚弯里"，而膝盖后的称"脚馒头弯"。

肚里泻　也说"肚里撒"，就是"腹泻"。

腰眼里　腰的两侧软档里。

臂枪子　手臂的大臂和小臂连接的弯处。

落头疖　这是个乡间俗名。"疖 jiē"指皮肤下的炎症。"疽"（ju），中医指的一种毒疮，即痈。生于后颈部的烂脓包，医学名为"对口疽"或"对口疮"。广福曾有专治这种病的中医郎中。

勃伦头　这是个乡间俗名。脓包。

蛇狗肉　这是个乡间俗名。乡音"玉、肉、搿"同音，似"牛屋"（无 n 音，舌中部碰上腭后马上放开）。即医学上的"带状疱疹"。上世纪四五十年代，还有专门医治"蛇狗肉"（宰蛇狗肉）的巫医，一手拿着用薄布包了一盛满米的小酒盅，一手用三根燃棒香不停地熏布面，口中念念有词，不时在病人患处熏。

烫山芋　乡音"芋"似"移"。难办棘手的事。山芋烧汤称"山芋汤"。

獴相啍　乡间称"猫"为"獴"méng，音有点像，可意思好像不对。猫吵架，喻小孩不停地吵架。

祸殃根　祸害的根源。

眼乌子　乡音"眼"似"嗯爱"。"眼乌子"就是"眼睛"。乡人把"眉毛"叫"眼睐毛"，把"瞳孔"叫"眼仙宁"。

眼板数　按常理推断，通常是这样。如"伊今朝朆没来，眼板数是伊勿对（他今天没有来，按常理推断是他的错）"。这里的

"眼"音似"嗯爱"。

蹙霉头 "蹙"音似"触"。倒霉。

搬是非 传布小道消息或流言蜚语。

戳心境 令人伤心的事或人又重现在眼前而产生的再次伤心的一种心理。

碍读读 傻乎乎，不灵活。

嘴讲其 无原则的争吵辩论。

断命哦 口语，让人烦的（东西）。如"断命哦迭扎猪猡，烦杀特了"，就是"这只讨厌的猪，烦死人了"的意思。

一门家将 全家人，全部，一共。

一塌刮之 总共，全部。

一天世界 到处都是。乡音"界"似 ga。

一时头浪 突然之间的某个时刻。

一时三刻 立刻，马上。

一拍密缝 匹配合适，天衣无缝。

一大蛮块 身材高大。乡音"大"似"度"音。

一刮两响 干脆利落，活干得漂亮。

一麦糊涂 乱糟糟，弄不清楚，一笔糊涂账。

一脚落手 也说"一脚录手""一脚一手"。一件事一手包办到底。

一烫平样 又说"一烙烫平""煞平"，指很平整的意思。

七子八搭 也叫瞎七搭八、七搭八搭、七勿搭六、七子（嘴）八袋，即乱说一通、做事没有条理的意思。

七翘八裂 调皮捣蛋，凡事作梗的行为。

七勿牢欠 1）衣服穿得邋遢、不整洁，不合时宜。2）做事颠三倒四。

七荤八素 思路混乱，脑子糊涂。

几头勿特 怪模怪样的腔调。

三青四六　疑是"山青水绿"之讹，有"穿着整齐"的意思。

三角碌砖　指难以管束、难以管教、成事不足、败事有余的人。乡音"碌砖"就是砖头的意思。如"迭扎棺材是块三角碌砖"，即"这家伙是个难以管束的人"的意思。好的砖头一面应有四个角，三个角的砖头就不合常理，也不大好利用了。

三退四缩　原指丧事中子孙行"三拜九叩"礼时后退三次，转义为畏首畏尾、畏缩不前。

三脚矮胎　"矮胎"是乡音"矮凳"的意思。"矮"音似"啊"。矮凳应有四个脚才平稳，三个脚就不平稳了，用来比喻"不太好弄的人，不善听取别人劝告的人"。

大约摸足　大概、大约的意思。

毛体遢统　不利索，不光洁。也说"毛之遢统"。

幺尼角落　无人关注的僻静隐蔽处。乡音"角"似"阁"。

干脚动手　晴天爽快干活。

千年难得　也说"千年难板"。指非常偶然，机会极少。

口眼勿闭　即"死不瞑目""心不服气""放不下掉不落"。

口严落落　也说"口严口落"。以恶毒语言咒骂人。如乡音"侬口严落落骂伊，伊听勿见，勿要骂伊叠"一句，就是"你这么恶言恶语的咒骂他，他又听不见，不要骂他了吧"的意思。

水淋嗒渧　此处"水"乡音似"四"音。湿透了，水淋淋的。渧 dì，水一滴一滴掉下来。例"水要渧下来了，快拿面盆来接好"。

天地良心　做事光明正大、大公无私，凭良心做事。

五䏏六肿　脸面浮肿。乡音"䏏"似"吼"，做"面孔浮肿"解释。

六神无主　在突发事件前惊慌失措。

木知木觉　反应迟钝。乡音"觉"有时音似"谷"。

勿寸勿功 不要最好，也不要最坏，大约差不多就行了。

勿二勿三 不像样子，怪模怪样。也叫"勿三勿四""勿五勿六""勿另勿头"。

勿吃饭咯 吃屎的，不是人了。也说"吃吃生米革""吃吃污咯"。

勿足路兴 做事没分寸，使劲过猛。广福南片说成"勿足横兴"。

火面拉孔 拉下脸面发火生气。

什革乱盘 瞎搞。瞎弄。瞎做。瞎说。

乌里蛮理 不明事理，胡搅蛮缠。

夹忙头里 忙里偷闲做点其他事情。

引祸遭殃 不知趣地自找麻烦。

蹐藤吐壳 借用"蹐 bó"字意思，乡音似"办"，意即"爬"；乡音"吐"，意即"脱"。咒骂人活得年岁太长的不吉利的说法。乡音"吐"除"呕吐"的"吐"意外，还含"脱"的意思的如"吐皮"（脱皮），"吐特"（即"脱落下来了"）。

蹐骸勿动 借用"蹐 bó"字，乡音似"办"，意即"爬"。借用"骸 tóu"念"特呃"音（一种玩具），这个四字语表示"身体因疲劳不堪，或因年老体弱而无法多动弹"。

肉骨肉算 对反复盘算的一种轻蔑说法。笔者不知用哪四个字，仅借这四个字的音。会不会是从"把肉的骨头当作纯肉计价算钱"的意思呢？乡音"肉、玉"同音。

立时三刻 马上的意思。

出乱朋友 自小一起长大的同伴，因为从前小男孩穿开裆裤时，"小鸡鸡"都是外露的。

关门落闩 也说"关门汉阒"。

1）晚上关好门防盗贼，如旧戏文《吴知县敲更》有一句"夜阑人静，家家户户关门落闩，我提起铜锣出门敲更”。

2）事情已无回旋余地，事情发展到了极限。

死样怪气　有气无力、没精打采的样子。

石迫铁硬　很硬的意思。乡音“硬”似“额昂”。

尖头把戏　爱钻营私利的行为，爱贪便宜的行为。

兴令轰隆　借用这四字音，表示故作声势。

老三老四　过分自恃。

老吃老做　指老练到家的人。

寻死作活　乡音“死”似“四衣”。佯要自杀之类的闹剧，也说“寻死拉活”。

寻棺材困　“困”即“躺下睡觉”，句面本意是寻找棺材躺进去，转义为无理取闹，自讨没趣。

暗里摸洞　光照很差，黑乎乎地看不清楚。乡音“暗、厌”同音。

齐寿齐寿　有较大的人声，多人的说话声。

话头　即“说法”。如乡音“侬晓得伊对迭桩事体有啥话头哇”一句，就是“你是否知道他对这件事情有什么说法吗”的意思。如用“想头”替换“话头”，则整句变成了“有什么想法吗”的意思了。

阴私刮搭　阴阳怪气，有点不可告人的味道。

呒头苍蝇　行为举止没计划，整天瞎忙。

呒头呒襻　也说“脱头落襻”。指行为举止没条理。

死蟹一只　废物一堆，无法挽回的局面，无能为力。

投五投六　做事没条理，乱忙一气。

花五花六　用花言巧语做表面文章。乡音“侬拨伊花五花六花进”，即“你做了他的花言巧语的俘虏，你上他当了”的意思。

花好稻好　吹牛说谎，言过其实。如乡音“侬勿要花好稻好革来骗我哉"，就是"你不要再吹牛说谎来骗我了"的意思。乡音"花"似"复呃"音。

寿头不欠　做事有点傻样，易被人笑话。

寿头寿脑　傻乎乎，不精明。

弄尽天通　即"想尽办法、尽最大努力"的意思。如"已尽最大努力，这件事现在成功了"一句，乡音可说成"正是弄尽天通，迭桩事体乃成功哉"。"乃"在这里做"现在，于是"的解释。"乃好头"，即"现在好了，行了"的解释，还可解释为看到别人出事后说的表达幸灾乐祸心理的话。

肚肠根痒　看不惯故意卖关子，看不惯慢吞吞、懒洋洋的行为的一种心理状态。

乱之野天　乡音"野"似"牙"。小孩或年轻人整天东游西荡，不务正业。

赤刮辣新　还没用过的新东西。

的立滚圆　也说"的骨里圆"，很圆。乡间说形状的有"笔笔直""笔笔挺""薄哝哝""圆丢丢""直啵啵""弯弯能"等。

血淋带渧　血淋淋的。

困思懵懂　犯困，睡意真浓。

杭情杭市　借用这四个字表示"许许多多"，也说"交交关关"。还可说"杭情""交关"，表"许多"。

阿噗阿噗　也叫"阿嚏阿嚏"。嗤之以鼻，不要再谈下去了。如"嗷唷，真是阿噗阿噗，我勿搭侬讲了"一句，就是"啊呀，真让我嗤之以鼻，我再也不想给你讲啥话了"的意思。

阿有耳朵　耳音似 nǐ。"阿有耳朵"就是"有没有耳朵，听不听话？"乡音说"耳屎"为"尼芒"。

拉猛生头　借用这四字音，表示突然之间。

狗屄刀糟　"屄"音似 bī，比较计较微小利益的行为。

捉死板凳　也叫操死板凳，办事呆板，不灵活。

卖野人头　花言巧语欺骗人。

黄鱼脑袋　做事不善动脑子的人。

眉扬督紧　愁眉苦脸的样子。

油腔滑调　处事不诚恳，说话轻浮，不负责任。

壅么屁笑　惹人笑，有失体统，也说"勿督勿乱"。

活脱里戏　定不下来，或说不定，像活的一样。

活里活络　模棱两可。

恰八九个　借用"恰"（乡音似"痴衣啊"）字，这是广福地区乡亲对数字的一种说法，"约八九个"的意思。如用"个"当量词，那么习惯上这样说的，一两个、两三个、三四个、四五个、五六个、六七个、七八个、八九个、靠十个、十啥五（近十五个）、靠廿个、二三十个、论十个（近十个）等。好像只有"恰八九""恰五六"，未听到有人说"恰尼三"，等等。

度乱特呃　做事大大咧咧，凡事满不在乎的样子。特呃连读音。

显奇勿识　也说"显奇"。对别人显摆逞能行为的蔑视说法。如乡音"侬迭趟学堂里考试得了80分，稀奇勿识哉，我考了90分，侬有啥好稀奇革呢"一句，就是"你这次学校里考试得了80分，那么显摆干啥呢，我考了90分，你没有什么可以显摆的啊"的意思。

济周济周　低声耳语，如两只燕子那样的呢语。

恶形恶状　乡音"恶"似"呃奥"音。十分可恶的，令人恶心的。

独头独脑　傻乎乎。"独"似"毒"或"叠恶"音。

脱底棺材　常常加上"呒收祝（没治了）"一句。棺材质量太差，死人放进去后底掉了，叫脱底棺材。喻指入不敷出、生活没目标、混日子而又不思悔改的人。

掉头落脑　也说"脱头落襻"。脑子糊涂，记性差，做事没条理。

怪头怪脑　也叫"几头怪脑、几头勿特"，做事与众不同，怪模怪样。

道伙道里　道伙即同伴，道伙道里即同伴之间。

唱茶拱手　乡间四种行礼方式：

1）抱拳礼。男性之间的俗礼，面对受礼者站定，左手掌抱住右拳，在胸前微晃几下。

2）拱手礼。男女均用的俗礼，通常对先人或墓地，腰微前倾，微屈上臂合掌胸前摆动一下即可。

3）磕头礼。乡人称之为"唱茶（'茶'音似 dzó）"，也称"磕头"。通常对长辈、先人或菩萨，站定行拱手礼后跪下，合掌顺势弯腰前倾低头，快触地时直身松手，重复三次即可，即"一拜三叩"。行礼过程中，女性不必直起身，男性不直起身是失礼行为。从前，丧事大殓时，血亲子孙对亡者行最重的"三跪九叩"礼（即行三次"一跪三叩"礼。具体做法见后面"丧葬习俗"）。

4）点头礼。站定微笑点头即可。

鲤鱼打激　春季鲤鱼在水草丛中追逐交配。乡音"打激"似专指鱼类追逐交配。

楞里楞衬　因高低不平或粗糙而不舒服。如"侬吃迭种硬厄豆，肚里楞里楞衬革"，即"你吃进去这种硬蚕豆，吃到肚里，太粗糙，不舒服的"。也说"楞之楞衬"。如床上的褥子铺得不平，躺上去后感觉"楞之楞衬"。

随时过时　马马虎虎过日子，勉强度日，得过且过。也说"实事过时"。

狠三狠四　色厉内荏，气势汹汹。

清汤寡水　菜肴缺少油水。

清粥清饭 饮食简单清淡，强调清淡简单。粗茶淡饭，强调饮食简单朴素。

卖芝麻糖 跟别人转了一圈或看了一场戏等，结果一问三不知，含有"盲从、不得要领"的意思。如乡亲会说"侬看戏看了卖芝麻糖"一句，就是"你看戏看了半天，结果一问三不知"的意思。

寻出挖裒 出其不意地改变主意或乱出馊点子。如乡音："侬搭晤讲嘞好好革，明朝搭晤一道到海南岛起旅游，侬哪能寻出挖裒说勿起叠，要到云南起白相哉？"（你给我说得好好的，明天和我一起到海南岛去旅游，怎么搞的呢你突然改变主意了，要到云南去玩了啦？）

扣尸挖裒 又说"翻尸倒骨"。惯于翻黄历、按老规矩办事的行为。这里借用"扣"字，表示不怕麻烦地反复寻找，或一点点挖出来。乡音有"扣开看看"一说，就是"挖开看看"的意思。

哭出糊拉 哭丧着脸。也说"哭出比博"。

挖里挖客 心存不良地使坏挖苦。

浪头大来 故意摆显摆阔逞能，说大话。

牵丝拌藤 做事不爽快，不利索，动作缓慢拖拉，纠缠不清。

贼特兮兮 鬼鬼祟祟。

贼头贼脑 偷鸡摸狗的样子。也说"贼头狗脑"。

热嘴火烫 乡音"涅、热、日"同音。又热又烫，通常用于饭菜。

壁角落里 墙壁角落里。也说"幺尼角落"，僻静不被人注意之处。

隐天泡疮 过去乡人医疗知识有限，把儿童水痘和天泡疮混在一起。如孩子得了水痘，清晨避开人到河边水桥上，一人撑伞抱着孩子，另一人用勺子舀河水边浇雨伞上边说："痘痘隐特勒哇。"抱孩子的回道："隐特勒。"如此反复十来次，才算完事。

香灰止血　过去如不慎弄破皮肤出血了，往往就在灶山上的香炉里抓一把香灰，敷在出血处，再用布包扎好。

够其卡数　刚好，恰巧，正好。如"够其卡数十点钟到侬达屋里"，就是"刚好十点整到达你家"的意思。也说"候其卡数"。

连档码子　合伙干坏事，同义的方言还有"拵着（似扎 zha）一条裤子"（合穿一条裤子）。另有同义"靠边"一说，原是缝纫藏针脚的一种针法，后转义为在旁边鼓动，吹喇叭抬轿子瞎起哄，怂恿引诱别人上当。

撒水撒污　排泄大小便。

风水先生　旧时专为人家看阴阳宅风水的人，也叫"看地先生""假先生"，通常能识文断字，也能写一手好的毛笔字。旧时的农村，能识文断字的人少之又少，因此"假先生"颇受尊重。

踏侬尾巴　招人惹人。乡音"尾"似"泥（无 n 音）"，骂人的话，如踩到狗尾巴，狗要咬人的，意思是"我没碰你惹你，你干吗要惹我碰我呢"。

踏脚铺脚　地上乱七八糟地堆满了垃圾或杂物，不善收拾。

嫂嫂刮多　布谷鸟。乡音"嫂嫂刮多，撒灰撒谷"，就是模拟布谷鸟的叫声。

神志糊之　糊里糊涂，不明事理。

神志雅糊　糊里糊涂，诸事不管，不明事理，不谙世事。

神经搭错　一时间的不可理喻。

聊路打结　1）孩子不好好走路。2）挡别人的道，不让别人走，疑是"挡路打劫"的变音。

猴劲博跳　大声吼闹。

眼闭瞌聪　"瞌 ke"，似"克"音。"瞌聪"即"打盹"的意思。眼闭瞌聪，也是"打盹"的意思。

眼瞎辣搭　乡音"瞎"似"哈"音。视力不济，看不清楚。

眼枯落潭　眼睛深凹下陷。

疙头缩紧　头颈双肩蜷缩在一起。

痴头怪脑　疯疯癫癫。

搞七念三　疑是苏南地区的"搞漆染衫"的讹音，"染"似"年"音。瞎搞乱搞的意思。用漆而不是染料染衣衫，不是瞎搞是什么。

踢棺材板　垂死挣扎的人，快死的人。

侧边倒边　反复搬动，反复无常，变化多端。

昏头搭脑　脑子一时糊涂不清。

铜钿银子　即钱，钞票。

弹眼落睛　明亮光鲜。

弹眼乌珠　眼睛睁得大得可怕。

碰额角头　碰运气的意思。

遢着巧货　"遢"音似"塔"。买到便宜货，也说"遢着便宜货"。

瞎七搭八　胡传瞎说，乱说乱做，也可说"七嘴拨（八）搭"、乱说一通的意思。

瞎话三千　乱说胡说。

瞎撞三千　盲目行动，无理取闹。

缠五缠六　也说"传五传六"。把听到的内容变样后再传出去，或自己没弄明白却又传来传去。纠缠不清。

犟头呸脑　"呸"音 bù，脾气倔强。

撼白冷打　全部，一共。

淡济寡糟　也说"淡滋寡酱"一语的讹传。淡而无味。

筋筋拉拉　带筋的肉类食物，咬不动或咬起来很费劲。

急急烧烧　也称"急烧"，办事干脆利索，风风火火。

嚎头嚎脑　滑稽可笑。

捞锡箔灰　捞取不义之财。

碰着发起　碰巧，偶然发生。

要紧关子　紧要关头，性命交关的。

假痴不癫　也说假痴假碍，装糊样，假装不知道。即装傻充愣。

琳琅挂缀　挂的东西多。又称"结铃挂落"。

黑铁墨脱　黑得看不见，也形容人长得黑。

骨嗦骨嗦　睡觉不安稳。

弥勒喊勒　也说"弥勒"，远着呢，早着呢，差多着呢。

嚓呱啦新　崭新，又称"簇新"（乡音似"嚓新"）。

滴沥嗒啦　滴滴答答。

脱头落襻　也说"呒头篮襻"。指做事没计划性条理性。

酒司糊涂　也说"酒痴糊涂"，指喝了酒就犯糊涂的人。

屑屑嗦嗦　很小的声响。

要死快哉　要死啦！是一句情绪话。

密皱莽皱　很密集。因为"莽"是"密生的小草"的意思。

特殴兹马虎　慢条斯理、慢吞吞的意思。

断命哦（后加名词）　口语，让人烦的（东西）。如"断命哦迭扎猪猡，烦杀特了"，就是"这只讨厌的猪，烦死人了"的意思。

特呃夫呃　乡音"特殴夫殴"即"弹棉花"。乡音"弹"音似"特呃"，乡音"花"似"夫呃"音。乡音"被絮"音似"避细"。

书包底翻身　读书成才，读书读得干成了点大事情。

七楞八高低　高低不平。

拼死吃河豚　这里有个乡音"配"，是预先准备的意思。如乡间农家备酒席时，常有"多配几桌"，就是"多准备几桌"的意思。

眼大勿关风　因粗心大意没看见眼前的东西，视而不见。

瞎话三官经　乱说一气。

摇头划尾巴　像狗一般的对主人讨好奉承。乡音"划"似 fā。"尾巴"音似 nǐ bū。

自污勿觉臭　看不到自身缺点、毛病或不足。

割乱勿出血　刀钝得无法使用。乡音"割"似"郭"。

眼乌珠荡出　眼珠子快掉出来了，等得很不耐烦了。

污搞百叶结　瞎乱搞，添乱。

前年挖臭屁　对"乱传话、瞎说、说谎话等行为"嘲讽、不满、蔑视的一种说法。

远天八只脚　也说"嗨湾""嗨嗨湾"，相差很大、很远。

上路勿上路　事情办得是否符合规矩并让人满意。勿上路，即办事不合常理也没有让人满意。

五斤吼六斤　色厉内荏，故意张扬，故作气势汹汹的行为。如"侬做啥要五斤吼六斤呢"，就是"你为什么要故作气势汹汹的样子呢"的意思。

肚皮里功夫　善用脑子、点子多的人。另有"闷声大发财"，指不动声色却发了大财，是一句谑语。当孩童坐着不出声时，其实是在大便，完后也可戏称孩子"闷声大发财"（戏称孩子的大便为"黄金"）。

乱嚼西瓜籽　本意指小孩不会吃西瓜籽，胡乱嚼一通后吐掉，后转化为贬义诙谐的"胡说八道，乱传闲话"的意思。

鼻污干当饭缺（吃）　"鼻污干"即"鼻屎"，"干"发无 n 音。喻过分节省的行为。

三勿罢四勿休　不停地纠缠。

三对头六对面　当着大家的面说清楚。

朝南立朝北话　说话不算数、无信誉，喜欢吹牛。如"迭革女人嘞啦朝南立朝北话，伊革闲话侬勿好相信革"，即"这个女人没啥信誉的，难道你也去相信她的话吗"的意思。

城头上出棺材　1）事情做给别人看的。2）远兜转走，不走近路走远路。

要哪能呒哪能　意思为"毫无办法可想、实在无奈得很、实在使不上劲"的解释。另有"掮勿着搭勿够""力气度勿出"，这两个俚语意思差不多，且可一起用。如"侬生（sāng）之迭革毛病，吾要哪能呒哪能，掮勿着搭勿够，力气要大大勿出"，即"你得了这种病，我实在没办法可想，实在无奈得很，帮不上什么忙啊"。

做事体呒没秤心　秤杆上的读数点叫秤心。没秤心就是没标准、没尺寸的意思。

铜钿眼里翻跟斗　把钱看得很重的人，也说"看勒铜钿眼里"或"铜钿眼里钻得过"。

夹忙头里放千斤　疑为"加忙头里膀牵筋"，事务繁忙得很，偏又横生枝节，忙中添乱。

好心碰到驴肝肺　好心得不到好报。

三缸清水六缸浑　脑子十分糊涂，难明事理，不可理喻。

晓得侬有几根肚肠　知根知底，了如指掌。

（形容词）……做（形容）……总……　这是一种乡土语言的结构，做"再怎么样也要怎么样"解释。如"穷做穷，总要讨个娘子过日脚革"，即"再穷也要娶个老婆一起过日子的"。

四、称呼用语

1. 人称用语

第一人称：单数用"嗯、实嗯、唔、我"——我。

复数用"伲、嗯伲、实伲、唔伲"——我们。

第二人称：单数用"侬、实侬"——你。

复数用"倷（那）、实倷、侬达、实侬达"——你们。

第三人称：单数用"伊、实伊"——他、她。

复数用"伊达、实伊达、伊啦"——他们、她们。

嗯、侬、伊等这些人称用字，有其特有的发音。人称中常用的一个音"实"，含有些指代意味；而"嗯"和"五""鱼"等乡音一样，都发后鼻音"嗯ǹg，ńg，ňg"。

2. 称呼用语

称呼涉及血亲（又称宗亲）和姻亲两种关系。血亲指具共同祖先、有血缘关系的亲属，分直系血亲（如子女、父母、祖父母）、旁系血亲（如兄弟姐妹、堂兄弟姐妹）和法律血亲（如养子女、继父母），不会因有关人员死亡而改变；姻亲是因婚姻关系产生的亲属关系（如岳父母、妯娌、连襟等），会随有关婚姻关系的消失（如离婚）而消失。

称呼是辈分关系的称谓。辈分是指因血亲、姻亲关系而形成的家族世系中长幼先后所处的地位，是儒家重礼文化和农耕宗亲观念的体现。如同胞兄弟姐妹、堂兄弟姐妹和表兄弟姐妹属平辈或同辈，他们的父母辈及上代就是自己的长辈，而他们的子孙辈就是自己的小辈。

说到辈分，想起了中国第一大家族孔子后裔的辈分和起名的事。孔子后裔自唐朝后期就逐步开始使用统一的辈分用字。明、清两朝皇帝准许孔家第 55 代到 85 代共 30 代后裔起名用如下 30 个字：希言公承彦，宏闻贞尚衍；兴毓传继广，昭宪庆繁祥；令留维垂佑，钦绍念显扬。民国初期又批准了第 86 代到 105 代孔氏 20 代后人起名用的 20 个字：建道敦安定，懋修肇彝常，裕文焕景瑞，永锡世绪昌。据称，现在孔子后裔族人约有 200 多万人，最小辈分是第 83 代"念"字辈十来岁的一个辽宁姑娘。到现在孔家尚有 22 个字可续用 22 代几百年。

普通人家不可能事先在家谱中规定后代子孙起名用字，但不少家族还是留意了给父系同辈人或同胞弟兄姐妹起名时，在他们的名字中有个相同的字。如从前有个广福的老师给一个家族的孩子起名"明道""明德""明兴""明华""明健""明康""明其""明昌"，外人一看便知这八人是同宗同辈人。笔者在广福见到"宗康""宗豪"两位，一问才知他们属同宗本家"宗"字辈远房堂兄弟，其同辈人还有宗玉、宗英、宗一、宗芳、宗恩、宗德等。

时代在前进。随着城市化建设的发展和人口迁徙的影响，世代居住在一起的农耕自然村落逐渐减少。独生子女政策的多年实施和人们生育观念的变化，几代人缺少了同胞兄弟姐妹关系。人们精神上个体宗族认同感的传承越来越弱，游子漂泊感越来越强，对修撰家谱类的兴趣和对故乡的归属感也在变化，辈分概念正逐步淡出人们的生活。现在知道自己的几代先祖名字的城市年轻人越来越少，当代年轻人起名用字更趋随意，不少人已搞不清自己的辈分，也弄不清各种称谓了，一些辈分称谓也有可能淘汰或消失。

现将广福地区的称呼用语列表如下：

父 系   母 系

关 系	称 呼	关 系	称 呼
曾祖父母及其同辈男女	大大	曾外祖父母及其同辈男女	太太
祖父母	度爹或大爹、亲妈或老姆妈	外祖父母	外公、外婆
祖父母同辈男女（叔、伯祖父母）	公公、婆婆，阿婆、姑婆（祖父之姐妹）	外祖父母同辈男女	公公、婆婆，阿婆、姨婆（祖母之姐妹），舅公（祖母之兄弟），舅婆（舅公之配偶）
父亲	阿爹、爹爹	母亲	阿妈、姆妈
父亲的兄弟及其配偶（伯、叔父母）	阿伯、伯伯（父之兄）嫲嫲（音似 ma 伯父之妻）阿叔、爷叔（父之弟，也称伯伯）婶婶或婶娘（叔父之妻）	母亲的兄弟及其配偶（舅父、舅母）	娘舅、舅妈
父亲的姐妹及其配偶（姑母、姑丈）	嬷嬷（似 me）（父之姐）阿孃（父之妹）姑夫	母亲的姐妹及其配偶（姨母、姨丈）	度姨（母之姐）娘姨（母之妹）姨夫
父亲兄弟的子女（堂兄弟姐妹）	阿哥、弟弟 阿姐、妹妹（或冠名加称呼，如伟钟阿哥）	母亲兄弟的子女（舅表兄弟姐妹）	阿哥、弟弟 阿姐、妹妹（或冠名加称呼，如彩娣阿姐）
父亲姐妹的子女（舅表兄弟姐妹）	阿哥、弟弟 阿姐、妹妹（或冠名加称呼，如忠良弟弟）	母亲姐妹的子女（姨表兄弟姐妹）	阿哥、弟弟 阿姐、妹妹（或冠名加称呼，如静珍妹妹）

关　系	称　呼	关　系	称　呼
父亲兄弟姐妹的孙辈（堂侄孙子女）	直呼其名	母亲兄弟的孙辈（舅表孙子女）	直呼其名
兄弟姐妹（胞兄弟姐妹）	阿哥、弟弟 阿姐、妹妹	母亲姐妹的孙辈（姨表孙子女）	直呼其名
兄弟配偶（兄嫂、弟媳）	嫂嫂 弟妹	妻之兄弟 俗称阿舅（内兄、内弟）	阿哥、弟弟
		妻子兄弟姐妹之子女（内侄子女）	直呼其名
姐妹配偶（姐夫、妹夫）	阿哥、弟弟	妻之姐妹 俗称阿姨（大姨子 小姨子）	阿姐、妹妹
兄弟子女（侄子女）	直呼其名	妻兄弟之配偶（舅姆）	嫂嫂、弟妹
姐妹子女（外甥）	直呼其名	妻姐妹之配偶（连襟）（襟兄、襟弟）	阿哥、弟弟
兄弟孙辈（侄孙）	直呼其名	妻之父母 俗称丈人 丈姆（岳母、岳父）	阿爹、阿妈
姐妹孙辈（外甥孙）	直呼其名	丈夫之祖父母（太公、太婆）	度爹、亲妈
子女（嫡子女）	直呼其名	丈夫之父母 俗称阿公阿婆（公公、公爹、婆婆、婆妈）	阿爹、阿妈
儿子之妻子（儿媳）	直呼其名	丈夫之兄弟（俗称大伯、小叔）夫兄、夫弟	阿哥、弟弟（丈夫兄弟之子女随夫直呼其名）
女儿之夫婿（度舍 女婿）	直呼其名	丈夫兄弟之配偶（妯娌）（度姆、阿婶）	嫂嫂、弟妹
丈夫兄弟（夫兄 夫弟）	阿哥 弟弟	丈夫姐妹及其配偶（姑嬷、姑娘）（随夫称姐夫、妹夫）	阿姐 妹妹 阿哥 弟弟（丈夫姐妹之子女随夫直呼其名）
孙子孙女配偶（孙媳、孙婿）	直呼其名	妻之祖父母（太岳父、太岳母）	度爹、亲妈

3. 其他称呼用语

广福地区的乡亲称"小辈"为"度西"，从前的大、小老婆称"度老毛、小老毛"。乡音"后生（音似'式昂'）家"指"青年人"，而"老娘家"就成了对老年人的尊称了。有时候，为了表示尊重，可随自己子女甚至随自己孙辈一样称呼孩子的长辈。如孩子的奶奶可称孩子的外婆为"外婆"，孩子的妈妈本来应称呼孩子的曾祖父为"度爹（祖父）"，但也可随孩子称之为"大大"，孩子奶奶可随孩子称孩子的舅舅为"娘舅"，等等。

称儿子音似"后子"或"伲子""团"，称女儿音似"丫（音似'呃'）头"或"囡姆""囡"。称妻子为"娘子"或"屋里""家主婆"，现俗称"老婆"；称丈夫为"男人"或"小官人"，现俗称"老公"。称"女婿"为"伲西（细）"（"西"似"si"音）。称儿媳为"新妇"。称正在成长发育期（乡音"长发头浪"）的男孩叫"乱推头团"。最后一个子女称"奶末头"或"小落脚"。旧时多子女家庭还有称孩子为"阿度""阿尼""阿三""阿四""阿六""阿八"（或尾缀"头"字成"阿尼头""阿四头"）等。男女婚后对对方亲友的称呼各随对方，如称呼丈夫的父母随丈夫旧称"阿爹、阿妈"，现称"爸爸、妈妈"，等等。

男女婚后，双方父母成"亲家"关系，互称"亲家公""亲家姆（母）"。男女婚后男的成"新官人"（人念"宁"），女的成"新娘子"。长辈礼称小辈的妻子为"（男昵称）勒新娘子"，或"（男昵称）娘娘"；长辈礼称小辈的丈夫为"（女昵称）勒新官人"或"（女昵称）勒官人"。乡音称"女人"为"尼宁"，称"男人"为"唸宁"，称"小孩"为"囡""团"。

父系血亲中，父亲兄弟的与自己同辈的子女属"叔伯"关系，书面用"堂"。父亲姐妹的与自己同辈的子女属"舅表"关系，书面用"表"。母系血亲中，母亲弟兄的子女属"舅表"关系，和母亲姐妹的子女属"姨表"关系，书面均用"表"。

同门之徒互称"师兄、师弟、师姐、师妹"。师父和老师之妻称"师母"，师父和老师的男长辈称"师公"，女长辈称"阿婆"。

另外，乡间对出家人，都可尊称"师父"。称和尚为"和尚""禅师"，如"春兴和尚"（白云庵和尚）、"金禅师"（顿悟寺和尚，俗名周金泉）等，称尼姑为"师太"，如"慧敏师太"（报恩寺老尼姑）。称道士为"法师"或"道长"（称女道士为"道姑"），如"陈法师""鼎昌道长"（鼎昌是法号，原上海道教协会会长陈莲笙）、"沈法师"（解放前广福地区道士沈建峰称"法师"）等。清真寺里主持和讲课的人称之为"教长""阿訇（音 hōng）"，教堂里的主持或布道者则称之为"主教"或"牧师"。

五、时令用语

晏 借用"晏 yan"字的意思，来表示时间的"晚"或"迟"（反义词是"早"）的两个乡音：老辈人较多用"呃 e"音，年轻人受沪语影响较多用"爱 ai"音。如"再晏几分钟会议就要开始了"。

动 借用"动"字的音，表"差不多的某个时刻"。如"浪饭动"（差不多在午饭后的某个时刻）、"夜快动"（差不多傍晚的某个时刻）、"吃饭动"（差不多吃午饭的某个时刻）等。

鲎 音 hòu，彩虹。农谚云"东鲎涅头（太阳）西鲎雨"。

一向 又说"一措"。"向"（第四声），一刹那，一转眼，形容"时间过得快"。如"日脚过得正快啊，一向十年过去了（日子过得正快啊，一转眼十年都过去了）"。

一歇　也说"一歇歇（一会儿）"。

客客　借用"客客"的音，也叫"客王（表示'刚才'）"。如"侬客王嘞拉撼啥（你刚才在干什么啊）"。

辰光　时间。另有"垂夜快、夜快点（傍晚）""天勿亮（凌晨）""夜头（晚上）"等说法。

日脚　日子。实在找不到类似的音来表示乡音的"日子"。此音需抵住后腭，乡音"热""日""业"同音。"好日脚"即"好日子"，乡人把"结婚"称为"好日"。乡音"日中相里"，即中午，"日里"即"白天"。乡音称"太阳"为"日头"。

上昼　上午。对应的是"下（音似'呃'）昼"，即下午。乡音中的"昼""周""走""追""最"等同音。

天好　晴天。对应的是"天怵 qiu"，指阴、雨天。

天打　又说"雷响"，打雷。乡人有句咒骂人的话叫"天打煞"，就是遭天打雷劈的意思。

霍显　闪电。乡音"雷阵霍显，度（大）风度（大）移（雨）"。

嘞啦　正在。类似"嘞嗨"。

旧年　去年。对应的是"开年"，明年。

前年　去年的去年。再去年叫"度（大）前年"。

后年　明年的明年。再后年叫"度后年"。

寒场　冬天。"涅（热）天势"，即"夏天"。

冷汛　寒潮。寒潮来了，也说"发冷汛"。

风潮　台风大风。乡音"风"不是 f 开头，而似"烘 hong"音。

常牵　经常。"侬常牵迭能做格"一句表示"你经常这样做的"的意思。"牵常"则有细水长流的意思。"迭眼铜钿牵常用用"一句表示了"这点钱做细水长流之用的打算吧"的意思。

伊歇　过去的某个时候。

迭歇 眼前的时刻，现在，刚才。如"伊歇么侬还是个小囝嘞，迭歇侬勿是囝叠"，就是"以前你还是个小孩，现在你已不是个小孩了"的意思。

时尚 也说"足革"，经常，常常。

日常 "常"音似 sháng，一天又一天天天如此。"日长时久"，则表"时日一长"。

年尚 已过去的近几年，年年如此。

上日 昨天。对应的是"明朝（zhāo）"，即明天。

前呛 前段时间。对应的是"迭呛"，即"近期"。

昨头 昨天晚上。乡音"昨"似"dz a 兹阿"音。

昨日 昨天。

现眼 乡音"眼"似"厄爱"，即"现在"的意思。

今朝 今朝（zhāo）今天。对应的是"明朝（zhāo）"，即明天。

后日 后天。也说"后日点"。

半日 也说"半半日日"。很多时间。

日里向 白天。晚上就叫"夜（和雅同音）里"。

中浪向 中午。

夜里向 晚上。

早晨头 早晨。对应的是"黄昏头"，即"傍晚"。

天亮梢 快天亮的时候。

垂夜快 傍晚。"中浪向"表示"中午时分"。

夜快点 傍晚。

大后日 大后天，明天的明天。

大天好 大晴天。对应的是"阴湿天"即"阴天"。

勾日子 前天，昨天的昨天。对应的是"合涅点"；后天，明天的明天；"着勾逆子"，即"大前天"，对应的是"艾合呢点"，大后天。

上半日　上午，对应的是"呃半日"（下午）。

老底子　从前，过去。

老清早　天刚亮的时候。

雨落天　也说"落雨天"，下雨天。乡音"雨"似"移 yi"音。苏州话遗音。

秋场里　秋天时分。也说"秋勿白"。"春头浪"表"初春"。

乃朝后　从今后。"朝 cháo"。

星搬场　流星。童谣云"星搬场星搬场，勿及吾葛头发长"。

收麦汛　收割麦子的时期。表"什么什么时期"的，有一个乡音"什么什么汛"。"收稻汛"即"收割稻子的时期"。"吃饭汛"即"吃中饭的时间短"。

一时一时　"时"发第四声。潮流的一阵一阵。如"迭种衣裳伊歇昂，现眼勿昂特，啊是一时一时革（这种式样的衣服，过去很时行，现在不时行了，也是一阵一阵的潮流啊）"。"时行"的"行"，乡音似"昂"（第一声）。

老里八早　很久以前。也说"老早点""老早"。

着勾日子　大前天，前天的前天。这里的"着"乡音似"dz ai 杂"音。

大天白亮　天已大亮，白天。

大阳日头　大晴天。

大清老早　一大早的意思。

半夜三更　深夜。

拉猛生头　突然之间。

刮辣阳日光　大晴天。

日光搭火光　傍晚时分。

六、服饰用语

此照片为 1940 年广福东街
王姓姐弟的合影

棉 乡音读第三声。冬用棉长袍，男女老少均有这种衣服。短的就叫"棉袄"。下身的就是"棉裤"。这些衣服外面都配有罩衫、罩裤。

绞 这个字，在乡音里有两个音。

1）乡音似"jiǎo"。动词。将两个布面用针线从一个面戳过去对缝的针法称"绞"，如"绞钮襻"。另外可做动词"拧干"解释，乡音似"稿"。

2）音似"稿"，量词。许多圈纱线围成。"五绞线"。

扣 装在织布机手推的梭箱上的竹片编成的器具，用来压紧纬线用。织布的叫"布扣"，织鸡肠带的叫"鸡肠带扣"。

综 在梭箱外档，用穿在竹片上的交叉线按一上一下，逐根分开经线，使梭子通过的装置。

老布 即家织布。旧时农村流行穿老布服装。自产的棉花晒干后，去作坊去掉棉花籽叫"轧玉子"。把去掉棉花籽的"玉子"弹松后，做成两尺来长、大拇指般粗细的棉条，叫"条子"。用条子在家用手摇纺车纺成细线，叫"纺纱"。将四五锭纺好的纱从纱锭上摇到"发片架"上，叫"一绞纱"。将一绞绞的纱按需要染色后，放在锅里用水煮，再倒进面粉浆，叫"浆纱"。浆过的纱晾晒时，用硬竹丝做的"刷帚"反复拉刷，去除细毛头，将晾晒的浆纱晒干后套在发片架上，用纺车摇到竹子的"筒管"上，叫"摇纱"。摇满浆纱的竹管叫"筒子"。将许多五颜六色的筒子交到专门的地方，请专人用专门的设备按色彩要求，组织成布的经线，绕到布机的"滴花"上，然后扛回家，叫"经布"。经布时，大约在每十尺的经纱靠边的十来根经线上，用凤仙花或其他青草汁弄个记号，叫"捏目"（以便织满约十尺布后就裁下一个布）。缠在"滴花"上经纱的总长，称"一只顶成"。将纬纱用手摇纺纱车摇在比小指小些的竹管"芦杖"上，成"织布䌷"，再放进梭子，把梭子放进布机的梭箱里，在布机上一寸一寸织成布，用"槁尺"慢慢缠紧在"布团柱"上。梭箱靠织布人这边织的布上，还有个两根头上各有铜刺帽的厚竹片作为"布撑"，将布撑紧，织好一段布，用宽两三寸、长约一市尺多的专门的"刮布刀"，把布面上的纱结刮去，待织成十多市尺后把布裁下来，叫"落布"。落下来的叫"一个布"。折好后，用大而重的"客（压）布砖"压半天。织出的布去卖掉的，叫"织卖布"。从清末、民初直到 1949 年前后，"织卖布"是广福农村妇女农闲时的一份工作，织出的布匹销往各地。旧时一般人家女儿出嫁的嫁妆里都有些老布，多的几十个，少的也有十几个。旧时男方去女方搬嫁妆时，常带些深色老布作为捆扎嫁妆的绳索。

玉子　棉花去掉棉籽后的"皮棉""棉花衣"，乡人称之谓"玉子"。因难寻这个字，故且用"玉"代之。

棉絮　此处乡音"棉"似"姆也"音，"絮"似"细"（西也）音，即弹松的棉花衣。

纺纱　用纺车将棉条纺成纱。旧时的妇女都会纺纱，甚至男人也大多会纺纱。

织布　在木头布机上织成布，这种布叫老布。

布机　木制家织布机。旧时几乎家家有布机，旧式的没梭箱，用左右手扔梭子。新式的有梭箱，把布扣装在梭箱上，用手拉的装置使梭子来回在梭箱里穿行。新式的工效比旧式的快。布机上的一些部件有"坐机板（织布时坐的一快板）""踏脚板（织布人两脚各踩一块以带动绞线一上一下的装在布机底下的两块板）""绞线尺（夹在综外面用来将经线分成上下两部分的两根毛竹条）""雕（装在布机顶上带动梭子来回的上下翘动的装置）""织布篮（盛放芦杖萦的小竹篮）"等。

洋布　商店里买的布。相对家织的"老布"而言，叫"洋布"。

纺绸　真丝夏服薄衣料。有平纹绸、印度绸等品种。

生布　也叫"夏布"（"夏"音似"呃"），做夏服用的浅色薄细麻布。从前漆家具用"广漆"或"生漆"时，反面木头的缝隙上也贴生布，再用生漆粘住。

府绸　一种以高支棉为主加少量丝的夏服衣料，较挺刮。

筒管　缠经纱用的约五六寸长、直径约两厘米的竹管。把纱用纺车缠上筒管或芦杖，叫摇纱。

筒子　缠满了经纱的筒管。

芦杖　缠纬纱用的约两三寸的小竹管。缠满纬纱的芦杖叫芦杖萦，也叫"织布萦"。

梭子　有新式老式两种，新式的长约七八寸宽约一寸半两头铜尖头，中间有安装芦杖萦的空当，空当里有一根装芦杖萦的细轴，边上有个可插鸡毛的小孔固定，底有两个滑轮，用于有梭箱的布机。老式的长约五六寸，宽约三寸，两头有光滑的牛角做的小圆头，没滑轮，手投，用于没梭箱的布机。

度锭　"大"似"度"音。摇纱时插筒管的粗锭子。

小锭　纺纱用的锭子，长约八九寸、圆径约半寸不到、细长两头尖的硬木锭。

弦线　手摇单锭纺车上带动锭子旋转的线。

搭裢　旧时民间所用的一种装物的口袋，长方形，中间开口，两端可以装钱物。多为布制，质地较厚，大的可以甩搭在肩上。也叫"拐长袋"。

裆博　束在腰间即可当裤带又可放钱币的一种老式布饰品，通常在腹部位置有个半圆形口袋。乡间有"搭博顶倒束"一说，含"随意乱花钱"的意思。

作裙　从前乡亲们不管男女老少，冬天腰间都束了条用布做的"作裙"，有四种：

1）长作裙。旧时乡间中、老年男性的一种保暖服饰，用浅蓝色土布做成，有腰头布束在外衣腰间，长及脚背，腰两边作裙上用白线打有三四寸布裥，左右两片交叠。

2）布裙。老年女性束在腰间，深蓝色或黑色，长及脚背，有单片、双片两种，通常束在外衣外面，在身后交叠扎紧，双片的左右都有白线"布裥"，类同于男用长作裙。不打裥用黑纺绸、黑缎做的束在外衣里面的称为"裙"或"百褶裙"。还有用绣花彩缎做的（夹里浅蓝色布），前面还有一块条状装饰，做工绣工十分精致考究。

3）短作裙。中、青年妇女束在外衣腰间，深蓝土布做，两边用白线打有三四寸布裥，左右两片交叠，长及膝盖。

4）小作裙。儿童束在外衣腰间的布片，也有单片、双片两种，式样类似"布裙"，简单些而已。

抱裙　约一米见方，三面缝住，一面开口，可放进小棉花胎的一种孩子用服饰；开口一面两头有带子，相垫合拢成筒状扎在孩子腰间，包住不穿裤子的双腿以保暖。

移才　即"围涎"，围在小孩头颈里的布片，以防口水或饭粒弄脏衣服。乡音称"围巾"音似"移巾"。

叉胸　儿童服饰，又称"饭单头"。围挂在孩子胸前的防脏的布片。还有"反穿衫"等。

旗袍　旧式女装，有长、短袖之分，短袖夏天穿，吸胸密腰身，长达小腿肚下，左右开叉有高、低之分。新式改良旗袍长可到脚背，左右开叉较高。

网络 一种黑色小于拳头的丝线小网兜，套在发髻上后用线收紧扣在发髻上，使发髻光洁些。

挖宁 掏耳器具。

手镯 手上的首饰，老年妇女和小孩的以银为主，富人家陪嫁有单只的金手镯或玉手镯。

长衫 旧式男装，大襟，长到脚背。有里子的叫夹衫。

布衫 各种大、小短单衣的统称。

线衫 过去农村生活比较清苦，冬天棉衣里面除了衬衣外，至多有一件夹袄，就没啥衣服了。所以有的人家就用多股棉纱自己编织成衣，这种用棉纱线编织成的衣服叫线衫。后来老辈人把用毛线编织成的衣服也叫线衫。乡间还有剪下家养绵羊毛，自己纺成线合成股线，染色后编织成土羊毛衫，也叫线衫。

肚兜 从前妇女胸前贴身的方形布片，用带子系身后。

襟衫 也叫"襟兜"。旧式老年妇女服式，左右对称，大小和大襟衫的大襟相同，顶上有些花饰纹，罩在胸前最外面，穿着时最上面的一个纽攀扣在大襟衫的颈口纽上，腰间有用纽扣，也有用短布条在腰后打结的。这既是一种装饰，又相当于小孩子的围兜，可防止弄脏胸前的衣服。

马褂 民国时期男装，大襟、对襟两种，短至腰间通常套在长衫长袍外。

夹袄 乡音"夹"似"革啊"。有面子、里子的双层布衫。下身穿的叫"夹裤"。

皮袍 旧时富人穿的毛皮大褂。

袖筒 也称"袖笼"，老年妇女或儿童冬季服饰。用双层棉布垫了棉花做成约二三十厘米长的圆筒，两头系了绳子可挂在腰前，冷天双手可对相在里面保暖。从前还有个动作叫"相笼袖"，秋冬天时分，双手在胸前对相到对面袖子里保暖，少数人可在背后"相笼袖"，也叫"相笼苏"。

袖箍 缝在棉衣袖口的布，防脏，可拆洗。

袖套 布做的套在衣袖外的套子，干活时保护衣袖。

草帽 遮阳帽具。男式用细丝草编成，形似礼帽（铜盆帽）。女式毛沿很大，用麦秆编成。

布袜 白土布做的袜子，底厚，袜筒前开口便于穿着。

线袜 用自纺的纱织成的袜。旧时正义张家宅有专业手摇机织线袜的人家。

小脚 旧俗妇女五六岁开始缠脚，谓"三寸金莲"，成年后脚很小。

草鞋 男性劳作时穿的用稻草或麻做成凉鞋式的垫脚鞋。

蒲鞋 用稻草和蒲做成的鞋。

钉鞋 旧时的雨鞋。用厚布先做成靴形布鞋，鞋底装上粗铁钉脚后泡在桐油里，然后阴干，很少人家有"钉鞋"。从前乡亲们的生活是清苦的，下雨天要外出，一般都是赤脚，披个麻袋，少数人家有橡胶套鞋，短距离的脚上套一双"木拖跚"，头戴箬帽。雨具有油纸伞、油布伞。田间劳作时赤着脚，身穿的是用江草做成的蓑衣，头戴用细竹丝作成夹了油纸笋壳的箬帽。

抵针 顶针箍。与之配套的有"结镊"，即"镊子"。

铁车 乡亲们称"缝纫机"为"铁车"。

线板 两头大腰间小的小木板，讲究点的漆红漆，供缠绕缝衣线用。买来的叫"洋线团"。

缲边 "缲"音似"桥"。做衣服边或带子时，藏针脚的一种缝法。另有"缲列""缲纽襻"等针线活名称。

锁眼 用线在纽孔边采用退针穿线的针法，在纽孔四周缝一圈，以加固孔沿。

紫花布　用天然紫色（近于浅咖啡色）棉花纺纱织成的家织布，谓老年人穿了紫花布内衣可养血，因产量不高而种植不多，现已绝迹。少数老人或许还存有"紫花布"。

　　花衣茫　弹棉花产生的细尘。

　　浆纱结　又称"织布结"。在布机上给断线打结的一种专门打法。

　　车锭子　专门手工刻制锭子的手艺人，旧时广福镇有一个挑了担子在各村庄转悠车锭子的手艺人，很能喝酒。

　　纺纱车　纺纱木质车，有手摇车和脚踏车两种。广福地区流行用沿线带动大圈的手摇单只锭子的纺纱车。黄道婆故乡华泾地区流行过用皮带或帆布带带动的脚踏纺纱车，据说有单锭、双锭、三锭。

　　蓝丝布　以蓝色为基调的彩条家织老布。

　　白丝布　以棉花本白色为基调的彩条家织老布。

　　香云纱　一种深棕色的夏服细麻布料，在布料外面涂有一层类似生漆的东西，有暗影花纹，因不沾汗水而穿着凉快，是旧时富裕人家的一种夏服衣料。

　　黑洋纱　一种黑色的薄型夏服布料，是旧时普通人家的夏服的一种布料。

　　蚂蚁布　不同颜色经纬纱织成的家织平布。另有提花布、条子布、打格布、豆子花布、芦席纹布、斜纹布，还有一种较难织的花纹布，如有"囍"字的布。

　　系身钓　"系"发"移"音。两头系有绳子的长方形布，围在腰间腹部，避免弄脏衣裤。

　　油纸扁　尺许见方，数层油纸相叠，外包一层布，晚上垫在婴幼儿身下防尿湿被褥；通常还有一种大小差不多的，称"棉絮爿"的棉垫合用。乡音称"尿布"为"司布"。

蜡烛包　婴幼儿用品，有两种蜡烛包。一种专供晚上用，孩子只穿上衣，用大人旧裤片（俗称"司裤子"，乡音"司"就是"尿"），垫上棉垫油纸垫，然后用绳子捆扎在孩子下半身再盖棉被。另一种白天用，孩子上身穿衣服，用抱裙把孩子包成一捆用绳子捆住，露出孩子胸以上部位，背后和头后有棉被一角托住。

长命锁　旧时挂在孩子胸前的带链的金银挂件，谓可避邪。

开裆裤　小孩的裤子。有两种，其一，婴幼儿的裤子，背后不连，两边两片"鸡线（扇）"，装腰系带子以便捆扎在孩子腰间；其二，男童的裤子，开裆的度（大）垫裤，不分前后，也称"罱泥裤"。

鸡肠带　用彩色纱线在"织鸡肠扣"上用木梭子织成的花带，用作裤腰带等。

头发团　旧时已婚妇女将长发梳盘成脑后的发髻。乡音"团"无 n 音，似"叠呃"音。各人喜好不同，用不同式样，如"横爱丝（头发在后脑勺扎紧后盘成一个横的 8 字，家境较好的妇女用得较多）""度根式（头发在后脑勺扎紧编成辫子后盘在后脑勺，头发较多的中年妇女用得较多）""圆团式（头发在后脑勺扎紧后盘成圆形，头发稀少的老年妇女用得较多）"等。从前发髻是已婚妇女的标志。

压发簪　旧时妇女盘发髻时用的一种银或玉的首饰，两三寸长中间窄两头尖的扁弯片。

一粒焦　长约两寸的细钢丝、一头有一绿豆大小的粒状物，黑色，老年妇女插在发髻四周以固定发髻形状。

度垫裤　旧式服装，男女式样不分，前后不分，装腰，穿着时要垫腰的裤子。

度襟衫　旧式女上装，胸前大片在右边扣纽扣，吸胸密腰身。老年男性也有这种短衣着，不过是直腰身的。

对襟衫 旧中式男上装，在胸前扣纽扣，无腰身，有线纽扣、核桃纽扣和洋纽扣几种。通常五扣，少有七扣的。

卫生衫 上世纪四五十年代时行的一种本白、深蓝、咖啡色厚绒对襟衫，无纽口，从头上套在身上的，称为"球衫"。

簿桃纽 乡音"簿桃"即"核桃"，也叫长脚纽。中式服装的布纽扣，有两部分组成，打结的叫纽子，把结穿进去的叫纽襻，纽子纽襻组成一副纽扣。用斜剪的布条缝成纽条后，打成的核桃状布纽，直脚的叫直脚纽，花式的有盘香纽、琵琶纽、八结纽等。如果这种布纽扣用得久了坏了，那可用线在纽脚上在做个纽襻，叫"线纽襻"。

皮襟身 女用夹里是皮毛的短冬衣。

皮坎肩 无袖毛皮夹里的背心。

臂笼子 从前中、老年妇女的衣袖一般都不太长。老年妇女用毛线或棉布垫棉花做成约三四寸的圆筒，冷天套在手腕上，以接长袖子保暖。还有一种毛线织的无指手套，也叫"臂笼子"。毛线织的四个指头合用一个口的手套称"鸭脚板"。

假领头 又叫"节约领"，上世纪六七十年代流行的套在内衣上的一种服饰，外看是一件衬衫，其实只有一个衣领和套在双腋下的布条。

和尚帽 婴幼儿戴的头顶上露出一圆洞的圆帽。

蚌壳帽 老年妇女帽子。形似蚌壳，额前连在一起的两片帽片，戴时露出头顶盖住两耳鬓后用带子系着的一种旧式女帽，通常黑色，棉绒做成。有人说叫"昭君帽"，似有误，"昭君帽是有宽沿垂纱的圆帽"。

西瓜帽 老年男性的帽子。形如半个西瓜皮，黑缎面子里衬红布。一圈帽檐上有六瓣组成，顶缝有红或黑色径两厘米许的粒状饰物。

铜盆帽　即西式礼帽，上世纪二三十年代流行的中老年男帽，毛毡做成，水平宽帽沿，黑色或深棕色居多。

罗宋帽　上世纪二三十年代流行的中老年男帽，用双层厚绒（俗称海货绒）做成，深灰或深棕色。平时三层帽檐相叠，骤冷时放下外面两层围住脸面头颈，帽舌空洞处露出双眼。罗宋，是英语 Russian（俄国的）音译外来语，指一种式样，如"罗宋汤""罗宋帽"，或许和俄国有关。

狗头帽　旧时童帽。用布垫棉絮或绒布做成，形似狗头，顶有两耳状布片，有钱人家饰以小银铃、小玉片等。上世纪五六十年代家母用一块毛巾做的形似狗头的童帽，孩子大了拆开仍是一块毛巾，不少乡邻拿毛巾来叫编者母亲做过。

出箕帽　上世纪流行的一种普通女帽，用毛巾、毛线或棉绒做成，形似畚箕，故名。

袜套头　小脚老太穿的露出大脚拇指和脚后跟的白土布袜。

布草鞋　小脚老太套在鞋外边的凉鞋式的鞋，以增加脚着地的面积。

鞋底爿　做布鞋的一道程序。做鞋时，先用旧蒲包片糊上纸，做成"糊包白"；按鞋样剪下的板子，再用布包好后叫鞋底爿；铺上多层旧布，再用鞋底线纳成鞋底。手工做的布鞋有圆口鞋、北京鞋（方口）、搭襻鞋（女用）、蚌壳棉鞋、兔子棉鞋等。做布鞋是从前家庭主妇的基本女红活。

虎头鞋　旧时童鞋，用布或缎做成，鞋头上有两个小耳朵，饰以小银铃等。

芦花鞋　也说"芦花靴"。用稻草和芦花编成的靴形冬鞋，比一般鞋沿口高一些。乡音"鞋"音似"啊"。

刮糨板　有短柄的长三角形薄竹片，刮浆糊用。

托袜底　旧时在线袜底上缝一层布，以增加牢度，叫托袜底。

所用的木撑叫袜托，或托底板。

木拖鞋　木制垫脚底的凉鞋。钉上皮卷的脚形木板，也叫拖脚板。

木拖跚　跚无 n 音。木制垫鞋底的雨具。钉上皮卷的脚形木板，底下钉两根木条，供短距离在雨天泥水里行走时穿着。

状元布　旧时学生用品。类似于包袱的边长约两三尺的方布，一个角上饰以如意头纹饰，并连着顶端缝有一铜钱的尺许布条，供上学时包裹书本用。旧时学生用品还有砚台、墨、毛笔、铜笔帽、算盘等。

派力司布　白底细彩色条纹家织薄布。

单扣稀布　家织薄稀布，常做夏衣用。

笼头细布　商店买的较薄的本色白布。

士林蓝布　商店买的浅蓝色的薄布，主要供妇女做夏季上衣。

蓝印花布　蓝色底白色花的蜡染布，旧时通常做被面用。偶见底色红的蜡染布。

鸡肠带扣　七八寸四方形竹制织花线带的工具。与之配套的是一只半圆形硬木梭子。

兜头手巾　妇女劳作时盖在头部的布巾或毛巾。

圆口布鞋　乡音"鞋"似"啊"。男女兼用的一种布底布面便鞋。儿童系带子，女性有时装上搭襻，称搭襻鞋子。上世纪六七十年代还流行过一种改良的方形口外攀扎的"北京鞋"。乡亲称把鞋面鞋底缝合在一起为"攀鞋子"。另有"鞋拔""鞋挣（也称鞋排）"（即"鞋楦"）等。

蓑衣箬帽　旧是农作时的雨衣，用长在河里的一种叫"丝草"的皮或棕丝编成，头戴竹丝和竹箬油纸做的斗笠。乡音"箬"似"捏"音。

发片架和发片　缠上纱或缠毛线用的工具，用手摇动。

七、居家用语

籼　乡音似"西 xī"。表示"碎米"的"籼"字，是个很古老的汉字，古人把"西"称作"水之源"，转义为"筛洗"。"年之秋"转义为"收成"。"米"和"西"合成一字，就表示"秋收稻谷去壳后筛得的碎米"。乡间有"夏至"吃"籼粉摊草头饼"的习俗，谓之可防"疰夏"（夏天出汗特多）。

囤　乡音"dùn"。囤匾边上用囤条拦成圆形堆场，用来盛放稻谷麦子。

箐　似曾见过却遍寻不着，故借用这个字的音似 qìng，乡音似"刺音"。结网用的网梭，长短不一，通常宽约半寸、长约四五寸、中间镂空成倒 U 形的竹片，配之以三四寸长、约半寸宽（根据网眼大小变化）的叫网板的竹片。

榻　乡音"塌 tà"，t 清音。通常用毛竹做成一块门板状的卧具称"竹榻"，供夏天午休和晚上乘凉用。

闼　闼 dá，乡音似"达 dá"。乡间称"一门一闼"。一种左右两扇的木门，中间竖向配一根可装卸的木档。一扇正常的木门，外面下半扇配半扇矮门，以挡鸡鸭风雨的叫"半门"；另一扇门分上下两部分，上半扇门的上面有轴，可拉起用钓挂住的称"闼"，下半扇称"半门"，可固定也可装卸。需要时两扇门都可打开，一般情况中间木档不卸下，只开关其中一扇。

籪　籪 duàn，借用这字的意思，乡音似"力"。插在河道里以阻拦鱼虾通过的细竹竿编成的水栅栏，"勒水线里着一条力"即"在小河里栏下一条籪"。乡亲们称河面较窄的"小河浜"为"水线"。

柜　这个字有两个音（guì）（jǔ），在广福乡间说后面一个 jǔ，乡音似"忌"，一种长方体有矮脚的家具，盖子在上面。乡人把商店里的营业台子叫"忌台"。

客堂 堂屋，办婚丧喜事、祭祖的堂屋。有东西十九发、二十一发、二十三发不等，南北有八路头、九路头不等；通常前窗后窗，前面配四扇门或六扇门。

厢房 位于天井东、西两边的房屋，有前后窗，门有四扇或六扇。

落穴 也称"落叶"。次间等向北延伸的小屋，通常堆柴草、养猪羊等。

披间 次间向东西向延伸的小屋，通常作为灶间。

庭心 即天井。

小瓦 坡形屋顶用瓦。也称"本瓦"用泥土烧制成的灰色（烧成停火后浇水成灰色）弧形瓦。其弧度是一个圆周分三张瓦。长约25厘米，宽约20厘米，一头略小。

洋瓦 坡形屋顶用瓦。用泥土烧制成的长方形橙色瓦（烧好后自然冷却成橙色）。上面有凹凸槽。现行陶土上釉的洋瓦。

蒙砖 坡形屋顶用砖。长约20多厘米、宽约10多厘米的薄砖铺在木椽子上后，再用灰浆固定铺设弧形小瓦。

方砖 用泥土烧制质量较好的厅堂地砖，边约40厘米的正方形，厚七八厘米，也叫"地坪砖"。皇宫用的质量很好的称"金砖"。

屋脊 从前瓦屋坡顶上的屋脊，有用竖直弧形小瓦做的"直脊"和斜铺弧形小瓦做的"斜脊"两种。考究的人家为使屋脊显得高耸些，在正梁梁木上方垫一根比正梁略小的圆木，再用砖瓦做屋脊，将垫的圆木包裹在屋脊基座里。屋脊两头的装饰有三种：

1）捕鸡。用在"直脊"两头装饰用的像龙鱼状的砖瓦料雕塑品，和直脊同宽，高长各约两尺，空心，大小不等，20来斤重。主要安装在厅堂屋脊两头和仪门屋脊两头。施工时，在垫的圆木两头上方凿洞，斜插尺许小方木料一根，以加固空心的"捕鸡"。

2）翘角。直脊或斜脊两头向上微翘的装饰。施工时，在梁木两头各钉上一根约一寸宽、半寸厚、四五尺长、一头有弧度的上翘的"铁扁担"，再用砖瓦做成两头上翘的屋脊。

3）花篮登子。直脊两头砖砌与直脊同宽的立方体登子，在登子上用砖瓦石灰做成花篮状的立方体"堆灰"。一般人家的屋脊做得较简单，正梁木上方不垫圆木，屋脊用小瓦斜铺成"斜脊"即可。

堆灰 也叫"灰塑"。用糯米纸筋石灰等在屋顶屋脊、山头等部位雕塑成的山水人物、飞禽走兽。和"灶花"（用毛笔在灶山墙上画画）一样，在广福地区都已失传。

天窗 斜坡屋顶上抽掉瓦片，用弧形或平板玻璃盖上的瓦洞，用以借天光。也叫"玻璃天窗"。

纸筋 用切断的稻草做成的粗糙厚纸，用水泡散后和在化开的石灰里，在石臼里用木棍捣成纸筋石灰，供抹墙壁用。

开山 造房木工师傅上梁时用的斧头，因斧火同音，忌说火而成。木工尺八寸等于民用的尺。

椽子 放在木梁上架着屋面板砖（又叫蒙砖）和瓦片的小木条。两根椽子间的距离叫"一发"，约六寸半（含椽子宽度）。旧时客堂和厢房有二十三发、二十一发、十九发等几种。两根梁之间的距离叫"一路"。平房南北一般有"七路头""九路头"等。椽子有"出檐椽""花架椽""头顶椽"（也称"头亭椽"）等种类。

岛馆 绞圈房子最后面客堂窗外，用花色墙连接两间落穴成一处的封闭小天井或种植花草盆景等的小院子。岛馆墙头上，一般有些水料装饰或画些戏文故事图案。

反轩 厅堂大门里面顶上的一种装饰性弯椽结构。

龙窑 1）烧制砖瓦的窑，也称"轮窑"。2）旧时坡顶屋面里的一种木结构，因习俗东西向的堂屋脊总比两厢的屋脊高一些。在两脊交汇的屋面下的椽子上，构成的一个外人无法发现的隐蔽三角形空阁，旧时可躲藏人或物品，以躲避抓壮丁或强盗抢。旧俗如住厢房和正房间的弟兄俩分家拆房子的话，有个约定俗成的做法，称"拿贴不拿龙窑"。

斜沟　旧时坡顶屋面的一种屋面结构，在东西向和南北向的两脊交汇的里档屋面形成了一个斜角的雨水沟，铺设斜沟的弧形瓦比一般弧形瓦大些，叫"斜沟瓦"。

墙门　旧时绞圈房子（四合院）南面的大门。学名叫仪门，两扇木门做得比较结实。配有走廊式的小屋，叫"墙门间"，平时堆柴草或空着，婚丧时供排茶炉子或作为轿夫歇脚之用。

腰门　厅、客堂里面通两边的门，通常由两扇窄门组成。

坞槛　乡音"槛"无 n 音。即门槛。桁条、柱头、梁、正梁、过梁、阁刹、前梁、后梁、定柱等，都是房屋木架部件的名称。

墙壁　墙壁分单壁和墙。墙有"空心墙""实心墙"之分，"空心墙"又有"单丁脚""双钉脚"之分。墙壁顶端叫山头。

窗廾　窗户的活动部分。

阶沿　门口的台阶。通常铺有石条，叫阶沿石。客堂前的阶沿石通常较好。

水料　此处"水"乡音似"四"音。盖房造屋用的砖瓦的统称，相对应的是"木料"。

水桥　多块石板相叠而成从岸边伸到河里的供洗涤挑水用的石台阶。通常用铭板石（旧时墓葬用的大方石板）建成。旧时笔者老家包厢弄堂对直的水桥有十二块各近一平方米的大方石板铺成，很少见到。

石灰　生石灰加水化开后的浆叫水石灰，和在泥里供砌砖墙用。捣和水石灰加纸筋（一种用寸许长的稻草做成的粗草纸）和在一起的叫纸筋石灰，用以涂抹砖墙外壁。

石臼　圆锥形中空石头容器，埋地上，口稍高于地面，用以斗谷或米粉。旧时用来稻谷去壳，米粒碾成粉。因木架子不同分摇臼和踏臼。踏臼简单些，埋墙根边，一粗厚木板，一头臼冲上绑一石块，中间横轴固定矮石槽里，人劳作时站在木板中轴处手扶墙上横木，用一只脚不停地踏前踏后，使臼冲翘起放下。摇臼除踏臼木板外，石臼比踏臼大些，前面另有木架供人劳作时爬扶，因而劳作时较踏臼省力些。广福地区多踏臼少摇臼，刘行地区两种石臼都有。

端磨　因石磨使用时间久了其吻齿磨光了，需请石匠加深齿槽，叫端磨。旧时南翔有专门端磨的石匠。

手磨　直径一尺不到的圆形小石磨，磨糯米粉用，也叫水磨。因磨时可将米混合水一起磨，磨出的粉也叫水磨粉，比干磨粉的口感要好一些。

磨子　直径一尺半到两尺的石磨，上下两片，各有吻齿的槽，置木制磨架上，磨米、麦等。挡在石磨周围的一个宽圆圈称"磨乱"（"磨乱"，乡人也可戏称"没束好的裤子"），牵引石磨旋转的木三角架称"磨撼"。底片固定在磨架上，中心有个短轴，上片合在底片上，上片中心有个孔套在下片短轴上，这样上片就可以旋转，上面还有两个孔，供放进米麦粒用。

家堂　旧时家人去世设有灵台，灵台上供有"神之牌"的木牌位和叫"灵位"的布幔牌位。灵台摆满一段时间后，留下"神之牌"，其他东西都焚化。堂屋中专门存放先人"神之牌"的地方或仅是个位置，叫"家堂"。考究的人家专设一个木制小屋类的挂在堂屋东后面梁上的阁，也有吊挂在墙门间内东面梁上的，一般人家就把"神之牌"插在堂屋东部木梁上的"椽弯洞"里即可。因"东大西小，左上右下"，一般均在堂屋靠东的一块地方。旧时人家逢年过节，家堂和灶君是必祭的两个地方。

长台 又叫"天地几"。大户人家客堂最北面的装饰性红漆长条桌，通常六七尺长，一尺半到两尺宽，三尺多高，台面两头翘起，放置福禄寿三星雕像或小屏风和一对瓷瓶（求口彩四季平安），婚事时供暂时放置喜烛蜡钎等装饰品，长台顶上挂红缎喜幛布幔。

蜡桥 木制插蜡烛祭祖用具。与之配套的是陶制香炉。

长凳 可供两人同坐的长条板凳。农家普通坐具。

春凳 宽一尺半许、长五六尺许、高两尺许的木几。通常红漆成对，旧时作为嫁妆时，上面叠放被褥。

镜台 旧式家具，配有直立镜子供梳妆用。

避头 借用这两个字的音来表示"被子"，即床上用品。乡音"被"似"避"音。还有"避单"就是"床单、被单"。"避絮"就是"被絮""棉花胎"。"避面"就是"被面子"。"避夹里"就是"盖被的里子布"。放被子的柜子叫"避头箱"。

门帐 因为乡音"蚊子"似"门子"，所以"蚊帐"成了"门帐"，"蚊帐钓"成了"门帐钓"。

矮凳 低矮木质凳子。也叫"矮胎"。

厄子 "厄"乡音似"嗯呃"。有大小两种，大的高、宽各约一尺半的木制雕花坐几。小的稍矮小一些。

金器 金首饰的通称。乡亲们从前用到"器"的，除"金器"外，还有"银器"（银饰品）、"铜器"（铜制灶具、灯具等）、"铁器"（铁制刀具、农具）、"锡器"（锡制酒壶、香炉蜡钎）、"木器"（木制家具）和"竹器"（竹制盛具）。

灶头 也叫"度（大）灶"，砖砌的烧饭菜的地方称灶。烧火的炉膛叫灶肚，供奉灶君的地方叫灶山，放盐罐的地方叫灶梁，放火柴的地方叫灶摸洞，灶底座叫灶脚。堆柴草的地方叫灶前头。灶山下连接烟囱的叫"灶墙"。旧时大户人家或人口多的人家的柴灶叫"七星灶"，大、中、小三个铁镬（锅），三个铁镬中间靠灶墙里面两个汤罐，汤罐上放置铜广勺和铜囿勺，三个铁锅中间靠外档两个发镬。

灶君　灶山上的小龛，里面供着"灶君公公"，是贴在木板上的纸印像，小龛门口贴有纸剪的彩色门帘。农历腊月二十三日送灶时，撕下纸像、纸门在大门口用豆萁柴焚化，谓"送灶"，再到纸作店去请（以"请"代说"买"以示敬重）回新的在除夕夜贴上去，点上香烛供品，谓"接灶"。乡人送灶有这样的说法："官廿三，人廿四，乌几廿五贼廿六。"

镬子　灶上的铁锅，分大、中、小。通常配有木质锅盖，锅盖四周用宽毛竹薄片箍好。

碗碟　乡间日用碗碟有尺盆（口径 25 厘米以上的瓷盆）、洋碗（口径约 20 厘米的大瓷碗）、度碗（口径约 15 厘米的瓷碗）、供碗（口径约 9 厘米的瓷碗）、汤盅（口径约 10 厘米的瓷碗）、茶盅（口径约 7 厘米的瓷杯）、酒盅（口径约 5 厘米的瓷酒杯）等。通常为白瓷，其外沿口饰有一粗一细两条蓝色线纹。

汤管　为利用余温，在两口锅边上靠灶墙下的铁罐，温水用。

发镬　为利用余温，在两口锅边上靠外的小铁锅，温水用。

行灶　此处"行"念"hǎng"，在破瓦盆等东西上加砖涂泥巴烧饭菜的简易小灶。旧时船户人家通常用行灶。

油壶　陶制壶状小罐，顶有圆形沿口，中间一个圆孔，放小油杯一只。

广勺　铜制木柄的圆锥形大勺炊具，口径约 20 厘米。

囿勺　铜制木柄的圆锥形小勺炊具，口径约 10 多厘米。

铲刀　铜制木柄的打饭炒菜用的方形炊具。

洗帚　用细竹丝捆扎成的刷锅用具，细竹丝叫"洗帚茫"。

汤盅　盛饭的小瓷碗。有一种大盆称"尺盆"，小瓷杯称"茶盅"。

火剪　灶后拨弄柴火用的长齿铁剪。

凹料　即调味品。

火刺　烧过的木质柴火，已无火焰但仍通红滚烫的热余灰或木炭。

吊桶　从井里吊水用的有档无襻的鼓形小木桶。

洋桶　从井里吊水用的有襻的直板小木桶。

提桶　提水用的中等鼓形木桶，成对，满桶水约 30 斤。

担桶　挑井水用的鼓形木桶，通常成对，一桶水约 50 斤。

铜吊　铜水壶。旧时不少器皿用铜做成，如脸盆、脚炉、手炉及灶具等。

浴桶　有脚的和没脚的两种，供夏天洗澡用的大木盆。

脚盆　洗脚、洗衣服的小木盆。

脚炉　旧时径七八寸的铜制圆形底小口大有襻的取暖用具，盖有小圆孔。里面放置烧饭的余热灰或木炭。

手炉　旧时径四五寸的铜制圆形有襻的取暖用具，盖有小圆孔。里面放置烧饭的余热灰。

灯台　老式家用照明灯具。用豆油、菜油做灯油。大圆盘做底座小圆盘做油灯盘，中间柱子相连的铜质灯座，高约 20~30 公分。灯芯用多股棉纱或灯草。

洋灯　家用照明灯具。新式煤油灯。玻璃底座和储油瓶，上置一圆形橄榄形玻璃灯罩。

盘香　"盘"，乡音似"别呃 bie"。旧时春节有忌用火柴的习惯，因此，在梁上吊一支盘香，盘香直径一般有两尺许，吊起后成塔状（相当于大型的蚊香），一支盘香一般要从年三十晚上点到正月半。

纸出　出无 u 音而有 e 音。旧时代替火柴的引火工具。用汤连纸（一种黄色薄棉草纸，也叫海方纸）卷成的筷子状纸棒，嘴对着有火星的纸棒吹的时候，舌头反复抵住牙齿嘴唇，火星就会冒火。抽水烟的就用纸出引火，还有新年里忌用火柴时，用纸出从点着的盘香上引下火星，再吹出火苗引火烧饭。

塌饼 手掌般圆形在锅里烤熟的面饼，甜的包糖，咸的包葱盐。

饭糍 柴火大灶铁锅烧成的米饭，靠铁锅边上的硬锅巴。烧成稀饭利消化。烧熟的碎米粒叫饭米屑（糁）。

端面 在方桌上将面团摊成薄面皮后切成细面条。摊开面团的径约一寸多的长约一米的圆木棍叫"面杖"。径约半寸多些长约一尺的圆木棍叫"赶饼柱"，"赶饼柱"主要用于做面饼。乡亲们称"面粉"为"干面"，称自己手工做的细面条叫"面"，街上机器加工的细面条叫"切面"。自己在家将面团用"面杖"摊成薄皮后切成方形馄饨皮的叫"端馄饨"。

圆团 包了甜、咸馅的径一寸许的糯米粉圆子，甜的包芝麻拌糖、红枣、红豆沙等，咸的菜肉等。从前主妇都会"端面""端馄饨""做圆团""裹粽子"等。

斗粉 在石臼里将米碾成粉，再用纱筛筛出细粉，做糯米圆子用，最后剩下的僵米粒叫粉头。

斗米 在石臼里将稻谷去壳成米，后来用机器碾米叫轧米。

糖糕 从前街上店家卖的一种米糕，中间有红糖色的分层。

匡糕 用圆形木桶状蒸笼蒸米粉糕，一蒸糕约六到八斤。蒸糕粉时蒸笼上不盖盖子。偶有难以蒸熟的称"石驳砣"。旧俗"匡糕"时不许小孩子在场，否则易生"石驳砣"。

糕粉 通常按糯米粳米对半或糯米稍多些，浸水一昼夜沥干水后磨成较粗的粉粒，十斤米约一斤半糖，加适量水配成手捏紧能成团手松开则散开的湿粉。拌糖水后把糕粉料和匀后用竹筛搓碎大块叫"抄糕粉"，醒个把小时待用。用红糖的乡亲们叫"红糖糕"，可拌进熟赤豆，晒干后可存放些时日。如拌进核桃肉、黑枣、猪板油粒，则常用白糖，乡亲们称之为"猪油白糖糕"，一般供新年里待客用。从前丰收年份就做一些，歉收或家贫的就不做了。

糕蒸　蒸糕用的圆形木桶，约高一尺多，口径一尺，内有糕垫栅架，离底边约四五寸。

轧米　用机器将稻谷碾成米。用机器将麦粒碾成麦片叫"轧麦片"。

籴米　籴，乡音似"叠"，即把米买进来，而把稻谷卖掉叫"粜谷"，粜，乡音似"跳"。

度草　又叫草头，学名金花菜，苜蓿。另外，乡人把"茄子"叫作"落苏"。

夏豆　蚕豆。或许是夏熟作物，乡亲称"蚕豆"为"夏豆"，乡音"夏"似"呃"音。而吃桑叶吐丝的"蚕"似"前"音（无 n 音），类似的有"船""传"等字。

筲箕　半球形有襻的竹丝做成的淘米箩。

篮头　此处"篮"无 n 音似"来"音，竹片做的竹篮子，有圆口方底方洞装襻的四角篮，有方底椭圆口三角洞的元宝篮，等等。

钵头　圆柱形家用陶制容器，大小不一，大的口径尺许高尺许，小的口径两三寸高两三寸。

酱缸　圆锥形陶器，口大底小，有的口很大却很浅，有利于夏天晒酱用，把用盐腌过的菜瓜、黄瓜放进酱缸，经烈日暴晒后发红，成"酱瓜"。

洌簧　圆形竹编分离酱油和酱渣的器物，高约两尺，径一尺许，腰稍小一点，有底。旧时乡人有自做酱油的人家。夏天把发霉的熟黄豆加盐水，放在酱缸里，夏天暴晒成酱油，把"洌簧"插在酱缸中，酱油就通过竹编的缝隙流到洌簧中间，再用勺子舀出酱油。

放酱　也称"化酱"。这里用"化"字表乡音"赫安（似汉音）",其意思是把食品慢慢放进烧开的水里煮熟。如"化圆团"、"化馄饨",还可作"焚烧"讲,如"化锡箔""化元宝"等。

酱缸用紫苏(乡间的一种中药)烧开水洗干净(消毒),把酱皇和熟盐水(约一斤干酱皇配三四两盐)倒进酱缸,酱皇上留三四寸盐水,露天晒成酱。把黄瓜、生瓜、菜瓜腌过后,放进酱缸里晒几天,就成了酱瓜。这是从前农村家家自做的家常佐粥小菜。

做酒 把米麦和酒曲发酵后榨酒。旧时大户人家婚事前请做酒师来家做酒。米麦按一定比例混合,在河里淘洗干净,浸水一天沥干蒸熟,拌进酒曲,发酵几天后再蒸热,用专门的榨酒的架子榨出黄澄澄的酒。据说躺在热酒糟上可治伤痛。旧时南翔有专门上门做酒的师傅。

米库 用稻草编成的圆柱形存放粮食大小不一的容器,大的径约三尺高约三尺,小的径约两尺高约三尺。都有稻草编成的草盖。能放置一只钢精饭锅的叫"饭库(窟)"。

草盖 "盖"念 gie 音,同"感""敢"音。用稻草扎制的圆形盖,透气性好,常用来做缸、鬈的盖。旧时笔者老家的男人扎出的草盖十分漂亮,光洁实用。

囤条 也称"舍条"。竹篾编成约宽三尺、长十尺的器具,用以作围栏。另有一种约宽一尺多、长一二十尺的称"螺丝舍条"。

勃乱 农用的各种竹匾中最大的一种。此处的"乱"乡音似"勒呃"音,即围揽的意思。一种边沿高近尺、口径约五六尺、底稍小些的竹篾制成的圆形容器。将囤条插在边上成囤,里面堆放稻谷麦子用。收成时人站在里面扬麦扬谷。凡竹匾,有两层,用薄篾片编成竹席状内层,用厚篾片编成六角形孔的底,用较粗竹丝编成边旁,再用两三指宽的竹条围起用藤皮扎成圆口。

囤匾 匾、笸通用,通指竹篾编成的圆形浅边的盛器。乡音"匾"无 n 音。"囤匾"比勃乱稍小,口径约四五尺、边沿高七八寸的圆形器皿。主要作为"囤"底用。广福西南片地区有比"勃乱"小些的称"囤匾"的竹匾。

甲匾 口径四尺多些、底稍小、边沿高约五六寸的圆形竹匾器皿。牵磨时放在磨片下盛磨过的粮食。

团匾 此处乡音"团"无 n 音。竹篾编成的口径二尺稍多、底稍小、边高约半尺寸的圆形竹编器皿，主要用于做糯米圆子时"手粉"，即把干粉倒进团匾，倒进薄粥和水，用手反复揉搓成有黏性的粉团叫"手粉"。

小匾 口径约三尺许边沿高约两寸的圆形竹编盛器，也叫小匾或竹匾。

糠筛 乡音"筛"音似"四"（第四声）。竹篾编成的口径两尺多、边高一两寸的圆形方洞筛子，用于筛去米糠等（在石臼里把稻谷斗好后，用糠筛把糠片筛出来）。

米筛 竹篾编成的口径两尺多、边高一两寸的圆形竹器，有网状方孔（方孔约一分多些，整米粒过不了洞孔），用来筛去散米、稗籽。糠筛、米筛底有两层，用一分宽的竹丝编成方孔内底，再用约一指宽厚竹篾编成六角形孔的底，用竹丝编成边沿，最后用一两指宽的竹条围起用藤皮扎成圆口。平时可盛放糯米、圆子或馄饨。糠筛方孔比米筛方孔稍大些。乡间常用"糠筛夹、米筛夹"的俗语来表示"层层盘剥"的意思。

纱筛 也叫"粉筛"。宽竹片用藤皮扎成高约三四寸边旁、口径一尺不到的圆柱形细铜丝网底的筛子，用于筛糯米粉，按口径大小分大纱筛、小纱筛。

小大 此处的"大"取其音，而非其义（下同）。竹篾编成的口径两尺多、底稍小、边高两三寸的圆形三角形洞的筛子，单层，手工筛稻麦。

度大 也叫"落大"。竹篾编成的口径四尺多、边两三寸的圆形三角形孔（也有方孔的）的筛子，单层，底下有一厚毛竹片，中间有一金属圈，用来吊起后筛稻麦。

草篮　竹篾编成的鼓形、径高各约一尺半有底的盛草器具。竹片穿成由六个等边三角形组成的六边形图案，叫"草篮眼"。草篮眼中间再穿三根蔑，就成三角洞眼，是元宝篮做法。

香篮　底小口大、圆形有盖的红漆竹丝编成的篮子，盖上饰有黑色如意花饰，供去庙里烧香用，还供提送糕点粽子等礼品用。成对用。

方盘　长方形木制盘，常红漆，宴席端菜碗盆碟用。

茶盘　有沿口的红漆小木盘，供端两三只茶碗用。有方形、长方形、圆形多种。

茶桶　高一尺许橄榄形有提梁带盖的红漆木桶，内放茶壶茶碗以保温。

饭桶　高约尺许圆形有提梁带盖红漆木桶，旧时送饭用，里面再用棉毯裹住饭碗。

饭盘　高尺许宽半尺两格有盖带提梁的竹质器具，旧时送饭菜用，通常红漆。

饭篮　径尺许圆形有襻浅口竹篮，夏季专放中午剩饭，留做晚饭，防馊。

塌壶　陶制大茶壶，盛凉茶用。

欧篮　摇篮，供婴幼儿睡觉的长椭圆形篮子，放在木架上。

坐车　有木制竹制两种，儿童的坐具。

立桶　高约一米圆锥形筒状桶，无底，底径约两三尺，中间有一块有洞的活络木板，口径约一尺多，立地上，孩子立桶口里。冬天底下放一有热灰的火盆，孩子站在里面，上身穿棉衣，把孩子腰束的棉抱裙放在桶口外，孩子光屁股光腿站在里面，很暖和。

马桶　乡音"马"似"木呃"。木制圆桶状坐便器。有拎襻马桶和无襻马桶两种，无襻的四周有宽宽的沿口和鼓出的几圈纹饰，像个帽子。通常红漆铜箍。船上人家还有一种供孩子用的小马桶。竹篾条捆成的洗马桶用的工具叫马桶发洗。"马桶"又称"子孙桶"。

这种便具，为什么叫"马桶"呢？无襻的马桶为什么像古代文官帽子的样子呢？传说汉高祖刘邦一次在群臣面前内急，竟让一个文官把帽子递给他，他背过身去，一会儿，排泄物盛了半帽子。后世的皇帝们就使用便壶来解决问题。相传西汉时"飞将军"李广射死卧虎，让人铸成虎形的铜质溺具，把小便解在里面，表示对猛虎的蔑视，这就是"虎子"得名的由来。到了唐朝皇帝坐龙庭时，因他们家先人中有叫"李虎"的，便将这大不敬的名词改叫"兽子"或"马子"。北宋欧阳修称之为"木马子"，因是个木桶，再往后就俗称"马桶"。

辟勺　借用"辟"字音，不用其意。乡人把用勺子在水面上让浮沫一点点漂流进勺子的这个动作叫"辟"，而这圆形直径约三四寸、细柄长约尺余的铁质圆勺叫"辟勺"，辟勺抓手处安一个两三寸圆木柄。辟勺是厨师的主要炊具之一。

笊篱　用铁丝或竹丝做成的圆形网状炊具，作为漏油或漏水用。

作大　这里的"大"，是一种用竹片编成的扁圆形竹器。作大径约一尺半，底稍小些，一般有五只一套，与之配套的还有个折叠三脚架，主要盛放各种半成品食材。

旧时乡间兼职酒席厨师，一般自备一套五六层的竹质蒸笼、大小圆木砧、厚薄大小不一的一套刀具、一两套作大、一套大小不一的勺子、笊篱、肉皮勾等基本炊具。

喜幔　也称"喜幛""满堂"或"堂满"。通常一套有四块的婚事礼堂装饰品，一套喜幔叫一堂喜幔。两块左右对称各约宽五六尺、高七八尺红缎面子红布里子的双层布幔，绣有各种大型喜庆图案和人物，悬挂在厅堂里壁梁木上。两块喜幔里面就是长台，长台上方的壁上，正中挂"和合二仙图"，或大红双喜字，两边是"百年歌好合，五世卜其昌"等内容的金字喜联。两块长约丈许高约两尺红缎面子红布里子的双层布幔，绣有龙凤花草喜庆图案，下面有彩色流苏。一块布幔悬挂两块喜幔前一点点组成一幅喜庆背景，一块布幔悬挂在厅堂门里的梁上。旧时逢有喜事，如有仪门的人家，还在仪门口上沿也饰有一块红横幅，以示里面有人家在办喜事。

妈妈（妈妈，第一个妈第二声，第二个妈第四声）旧时为婚丧进行礼仪性服务的兼职农妇，婚事时称"喜娘"，俗称"喜牙婆"。丧事时称"妈妈"。民间还有称"育娘"的妇女（接生婆）。

司祝　旧时专司丧事哀乐礼仪的男性，也叫"礼生"。通常有一班人，有专奏哀乐的，有专司礼仪的，男的称"司祝"，女的称"妈妈"。旧时广福、陈家行庙头、大陆殿港行等自然村宅上均有此行业的人员。他们还可兼职为婚事提供红漆盘担等用具并兼"挑盘""轿夫"等服务。"妈妈"还兼做婚事的"喜牙婆"。

丝竹　也叫国乐或江南丝竹。"丝"有二胡、中胡、三弦、琵琶、阮、扬琴、秦琴等弹奏乐器，"竹"有笛、箫、笙等吹奏乐器，另有板鼓、板、碰铃等打击乐器（乡亲通称为"丝竹家省"）。常用乐曲有《欢乐歌》《行街》《云庆》《梅花三弄》等乐曲（这些曲子笔者都学过）。有五六人多至十人组成。婚事丝竹通常用行进班，乐器上缀满了五彩装饰。一般以自然村宅组成班子。"舞龙"或"出会"通常用全套锣鼓（俗称"锣鼓家省"）和唢呐（俗称"喇叭"），一般的演奏班子里都有几个会丝竹乐器的道士。

马灯　也称"桅灯""长江灯"。有两种，四角形的铁架玻璃灯，圆形的铁架玻璃灯，供户外或船户使用的煤油灯。

夜壶　陶制老年男性用小便壶。

柴苫 用稻草编成的遮风避雨的草爿，有编在竹竿上的，也有不用竹竿的。

丝草 长在浅河滩的一种两三毫米圆径的水草，叶茎不分，茎皮做蓑衣，茎里的白芯叫灯草，做油灯的芯。也叫"江草"。

罩笼 也叫罩篮。口径约一尺多，底径约三尺厚，用竹篾编成口径四五厘米六角形孔，高约两尺半多的无底结实渔具。乡人见到鱼群时趁其不备突然双手用力将罩篮按下水里，然后跳进篮里抓鱼，往往收获甚丰。

克篓 竹丝编成圆口方底菱形身的放鱼的器具。有大小之分，小的仅七八寸，大的一两尺。

提罾 zēng 乡音似"正"。一种自古有之的用四根竹竿做支架的五六尺见的方形渔网，用一根粗竹支撑岸边，用绳子放到河里，有鱼了马上收绳提起来。

嗨兜 借用"嗨兜"两字的音，表示一种用一根粗竹篾弯扎成口径约七八寸、有竹把手的口袋状网具，用以捞鱼或盛放青蛙。"青蛙"乡人叫"田鸡"，旧时初夏时节十来岁男孩手提海兜和吊杆，竹竿头上用细线扎了蚰蟮（蚯蚓）作为诱饵"吊田鸡"，能者半天可吊半嗨兜，是种美味。

牵网 一种用手摇轱辘操纵拦在江河里捕鱼的大网。

撒网 乡音"撒"似"宿"。一人操作的捕鱼网。网沿周边挂满铅锡小砣，左手抓住网绳，把网挂在左手臂上，右手撩起网边沿，趁势朝河里撒出去使网的边沿成一圆圈落水。

走马楼 绞圈房子建成楼房，面向天井一边全有走廊相通相连，就叫走马楼。几个天井的就叫几进走马楼。三进的通常是从南到北依次为墙门间、前天井、前客堂、东西厢房、中仪门、中天井、前厅或后客堂、厢房、仪门、后天井、厢房、后厅或后客堂（通常平房），再北面是"岛馆"或"后花园"。

观音兜 考究的人家，在绞圈房子或走马楼的外墙山头顶上，建成圆形的瓦脊，叫观音兜，有大小两种。还有人家把走马楼外墙顶建成高高的阶梯式马头防火墙。

上正梁 造屋盖房时安放最高的木梁（通常是客堂或厢房顶梁），下贴红方纸写的福、禄、寿三字，考究的还用条状的铜皮钉成三只叫"升"的八结图，两头各三把戟，正中用铜皮做的荷花和莲子下面一个铜圆环（乡人叫"铜圈"），挂炮仗三只，万年青芝麻梗等，取口彩"子孙万代、连升三级"，正梁的立柱上贴红纸对联，如"立玉柱千年富贵，上金梁万代荣华""立柱迎来福禄寿，上梁巧遇紫微星"。安放正梁时燃放鞭炮，由作头师傅口念好口彩，抛馒头糕点。作头师傅相当于现在的包工头。

乡间还有个习俗，东西向的木梁的根部朝东，南北梁木梁根部朝北。旧时兄弟分家析产时，由父母邀请姑夫娘舅等长辈出面安排并立下叫"分本"的字据，兄住东面，弟住西面，如还有弟弟，则住厢房，所以有长房、二房等的区别。旧时如长子有长孙，则父母给几个儿子分家时，还会给长孙留少量几亩田叫"长孙田"，父母健在时由长子耕种收益归父母，父母故世后"长孙田"归长孙所有。祖屋拆了几个兄弟分旧料时，正梁归兄，东面正房旧材归兄。其余旧材再分。

梁有"正檩"和"桁条"。"桁条"分"步桁""尼步檩""经桁""浪桁"，还有一种"经枋"（"经桁"下面装饰性的方梁）等。顶上搁梁木和桁条的六七根木柱联成"贴"，"贴"相邻的两根柱头中间砌"单壁"，或留出四分之一木柱，将柱头砌在墙里，讲究的人家再用"铁墙扎"把墙和"贴"紧连在一起。

五间堂 旧时平房的一种规格。东西共五间，中间是南门的客堂，客堂两边是正屋，再两边是次间。

三间堂 旧时平房的一种规格。东西共三间。中间客堂。两边房间。

大方脚　砌墙头前挖沟做的墙的基础。

椽弯洞　相邻两根上面盖了蒙砖，搁在檩上的椽子间的空当，称"椽弯洞"。弧形小瓦铺成的屋面上，压在两行淌雨水的瓦片（淌水）上的一行瓦片，称"瓦楞"（瓦楞下的空隙往往是麻雀做窝的地方）。淌雨水这行瓦片靠屋檐口的那张瓦，称"滴水"。"瓦楞"靠檐口的部分，称"瓦固头"。通常用纸筋石灰固定后，用墨画上两个像眼睛似的图案。仿古建筑檐口上常用现成和瓦片同质地的"滴水"和"瓦固头"。从前农家墙门间或客堂靠东北角的几个"椽弯洞"里往往插满先人木头"神主牌"。

墙门头　仪门屋顶及四周的砖瓦装饰，屋脊通常用竖立小瓦排成的直脊，两头通常有似龙似鱼般的装饰，叫"捕鸡头"。如果高墙的话，仪门的一面用堆灰做成装饰，另一面用砖瓦及砖雕做成立体的门楼。

十楞窗　一种老式木窗，有里外两扇窗合成。用宽约一寸、厚半寸的两根横木档穿起宽约三寸、厚寸许的五根竖木档做成固定在外面的一扇窗，每根竖木档间隔和木档同宽，再用同样的木材做成里面的一扇可移动的窗，里外竖木档相合就开窗，里窗竖木条和外窗空挡相合就是关窗。又称"十楞移窗"。

梳妆台　旧式家具，五只抽斗底下有花格踏板的长方形桌，无镜子。

仓边席　旧时大床三边挡蚊帐的席片。

牌厄凳　一人坐的长方形面的木凳。也有圆形的。

拔秧凳　一种用三根木档连接上下两块厚木板，高七八寸的小凳，供在水稻秧田里坐着拔秧用。

红漆椅　明式红漆木椅，旧时办喜事供新郎新娘和贵客坐。

小厄子　高、宽各约一尺多的木制雕花矮坐几。

三眼灶　有大中小三口铁锅的大灶，配两个汤罐和一只发镬。

两眼灶　有大小两口铁锅的灶。

单眼灶　只有一口铁锅的灶。通常砌在屋角，不分灶前灶后。

门樘子　门框，泛指门。

蓑衣板　两层楼房二楼靠天井或街面的一面不用砖墙而用木板做墙的称蓑衣板，下沿通常做成一排如意头或三角头。

井乱圈　井地面上的围栏。通常八角形或圆形，石制。旧时笔者老家四房四井，全有花岗石井围栏。

石鼓墩　垫木柱的圆鼓形石块。垫石鼓墩的方石块称"竖赏石"。

牵麦粞　用石磨磨麦成细粒粉，麦粉烧粥吃，麦粞烧饭吃。

牵糕粉　用石磨磨米成粗粒粉状，蒸糕用。

八仙桌　红漆做工较考究的四方桌，通常有雕花缠枝纹饰，可供八人同时用餐。旧时结婚拜天地时用一对八仙桌东西向拼对，南沿边放点了花烛的锡香炉蜡钎。所以原配夫妻叫花烛夫妻。锡蜡钎香炉，锡制插香烛较大型的祭具，有三件套、五件套。锡制的三件套含两只插蜡烛的烛台和一只香炉。锡制五件套另加两只锡制插花插香的花瓶类器具。铜制的通常小些，一般只有两件套。乡人称之为"香呃蜡钎"。

削壳铇　在一种贝壳中间磨一个孔，作瓜类及一些茎类蔬菜刨皮的工具，这种贝类叫"削蟥"，两寸多长一寸多宽壳厚厚的。

吊水竿　从井里取水挂吊桶用得长竹竿。

水烟筒　旧时抽水烟用的铜烟具。

洋面盆　搪瓷面盆。从前不少人家用"铜面盆"。

吹火筒　灶后吹旺柴火用的竹管。也称"火通"。

糕屉垫　用竹片做成井字形灶具称"碗架"，放在铁锅内用以蒸盛有食品的碗。用薄竹片做成径约一尺多的圆形灶具称"糕屉垫"，用以放在碗架上蒸糕点馒头等。

汤婆子　旧时铜制椭圆球形有小拎襻的用具，内装热水取暖。

豆油盏　老式家用晚间照明灯具。竹制有拎襻搁一金属小盆的普通照明灯具，用豆油、菜油，通常用灯草或棉纱做灯芯头。简单的就用一玻璃小瓶用铁皮固定点火照明用。用煤油的叫"火油盏"。灯草是一种圆叶水草的海绵状的细芯，水草剥下的皮就做蓑衣。

泥金纸　一种白色薄棉纸，旧时做皮袄时做布里衬，还可糊灯笼。

硬缸瓣　在锅里烤熟的锅形面饼，放了糖酱的叫糖酱硬缸瓣，吃时一家人围坐撕着吃。

麦栖饭　用麦细粒烧成的饭，旧时有全麦栖饭，米麦混合的麦栖饭。

麦筋团　细麦粉调进开水做成团状称"麦筋团"。细麦粉做成包了盐齑干蒸熟的圆子称"麦圆团"。

刺毛圆　包了馅的糯米粉圆子滚上米粒蒸熟。猪肉糜做成团子滚上米粒蒸熟。

咸酸饭　即菜饭，放些咸肉黄豆等。咸酸粥，即菜粥，讲究点的放些黄豆发芽蚕豆等。

夹面虾　铲刀将面糊一小团一小团的弄到滚水中煮熟，加菜等同煮做餐，即"面疙瘩"。

面丐条　也称"蟹脚面"。一种手工做的长约两三寸筷状粗的短面条。用麦粉做的叫"麦丐条"。用刀切成扁条面食称"竹叶面"。乡间还有用麦栖或麦片蒸熟的"麦栖团"。

端馄饨　在方桌上将面团摊切成馄饨皮。馄饨皮里包菜肉做馅。

锭胜糕　喜庆食品。在银锭状木模里倒进糕粉（约糯米六粳米四糖一的比例配制成湿糕粉），大铁锅里烧着开水，锅里置一底朝天的陶砵，陶砵底上凿有四五个小洞，木模放在小洞上，利用蒸汽把糕蒸熟后倒出来，趁热将两块糕粘在一起，用六个织布用的细竹罗杖捆在一起蘸上食用红色在糕面上点上红梅花印即成。

纪桃板　木刻模子，用以做纪桃寿桃用。

做酒板　糯米浸一天后沥干水，蒸熟待温（约 40 摄氏度），加酒药（约五斤米加半两多酒药）加温开水拌匀倒进容器，中间挖个洞，洞底见一点水即可。被褥包扎保温约 35 摄氏度两三天即成甜酒酿。"酒酿"乡音叫"酒板"。拌在糯米饭的"酒曲"乡音叫"酒药"。新年待客就是蒸热的糕和热的酒板汤，或在酒板汤里倒一、两个鸡蛋。

麦升笋　初夏时节收割三麦后，用麦竿芯编成的供孩子放置熟蚕豆的手掌般大小的笋筐。

绍兴甏　口径约四五寸底小橄榄形陶土容器。绍兴地区装酒用，乡人初夏时节用来腌制大蒜头用。

做酱爿　初夏，面粉混合炒熟黄豆粉（一般三比一）做成手掌状面饼的"酱爿"，水里煮熟捞出晾干后任其发霉成"酱皇"，加熟盐水，烈日下暴晒成酱。

酱蒲帽　广福称"酱蒲帽"，刘行一带有人称"酱皇帽""酱缸帽"，陈行以东地区有人称"酱户帽"。竹篾编成的圆锥形器物，尖顶，雨天盖在酱缸上挡雨。

酱油篁　初夏，发霉的煮熟的黄豆，做酱油用。

糖酱瓜　从酱缸里捞出酱瓜晒干拌糖装甏封口成糖酱瓜，是常年存放的佐粥饭小菜。

做乳腐　乡音"乳"似"兹"音。初夏，买来白豆腐干，竖排叠在甏里，分层撒上酱皇粉和盐的混合物（按口味通常十斤豆腐干一斤不到盐，半斤不到酱皇），满后用芦叶竹箬壳封口抹上泥密封，放在阴凉处，过个把月后就可开甏食用。

做酱油　把煮熟发霉的黄豆和盐水倒进小缸，晒成酱油。

六甲缸 一种高约一尺口径尺许的圆锥形陶缸。夏天盛放茶水，冬天做甜酿用。通常外涂绿色或黄色彩釉。

元宝篮 竹片编成的元宝形三角洞眼大小不一的有襻洗菜篮子。口径七八寸大小的叫织布篮。口径一两尺的叫上街篮。

四角篮 竹片编成的圆口正方形底小方洞眼有襻的菜篮子。

笋干刀 一种装有木柄的梯形刀身，弧形刀口，专供切笋干、药材用的铁制刀具。

肉皮勾 也称"老鹰扎勾"。铁质细柄约尺半许顶头有两个弯勾的炊具，是厨师油炸干猪肉皮的工具。

茶炉子 旧时乡间有专门为婚、丧家提供碗碟盆勺和茶炉热水服务的兼职人员。一般自备婚丧用的紫铜茶壶状大炉子、汽灯、碗筷碟勺、锡酒壶瓷茶壶、毛巾等用品。旧时广福陈家行东陆家桥有自备全套喜幔专做茶炉子生意的人家（小春）。大陆宅也有一家专业户（阿老秋）。

酒吊子 用竹或铁皮做的从酒坛里舀酒的勺子称"酒吊子"。从前有一两吊、二两吊等大小不等的吊子。

漆丝盘 竹丝和竹片编成的六角形红漆盘子，一只三格，盖上有如意花饰，有提梁，供喜事放馒头、糕点、粽子、干果等礼品用。成对用。

十路琴 每格约三尺长一尺半宽半尺高的长方形红漆木盘，有提梁，常三格，有盖，供喜事放馒头糕点粽子干果等礼品用。旧时搬嫁妆去时，把盖反过来作为盘子用，一般放白鹅、猪腿、青鱼、公鸡等。

赉器店 "赉"乡音似"世 shì"音。专门出租婚丧用品如轿子（花轿、绿呢轿、蓝布轿）、被子、白衣、麻衣、碗碟等婚丧事用品的店铺。旧时广福、陈家行、刘行等集镇上都有这种店家，通常还兼营茶馆。

打唱酒　大户人家请亲友赴宴，并备有说唱乐队等。

皮影戏　用灯光照射方形白布架上的干羊皮刻绘的人物布景，演员操纵人物并说唱故事情节，伴有锣鼓乐器音乐的一种文娱表演。

上世纪中叶"大跃进"年代，现沈杨村沈巷宅沈见洋（海荣）和陆家桥陆春桃（小春），在戴巷宅连续合作演过几天《薛仁贵征东》《薛丁山征西》等。据沈见洋后人回忆，沈见洋师从南翔沈其法学皮影戏。1955年沈见洋分别和真如绿杨桥陈其生和顾村胡家庄的一位同好合作参加上海的皮影戏会演，得过一等奖和二等奖。演出剧目还有《岳传》《五虎平南——狄青》《说唐——郭子仪》等传统节目。现在本土皮影戏已经失传。

拔咸鱼　上世纪四五十年代买进咸黄鱼自己晒干成黄鱼鲞，是初夏的一味菜肴。

萝卜姆　萝卜的叶子，萝卜樱。

刷布场　"刷"念"色"音。从前自然村宅上公共的主要走道。从编者老家1950年的土地证上可看出，当时刷布场的土地面积和祖坟戴广柏树坟等公共用地面积由宅上几户长房分摊的。另外，乡间还有称"出业之路""出业路"的公共过道。

缺讲其　乡音"缺"即"吃"的意思。农闲时间凑份子聚餐。

石斗升　上世纪三四十年代及以前用来度量米、麦重量的单位。因器具大小有差异而不标准，后来就被淘汰不用了。大概是：一石等于十斗，一斗等于十升，一升约等于一斤半多些，所以一石约160斤左右，一斗约16斤左右。旧时有的奸商米店，用大斗进米，小斗卖米，在用升量米时，还用有些弧度的木棍刮平升口的米，做些缺斤少两的缺德事。

说了石斗升，想到了老秤十六钱一两，十六两一斤，十六进位的来历。古人称秤杆谓权、秤砣谓衡，于是有了权衡一说。告诫人们，拿秤称东西就是在权衡利益，就要知道权衡用秤之道。秤杆上的秤星谓准星，告诉人们，北斗七星定方位，称东西时不可贪财迷钱莫辨是非，东南西北上下六方，用秤时要心归中正不可偏斜，福禄寿三星，称东西给别人要秤准了。如缺一两折寿、短二两少禄、少三两损福，如果多一点给人家，那就会添寿加禄增福。秤准了，就会"天下太平"，这四个字正好十六笔。所以，秤砣虽小，在秤人心良心，利益虽高，不义之财不可取，这就是用秤之道。

敲鬏底　自然村宅上凡有婚丧喜事，乡邻相帮办完正事后，归还台凳，收拾房间场地，把剩菜吃光叫敲鬏底。

走马灯　一种工艺灯彩，中间点了蜡烛后热气上升，推动顶部叶轮带动中间一层缀有戏剧人物走马动物图案的装置转动起来。

汽油灯　也叫汽灯，有两种，一种老式的，灯头在下面，另一种灯头在中间的，利用煤油高压雾化的原理，点亮灯纱，旧时没电灯时供大型活动如婚丧喜事，群众会议照明用。皮影戏白幕布后用的是老式汽油灯。

水出萁　河里拷水用具，把水从一边移到另一边的手工工具。

拷沟头　农闲时弄干小河水后捕鱼。早年河里产的鱼，如"傍皮鱼""窜条鱼""几葛朗""昂子鱼""白鱼""胖头白鱼""横钻""鲫鱼（乡亲称之为'祭嗯'）"等，不少已绝迹了。还有"螺丝""显子""系阿春（壳磨个孔后可做厨用削具）""蚌"等，不少也绝迹了。

绞圈房子　乡音"绞"似"稿"。类似于北方的四合院，但比四合院高大完整。通常是，北面是东西向的一排坐北朝南的"五间堂"或"三间头"。所谓的"五间堂"，中间一间有三对六扇门及东西两处窗户的客堂，客堂两边各有一间朝南有窗户的正房间，正房间通常在其中间位置用木"裙板"将其分为南北两间，富裕人家里间铺设上阁和地阁，里间卧房，外间起居。正房间东西两头还各有一间次间，次间北面各有一间"批"或"落穴"，东西两间落穴北墙用花墙连成一体，客堂北窗后两间落穴间的露天空地叫"岛馆"，种些花草修竹灌木，或叠山石盆景。客堂南门前露天开阔地铺上砖石成方形天井，天井东西两侧厢房，厢房南墙用高墙相连，南面开的大门叫"墙门"，墙门头上饰有花纹文字，墙门的学名叫"仪门"。三个天井南北一字排列的叫"三进"绞圈房子，也有"五进"的"绞圈房子"。高（绞）圈房子最北面习惯上是种竹的竹园。乡俗南门外不种竹不种桑树。

木工四作　旧时四种木匠活。专门作木桶的叫圆作。专门做棺材的叫方作。专门做家具和雕花的叫细作，也叫小作。专门造房子的叫粗作，也叫度（大）作。

老虎天窗　疑是从英语 roof（屋顶）这个词来的，英语"roof"的音似"老虎"。"老虎天窗"指开在屋顶上的窗户。

石臼舂米、石磨磨面　两种老式的人力加工粮食的工具。

牵磨奥磨　通常三人合作牵磨。两人双手把着用绳挂在梁上的三角形木架，一推一拉牵动石磨，使上面的磨片转动叫"牵磨"。另一人左手拉动三角形木架头上的把手，右手往上面一片石磨的孔里灌米麦粒叫"奥磨"。

从前，乡人吃米、麦参半的粥饭，米、麦比例随意。大麦、元麦在河里淘洗后，在石臼里斗掉外壳，晾晒干，用糠筛、簸箕除去壳，再在石磨里磨碎，还要用筛子把磨过的麦粉分开，较细的叫麦粉，烧粥吃；粗的叫麦粞，烧饭吃。

米、麦掺半的粥饭是这样烧的：麦粞粥，先把铁锅里有粥米的汤水烧开，拌进细麦粞（乡人称为"烊麦粞"），调和后再烧一下，等十来分钟再烧一下（乡人叫"读粥镬"），焖一会儿后开锅盛碗食用。麦粞饭，把锅中的饭米和水烧开后，拌进麦粞捣和后再烧一两把火，焖干后起锅。

乡亲们冬季农闲偶尔一日两顿，平时一般一日三餐，早晚薄薄的麦粞粥，中午麦粞饭，难得见有人家吃全白米的粥、饭的。粥饭中混进杂粮和各种蔬菜是常事。穷苦人家没大米时，就吃全是麦粞烧的"脱麦饭""脱麦粥"，更有甚者，连麦粞粥、饭都吃不到的，那就喝菜汤、野菜汤，最多在菜汤、野菜汤里和上少量的面粉或籼米粉，糊糊口罢了。

棕塌架子 木制架子大床，有挂蚊帐的架子。

雕花大床 木制架子大床，门面上有雕花图案，通常红漆，考究的用红木。

箱城箱橱 旧式家具，顶上是木板厢，中间是一边上下开门的箱城，底下是有两只抽斗下左右开门的箱橱。

挑红梗菜 春天农闲时去田野用小刀挑马兰头，性凉，回家凉拌做菜，或开水烫熟后晒干成"红梗菜干"，日后泡软蒸熟，作为下粥饭的菜。

七石头缸 口径约有一米半的底小口大、圆锥形陶土容器，可放七石谷。另有五石头缸、三石头缸。

六斗头罂 口径约一尺底稍大些的圆柱形陶土容器，可放六斗谷。另有大小不一的各种罂。

大罂小罂 陶制圆形器皿。一般的陶制缸罂均涂褐色釉，只是深浅不同而已。

盐大蒜头 初夏麦收完成后，收割新鲜大蒜头洗净晾干加盐（通常十斤大蒜头半斤盐）放进小口罂，用芦叶竹箬壳封口后抹上泥密封，在烈日下滚晒约半个月，香味出来就成功了，是夏天的粥饭菜。

红漆提篮 有方形、长方形、圆形三种，两格或三格有盖有提梁的运送饭食或礼物的小型竹制红漆器具，盖上通常有如意头等纹饰。

字画挂对　从前富裕大户人家厅堂里流行挂画轴和书法对联。

撩嗯（鱼）摸黑啊（蟹）　捕鱼捉蟹。这里借用"撩"来表"从水里捞"的意思。乡间河里常见鲤鱼、草鱼、鲢鱼、鲫鱼、黑鱼、虾、甲鱼、黄鳝、鳗鲤、泥鳅、车条鱼、蟹、蚌、螺蛳、削蟛、蚬子等。

外国吹打　广福从前的民间西洋乐队，通常由十人组成，四人小军鼓、四人军号、一人指挥、一人大军鼓。

钉碗补镬子　旧时肩挑工具游走四方的两种手艺人。

钉碗，就是补碗。旧时农家如瓷碗盘等碎成两三片了就留着修补再用。补碗通常是江西人，主要工具是一把很小的手拉钻头，据说头上有粒金刚石，钻杆和筷子差不多长，将碎碗拼好后用布条扎紧，在需要加桥钉（一种两头各有一两毫米钉脚面长约一厘米多的菱形铜钉）的地方钻上两个小洞，安上桥钉，再在缝隙抹些瓷土。放一两天就可用了。

补镬子，就是补铁锅。旧时农家用柴灶铁锅。铁锅用久了如有小沙眼洞，就请补锅的人补，通常是戴黑毡帽的绍兴人或一身黑衣的苏北人，有一个手拉的风箱连接一个小火炉，里面有个径约五六厘米用于熔化小铁片的石英圆罐，手艺人清理好锅的破洞后，就用小勺弄出铁水，趁热补在洞上面。

车沟头缺（吃）讲其　春天，各自然村宅各家各户出点小钱买来鱼苗养在宅前宅后河浜里，到年夜前，各家派人排班踏水车车水，孩子还可在踏车边的供晚上排值人休息的窝棚里的破被子上玩，河浜水车干之日，每家派一人捉鱼，满塘的鱼跃人欢，傍晚在村庄场上一摊一摊抓阄分鱼，叫车沟头，完后每家参加捉鱼的人拼点米、油参加就餐，叫吃讲其。

【附】南有松江广富林，北有宝山广福寺。

丁酉端午，和同好老宋聊天：

"先有广富林，后有松江史；先有松江府，后有上海滩。"

"先有广福寺，后有宝山名；先有广福市，后有宝山城。"

"南有松江广富林，北有宝山广福寺。"

看了如下几点，读者不言自明：

公元 200 年左右有华亭广富林，公元 751 年设华亭县，后成松江府。

春秋战国上海属吴，楚以黄歇为相，封春申君。此地原是渔村，渔民以扈为捕鱼工具。后简称"申"或"沪"。宋代（约公元 1000 年）如有"上海""下海"地名，元代（约 1300 年）设上海镇，后设上海县。

宝山因山得名。1412 年（明永乐十年）境内海滨，人工筑土山，成航海标志，为进出长江口船只导航，永乐帝赐名宝山，渐成小集镇。1724 年（清雍正二年），宝山从嘉定县析出，成立宝山县。

广福因寺得名。1296 年（元元贞二年），印度僧人普慧因海难被江家宅渔民救起，为报答救命之恩，僧人在江家宅建庙"普慧禅寺"，寺落成时僧人高诵经文"宁残身、广施福"，于是有了"广福寺"。江家宅因寺改名"广福市"（广福先后设过市、镇、乡、村）。1580 年（明万历八年）印度僧人纯一重建扩建"广福寺 5048 间"成"江南第一寺"。

1217 年（宋嘉定十年）划昆山县东境建嘉定县，广福属嘉定县。1815 年（清嘉庆二十年）刘行设厂从嘉定县广福镇分出。1929 年顾家宅设顾家镇，后改乡，仍属刘行区。2000 年刘行镇顾村镇合并成顾村镇。

八、农事用语

犁　用质地坚硬的杂木制成犁身（犁辕），犁身头上装铁犁壁（有弧度向右弯，以便泥块向右翻）、犁头，用牛牵拉，用于翻耕土地。乡人把"犁田"叫"势田"，旧时有备有犁和牛的专门为人家犁田的农户。

铲　铲草皮的农具。口约三四寸宽的三角形铁制农具，一两尺长的树枝做柄，柄头有三寸长的弯势。

锹　开沟农具。装有约三尺长圆木柄的挖沟铁制农具，柄端有T形把手。常用口宽约四寸平板状的叫开沟锹，还有一种圆瓦状的叫圆锹。

概　借用这个字的音，表示收成拍打的一种农具。将毛竹片排好，用两档牛皮或猪皮条包紧固定，一档稍长些做轴，宽约三寸长约一尺半，竹长柄上下挥动转动拍打麦穗豆荚等。

夯　用粗木或铁架做成，打实夯实地基用的农具，两人控制夯身，四人反复拉绳抬起、放下。

吊　穿在中轴顶部用以用斜木吊住牛车盘的上翘的木条，也叫"岳升"。

稰　中间按竹长柄的短树棍（少见用毛竹的），平整水田的手工农具。有"稰平、一稰四平"的说法。也有称"拍麦榔头"的，用于冬季拍打麦地压实土壤有利麦子分蘖。

耙　也叫"垡"。硬木制成，牛拉人跨立在前后横档上，以增加压力与指挥牛工作。长方形长约三四尺、宽约两三尺、装有辊轴木齿的叫水耙，供平整插秧水田用。长约三尺、宽约两尺装、有铁齿犁刀的叫旱耙，用于平整土地。

轭　乡人发"岳"音，牛劳作时套在牛脖子上的弯木。

播　双手抓住小匾两边，腹部托住两手间的匾沿，上下晃动，将匾里的饱满粒和瘪粒垃圾趁势分离的技术活。

方单 1）旧时政府发给田地业主的所有权文本，也叫"田契"。2）旧时兄弟各自成年后，由长辈出面将祖传田产分配时立的文书，也叫"分本"。

成分 1950年前后土地改革时划定的农村阶级成分，有雇农、贫农、下中农、中农、富裕（上）中农、富农、地主。这种农村阶级成分政策沿用了四五十年，影响过几代人。

没有土地完全靠出卖劳力为生的叫雇农。占有不完全的农具和很少土地，需租入土地耕种或出卖一部分劳力为生的农户叫贫农。占有土地和较完全的农具，不出卖劳力的叫中农，其中需租入少量土地或出卖一些劳动力的叫下中农，占有较多土地需雇用少量雇工的叫富裕中农。占有较多土地和较完全的农具，自己参加劳动但主要靠雇工劳作为生的叫富农。占有较多土地和完全的农具，自己基本不参加或参加附带劳动完全靠雇工为生的叫地主。可见，是否有土地是雇农和贫农的区别，是否出卖劳力是贫农与中农的区别，是否参加劳动及是否完全靠雇工为生是富农和地主的区别，是否雇工是区分中农和富农的区别。土地的多少按当地土地人均数计，少于人均数的叫较少，多于人均数的叫较多，中农一般处于人均数，除此之外还参考公议的生活水平来定成分。1950年前后土地改革时，政府没收了地主的部分土地、房产和农具等用品，分给没土地的贫、雇农。

附：新中国成立后划分农村成分的依据1950年8月4日通过的《中央人民政府政务院关于划分农村阶级成分的决定》，对地主、富农是这样界定的：地主，占有较多土地，自己不劳动，或只有附带的劳动，而靠剥削为生的，叫作地主。富农，剥削的方式，主要是剥削雇佣劳动（请长工）。有少量土地者，可视情况划为上中农或下中农，完全没有土地者，则划为贫农。为了团结和争取绝大多数人，中共中央规定，在划分阶级成分时，地主和富农的比例不得超过当地总人口的百分之五。

粮票 20世纪五六十年代按户籍人口数由政府发放的买粮的票据，另有买粮的本子叫购粮证。

口粮 20世纪下半叶，大体按户籍人口年龄分配粮食数量，实际有多有少。

出工 集体劳动时按钟声或其他信号统一下地干农活，统一停工回家叫"收工"。

评分 按劳动力的强弱，评定每人每天的劳动成绩等级，通常用工分计算。所以每天有人记录出工情况叫"记分"，然后按定的标准评定工分。

分红 年底按每人所得工分计算总收入，扣除所分配的粮草后分给钱款。

杭头 垄头、横头。田里的土垄称"领头"（"领"疑是"垄"的讹音），一般宽三四尺，长随意。如"一领地"（一垄地）、"两垄地"（两垄地）。在一块地里"好几领地"的两头的短垄称"横头"。靠河沟的地称"杭头"。

大熟 夏秋季农作物，春播秋收，如水稻、棉花、高粱、芝麻赤绿豆、玉米、黄豆及瓜类、芋类、甜芦粟等。收益占全年比重多些。乡间称"玉米"为"番麦"。

三秋 秋季收割大熟作物稻谷，采摘棉花后播种三麦油菜等小熟作物。也说是秋收、秋种、秋季田间管理。

打车 上午和傍晚两次赶牛去拉水车，并查看水稻田里的水浆情况的农活。

水车 车水用的长水箱似的大型灌溉农具。水车，又名龙骨水车。以木链为龙骨，环联前后轴，用木做长槽，槽之两端设轴，与槽同宽的刮板装在龙骨上。水车斜置溪岸，上轴固定，下轴安升降架，轴转，拉水上行灌溉。系汉灵帝时毕岚所创。动力有人力、牛力、风力三种。

中轴　牛作动力的固定牛车盘的直立的大轴。

岳式　此处"岳"发"嗯嗷"，水车里木质链状的一节叫岳式，装在岳式上引水的薄木板（厚不到一公分）叫板子，这种薄木板通常用有韧性的树材做成。

打水　用机器抽水灌溉田地的农活。

踏车　两三人扒在横档上脚踩动车轴，带动水车从河里汲水的农活。

踏轴　踏车用的横轴。

耥耙　有长竹柄的顶端装有弯钉的木板，用来拉断稻田里的杂草的手工农具。

木滑　平整水稻田的农具。人站在前后两根横木档上，驱赶牛拉动的长方形木框，长约五六尺，宽约三尺，前后两块木档宽些，这种农活叫"滑田"。

摸稻　夏季农活，在水稻天里用手拔去杂草。

耘稻　也叫"耥稻"。乡音"耘""耥"都是用耥耙去除杂草的意思。用带钉钩的耘耙在水稻田稻行距间来回拉动，去除杂草拉断稻根须使稻根多生新根须发蘖。

拔秧　拔七八寸长的水稻秧苗。拔秧时坐的小凳叫"拔秧凳"。

扎秧　用稻草把秧苗扎成小捆。

稍秧　运送秧苗并向水田中抛丢扎好的秧苗小捆，方便插秧的人取秧苗的农活。

莳秧　在水稻田里弯腰插水稻秧。

相稗　拔去水稻田里的杂草，主要是稗草。也叫摸稗。

收稻　水稻成熟后割下后的全过程。

栲栳　用毛竹片扎口、柳条麻经编成有两个襻、口径两尺不到的半球形圆形容器，大的可盛放六七十斤稻谷，叫栲栳；小一点可盛放四五十斤稻谷，叫"尼巴"；再小些的可放二三十斤稻谷，叫"三笆"；更小些盛放十来斤稻谷，叫"斗"；最小的只能放一两斤。作为容器，常用斗有大小之分，而旧时容量单位以十升为一斗，十斗为一石。升是一种木质口大底小方形容器，也叫木升箩，约可盛八斤米麦。

淘箩 竹丝编成的圆口径约一尺半方底装有两个襻的箩筐，有大小两种，大的和栲栳差不多大小，小的约可盛二十来斤米麦，用来在河里淘米麦，也叫淘麦饭箩。

簾子 用簾经绳把芦苇秆编成可卷的方形帘状用具，比箬（捏）菲稍大一点，用于晾晒被褥棉花等。摊上箬菲晾晒谷麦等。编"簾子"的用水草搓成的细绳叫"簾经绳"，用于将芦苇秆编成簾子。笔者幼时农家夏季农闲时编簾子到街上出售贴补家用。

箬菲 旧时用竹篾编成的晾晒稻谷麦粒的长方形席状用具。通常垫在廉子上。

粪船 运送人粪尿水的船。

粪缸 陶土做成的粪池。在粪缸的里面，长年累月积下的污垢钙化后的一层硬壳层叫"坑沙"，据说是一味中药药引子。

粪桶 肩挑粪水用的木桶，成对使用，径尺许，高尺半许，有直板、弯板两种。

粪料 又叫"粪勺"，指装有长竹柄、浇粪水用的、口径约七八寸圆锥形的木勺，后用塑料制成。

坑池 用大砖和水泥砌成的地面深坑圆形粪池。

㘞壅 乡音"㘞"为"稿、高"。肥料，高（㘞，第一声，动词）高（第四声）壅（名词），即给田里施肥。

料桶 口径尺半到两尺、高两尺许的直板木桶，盛放牛吃的稻草料用，亦可作浸稻谷种子盛器。

茄沿 用麻做成的径约两三厘米的粗绳，长无定规，用于搬运大型重物。

扁担 长约四五尺的竹、木制肩挑物品用的农具，有毛竹扁担、树扁担，据说用桑树做的很经用。

担绳 有棉纱、麻线两种，捆扎稻麦柴草用具，一头有一个树丫做的可打活结的"担绳扎勾"，这个活结叫"担绳结"。乡人闲时常邀三五邻居一起摇担绳，一人摇动系在腰间的有三到五股绳可同时摇动的木架，一人腰间扎的绳子上挂个铁钩，一人用一个小树丫慢慢将几股棉线合成径约一厘米长约一丈的粗绳。

顺便说一下从前故乡农家常用的几种结：

畚箕 竹篾编的有绳子成对用扁担肩挑河泥、羊粪用的叫"畚（乡音似粪）箕"。

簸箕 簸音 bǒ，乡音称"出箕"。用竹篾编成的器具，三面有边沿，一面敞口，用来簸、扬粮食或暂时盛东西的叫"竹畚（bēn）箕"。用旧火油箱改的铁皮的叫"洋铁皮出箕"，小的只能盛放一两斤东西。

犁头 生铁制，三角形，装在犁壁头上，分大小两种，用于切划土壤。现已不用。

花架 可折叠的木架，通常成对连使用，架上毛竹，摊上廉子，可晒棉花或被子等。

风车 木质，约一人多高手摇生风，用风力分离稻谷的饱满颗粒和瘪谷垃圾的风车。偶有用风力带动的水车称"风打车"。孩子用正方形纸做的迎风转的也叫"风打车"。

三棉 上世纪五十年代合作化运动前后用语，三种棉花的合称。即：紫棉，天然淡紫色的棉花，种植很少，产量低，主要供家织布纺纱用；本花，也叫小花，杆直叶小分枝少，四瓣棉朵小，絮头短，易采摘，产量低，主要供做棉被胎用，不易压紧老化；洋花，产量稍高些，开始推广时叫"代字棉"，棉秆分枝多，棉花花朵大棉絮长。

种花　种棉花，将栽有发芽棉籽的营养钵移至田里，或直接将棉花籽下种。

整枝　将棉花的无效分蘖枝（雄枝）剪去。为防止棉花长得太高，还要"的头"，即棉花长到一定高度，摘去顶芽，控制其生长。

鲜花　1）各种花草花蕾开的花朵。2）棉花生长期先开的花朵，第一天开的粉黄色，第二天变成紫红色，花朵谢了就结"芦都（棉桃）"，"芦都"长大成熟后干枯，开裂后露出成熟的白色棉花。

芦都　棉桃，长棉花的果子。

脱花　棉田锄草。

捉花　采摘棉花。

麻包　旧时用麻做成的盛放棉花的方形包袋。

蒲包　旧时用蒲草做成的盛放棉花的方形包袋。

花袋　用布做成的系在腰间采摘棉花用的布袋。

坌地　用铁镢翻地。用尖齿铁镢把泥块弄碎弄平称"钎地"。

小熟　秋春季农作物，秋季播种来年初夏收割的越冬作物，如大麦、小麦、元麦、蚕豆、油菜等。收益占全年比重少些。

三麦　上世纪五六十年代至八九十年代的用语，即元麦（乡亲称之为"雷麦"）、大麦、小麦的合称。

大麦。麦穗扁平排列，麦粒两头尖带薄壳带芒的麦子，产量不高。炒焦后可泡茶防暑。轧成麦片，性欠糯，主要做饭。

元麦。圆柱形麦穗，麦粒椭圆形无壳带芒的麦子。主要轧成麦片，磨成麦㾕，易碎，主要烧粥饭，较黏稠。

小麦。长四方体麦穗，麦粒圆形芒短的麦子，磨面粉的原料。种植很广。

拍麦　冬季农活，用长柄拍麦榔头拍打田里的麦苗以使麦多分蘖。

三夏　初夏三种农活：收割麦子，收割油菜籽，播种棉花、水稻等大熟作物。有说是夏收、夏种、夏季田间管理三种农活。

收麦　麦子成熟后割下后的全过程。

柴济　稻、麦柴的露天堆垛。圆形的下面略小，上面略大，结尖顶的叫圆柴济。根稍交叉，长方形，结屋脊顶的叫横柴济。

柴伍　将两把稻草的梢头对接打结以增加长度，用来捆扎柴草或棉花梗等。

削柴　去掉稻草的外壳，整理稻草。

滴柴　用木榔头敲打敲软整理好的稻草。

搓绳　把敲打过的稻草手工搓成稻草绳。是冬季农闲时的室内农活。

豆饼　黄豆榨油后的饼渣，很好的肥田材料。通常扁圆形。

作刀　劈物件的铁刀。竹匠劈竹篾的长刀也叫作刀。

铁鎝　翻地农具。长竹柄四齿翻地的手工铁农具，其中宽齿的垄地用，尖齿的钎地用。见过两齿铁鎝。

锄头　"锄头"，乡音称"是头 dǐ tou"，锄草农具。长竹柄刀口弧状的手工锄草铁制农具。大一点较厚实的叫"度（大）锄头"，供翻动牛打车时走的路的土。

镢子　即镰刀，铁制割稻麦农具。半月形右端装木柄，大的长约半尺用于割草和收割稻、麦。小的长约三寸的专供割韭菜等用。

山子　挖坑农具。装有木柄的口宽三寸、长约五六寸的铁制农具，专供挖树根及深坑等。

岳甲　挖掘农具。中间长约两尺木柄，一头尖一头刀状的长约两尺的铁制农具，专供挖坚硬的东西，常和山子合用。

掘沟　用锹挖直的排水沟。

罱网　两根长竹竿根部一尺许用销钉合拢作轴，根部装上铁质

丁字形架子，再装上网，在河里捞河泥的工具。还有一种安装一对
铁质抓手似的叫铁蚌壳。

滑抄　在船上把河泥抄上岸的长柄木质勺形农具，后来有铁质
和塑料制成的。

箩钩　用三四尺绳子连接两只铁钩，两只一副，两副一套。肩
挑箩筐、栲栳用具。

甲篮　用约一指宽的两根厚竹篾编成的圆口径约一尺半到两
尺、底稍小、高约七八寸的有孔箩筐，边上有四根麻绳或棕绳做绳
襻，两只一对，用扁担上肩挑瓜薯蔬菜类东西。

翻耙　中间有竹长柄的短长方木，装有七八个寸许的竹齿，用
于翻晒稻谷等。也叫"翻麦耙"。

稻床　旧时稻麦脱粒用具，四方有腿、中间有横向肋状毛竹
条。用于人工掼打脱粒稻、麦、黄豆等。

开河　也叫挑河塘，人工用肩挑泥，开挖河道的农活。每年农
闲时由政府统一织的兴修大型河道水利的工程。从前弯弯曲曲的蕰
藻浜，上世纪五十年代末，人工开挖成笔直的航行河道。

芦粟　乡音称"甜鲁苏"。夏熟高粱的变种，又称"甜杆"。

湖羊　即"绵羊"，细毛圈养的羊，羊粪用于堆积农田基肥。
从前乡人剪下羊毛，自己纺成毛线后合成股线，染上颜色，手工编
结织成土羊毛衣，很厚实保暖。

山羊　毛短放养的羊，主要吃其肉。

猪圈　养猪的地方，用的栅栏叫猪乱（栏）栅。

石槽　猪吃食料的槽，通常用石头做成，不易被猪拱翻。

猪棚　猪住的棚舍。

奶牛　挤奶用的黑白相间的奶牛。乡人称之为外国黄牛。

黄牛　耕地用牛。体形比水牛稍小，无角，体黄褐色，牛脖下
有许多皱皮。

水牛 耕地、车水用的牛，有一对弯角，体灰色，夏天中午喜欢泡在河水里。

看牛 放牛。

牛料 牛的冬、春饲料，通常有稻草加少许豆饼等。

料刀 即"铡刀"，把稻草截成约寸长的料给牛吃。

截料 用料刀，将稻草截成寸许长，拌进棉籽壳、豆饼等作为牛的饲料。

牛棚 牛住的棚舍。

牛桩 用以系牛绳，牛就不能走远了。有木牛桩、铁牛桩。木牛桩，固定在牛经常休息的场地上，高出地面两三寸的木叉桩。铁牛桩，供外出机动地系牛绳用，长一尺左右，一头尖，一头笨，尖头便于敲打进地里，笨的一头有一厘米左右的洞穿铁环，牛绳系在铁环上。

蕰草 河浜里常见的一种褐色带状有叶有根水草。"藻"者"藻类植物"和"草"者"草本植物"，是两种不同类的植物，"蕰藻"是无根水生绿色植物，也叫"金鱼藻"。

乡间有"撩蕰草"或"高（绞）蕰草"一说。夏天，人站在河里，用两根长竹竿插在浮荡在河水中的蕰草丛中后使劲绞动两根竹竿，河里的蕰草就卷在两根竹竿上，拖上岸叫"高（绞）蕰草"，把"蕰草"捞上岸晒干后，垫羊圈用，从这个意义上说也可做肥料。

月相 农历每天月亮出没的大概时间和方位。大致如下：

朔月，初一，日出月出，日没月没。

新月，初二、初三，傍晚见于西方。

上弦月，初七、初八，中午月出，子夜月没。

望月，十五、十六，日没月出，日出月没。

下弦月，二十二、二十三，子夜月出，中午月没。

残月，二十六、二十七，清晨见于东方。

大轰隆　1958 年前后，农业集体化，一起出工，一起收工，统一劳作戏称"大轰隆"。连一日三餐都在"食堂"一起就餐。

土地证　1950 年前后土地改革时，由政府发给田地业主的所有权凭证。

兑钱粮　旧时按田地亩数由业主按政府要求交钱或粮，相当于后来的农业税。

钱粮票　完（兑）钱粮的凭证。笔者见过老辈人留下清代、民国的凭证，上有"江苏省宝山县广福乡"等字样。

购粮证　统购统销期间，每户人家买粮的凭证。

吃食堂　20 世纪五十年后期，有一段时间，家家户户自己不烧饭，有些地方农家灶被拆了，以自然村为单位，大家到公共食堂去吃饭，由于农民不满，办不下去，食堂后来解散了。

朱钻草　朱似 zi 音，钻似 ze 音。即马齿苋，一种野草，可食用，性凉、清热、解毒、利尿。

从前乡间的杂草有"茅柴""绵条草""狗尾巴草""麦度度草""灯头草""羊那那草（蒲公英）""打官司草"（野田菜）、"蛇舌草"（野草莓）、"割宁（人）藤""老红藤""鹅头头草"（可食用）、"江剪刀""红梗菜"（性凉、可食用）、"铜钿草""癞团草""红筋草""稗草"（主要长在稻田里）、"摇铃麦"（麦田里的一种野燕麦）等，好几种可当中药。

朱杨树　一种利用其枝条的矮树，乡人常种朱杨树做篱笆桩，每年秋末剪下枝条作为结篱笆的主要材料。

小推车　木制独轮车，旧时用来运送货物，也可载客。旧时小脚老太出远门，都坐小推车，车上垫麻袋或红毡。旧时富裕人家新娘回门，坐蓝布轿或垫了红毡的小推车。小推车的车主有家境较好自备自用，有家境贫穷而专司替人运送货物、人员的。

挑羊草　在田头地间挖羊吃的草。

羊棚灰 羊圈里的肥料。

牛绳石 系牛绳的石块。大的长约一尺半宽约一尺高一尺半许的长方形锁状石块，一般一人搬不动。牛绳的一头系在牛鼻子上，另一头系在牛绳石上。小的长约一尺宽半尺锁状石块，叫石锁，也可作为年轻人锻炼身体的器具。

牛眼罩 用五六寸长的粗毛竹一劈成两爿，穿上绳子，牛在牛车棚里劳作是给戴在牛头上，不让牛看外面的东西。

捉狗污 乡音"污"即"屎"。旧时冬天清晨出门拾狗粪，作肥料。

结篱笆 用竹子、朱杨树枝等材料，稻草绳修理篱笆。剪朱杨树枝的工具叫度（大）剪刀，剪刀头宽约三厘米、长约八厘米，剪刀柄圆径两厘米、长约30厘米，一根柄末端有扁锥形尾可在篱笆上挖洞，一根柄尾有钩可把草绳从篱笆反面拉过来，两个柄合拢可把草绳穿过篱笆，篱笆结是一种单根抽紧后扣圈的结。

削床柴 去掉稻草的外壳，整理稻草做床垫柴。从前农家的床上都铺有一层干净的稻草叫"床柴"，而枕头里塞的通常是油菜籽的壳，有股清香的味道。

豆饼夹 木制斜向夹住豆饼的架子，用大刨将豆饼刨成片状，作为肥料。有称"刨床"的。

太平落 底部用竹丝盘成径尺许圆环（油车店榨油时的用具），两根绳系在四角，圆中成十字，以便放东西，用来扛（挑）东西。

透支户 农业合作化期间，农户全家劳动力在生产队里一年所挣工分价值不足以抵扣全家全年从生产队里所分配到的粮草的价值。这种人家生活很艰难。

五保户 新中国成立后无子女的独居老人，由生产队或民政部门包其"住吃穿病葬"的一种福利半福利的做法。

牛车基 初夏供搭牛车棚用的土墩，一般在河边，能顾及三十来亩水田。

牛车盘 用牛做动力的灌溉大型农具，挂在中轴下圆形的木质大盘叫车面，车面上有许多叫沿宁的短木，使车面组成了一个大齿轮。横在牛路上的横轴叫面轴，面轴有两个起齿轮作用的拨度，和车面齿轮相咬的叫小拨度，用整块实心硬木做成，和水车里面的木质铰链上的岳式相咬的叫大拨度，用井字形木架支撑外圈，岳式用叫签子的插销子互相连接。牛行走在牛车盘外圈的牛路上带动车盘，带动面轴，由面轴带动水车里的岳式板子链，把水提升上岸。

牛车棚 初夏安装牛拉水车的棚。

秧掸帚 将废弃的秧苗洗净晒干，扎成小把，家用擦桌子等。

做稻水 负责用水牛和牛车灌溉一方水稻田的农活，通常由两人合作，一人负责水牛的喂养管理的叫"呃（下）手"或"呃作"，一人负责水田的耕作和水桨的管理叫"上手"或"上作"。旧时按水田亩数收取工钱或从收到的稻谷中收取拆成。也称"打稻水"。

浸谷种 稻谷下种前用水浸泡几天，待发芽后方可下种。曾流行过盐水浸谷。

做秧板 平整稻谷秧苗的水田，通常做得很平整。

双季稻 广福、刘行地区农民历来只种一季水稻。上世纪五十年代后期用语，即一年种两茬水稻。三四月到六月早稻，六月到九月晚稻，后因不太适应广福、刘行地区本土而不种了，仍只种一季水稻，即阴历四月底、五月初种植，九十月初收割。

营养杯 用泥土加些肥料做成棉花籽发芽的杯状土柱。

零子叶 沾在棉花上的干枯棉叶小碎片。

零子壳 棉桃的枯壳。"壳"发"kou"音。

廉径绳 用江草搓成的编廉子的绳子。

拔花萁 拔去棉花萁，通常借用花萁扎钩才能拔起。花萁扎钩是头部带铁弯钩的手工农具。

麦结头 没脱尽麦粒的麦穗。

麦堡头 未完全熟透的麦穗。

大插刀 打洞和撬动时用的农具。木短柄或无柄铁棍状，也叫"榫刀"，蚕豆下种时打洞用具，也可作撬动如石头等重物用具。

小插刀 老辈人称之为"斜刀"，种菜、挑草手工农具。半个手掌大小三角形手用木柄铁制农具，供挑羊吃的草或种菜用。

抄沟耙 水沟底抄泥农具。长竹柄水沟底抄出零星散土块的铁质长勺形农具。

罱河泥 用小船和罱网在河里捞河泥并抄上岸的农活。

做泥塘 将别人从河里捞的河泥拌上杂草等农家肥，使之腐烂做肥料的农活。通常罱河泥有三人搭档，两人在船上河里捞河泥，一人在岸边做泥塘。

挑河泥 从泥塘或抽干水的河里，把河泥挑到田里作为肥料。

甩豆板 旧时黄豆脱粒用具，长方形的厚木板，通常用整块树材做成，也叫踏板，因平时作为床边踏脚板用。

拉柴耙 用粗铁丝或弯竹片做成的聚拢柴草的农具。"拉"第三声。乡音称猫狗用爪子、人用手指抓人皮肤为"拉"，音似"嘞啊"。如"唔面孔拨伊拉破特叠"一句乡土话就是"我的脸被她用手指甲抓破了"的意思。

三伏天 夏至到立秋的三四十天，是一年中最热的季节，古人需"藏伏"夏养，分了三段，谓"三伏"天。夏至后第三个庚日进头伏，头伏十天，夏至后第四个庚日进中伏，中伏十天左右，立秋后第一个庚日进末伏，末伏十天，立秋后第二个庚日出伏。当夏至到立秋之间出现四个庚日的年份时，中伏十天，五个庚日则为二十天。庚属天干之第七，属金，金怕火，故需伏。

如2017年夏至是农历五月廿七日（己卯）（阳历6月21日），夏至后第一个庚日是农历五月廿八日（庚辰）（阳历6月22日），第二个庚日是农历六月初九（庚寅）（阳历 7 月 2 日），第三个庚日是农历六月初九（庚子）（阳历 7 月 12 日），第四个庚日是农历六月廿九（庚戌）（阳历 7 月 22 日）。立秋是农历闰六月十六日（丙寅）（阳历 8 月 7 日），立秋后第一个庚日是农历闰六月二十日（庚午）（阳历 8 月 11 日），第二个庚日是农历闰六月三十日（庚辰）（阳历 8 月 21 日）。

三九天　古人将从冬至开始的八十一天分成九段，每段九天，谓"冬九九"，其中三九、四九最冷谓"三九天""三九严寒"。古人还将夏至起的八十一天也分成九段，每段九天，谓"夏九九"，后来因多用了"三伏天"而很少提及"夏九九"了。

三时雨　江南种水稻。古人将夏至日后的十五天分成三段，这十五天中前几天正是古人插秧的时间，所以称"三时"或"三莳"。三时的分法，一般是"夏至后半月为三时，头时三日，中时五日，三时七日。"（明·徐光启《农政全书》卷第十一"农事"；元·娄元礼《田家五行》《汉语大辞典》221 页明周之玙《农圃六书·占候·五月占》），也有少数地区是"头时七天、中时五天、末时三天"。（1990 年版《辞海》第 16 页）

广福地区夏至后 15 天"三时"的分法，上述两种说法都有，笔者以为前一种说法合理些。2017 年夏至是阴历 5 月 27 日（阳历 6 月 21 日）。

广福有句老古话"三时三送稻天种"广福民间有"送三时"一说，即"雨送三时到"或"三时送雨来"。这个"三时"指刚进入"三时"后的前期。"三送"指"阴雨连绵大雨倾盆"。夏至后，连绵阴雨伴随"三时"来到，插的秧苗开始生根，乡亲称之为"奥枝"。农民经过了前期的小熟麦收和闷热辛苦的大熟水田劳动，人困牛乏，此时天赐充足的雨水，既有利于秧苗的生根生长，又减轻了人畜稻田水浆管理劳动强度。真可谓"三时三送稻天种""雨送

x

三时到，稻农哈哈笑"。不过，因为水稻长根后需足够光照，所以夏至后，前七八天阴雨、后七八天晴天最理想，如果小暑前还连天阴雨的话则成倒黄梅了，不利水稻发棵分蘖，所以又有"三时三送一年白种（这个'三时'指'末时'）"一说。

统购统销　上世纪五六十年代禁止私人买卖粮食的政策。

辍麦堡头　这是麦收脱粒后用糠晒筛麦粒时，能将"麦堡头"聚拢在中间的一种技术要求较高的农活。

胜利油菜　叶色深厚深秋种植来年初夏成熟的油菜籽，供榨油。

花萁扎钩　一头弯曲有钩一头 T 字形横短木柄拔棉花萁农具。

拆迁拆队　近一二十年，因上海城市建设的需要，广福、刘行及顾村地区大部分农村已拆迁。"三级所有制"的集体经济组织逐步解体。按市政府文件要求，通常先拆生产队（村民小组），最后或将拆生产大队（村）和公社（镇）。拆队过程中需按要求将集体经济积累资金析产分配。生产队一级析产的依据是生产队历年积累资金总数（按要求留存一定比例），将 1956 年合作化时每家每户交给集体经济组织（入社）的土地面积田亩数和按田亩数支付的农本股金数，以及所有农业人口的农龄数这三项内容作为基数，按比例析产分配到个人。农民原有合法建造手续的私有住宅按规定拆去，政府给原业主一定的住房面积或经济的补偿。

春秋社日　江、浙地区古人为了祈求丰收，每年春、秋两季祭土地神谓"社日"，戊属土，故立春后的第五个戊日（春分前后几天）谓之"春社日"，立秋后的第五个戊日（秋分前后几天），谓之"秋社日"。

入梅出梅　江淮地区初夏总有一段连绵的阴雨天，其时正好梅子逐渐黄熟，所以称为"梅雨时节"，也称"黄梅汛"。那么黄梅天从什么时候开始、从什么时候结束的呢？由于地区差别各地说法不一。《琐碎录》说："立夏后逢庚日入梅，芒种后逢壬日出梅。"《田家五行》说："芒种后黄梅雨，夏至后为时雨。"《江南志书》说："五月芒种后遇壬入梅，夏至后遇庚出梅。"我国历书采用《神枢经》说的"芒种后逢丙日进梅，小暑后逢未日出梅"。

如 2017 年芒种是农历五月十一日（癸亥）（阳历 6 月 5 日），芒种后逢丙就是农历五月十四（丙寅）（阳历 6 月 8 日），这天入梅；小暑是农历六月十四日（乙未）（阳历 7 月 7 日），恰逢乙未日，所以这天同时又是出梅，前后共 30 天。

第九章　歇后俗语

歇后语，是人民生活实践中沉淀、淬炼、凝聚而成的短小、风趣、形象的特殊语言形式，由前面的"引子"和后面的"后衬"组成，以其独特的表现力，给人以深思启迪、明晓哲理，让人品味生活、提升智慧。俗语，也称俗话、常言，是历代百姓生活经验的总结和美好愿望的反映，有的还是古训、家教类的好句子，以其简练、形象、通俗的口语形式，千古流传。

广福、刘行及顾家宅地区流传过许多乡土歇后语、日常俗语、老古话。现将历年采风收集所得详录于后。

一、歇后语萃

一笔狗肉账——难算清楚的烂账

一只筷缺（吃）面——独挑

三只节头骨（手指）捏螺丝——十拿九稳

三亩竹园一只笋——独乱一只

三岁小囝讨娘子——时间还早

三脚矮太（凳）——摆勿平

四大金刚扫地——大材小用

六厄（月）里格热头（太阳），慢娘的拳头——早呀（晚）各一顿

六厄（月）里格阵头雨——勿长久

六厄（月）里做亲——�面皮（棉被的谐音）

六厄（月）里捕（孵）小鸡——坏蛋

六厄（月）里扎（穿）棉鞋——热脚（日子）难过

六节头（指头）搔痒——格外讨好

七只馄饨对半分——不三不四

八厄（月）半的厄（月）亮——圆透圆透

八厄半雅（夜）里点灯——空挂明（名）

九厄（月）里格（的）野荠白——已经灰心

十厄（月）里格（的）鸡冠花——老来红

十五样小菜——七荤八素

几个哑子碰头——呒话呒商量

乃（拿）丈母娘叫阿嫂——瞎七搭八

小和尚念经——有口无心

小和尚敲钟——劲头勿度（大）

山东人吃麦冬——一懂勿懂

大蒜头葆（长出）芽——多心

乌几（龟）碰石头——硬碰硬

讨饭讨到坑棚（茅坑）里——找错地方

床底乱（下）放鹞子——大高不妙

牛头裤（短裤）扎（穿）袜——还差一段

牛吃羊草——难以吃饱，难以满意

廿一天孵不出小鸡——坏蛋

木匠打娘子——一斧头

木匠弹墨线——一只眼开一只眼闭（眼开眼闭）

云头浪（上）跑马——露马脚哉

孔夫子背褡裢——前后总是书（输）

公背新妇（儿媳）烧香——出力勿讨好

白萝卜敲锣——敲一阵短一阵，越弄越少

白露涅革雨——到块坏块

白粉笔画勒啦白墙上浪——白话（画）

白胡子困嘞啦（在）殴篮（一种童床）里——稀奇

正厄（月）半送灶——弄错辰光（时间）

外甥打灯笼——照舅（旧）

叫花子唱山歌——穷开心

石卵子炖蛋糊——软硬侪（都）不好吃

石卵子烧豆腐——软硬不匀

舌头舔鼻头——脱空一段哩

老母鸡生疮——毛里有病

关老爷看春秋——一目了然，煞煞清

老皮匠格（的）扁担——两头翘

老太婆念佛——噜苏勿停

老太婆的嫁妆——古货

老和尚念经——句句真言

老虎头浪（上）拍苍蝇（也说捉白虱）——自找死

老虎打瞌睡——机会难得

老丝（鼠）钻进书箱——咬文嚼字

老丝（鼠）钻进风箱——两头受气

头顶石臼做戏——缺（吃）力勿讨好

花样要比鞋样大——乱出主意

勿做忌日烧啥锡箔——引几（鬼）上身

各人船底乱（下）侪（都）有水——各行其道

夜壶里蹲坑——扣揩扣，恰巧正好

夜壶上搁筷子——搭足臭架子

落雨天挑灰担——越来越重

捏鼻头做梦——痴心妄想

两头拔柴脊（垛）——两面受损

雨落天掼稻——搭长（持续不断）

阎罗王生疮——阴积（疖）

草屋浪装捕鸡——掭空

赤膊戴领带（或：赤脚着皮鞋）——空摆噱头

年初一吃酒板——第一朝（糟）

鸡蛋鸭蛋炒鹅蛋——浑蛋

狗嘴里吐勿出象牙——坏人说不出好话

打铁碰着补镬子——黑手碰黑手

焦麦牺烧羹饭——不成体统

冬瓜藤绕嘞啦落苏田里——瞎缠

冬瓜烧茄子——烂料搭烂料

出头革橡子——先烂

裁缝的尺子——量人不量己

眼睛长在头顶上——目空一切

灶君公公上天——只说好话

烂泥萝卜——揩一段吃一段

暗洞里绕小脚——瞎缠

萝卜青菜——各人所爱

篱笆门上贴门对——露筋露骨

芝麻落勒拉（掉在）引线眼（缝衣针孔）里——巧透巧透

城头浪（上）出棺材——远兜远转

盐钵头出蛆——不可能的事

熝（炒）虾勿等弯（红）——性子太急

铜钿眼里串跟头——爱财如命

铜箍伽（戒）当金器——只能买卖野人头（骗骗人而已）

新箍马桶三日香——虎头蛇尾

新排坑缸（粪坑）三日香——吮没长性

瞎子磨刀——快了

瞎子喫馄饨——心里有数

瞎蟒（猫）吃着死老丝（鼠）——外快

吃素碰着厄（月）大——勿巧、嘎脚

和尚庙里借木梳——找错了门道

和尚披袈裟——半爿俏，一半好看

和尚买木梳——多此一举

和尚看花轿——空欢喜一场

和尚看嫁妆——今世甭想

歪头申公豹——吭啥好念头

歪嘴吹喇叭——一股歪风邪气

跳蚤的脾气——一碰就跳

呃（蚕）豆花开——良心黑透

买之炮仗拨（给）人家放——戆度

江西人钉碗——吱咕吱（自己顾自己）

搭之（给）和尚送木梳——吭啥用场，瞎七搭八

得之九寸想一尺——得寸进尺

叫花子困城门——城里城外侪（都）好革

逃走的鳗鲡有踏轴能度（大）——言过其实（随意夸大）

鳗鲡缺（吃）刀革乱（一种小鱼）——一道死

棺材脱底——吭收祝（无法收拾）

朱阿八——搭勿够

屈背看戏——轧直

豁嘴（兔唇）甜（音似他）鼻涕——顺路，抄近路

甜（他）鼻涕吃面——顺带，味道鲜得来

大年夜格（的）砧墩板——吭没空闲

大老爷升堂——呼幺喝六

大老爷偷婆娘——佛（活）作孽

空棺材出丧——目（木）中无人

罗汉斋（祭）观音——主少客多。

两个哑子眍勒（躺在）一横头——好得呒话头（没话可说）

初三格（的）厄（月）亮——有搭（和）呒没一个样

姜太公在此——百无禁忌

迷露里摇船——勿晓得东南西北，找不着北

麦柴杆当矮棒（拐杖）——不知好呆，不识货

麦柴管当吹火筒——小里小气

卖布勿带尺——存心不良（量）

哑子喊捉贼——说不出口

哑子夫妻说白话——好得呒话头

哑巴吃黄连——有苦说勿出

跟之瞎子学算命——学着骗人

跟之阿妈吃喜酒——百事勿管

跟之和尚卖篦箕——看错人头，找错门道

阿公踏进新妇（儿媳）革（的）房间——进退两难

雄鸡勿啼雌鸡啼——反常，乱了套

黄狗吃王八——找不着头

黄牛肩胛——靠不住

黄连汤淘饭——吃勿怕革（的）苦（不怕吃苦）

黄鼠狼爬到鸡棚顶浪（上）——勿偷是偷

黄鳝搭（和）泥鳅轧朋友——滑头找滑头

黄连拌猪胆——苦浪（上）加苦，苦透苦透

黄狗叫之狮子名——有名无实

咸菜烧豆腐——有言（盐）在先

酒瓶拔脱桢（塞子）——呒啥说（塞）头

纸扎店（冥器店）火着——一扫（烧）而光

狗舔螺蛳壳——勿添掉勿落（放不下）

狗咬吕洞宾——勿识好人心

姑娘（丈夫妹妹）学做婆——转弯不及

鸭缺（吃）砻糠——上当受骗空欢喜

寡妇养后（儿）子——苦煞

苦命寡妇死了独子——苦呒出头日

脱裤子放屁——多此一举

棺材里还伸手——死要铜钿（钱）

救了田鸡（青蛙）饿煞蛇——世事两难全

造房子叫之箍桶匠——弄错对象

象牙筷浪（上）掰掐丝——寻舳势，乱找茬子

驼背跌跤——两头勿着地

饭镬里炖蛋——凑两革当，两便当

踏破皮球——一包气

船头浪跑马——走投无路

屋面浪（上）格（的）老白霜——见勿得太阳

屋面浪（上）格（的）瓦爿——一代压一代

娘俩（母女）嫁拨（给）贤俩（父子）——两便当，大家方便

药店里的甘草——百搭，百有份

药店里革揩台布——苦透苦透

弄堂里扛木头——直来直去

着（穿）了干蓑衣救火——引火烧身

癫痫头浪（上）插金花——忍痛要好看

癫痫头撑伞——无法无天

癫痫头浪（上）拔头发——找错地方

癫痫头格（的）后（儿）子——自称好

嘴里嚼只青橄榄——先苦后甜

脚炉盖当洋镜——看得穿透穿透，看穿

盐砵头翻勒拉酱缸里——外人占勿着便宜，肥水不流外人田

雨点落勒拉（在）灰堆里——点子特多

篱笆洞里撒水——嘎乱

鹞子断之线——呒影呒踪

汤罐里督（慢慢煮）鸭——独出只嘴巴

螺蛳壳里做道场——兜勿转身

额阁头浪（上）搁扁担——一头挑（第一个）

婆搭新（媳）妇侪（都）戴孝——呒没功（公）夫

倭瓜生勒拉甏里——有货倒勿出来

新娘子喫糖圆——头一趟呢

猢狲（的）屁股——坐不住立勿停

猢狲习（拾）着姜——吃吃辣蓬蓬，督特（丢掉）舍勿得

【附】歇后语往往因趣事而起，下面撷取四句和刘行有关的歇后语：

1. 阿八弟的烧酒——和顺

传说刘行中街，曾有兼卖堂吃酒菜的杂货店主阿八弟，为多赚钱在烧酒里掺水，顾客见酒性较淡与他论理时，他就谑答："吃我的酒和顺。"后用"阿八弟的烧酒——和顺"一语，来嘲讽为赚钱而不顾商品质量的生意人，也泛喻做事顺利。

2. 阿桂江吃圆团——多少好的

传说刘行曾有讨饭的阿桂江，好吃糯米圆团，外出讨饭从不计较东家给多给少，有吃食即可。后"阿桂江喫圆团——多少好的"，泛喻拿取东西不计好坏多少，有所得即可的意思。

3. 陆永根的徒弟——停生意

传说刘行曾有开裁缝店的陆永根，对徒弟十分挑剔苛求，稍有闪失就叫徒弟卷铺盖回家，所以陆永根就成了停生意的别称。后

"陆永根的徒弟——停生意"，即泛喻合同期满闲在家里的意思。也说陆根荣的徒弟——停生意。

4. 程小弟报工分——假谦虚

传说上世纪七八十年代农业学大寨期间，农民实行自报薪酬工分。某日程小弟报了个低分后，见别人都报得比他高，就不开心，辩称"刚才我是谦虚，我也要报高分"，引起旁人哄笑。后"程小弟自报工分——假谦虚"，泛喻过分谦虚而又后悔者。

二、日常俗语

一只袜，袜一只，一只袜统管

一只碗勿响，两只碗叮当

一只耳朵进，一只耳朵出

一丈不通，万丈呒功

一世人生半世床

一个栗子一个壳，一个萝卜一个坑

一日夫妻百日情

一个徒弟半个子

一个女婿半个子

一夜勿曾困（睡），十夜困勿醒

一把茶壶一个盖

一客勿事二主

一张嘴，两爿皮，翻来翻去侪（都）是理

一山难藏两只老虎，一灶难容两房新妇（儿媳）

一分铜钿一分货

一钿逼煞（死）英雄汉

一种生活配一副骨头

一个铜钿捏得两头勿出

一埭篱笆三个桩，一个好汉三个帮

一钿一斗谷，呒没铜钿只好对伊哭

儿大不由娘，女大半个客

儿不嫌母丑，母不弃女累（或：狗不嫌家贫）

儿子像娘，金子打墙

儿孙自有儿孙福，莫替儿孙做马牛

人穷不会一世，家富勿过三代

人老脚先老

人比人，气煞（死）人

人有良心，狗勿吃污（屎）

人老筋出，树老根出

人老话多，树老根多

人恰命不恰（乡音"恰"似"其啊"，表乖巧聪敏）

人生命三苦，轮着三样实在命苦

人喜勿妒嫉，人祸勿暗喜

六十勿欠（放）债，七十勿过夜

七不出，八不归

七颠八倒，廿五送灶。也说"正嗯厄（月）半送灶"

七石头缸有勿得一个沙眼

七十勿留宿，八十勿留饭，九十不留坐

七十三，八十四，阎王不请自己去（传孔子七十三岁，孟子八十四岁）

七十勿送葬，八十勿上坟

十个节头骨（手指）有长短

十月怀胎娘受罪，一朝落地娘心安

三人六主张，棺材买勿行（hǎng）（买不成功）

三只落苏（茄子）红彤彤，勿晓啊里一只好留种

三代勿出舅家门（外甥像舅舅）

三锄头，六铁鎝，做煞做死做勿发（不会巧干只会蛮干成不了事）

三年烂饭（菜饭）买头牛，五年薄粥砌间屋

三铟不作两铟卖（贱卖的意思）

三岁看到老，八岁定终身

三年老鸭胜人参，十年鸡头赛砒霜

三记打勿出一个闷屁（木讷寡言）

三年七品芝麻官，十担金来十担银

一寸旁皮三寸冻（也说"三寸旁皮也结冻"，含"不要看不起别人，人人都有一方天地"的意思。旁皮鱼是一种指头般大小肥壮的小鱼，现已绝迹。）

千日做贼，总有一趟失手

千错万错，马屁勿错。千臭万臭，马屁不臭

千烧勿及一焖（烧饭菜的一点技巧）

千做万做，蚀本生意勿做

千拣万挑，挑了个豆子（又说"猪头"）瞎眼

千年勿断（女儿）娘家路，嫁出女儿泼出水

小囡勿食鱼子，食之勿会聪明

小囡是来讨债的，勿想还债么，生啥个男来养啥葛囡

小树要剪，小囡（孩）要管

大门不对直路，厅堂不对桥梁

大勿算，小六乱（大事掌握不了，专究细枝末节）

上趟当，学趟乖；上趟当，下趟乖

上梁不正下梁歪，下梁不正倒下来

上有尊长不留须

下吭子女只扎（穿）灰

门前三分甜芦粟，生病勿用看郎中

门前种竹，一世吃粥，宅后种竹，碗里有肉

门前勿栽桑，门后勿栽杨

门牙稀疏难聚财

乡长买田造屋，保长吃鱼喫肉，甲长逗五逗六，里长朝南朝北（乡、保、甲、里是民国时期的人、户保甲制度。如1946年广福乡辖6个保101个甲，由各自然村宅的20来户组成一甲，七八户组成一里。）

心急吃勿得热粥

飞来革燕子赶出堂里革麻将

牛吃稻柴鸭吃谷，各人自有各人福

斗米养恩，担米养仇

困末困革吭脚床，着末着革破衣裳

长辈勿吃小辈革豆腐

无事勿可胆大，有事勿可胆小

天庭破，饭碗破

天上老鹰度（大），地上姑夫娘舅度（大）

面无善痣

面有黑痣守空房

手臂有痣有财藏

火到猪头烂，钱到百事办

丈母娘看女婿，越看越欢喜

丈人阿伯看女婿，越看越戳气（不开心）

丑妻薄田家中宝

牙齿舌头，啊（也）会相打

牙痛勿是病，痛起来真要命

牙齿三十二（颗），命好运好，牙齿不满二十八，命薄运衰

见了大佛笃笃拜，见了小佛舔来卖

开开心心活命，气气恼恼生病

开门七件事，柴米油盐酱醋茶

公要馄饨婆要面（凡事难周全）

勿怕凶，就怕穷

勿是冤家勿聚头

勿出铜钿白看戏

勿听老人言，吃尽苦黄连

勿当家勿知柴米贵，勿生儿勿知父母情

勿气勿愁，活到白头

勿识相，要吃辣（火）货酱（不知趣就可能挨揍）

勿懂装懂，一生一世要当饭桶

勿要多问家中妻，只看丈夫身浪衣

风作雨来，人作祸来

出门一里，勿局（如）屋里

出仔油火钿，坐嘞（在）暗洞里

长兄当父，长嫂似母

瓜无滚圆，人呒十全

立得正，坐得稳，勿怕和尚尼姑说白话（也说舔长凳）

未话先笑，勿是好道

生来志气，教来晦气

生人三苦：撑船、打铁、做豆腐

生容易，活容易，生活不容易

半斤八两，呒啥两样

宁愿做吊（鸟），不愿做小（小老婆）

外甥是只狗，吃好朝外走

养外甥勿是（如）养只鸭

歪嘴和尚念勿出真经

瓦爿亦有翻身日

可怜人必有可恨处

打人勿可先下手，骂人勿可先开口

只有千夜做贼，呒没千夜防贼

只认衣衫勿认人，嫡亲娘舅陌生人

台脚度葛（的）蜡烛，照前照后

百味盐为首

托人托仔个皇伯伯（办事找错了人）

叫花子也会留个冷饭团

平时勿烧香，临死抱佛脚

冬吃萝卜夏吃姜，一年四季勿要看医生

讨来格媳妇好勿好，只要看伊脚浪革（的）啊（鞋）

外来和尚好念经

两个肩胛扛个头

羊肉勴（没）吃着，字啊（惹）仔一身骚（臭）

羊头浪（上）上摸摸，狗头浪（上）广广（不专注难成事）

老大多了要翻船

老丝（鼠）跌进白米囤

老丝（鼠）勿挺（留）隔夜食

老革牛肉有嚼头，老人闲话有听头

老姜辣味大，老人经验多

耳垂如珠福寿长

耳朵高于眉，常会做人精

耳朵尖，老来苦

命有八尺，难求一丈

命中你革（的）逃勿特，命中呒没争勿来

答应辰光（时）鸡头啄米，忘记嘞拉（在）裤裆里

灯草做勿得啊棒（拄拐），薄烂泥浆捧勿到墙浪（上）

刘阿斗，薄烂泥浆捧勿起

穷家富路，出门多带一件衣裳

穷么穷勒拉病院里，苦么苦之拔花萁

撒贡老（第四声）寿星（事已落空，白费劲）

撒污（屙屎，大便）一趟，撒水（小便）一趟

年轻苦，勿是苦；老来苦，真正苦

年三十夜里敲锣鼓，不晓得穷人苦勿苦

恰勿恰（能干与否），只要看伊脚上的鞋；勤勿勤，只要看伊橱里革衣

呒钿买药吃，热水汏汏脚

呒人做狗拖犁（犁本该用牛拖，狗拖犁实属勉为其难）

吃勿穷，着勿穷，算计勿通一世穷（乡音"吃"似"缺"）

吃革盐和米，说革情和理

吃家饭，撒野污

吃得邋遢，做个菩萨

吃受用，扎（穿）威风，嫖全空

吃饭带点糠，全家人健康

吃饱差勿动，坐定打瞌睡（养了个懒汉）

吃力勿赚钿，赚钿不吃力

吃嘞（在）碗里，望嘞（在）镬里

吃面多喝汤，免得开药方

吃之污（大便）勒宁（忍）达（着）

吃了河水合朴睏（俯卧）

吃鱼勿能翻身，筷子对杵下层（吃鱼的习俗）

吃了鱼，勿吃肉（从前手艺人吃东家饭是讲规究的，如"师傅动筷才动筷"，"只夹门前碗里菜"等。）

吃么天兵天将，做么道士行（háng）香（吃多干少）

吃饭饭浪头，生活嫩骨头（吃多干少）

吃鱼鱼做，吃肉肉做，吃之豆腐，革么（那么）坐坐

吃啥饭，当啥心，敲啥木鱼念啥经

吃尽天边盐革（的）米（味）道，走尽天边还是娘好

吃了端午粽，还要冻三冻；未吃端午粽，寒衣不可送

黄狼拖田鸡（大小孩勉为其难地照顾小小孩。）

咬脱奶头（溺爱孩子），苦日子嘞拉（在）后头

茅山道士做道场，有本事吭没家省

庙里烧香讲媳妇，田里拔秧讲阿婆

谁人背后无人说，哪个人前不说人

除非东海起蓬尘，石桥佘来木桥沉

你有阶沿草，我有麦门冬（条件相仿）

只要捏着骱（要害），凡事勿缺（吃）力

头颈绝细，端（只）想操祭（吃）

佛要敬，贼要防

清爽勿清爽，只要看灶头

多赚勿及少用，多寻（挣）勿及省用

爷娘待子女是一片心，子女待爷娘是一寸心

夹忙头里膀牵筋（忙里添乱）

热心人，是非多

看他勿像样，倒个是雕花匠

占了茅坑不撒污

自有自便当

自污勿觉臭

自病自得知

自家污（屙）腻腻（或说"哩哩"），管啥人家甜（拖）鼻涕

鸡搭（和）百脚（蜈蚣），冤家结煞（死冤家）

侬看我勿像，我只要勿冷

困梦头里笑豁嘴

印堂（两眉间上面）发黑有霉运

印堂悬针，劳碌急性

印堂八字纹，事事都过问

买瓜看皮色，说话看脸色

买勿完格（的）松江布，收不尽格娄塘纱

有借有还，再借勿难

有理呒理，侪（都）嘞啦（在）众人嘴里

有娘革地方才算家，呒娘革地方成故乡

有钿勿作福，无钿勿作贱

有时省一口，呒时当一斗

有了八寸要一尺，好吃果子连核咽

有钿要想呒钿时，莫等呒钿想有钱

有福之人人服侍，呒福之人服侍人

有嘴讲别人，呒嘴话自身

有贼心呒没贼胆

有米勿怕饭晏（晚）

有种像种，冬瓜直卜笼统，落苏总是弯柄祖宗

行下春风望夏雨，落得腊雪有梅花（好人有好报）

鸡棚换鸭棚，换来换去呒啥两样

百年修得同船渡，千年修得同枕眠

穷灶前，富水缸

穷人多算命，富人常烧香

先进庙门三日大，和尚道士入夜忙

陌生人吊孝，只有死人肚里得知

皇帝也有三门草鞋亲

茶倒浅杯酒要满

走了强盗来了贼。

好革（的）女人惠四代

好马有人骑，好人有人欺

好记性勿如烂笔头

好货勿便宜，便宜呒好货

好秧得好稻，娶得好妻一世福

好心父母天下多，孝顺儿女难得见

好张督嘴，呒没骨子。也说"好督嘴呒骨子"

好么好之新女婿，苦么苦之拔花萁

冷末冷仔风，穷末穷仔铜（钱）

冷在风里，穷在债里

冷粥冷饭好吃，冷言冷语难听

冷水淘汤饭，人瘦像讨饭

冷靠棉絮，老靠图西（子孙）

酒醉勿嘞浅满浪（酒杯倒得浅与满，喝酒喝得醉与不醉，两者没有关系）

花花轿子人抬人，铜钿银子人骗人

豆腐手，豆腐手（手很软），男交官宦运，女入青楼命

饭少吃一口，人多活几岁

两趾长过公（小脚指头比脚拇趾长），勿死一世穷

肚脐凸出勿留财，肚脐深凹旺夫运

屁股肉多，屋里财多

男轧男淘，女轧女淘，老（罗）卜勿轧菜淘

男怕入错行，女怕嫁错郎

忧愁多病，心宽体胖

灶沿少堆柴，缸中多积水

坐吃山空，越吃越穷

床歪被凑，被短脚缩

搭博顶倒束，前吃后空

闲时做来忙时用

绣花枕头一包草

犟（不肯服软）到底，苦到死

送佛送到西天，送客送到江边（好事做到底）

抱嘞（在）手里怕冷，含嘞嘴里怕烊，吞嘞肚里怕鲠

聪明面孔笨肚肠

彭卢须戴，敲锣吃饭

四缸果子六缸油，吃得油干灯草完，果子端（只）剩活（核）

吃嘞塘桥头（又说"卢家头"），撒（拉）嘞彭家头

国有四维，礼义廉耻，四维不张，国要灭亡

先有广富林，后有松江史。先有松江府，后有上海滩

有了嘉定县，才有广福镇，先有广福镇，后有宝山城

画人先画鼻，做事先做人

荒年饿勿煞（死）手艺人

狗舔螺蛳壳，勿添掉勿落

狗走千里吃污，狼行千里吃人

乖人勿吃眼前亏

金邻里，银亲眷

金罗店、银南翔、铜江湾（又说铜真如）、铁大场

金窟银窟，勿局（如）家里草窟

金无赤金，面呒善痣

朋友朋友，多碰头才是友

爷勿像，娘勿像，倒像隔壁张木匠

请神容易送神难

捉小狗也要看看老母狗

矮子肚里疙瘩多

矮子里头拔将军

若要好，老作小

若要小团安，三分饥和寒

若要和，先做新妇再做婆

秧好稻好，娘好囡好

板板六十四（为人严肃、不苟言笑）

娘说囡好勿算好，婆夸新妇才算真

是药三分毒

看菜吃饭，量体裁衣

揩台勿忘四角，扫地勿忘壁角

面无三两肉，心有七分毒

南京到北京，爷叔伯伯叫勿停

贴耳福相（被对面人看不到耳朵的人是福相）

眉间长痣心计多

做天难做四月，做人难做中年

树老根多，人老识多

猪头肉，三勿精（啥都干不好）

猪睏长肉，人睏败屋（又说人睏卖田拆屋）

猪肝额，四指宽（前额宽大饱满），一生一世用勿完

老巨（鬼）勿脱手，脱手勿老巨（鬼）

眼睛里扎勿得一点垃圾

眼盖（眼眉间）凸出钱袋鼓，眼盖凹陷钱袋瘪

裁缝勿落（暗自留下）布，死特（掉）家主婆；裁缝勿落线，临死还要欠三欠

　　身上挂灯结彩，肚里红木紫檀（虽贫穷却讲究吃的人）

　　眉毛逆生，弟兄勿和

　　席（拾）到篮里就是菜

　　热饭凉茶泡，娘做郎中啊（也）呒没用

　　种田勿着一熟，讨娘子勿局（行）一世

　　种田勿着一熟，婚姻勿好一世

　　种田勿来看四方，撑船勿来看大帮

　　迷（糊涂）悟（聪明）一念间，觉（jiao 睡着）觉（jue 醒来）一瞬间（佛语）

　　看人挑担勿吃力，自上肩胛就得知

　　胖老太瘦老头，有钿难买老来瘦

　　拼死吃河豚，吃之河豚百呒味

　　眼睛一眨，老婆鸡变鸭

　　困觉困觉，先困心，后困人

　　困前泡脚，胜吃补药

　　困觉莫困穿堂风，脚勿朝西头朝东

　　要讨媳妇先看伊革爷娘，要借铜钿先看伊革家当

　　新剃头，勿敲三记蹩霉头

　　家贫狗勿弃

　　家兴在于和，人富在于勤

　　家人勿和被邻欺，夫妻勿和被人讥

　　家家有本难念革经，人人有苦自家得知

　　家教勿好害子女，门风勿好害图系（小辈）

　　秧好得好稻，娶到好女一世福

　　兜风耳，是非多

做人老实不吃亏，过分老实变戆大（傻瓜）

若要富，天亮起来做；若要穷，天天困（睡）到日头红

烧饭省一把，三日饭量有

要得好，问三老

蜻蜓尾巴自吃自

麻车袋，老布袋，一代传一代

麻袋改花袋，一（袋）代不如一（袋）代

部（孵）生勿部（孵）熟（生人不比熟人）

鸭肫难剥，人心难摸

鸭吃砻糠鸡吃谷，各人头上一爿福

越眠越懒，越吃越馋

瞎蟒（猫）缺（吃）着死老思（鼠）

虾有虾路，蟹有蟹路，黄鳝泥鳅吭路寻路

黄毛丫头十八变，临时上轿还要变三变

满饭好吃，满话勿说

家吭四维，子孙勿旺

甜言一多夺人志，甜食一多夺人齿

夏至勿要莳秧，冬至勿梦（看望）爹娘

夏（蚕）豆越沉越少，闲话越拌越多

夏不睡石，秋不睡板，春不露脐，冬不露头

麻袋里革洋钉里杵出

糊里糊涂斛（合做）夫妻，做了夫妻斛（合着）活命

挨门进，自垛（搬）凳，要吃冷饭自己盛。

拖鞋皮，懒污屎

贤德媳妇惠四代

贤德革（的）媳妇才有聪明革（的）图系

暴穷勿吃粥，暴富勿造屋

寒从脚起，风自头得，伤风来自后颈骨

爹有娘有，勿及自有

黄牛角，水牛角，大家角（各）管角（各）

急旋风碰着慢郎中

哑子吃黄连，有苦说勿出

脚踏西瓜皮，滑到啊（哪）里算啊（哪）里

恰（巧）做恰，踏板头上有勿得三双小囡鞋

宽打窄用，日子勿穷

横里勿着竖里着，撩鱼勿着掰茭白

靠人总是假，跌倒自己爬

路有千条，理只一条

驴子看勿得马样

捏鼻头做梦，异想天开

起房造屋，三年吃粥

操笕箕（讨饭的）看勿得枴长袋（流浪汉）

侬烧火，我拾柴，巴巴结结过日脚

蛇吃黄鳝，一尺吃八寸

破扫帚配额（缺角的）畚箕，每把茶壶都有盖头配

拾到鸡毛当令箭

日里勿做亏心事，夜里敲门勿得知

日图三餐，夜图一忽（觉）

省一分没啥，借一分成债

虱多勿痒，债多勿愁

树高千丈，叶落归根

说真方，卖假药。说真病，卖假药

屋檐浪革（的）瓦，一代压一代

屋浪革瓦也有翻身涅（日）

贪吃懒做勿成家，巴巴结结涨人家

锣鼓听声，说话听音，看人要看心

撑船勿会嫌港曲，撒污勿出怪马桶

物要防烂，人要防懒

筷头浪（上）出逆子，棒头呃头（下面）出孝子

新排坑缸（粪坑）三日香

新三年，旧三年，缝缝补补又三年

阎王好弄，小鬼难绕

烧饭师傅搭浆，饭菜全靠葱姜

若要鲜，一勺味精一勺盐

蒲鞋着袜，七之八搭

描金箱子白铜锁，外面好看里厢空

越坐越懒，越吃越馋

赚钿勿吃力，吃力勿赚钿

烧饭省一把，三日饭量有

裤裆勿对涅头（太阳），女裤勿对家堂，人勿可钻裤裆

额头窄，劳碌命

奸门饱满姻缘好，呒疤呒痣一世福

鼻尖有痣是非多

鼻毛出洞要破财

鼻污干当饭吃

鼻圆加肥臀，自古好夫运

鼻翼宽，是好妻，胸脯宽，是好娘

船到桥头自会直

做一行，怨一行，到老勿在行

骗煞人性命，勿要侬偿命

骗煞人，勿偿命

临时上轿穿耳朵

烧香赶走和尚

烧香望和尚，一凑两葛（便）当

痴子望天坍，穷人望造反

客气新妇当囡养，恩伊哪能么（不管怎么做），婆媳难成亲生

跟之和尚卖篾箕

城隍弄勿过土地，老板弄勿过伙计

寡妇门前面是非多，庙左庙右寡妇多（也说好女勿住庙左庙右）

说嘴郎中呒好药

顺风背纤，逆风扯蓬

砻糠搓绳起头难

锣鼓勿敲勿响，蜡烛勿点勿亮

锣鼓敲嘞（在）点浪（上），闲话要说嘞心浪（上）

额骨头碰着天花板

戆人自有戆福

莳秧看上垯（大）

乡音把"插水稻秧苗"叫作"莳秧"。借用"垯 dai"（一排一排的土坝）就是量词"行""道""排"的意思。乡人"一行、两行"有时说成"一垯、两垯"。这句话的意思是，大家在水稻田里插秧时，各人插秧以前面一个人插秧竖的行距和横的间距为基准。比喻行为处事要按榜样办，也叫看样学样。乡间通常请公认的插秧能手排在第一个，作为大家的基准标杆。

说到插秧，想到一句经典的话，"六根清净方为稻 // 道，退步原来在向前 // 禅"。这是运用了汉字的谐音，使句子有了一语双关的含义。"六根清净方为稻"，说的是插秧，一般有五六支分蘖的秧苗，秧根洗净才插得好，日后稻长得好。因为"稻""道"谐音，就有了"六根清净方为道"。佛道认为，眼、耳、鼻、舌、身、意

为六根，眼是视根，耳是听根，鼻是嗅根，舌是味根，身是触根，意是念虑之根。根者能生之义，如草木有根，能生枝干，识依根而生，有六根则能生六识，六根清净的目的在于心无杂念、静化心灵、超越生命。"退步原来在向前"，意即插秧是往后退步插的。因为"前""禅"谐音，又有了"退步原来在向禅"，以此告诉人们在人生的道路上，有时候看似后退了几步，其实是在向"禅"进了一步，靠"佛"更近了一步，富有哲理。

附录一·文摘

化乡土文化积淀为社区精神高地

——广福村刘冬云书记访谈录

继陈家行村后，顾村镇城市化进程的又一大手笔——广福村全部被划进"新顾城"和"S7"等建设项目范畴，从而紧锣密鼓地步入了大规模动迁序列。在顾村镇1000年的历史舞台上，广福村无疑是元明清以来人文历史遗存最为丰满、朝野逸闻传奇最多、乡土文化积淀极其厚重的一个古村落。借用冬云书记自己的话来表达："2016年5月到任后做了些实地调查，对广福历史肃然起敬。"于是就采取了将村民动迁与挖掘人文历史底蕴并重的工作举措，这是一个对乡土文化打心底热爱、对乡土历史充满敬畏感的乡村基层领导干部的强烈责任感使然。广福村委与镇文化中心就此展开密切合作，笔者也有幸参与了对行将拆除的广福全村及动迁户以镜头与文字积极实施抢救性保存的志愿者行列。

"广福村的兴衰史，是与其地理位置的沧桑变迁史亦步亦趋的。"冬云书记如是说。村庄地处镇域西首，在宋元时代已为沿海黄金区段，也是当年南北海运的必经之地，为"物华天宝，人杰地灵"的经济繁荣和人文荟萃做了先天性的注脚。这一切又是从700多年前的那场海难缘起，正是"江家宅"村民及时伸出援手，挽救了遇险印度僧人普慧生命的一次"见义勇为"，不仅成就了江南渔村与佛教禅宗的跨国际会，以及元代因"感恩"而建"普慧禅寺"，与普慧"宁残身、广施福"相辅相成的"关爱"誓愿；也奠定了明代万历年间纯一和尚扩建"广福寺"的信仰基础，同时赋予了村庄不同时期的行政隶属（厂、镇、乡）"因寺得名"的因缘。无奈在历史烟云的漫长岁月里，随着海岸线渐行渐远的"沧桑"变迁，人气与景气盛况不再，当离乱的战火最终将寺庙毁之殆尽，广福便靠着传统农业与手工作坊沿革发展，并把"江南第一寺"的荣耀凝聚成乡土记忆，代代传承。此传承在广福还有着一系列的印证：元代孝女杨九娘的形象虽史志中语焉不详，但自明清以来在顾村、刘行流传有序的四十首古诗词中，却先后有九首之多为这"一介村姑"竭尽赞誉。为纪念她而于清乾隆十二年重建的"杨娥桥"，迄今仍维系着宝山与嘉定两区之间的村道通行；明万历年间文武进士须之彦、须之奇兄弟出身广福望族，所建"遗忠堂"闻名遐迩，搬迁后更名"移忠堂"，刘行志记载翔实。其中一扇带蝙蝠木栓、有着显著明代风格的边门，被拆装在东街王家，而王家母系祖上正是须家后人。除传有清康熙年间的皇宫地面专用"金砖"，还有一口很可能曾出现在古诗"杨九娘歌"里用"桔槔"提水的大口径古井，上海电视台"新闻坊"栏目与宝山电视台"周日播报"曾专题报道。足见"积善""举孝""守忠"等公序良俗在广福历史上有着极为悠久的传统美德。

随着广福动迁进入倒计时，如何充分利用上述丰富的地域文化资源，让每个村民把乡土记忆转化为城市印象和美好"乡愁"，让后人重新认知和传承家乡的优秀历史文化，成为摆在村两委班子面前的新课题。为此，曾编辑过《彭城郡刘氏族谱》、有较深文化底蕴的冬云书记，力挺重整乡土文化遗产的前瞻之举，牵头组织村里有识之士集思广益，搜集散落民间的历史遗珠，编纂《广福乡粹》，宗旨是重人文，不求全，留线索，待后人。期盼能为广福村的城市化大格局留存一份乡土味十足的《全家福》以及日见稀缺的精神财富。可谓"功在当代，利在千秋"，对于一个行将从地图上消失的古村而言，实属是"功德无量"。

完全可以预期，广福村目前所尝试的"化乡土文化积淀为社区精神高地"及"拆硬件补软件"的两手抓做法，必然会产生强烈的连锁反应与极其宽泛的推广前景。

（叶谦/文　摘自《诗乡顾村》2016年12月第四期）

两任县委书记曾与我共事

往事如烟，在我 70 多年匆匆而过的人生中，总有一些令人难忘的邂逅，比如先后与宝山县两任县委书记黄文琴、沈善初有缘共事，回忆之余，足以况味。

那还是上世纪 50 年代末至 60 年代初，我和黄文琴等农村知识青年幸运地当上了刘行公社农业中学的教师，当时大家都年轻气盛，又因我学历略高，曾担任学校负责人。黄文琴和我同村，除"根正苗红"外，更是位淳朴善良、吃苦耐劳、钻研业务、人脉和谐、口碑相当不错的农家女孩。1962 年后，全县农业中学陆续停办，从此各奔前程。她在"农中"时就入党，随即踏上从政之路，参加过"四清"工作队，不久担任了东马桥大队（广福村）党支部书记、公社党委委员，直至宝山县委书记。与黄文琴同事过的肯定有较多人，但既与升迁前的黄文琴同事过，又与升迁前的沈善初也同事过，这样双重的"特殊同事"恐怕少之又少，就这点而言，我或许有幸成为"宝山第一人"。

上个世纪 80 年代初，通过考试考核，我被录用在宝山县科委，曾经成为国家干部，之后还担任办公室副主任。是年，从上海钢研所组织科副科长岗位上调来的沈善初，任宝山科委副主任，作为办公室人员的我，及时为沈善初办理了工作证、医疗卡等。老沈不但学历高，而且为人正直谦和，工作细致，廉洁自律，平易近人。不久，沈善初升任宝山县委书记。我与沈善初在县科委相处的时间不算太长，但毕竟也是一室之隔的同事，区县"撤两建一"前夕，我叶落归根地调往刘行镇（乡）政府工作，任主任科员直至退休。

诚然，一个人的社会地位有上下高低大小之分，都有其"天时地利人和"等各种主客观因素，亦是应了一句"社会关系之总和"的经典话。我当年所"知根知底"的黄文琴和沈善初，尽管后来都当上了县委书记，但确实不是云里雾里的"高人"，乃是实实在在的很普通平凡之人，可平凡之中又彰显不平凡；对党的忠心耿耿，对工作的勤奋踏实，为人民服务的全心全意，或多或少闪现出"焦裕禄精神"，从这两位县委书记身上，我领悟到很多做人的真谛，得益匪浅。

（王宗康 / 文　摘自《金秋文学》2015 年 1 月第一期）

五代七进士 父子两翰林

——王敬铭家族

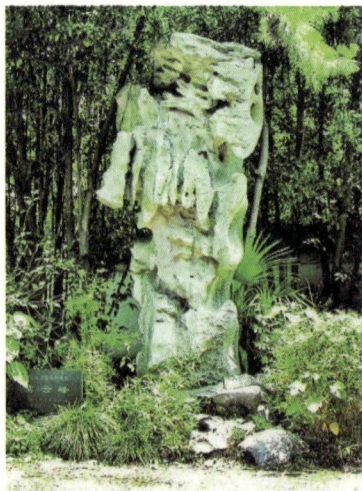

见证了王敬铭家族兴衰的蓊云峰

王敬铭家族的源头可以追溯到宋代名相王旦之侄王玄，属大名鼎鼎的三槐堂支派，也是太原王氏的一脉。王玄自北迁南，居昆山，被王敬铭家族奉为始祖。明洪武年间，王玄后人王芬与其兄王英析箸，入赘嘉定陆氏，遂迁居嘉定县六都介山墩（今属马陆镇），因而被后人尊称为介山公。

王芬九传至王泰际。自王泰际至其八世孙王焘曾，经十代，历时近三百年，王氏家族逐渐成为一个文化世家，不仅在嘉定历史上占有极其重要的位置，即使放入明清江南望族群体中加以考察，也不遑多让。

功名为秀才、贡生者姑且不论，进士即多达七人，分别为王泰际及其孙王晦、王恪，曾孙王敬铭，玄孙王元令、王元勋，来孙王进祖，其中王敬铭为康熙五十二年（1713 年）状元，官至翰林院修撰，其父王晦为翰林院庶吉士，正可谓"五代七进士，父子两翰林"。嘉定大姓科名之盛，在明清两代无出其右者。

王泰际：隐居终老的进士

王泰际（1599—1675），字内三，号砚存。自幼聪明好学，处事沉稳老成。明崇祯三年（1630年），三十二岁的王泰际参加江南乡试，中举人。崇祯十六年（1643年），王泰际和同县举人黄淳耀一起赴京会试，双双考中进士。这一年，他四十五岁。照例，读书人在考取进士后，就可以授官职。但此时，内忧外患的明王朝正处在风雨飘摇之中，王泰际和黄淳耀商量后，决定不在乱世为官，回乡隐居读书。

第二年，李自成的农民军攻入北京，明王朝土崩瓦解了。不久，清军入关，击败李自成，在北京建立了清王朝，明宗室福王朱由崧则在南京建立南明小朝廷。王泰际知道了当时的形势后，写信给黄淳耀，提出共同隐居的计划。黄淳耀十分赞同王泰际的想法，在复信中说："去城而乡，虽埋名不能，而全身可得。冠婚丧祭以深衣幅巾行礼，终身称前进士，一事不与州县相关，绝迹忍饿，可也。"

顺治二年（1645年），黄淳耀因被推为"嘉定恢剿义师"的首领，隐居不得，最终为抗清而殉国。事实上，在清军兵临嘉定之前，王泰际和儿子王霖汝就积极组织乡兵，号称王家庄兵，勤加操练，以图保境安民，后来成为抗击清军的有生力量。王泰际本人也参加了保卫嘉定城的战斗，所不同的是，城破之后黄淳耀选择了以死殉节，王泰际选择了隐居守志。此后，王泰际三十多年足迹不入城市，在乡间读书种田，不与清廷合作。御史多次登门拜访，劝其出仕，都被婉言谢绝。他在《书怀》一诗写道："生守终身前进士，死丹片石晋遗民。"这是他真实的心灵写照。

在嘉定城东，王家有自己的园宅寿砚堂和东皋芝园，其中后者风光尤为旖旎，有药栏、荷沼、丛桂、孤松、寒梅、瘦竹等景物，成为王泰际与诗朋文友举行酒会和诗会的主要场所，与会者皆为一时名流，如太仓籍著名诗人吴梅村、陈瑚，以及本县名士赵洪范、张鸿磬、苏震、苏渊、陆元辅，这就是嘉定文学史上著名的"东皋雅集"。

太仓人吴梅村与王泰际早就相识，又是乡试同年，过从甚密。王泰际考中进士后，回昆山重建先祖王葆祠，吴梅村特意为之撰写了《重修王文毅公祠记》，又有《赠同年嘉定王进士内三四首》，是为祝贺王泰际七十寿辰所作，诗中把王泰际比作汉魏之际的隐士焦先，对其洒落闲适的隐居生活十分欣赏和向往。

尽管隐居乡间，王泰际并非完全不问世事，仍保持着爱乡爱民的情怀。顺治初年，嘉定县令在议定嘉定税粮的数量时，故意提高征缴额度，以便中饱私囊，无形中增加了农民的负担。王泰际据理力争，与嘉定县令论辩。县令语塞，无言可对，就派人暗中向王泰际赠送银两，遭到王泰际的拒绝。有一次，王泰际梦到一位神人对他说：你敢于为民力争，积德行善，大有阴功，将得到一个有出息的曾孙。次日晨起，果然孙媳妇生了儿子，就是后来考中状元的王敬铭。

王泰际爱诗成癖，精选汉魏以来古今体诗八十卷，编为《历代诗类钞》（一名《过目诗选》）。对于这部诗选，王泰际十分珍视，他仿照唐代贾岛的故事，每逢除夕都要用美酒来祭它。

晚清词人况周颐对王泰际的人品和词品非常欣赏，他在《蕙风词话》卷五中说"内三先生固深于情者，宜其能为情语也"，并认为《浪淘沙》下阕的后三句"由无情说到有情，语怨而婉"，信为妙笔。

古时，高官重臣卒后，朝廷会根据其品行为之拟定谥号，王泰际虽然是进士出身，但一生未涉足官场，自然不可享此殊荣，然而在嘉定士林，他却有着不容置疑的重要影响，大家一致认为他"植节甚坚，始终一贯，可谓贞矣；学行之正，为世师法，可谓宪矣。

因私谥曰'贞宪先生'"。理学名家陆陇其素来仰慕王泰际的节义与学问,康熙十四年(1675年)出任嘉定县令,而王泰际却刚刚作古,陆陇其以未能与之相见而深感遗憾,特意撰文祭奠,中有句云:"先生之名,青汗堪垂;先生之行,白璧无污;先生之著述,可藏之名山;先生之诒裕,将贡之天府。"

王泰际共有三子,长子王霖汝,崇祯十二年(1639年)中举人,次子王楫汝,顺治八年(1651年)中举人。王楫汝有六子,长子王晦一支,代有贤才,是王家人才最集中的支系。王家七进士中有五位出身于此支,分别是王晦本人、其子王敬铭、其孙王元令、王元勋和曾孙王进祖。

王晦:五云方晓日,一第已斜阳

王晦(1646—1719),字服尹,又字树百,号补亭,王楫汝长子。他禀赋明敏,十六岁就中了秀才。然而,此后科场蹭蹬三十四年,直至五十一岁才考中举人。又过了十六年,始成康熙五十一年(1712年)壬辰科进士,时年已六十七岁。王晦在殿试中的成绩本是倒数第四名,但是康熙帝久闻王晦的才名,又为其一生执着于科考而感动,于是在随后的畅春园复试中,特意将其拔置为第四名,授翰林院庶吉士。

及第后第二年,长子王敬铭高中状元,授翰林院修撰。父子二人两年内先后登第,且同为翰林清要,堪称旷世荣遇。一时间,朝野上下传为美谈。看到王家在官场上已后继有人,年届古稀的王晦脱下上身不久的官服,毅然辞职归里,与朋旧饮酒赋诗,颐养天年。

王晦晚年中进士的情形,给康熙帝留下了很深的印象。康熙五十八年(1719年)夏,康熙帝率王公大臣到热河行宫(今承德避暑山庄)消暑,王敬铭也在随驾之列。一天,康熙皇帝问王敬铭：你的父母是否健在？王敬铭答道：都健在。康熙接着说：双亲健在是你的福气，他们都高寿几何？王敬铭回答：双亲同龄，都七十四岁了。康熙十分高兴，提笔写下"齐年堂"三字，命人刻成匾额赐给王家。当时，嘉定城中宅第林立，名人题写的匾额难以计数，但出自御笔的却仅此一块，这无疑是一件极为荣耀的事。同年，王晦在家乡去世。

王晦才性警绝，少年时即驰誉文坛，握笔洒洒不休，是大学者陆元辅的得意门生，又得到大诗人吴伟业的指点，诗文可圈可点，与赵俞、孙致弥、侯开国、张云章、王度、张僧乙、李圣芝合称"疁城八子"。

晚年的王晦迁居嘉定东城，买下了前明进士赵洪范的住宅岁有堂。堂前一块奇石翥云峰，体势奇崛，玲珑剔透，相传是花石纲旧物，是赵洪范在云南为官时所得，不远万里从海路运抵嘉定。王晦爱石及屋，遂将岁有堂更名为翥云堂。

王晦有子四人，王敬铭、王辅铭、王功铭、王思渠。

王敬铭：康熙帝亲自教出来的状元

王敬铭（1668—1721），字丹思，一字丹史，号未岩，别号味闲，又署吴疁、玉溪生。生有宿慧，博览群书，文章醇雅洒脱，尤长于诗。他的诗澄静秀雅，恬淡宁和，既深得田园诗派三昧，又充溢着佛理和禅趣。如《种菜词》组诗其中的三首：

也能密密也疏疏，也不烦浇也不锄。
多雨少晴也自可，风吹雨打也由渠。

青蓬蓬好一窠窠，其奈青虫蚀叶多。
蚀叶既多看变化，化为彩翅绕灯蛾。

僮嗔蚀破翠云香，待把青虫尽捉将。

我急呼僮休捉尽，苔笺篆尽赏洪荒。

    王敬铭善书法，尤工小楷，点画精妙，奕奕生采。王原祁见其所绘山水，颇为惊异，以为董其昌复生，遂收为入室弟子，又指导其遍临宋元诸名家，使其成长为四王画派的代表人物之一。他的作品骨秀神清，书卷之气溢于纸墨，世人奉若奇珍，争相收藏。

    王敬铭早年以秀才身份入国子监学习，制艺效法归有光，博大精实，但每每在乡试中名落孙山。康熙四十六年（1707年），圣驾南巡，王敬铭于吴江道中迎銮献诗画。康熙帝看后，对其青眼相加，并对时任户部侍郎的王原祁说："汝家有如此一个人，何不早奏？"遂应召入畅春园供职，后充任武英殿纂修官。六年后，依例可以外放为县丞，但王敬铭生平自视甚高，不肯屈就，立志从科甲出身。同年，康熙帝六十大寿，特开恩科，招贤纳士。就在这一年，王敬铭春秋联捷，顺利通过顺天乡试和会试，且在殿试中拔得头筹，一举成为该科状元，也是嘉定科举史上的第一个状元。康熙帝在召见新科进士时，非常得意地对身边的大臣说："王敬铭久直内廷，是朕亲教出来者。"并特旨在京城中赐给他一座状元府。

    状元及第后，王敬铭依例出任翰林院修撰，参与《万寿盛典》的纂修。康熙帝对王敬铭十分器重，常称他为"里边人"，也就是自己人的意思。为了日后重用王敬铭，特意安排他担任康熙五十四年（1715年）会试同考官、康熙五十六年（1717年）江西乡试主考官，以帮助他积累人望和功绩。王敬铭行事公正廉明，选拔的都是一时俊彦，没有辜负康熙帝的知遇之恩。

    康熙五十八年（1719年），父亲辞世，王敬铭归乡守制，因哀伤过度而致病，不久亦魂归泉台，年仅五十四岁。他的妻子是翰林院侍读学士孙致弥之女，二人育有一子王元晟，后来成为崇安知县、南翔陆廷灿的乘龙快婿。孙、陆两家也都是诗礼旧族,嘉定大族之间互相扶持、互为婚姻,由此可见一斑。

王敬铭的弟弟王辅铭（1672—1754），字翊思，号如斋，贡生。今嵌于嘉定孔庙碑廊的《金粟道人（顾瑛）小像石刻》《倪云林（瓒）小像墓铭合刻》，都是王辅铭的旧藏。

王辅铭的长子王元令，字献阶，号退庵，乾隆四年（1739年）进士，一生宦海无惊，较为顺利。初任福建司主事，保举员外郎。乾隆七年（1742年），升浙江严州府玉环同知。玉环地滨海，多海盗滋扰，王元令一上任，即设计捕获匪类，政有能声。乾隆十三年（1748年），母亲病故，丁忧归里。服阕，出任山西太原府同知，重修唐叔虞祠（即晋祠）。不久，又代理汾州知府，剔弊除奸，为上司所倚重。汾州民尚勤俭，王元令因俗而治，为政宽柔，与民休息，不妄兴大工。

王元勋：公子王孙之师

王元勋（1728—1807），初字秀峰，后字叔华，号东溟，又号冲成子，晚号易圃居士，王敬铭之侄，王思渠第三子。

国有兴替，家有盛衰。传至王元勋之父王思渠时，其家族财富骤减，人才凋零，处境十分困窘。王元勋虽然最终考中进士，重振家声，但其科举之路并不顺畅。家道中落，财力不足，为了筹措学习和应考的经费，无奈之下，王元勋将祖宅礨云堂售于周氏。乾隆四十二年（1777年），王元勋中顺天乡试举人，年已五十，所幸次年即中进士，总算守得云开见月明。不久，赴江苏徐州府担任教授。

在徐州府教授任上，王元勋除掌管本府文教之外，又辅佐上司勘灾、散赈、捕蝗，尽忠职守，心力交瘁。曾奉命夜查沛县太行堤，戌时，河堤决溃，王元勋当机立断，迅速调集船只拯救溺水民众，很多人因此得以幸存。他学识渊博，循循善诱，在育人方面颇有建树，门下英才林立。未及第前，即时常出入侯门，训导公子王孙。曾被礼聘至曲阜孔府，为七十二代衍圣公孔宪培讲授课业。又被首辅阿桂奉为座上宾，督导他的两个孙子那彦成、那彦宝，二人后来分别官至直隶总督和成都将军。此外，他的弟子中知名的还有宝山籍进士、翰林院庶吉士印鸿经以及其弟孝廉方正印鸿纬、清河籍进士张时霖等。任徐州府教授的十八年间，他的本职工作干得更是有声有色，屡次受到朝廷嘉奖，说他"教士有方，授经多术。持躬醇谨，人才正藉以陶成；讲业详明，文义实资乎研究"。

王元勋不仅以诗词闻名，做人更以宅心和厚为本，非常爱惜自己的名节。为了应考，他来往京师二十余年，虽然结识了不少高官显宦，但从不要求对方在科考中助自己一臂之力。中进士那年，王元勋正在首辅阿桂家担任教席，而阿桂恰巧是该科的读卷官。此时，元勋若将自己的文章内容透露给阿桂，请他在阅卷中予以关照，必然对自己非常有利。然而，阿桂始终不知哪一份试卷为元勋所作，也就说明他不肯通过这种伎俩猎取功名。因此，时人认为他们宾主二人都是难得的贤者。

王元勋长子王述祖、次子王进祖，亦为一时之选。

次子王进祖，字宾之，号云夫。乾隆五十四年（1789年）顺天乡试举人，四年后成进士。授任湖北黄梅县知县，后调任河南西平县。性慈孝，为官在外，思父心切，接父于西平任所，日夜侍奉。父卒，回乡守制三年。再出任黄梅知县，迁孝感、施南二县。

王进祖每到一处皆有遗爱，亲父老，爱士子，甚至对狱中囚徒亦体恤有加，若非罪有应得，不轻易施以鞭笞。在黄梅知县任内，县内巨绅与一名秀才因矛盾而诉至公堂，巨绅之仆代主出庭，仗势欺人，凶悍异常，喧哗咆哮，企图以淫威压服王进祖，在官司中获得优势。进祖不畏权势，当庭对悍仆施以刑杖，并最终判秀才赢得官司，因而与巨绅结怨。巨绅动用关系反噬，进祖不久因此卸任。

在孝感期间，他与当地士人一道整理文献，于嘉庆十六年（1811年）完成对康熙《孝感县志》的增订和续补，并雕版刊行，是书今仍流传于世。

（摘自 2016 年 4 月 26 日《嘉定报》疁城故事）

王敬铭在人民街的遗宅

附录二 · 其他刊录、考略

广福茶馆的乡愁

——顾村镇广福最后一家即将消逝的老茶馆走访录

二月中旬，天气乍暖还寒。清晨六点，太阳尚未升起，老街上十分冷清，但顾村广福老镇上的"广福茶馆"早已开门。虽然元宵节连着春节都已过去，但茶馆内照样十分热闹，缕缕茶香中，交谈声、寒暄声、咳嗽声、偶尔扯开嗓子的争论声和壶水鼎沸时发出的"咕噜咕噜"声交织在一起，令人觉得仿佛回到了黑白胶片的电影时代。

茶馆是江南古镇的标志，在有着近千年历史的广福镇上，鼎盛时曾有过七八家茶馆，后来只剩下了一家背靠杨泾河的广福茶馆。五十多平方米的三开间屋里，放着十来张四方桌，一式的木长凳，简陋古朴中透出一分宽松随意。这里不仅供应茶水，还有面条、老酒和荷包蛋、花生米、蚕豆、猪头肉等下酒菜。虽然近年来物价不断上涨，但茶馆老板陈龙兴却尽力维持原价，直到近年才做些"微调"，最节俭的茶客，只需花两元钱泡上一壶茶，就可以在这里"孵"上大半天；而倘若消费十来元的话，则除了一壶茶，还能咪上一盅酒，等最后一碗阳春面下得肚子后，脸上便有了神仙的模样。

陈龙兴年轻时参军，复员后被安排在镇上的供销合作社工作。

1998 年，陈龙兴下岗了。失去了主要的经济来源，家里上有老下有小，日子怎么过？正犯愁时，陈龙兴得知邻近合作社五金商店的那家小茶馆的"老当家"要退休准备不干了，便主动接过盘子，随后通过协商，把这家旧茶馆搬迁到已经弃用的五金店里，再投入一笔资金装修后，添上一些桌子、凳子、茶壶碗碟，挂上了"广福茶馆"的招牌。开张那一天，没有放鞭炮，没有请客招徕，按陈龙兴的话来说，就是"低调得不得了"。一晃，近 20 年过去了。开始的日子里，陈龙兴还拉着妻子做帮手，后来妻子身体不好，他便一个人起早贪黑地干，许多日子干脆睡在茶馆里。开业至今，别说什么节假日了，就连自己生病发烧，也从来不敢晚一点迎客。父亲去世了没关门，儿子结婚时没关门，只是在女儿结婚那天，经不住母女俩的一再诉求，陈龙兴才歇业一天。

可是，随着顾村新区建设，一大批市区动迁安置房和商品房在这里落成，拥有数百年历史的广福镇 9 个生产队（1 个之前已动迁）将全部动迁。按照现有的建设规划，这里的村民基本完成动迁安置，镇上唯一留下的广福老茶馆"退出历史舞台"的日子也屈指可数了。"按说，我已到了这把年纪，茶馆的效益也越来越差，撤了也就撤了。"陈龙兴说，"可是，心里到底舍不得啊！"舍不得的还有更多茶客。眼看广福茶馆将要"关门打烊"，来这里的茶客反而多了起来，老陈的茶水，有时要烧满七八十个大号的热水瓶，而茶馆的去向越来越成为大家最关心的话题。记者走访这一天，见到几位老茶客，他们来自刘行老镇、王宅村、大陆村、马陆镇的李家村，大家边喝边聊，说起茶馆即将关门，无不叹息。

"每天到这里喝壶茶，和老乡亲们谈天说地早已成为习惯，以后没处去了，也不知道到哪儿消磨时间呢！""是啊，去高档茶馆饭店，哪里有这里自在，也再凑不齐这么多老伙计啦！"听着这些议论，陈龙兴只能安慰大家："这段日子不是常有热心的摄影师赶来，拍下不少照片吗？谁要的话，我可以加印后分发给大家，也算留个纪念吧！"大家听了纷纷表态："好啊好啊，这些照片以后还可以留给儿孙们呢！"

作为宝山志上占有重要位置的几百年老镇，广福镇最后一家茶馆的消失，无疑是为了顺应乡镇现代化建设的需要，但这座茶馆曾经为每个茶客带来过的熙来攘往谈笑风生的生活况味，对生长在这片土地上的百姓来说，终究是难以挥别的——对于他们来讲，上茶馆不仅仅只是喝茶，更重要的，是享受这份早已习惯了的融合了古镇文化元素的乡野生活。

旧的逝去，新的到来，世事的变迁大抵如此；但不知，以后的这片故土上，是否还会建起一家原汁原味的茶馆？

（赵荣发/文　摘自《宝山报》2017年2月21日第3版）

话说"江南第一寺"

——广福寺

广福原来是嘉定最东部的东海海滨之地,系长江夹带大量泥沙冲积而成,是当年我国南北海运必经之地,这里很快由荒野变成渔村(江家宅),为宝山地区最早的发祥地之一。

据史料记载,元朝元贞二年(1296 年)有个印度僧人普慧因海难被江家宅村民救起,为报答救命之恩,该僧人在江家宅建造寺庙,取名"普慧禅寺"。在寺庙落成大典上,他高诵经文,当念到"宁残身、广施福"时,村民高声欢呼,于是"普慧禅寺"又称"广福寺",广福(厂、镇、乡、村)因寺得名。

至明朝万历年间(1580—585)僧纯一重建广福寺,其规模极为宏大,东起花园(今正义村正义房生产队),南至磨难桥(今广福村三家村北侧),西接杨泾,北达孟泗泾(今沈宅村祁家宅),方圆近 2 华里。各种殿堂屋宇计 5048 间,佛祖更荟萃,香火更旺盛,号称"江南第一寺"。

广福寺庙房大部分毁于太平天国战火,小部分毁于"八一三"淞沪会战。新中国成立前重建的 5 间殿堂称"城隍庙","文革"期间全部被拆扩建广福小学。

具有 700 多年历史的广福寺,相比上海地区的部分寺庙,就始建年代而言堪称"元老",明显早于上海城隍庙、上海玉佛寺和宝山寺等。

(王宗康/文　摘自《新民晚报》(社区版)2016 年 11 月 30 日第 4 版)

顾村镇"广福乡情"动迁拍摄速递

顾村镇广福村已被列入上海宝山"新顾城"发展规划区，全村即将全部动迁。广福村在顾村镇属于历史悠久的村宅，自元明清以来有诸多史料记载，为进一步挖掘保存广福村历史人文，由广福村委会、顾村镇社区文化活动中心组织，顾村摄影社、"顾村新鲜事"协办的此次动迁拍摄，包括广福村的历史人文，以及塘南、东马桥、东街、中街、吴家宅、北街、南街、三家村、满房生产队的500多户村民宅居合家照等。

广福的前世今生

古代广福是嘉定最东部的东海之滨。据史书记载，早在1500年前的南北朝梁代天监年间已形成陆地，比顾村地区早200年。因处于南北海运的必经之地，逐渐由荒野变成一个名为"江家宅"的小渔村。元朝元贞二年（1296年），印度僧人"普慧"的船遭遇海难，被村民救起，就地修建"普慧禅寺"，后又许愿"宁残身，广施福"，由此"普慧"被"广福"的寺名所取代，江家宅也因寺得名，成为"广福镇"，当时隶属嘉定东乡。

明朝万历八年（1580年）僧人"纯一"将广福寺扩建为方圆近二里规模，成为闻名遐迩的"江南第一寺"。

明朝天启初年（1621年），广福古镇已有千户人家，有"彭、卢、须、戴，敲锣吃饭"的传说，可见当年望族（如明代进士须之彦）宅第之深和大户的富庶。

康熙九年（1670年）境域遭遇水灾，朝廷设"粥厂"赈灾，就有了"广福厂"的称谓，当年刘行与顾村都归属"广福厂"管辖。

雍正二年（1724年），嘉定县分出东境部分，建立宝山县。

嘉庆二十年（1815年），广福分出刘行厂，顾村地区随之属刘行厂管辖。

宣统二年（1910年）改"厂"为"市"或"乡"。

民国十八年（1929年）实行区乡建制，始设顾家镇，隶第三区（刘行区）。

民国初至抗战前，广福镇商市繁荣，一日二市，有34个行业，大小商铺70多家。

1953年，经苏南行政署批准，将杨泾西从嘉定县划归宝山县管辖，结束了一镇隶属两县的局面。

元朝至今的广福历代文化名人有明朝万历年进士须之彦、武科进士须之奇兄弟，明嘉靖二十八年武科举人戴广等。

但自元明清以来的七百年间，流传最广的就要数"孝女杨九娘"的事迹了。作为一介村姑，夜夜替父浇秧，最终遭蚊虫叮咬积劳虚弱而死，她的孝道感动了几代文人，顾村地区流传有序的四十首古诗中有九首之多吟诵其人其事，而今虽然当年闻名遐迩的"孝女里""九娘庙""九娘墓"均已无存，但位于广福村老马陆塘和杨泾支流交叉处的区级保护文物"杨娥桥"成为这一传说的有力见证。据史料推断，该桥始建于明嘉靖至万历年间，已有五百年历史了。桥基镌有"大清乾隆丁卯年重建"，距今也已269年，如今依然维系着宝山区顾村镇与嘉定区马陆镇的村民通道。

为广福村留个念

岁月掠过粉墙黛瓦，让广福即将成为过去，于是这些宅居里的合家福便有了深远的纪念意义。一口井、一个灶头、一把锄头，一两个孩童，三两个老人，几代同堂的照片，一身家常便衣，似乎都在向我们述说着依依不舍，述说着这片难离的故土和对未来生活的美好向往，这些无声的语言隔着镜头，如碎珠迸玉，拂了我们一身还满。

（摘自《新民晚报》（社区版）2016 年 9 月 30 日第 4 版）

广福村 500 年古井命运未卜

具有悠久历史的顾村镇广福村即将动迁，当地一些本来沉寂的古迹开始浮出水面，昨天有村民反映，说他们家中有一口年代久远的古井，如今遇到动迁不知如何处理是好。

昨天下午，记者来到顾村镇广福村东街 16 号，在堆放杂物的屋子内，一口水井呈现在眼前。水井的井口由大块青紫石做成，里侧用青砖垒成，水面直径约 80 厘米，深 3.62 米。王老先生说，这口水井在 1862 年曾经遭遇不幸，当时这里是典当行，一场大火将建筑烧毁，这口井还被扔进了大量的砖瓦石块，长期不能使用。

过了四五十年后，王老先生的父亲迁居到这里盖起了房子，发现这口井后进行现场开挖，清理掉杂物后继续使用。当时周边几十户人家都沾了光，夏季其他水井出现井底朝天的情况，但这口井水取之不尽，因此素有"长命井"之称。后来，这口古井一直使用到前几年才封存起来。顾村镇镇志办公室工作人员认为，广福村历史悠久，这口水井的历史可追溯到明朝，距今约 500 年。

由于这口古井深藏在民间，至今没有明确保护的定义，王老先生担心它今后的命运，为此希望有关部门能予以保护。随行的宝山区文物保护管理所的专业人员认为值得研究，准备请市级专家来鉴定古井的年代，以便于解决它的后路。

（王勤俭 史美龙／文 《新民晚报》2016 年 11 月 1 日）

《广福乡粹》与"广福村路"

　　从东海海滨之地的渔村江家宅到城市化快速发展的广福村全面动拆迁，"广福"的千年历史终于画上了句号。在大居拓展区（新顾城）原控制性详细规划图上，已找不到人见人爱的"广福"两字。广福村领导不负众望，通过向上级有关部门的积极汇报和争取，终于在 2017 年 7 月 7 日《解放日报》市地名管理办公室公告上见到了寄托"美丽乡愁"的"广福村路"路名，为广福人平添了一份故里标志的亲切感与自豪感。

　　从告示中获悉，"广福村路"系南北走向，位于沪联路的规划延伸段至规划中的厚仁路之间，其西侧为新顾城的"嘉宝绿廊"。

　　为了能为后人留下广福千年历史的印记，广福村党支部与村委会于 2016 年 7 月启动组织，并以"重人文、不求全、留线索、待后人"为理念编纂的《广福乡粹》一书，不日将由文汇出版社正式出版发行。该书 20 余万字，就其内容而言，既不失为广福村的一份乡土珍藏，亦可视作顾村镇的一张人文名片。

　　土生土长于广福村的徐庶良老人，集收藏、书画、篆刻于一体，无怨无悔地坚守了 77 年，几乎耗尽了他一生的精力和财力，堪称乡土艺术之民间达人。为了弘扬优秀传统文化方面的"老黄牛"精神，由此而编就的《艺海情深》画册，据悉也将于年内出版。

（摘自"诗文顾村文化广场"网站）

彭氏族谱考略

相传明朝末年，苏州地区的彭氏三兄弟，老大留在苏州老家居住，老二搬迁到嘉定娄塘居住，老三彭道凯落户到现今正义村的彭家宅。彭道凯有三个儿子，其中老二叫彭三麻（因麻子），大名叫彭松崖，此人也是彭家宅众家造房的主人。他曾生育过五个儿子，其中第四个儿子叫彭故彐，第五个儿子叫彭树生。彭氏宗族发展至上世纪八十年代初已有 16 代历史，造屋的历史已有五代，达一百多年。

彭家宅有一大户特别富裕，传至后代彭养中时，宅第占地十亩左右（约合 6660 多平方米），其房屋均系明清建筑风格。"彭卢须戴，敲锣吃饭"的顺口溜，把"彭"字放在首位，可见其宅第规模之大。

（彭关雪/文）

须姓族谱考略（广福及其周边地区）

南宋初期（约 1127 年），姓须的氏族从江苏丹阳迁徙过来。

当年有个约 26 岁的男青年，姓须，名氏生，从江苏丹阳来上海地区做弹花衣弓弦的买卖等，后在广福地区居住，娶了老婆，生养了十二个子女。

须氏生及老婆居住在正房、二房，即现在的正义村正义房及左巷。十二个子女后来分别落户在十二个地方，即十二个"房"：正房、二房为正义村正义房生产队；三房，即王宅村朱三房生产队；四房五房，分别在马陆镇的李家及陈村村；六房，即现今归王村的六房生产队；七房，即毅翔村的七房生产队；八房，即现今广福村满房东南侧的原一小宅；九房，即现今沈宅村的九房生产队；十房（满房），即现在广福村的满房生产队（南满房）及沈宅村须家生产队（北满房）；十一房，即现今沈宅村的原南西房宅和原北西房宅；十二房，即现今羌家村的周江巷生产队。

据民间人士统计，至 1983 年，十二个房的须姓户数如下：

正房、二房：42 户

三房：9 户

四房：10 户

五房：13 户

六房：36 户

七房：26 户

八房：2 户

九房：30 户

十房：19 户

十一房：23 户

十二房：3 户

此外，须姓氏族还遍布正义村的庞家湾、柏家宅及王宅村的相家桥、塘桥头等村宅。

（彭关雪／供稿）

附录三·逸闻杂记

1. 杨九娘救朱元璋

相传元朝末年，遭难的朱元璋因后有追兵，逃到沿东海边的广福避难，求救于在海滩边割卷大草（苜蓿）的杨九娘，杨九娘急中生智，把朱元璋藏在她们九姐妹已割卷好的大草堆里，朱元璋终于逃过一劫。得救后的朱元璋后来当上了明朝开国皇帝，也就是明太祖，欲来报答救命恩人杨九娘，可杨九娘尽孝已故，朱元璋只得追认杨九娘为妃，立九娘庙于广福南首。明清等时期的多位文人墨客为其题词作诗，有"题孝女杨九娘""杨九娘歌""杨九娘墓""杨九娘庙"等。如民国期间文人彭公望的"为孝女杨九娘墓（广福镇南分水墩）题诗"：浊酒轻携奠墓门，墩名分水至今存，蛟龙知有芳魂在，万叠波涛不敢吞。

2. 彭家穷了，卢家富了

"彭、卢、须、戴，敲锣吃饭"之说，足见当年富户大家的第宅之规模及殷富之程度。传说卢家（广福村老卢宅）致富是天狗赋予的。因为卢家东边与彭家（正义村彭家宅）隔河相望，彭家宅前有座张家坟山（石人石马），墓中有童男童女陪葬，并放了三缸果子三缸油，事后过路人听到墓中"油干灯草尽，果子全吃完"的呼救声。墓前除石人、石马、石羊、石龟、古牌楼外，还另立了一根大石柱，上面有天狗，头向彭家，尾对卢家，天狗吃在彭家，拉屎（尿）在卢家，结果，原本富裕的彭家被吃穷了，原本穷困的卢家致富了。

3. 广福古寺藏宝

号称"江南第一寺"的广福寺，传说寺中当家长老财富势大，生前曾将金、银两佛和贵重财宝埋于寺内井底，并在井口安上数千斤重的石牛一头，以镇之。后来寺内和尚欲取其埋藏之宝，将井口石牛移动，突然石牛大吼一声，铁链震断，牛复原位，此宝未获，后无人再敢造次。

1957年9月11日，原广福寺中心范围内的东马桥二队少年须松德，在宅后小河里摸蟹，突然间在蟹洞里发现了较多古铜钱，消息一传开，村宅上11户人家当即前往一起开掘，结果共掘得800多斤古铜钱，之后经有关部门鉴定，这些古铜钱系宋、明朝代的。因有些村民一时不了解是属于国家的文物，被小贩买走了一部分。事后村民将剩下的625斤全部献给了国家，17日下午县文化科在当地召开了群众大会，并对须松德等挖掘人员给予了一定奖励。出土了这么多数量的古铜钱，足以佐证广福古寺藏宝的真实性。

4. 半个世纪的追求

三次被上海电视台、东方电视台报道其事迹，并在全国书画赛中得到金、银、铜奖各一枚的徐庶良，虽已退休三载，但他从五六岁时就开始爱好集藏和书画的情趣更醇更浓了。

走进徐庶良家，犹如步入了一个小型"书画展馆"，楼下两间客厅，挂满了老徐自己作的数十幅书画，楼上三间居室里，摆放着100多种藏品和书画，仅艺术书画就超过1万册，各式印章、邮票、古玩、摆件等更是不计其数，谓之"收藏室"。

徐庶良的书画风韵自成一格，在上千幅个人习作书画中，有46幅曾在市工人文化宫展出过。1996年出版的《当代民间名人大辞典》里，老徐的《家乡怀古》一图被收录其中。

在长达半个世纪的岁月中，徐庶良对集藏与书画始终如一，如痴如醉，为此付出的代价也很大。20世纪70年代在杨行西街蹲点期间，老徐偶尔借到一本"篆体"辞典，他花了整整三个月的夜晚时间，竟一字不漏地抄下来，亢奋之余他吐了血。由于常年用樟脑等为大量书画藏品防虫防蛀，老徐的肺部和鼻子因此受到了损害。他一生节衣缩食，为的是能多买些"文房四宝"及书画精品册。近十年来，这方面的花销就达三万余元，而他家里除有一台普通彩电外，已找不到任何高档值钱的家什了。"人因求知瘦，家因买书贫。"无怨无悔的老徐如是说。

现担任着"观海阁书画研究院"理事长和"云山书画院宝山分院"秘书的徐庶良，视退休为新的起跑线，他的日程表满满当当，在画就各具特色的"百虾图"之后，又正着手画"百虎图""百马图""百鸟图""百花图"……对如何走向社会，老徐表示再花数年时间加以精心整理，在适当的时机办个"个人展馆"，为精神文明建设尽一份绵薄之力。

（摘自1998年11月17日《宝山报》）

5. 爱心有好报的吴先生

家住原刘行镇广福村的吴先生，1998年12月21日晚，在1998年第28期"上海风采"福利彩票入围一等奖的摇奖中，喜得20万元奖金，吴先生一夜之间成了当地的"富户"。

年届五旬的吴先生是广福村村办企业会计，家有一长期残疾的女儿，生活十分拮据。购买福利彩票以支持残疾人事业和帮助残疾人解困，是吴先生多年的一个意念和心愿。是年12月上旬的一天，吴先生骑自行车欲到刘行购一张第28期的"上海风采"福利彩票，谁知彩票早已销售一空。吴先生并不气馁，就沿沪太路到顾村、大场购买，该两地的销售点彩票也早已告罄。吴先生刻意买彩票的决心毫不动摇，就掉头赶到罗店，好在此销售点还剩几张，吴先生虽只买了 5 元人民币的一张彩票（吴先生家因造房负债 5 万元，没有更多余的钱），却了了志在帮残、帮困的心愿。

摇奖中"苍天有眼"，吴先生幸运地中了一等奖。吴先生说，这 20 万元按规定交纳"个调税"及还清债务外，将余下的 10 万余元继续抚养好残疾女儿。

（摘自 1998 年 12 月 29 日《宝山报》）

6. 志书轶事摘录

泰际之得曾孙敬铭也，邑令会议漕粮，故高其直。公力争之，令语塞，密使人赠以金，不受。梦神谓曰："而大有阴功，将王曾作汝孙。"次日晨起，即闻得曾孙。后敬铭大魁天下，父晦有句云："沂国当年曾有兆，莫将温饱负平生。"（《石冈广福合志》）

须之奇，任兴泉守备，被谗下狱。家人以僧衣度牒递狱中，之奇题诗云："千里送僧衣，云山归路迷。樊笼自可脱，不待杜鹃啼。"掷还不受。与狱卒痛饮，乘间逸，不知所终。（《光绪嘉定县志》卷三十二）

须尚宝之彦令桐乡，有惠政。去任三十余年，会岁饥，桐乡民书之彦衔名设位哭拜，张锡眉亲见之。居官如此，而乡评不满。钱少詹所谓明季爱恨之口大率如此，不足信也。（《光绪嘉定县志》卷三十二）

附录四·民俗文化

1. 广福庙会

庙会是古代融集市、娱乐于一体的一种佛教集会，古代广福经常举行庙会。参加庙会的有广福寺多尊面色、形态各异的老爷，如面部金色的关（羽）老爷，面部紫红色的火老爷，面部黑色的杨老爷，威武庄严的城隍（韩世忠）老爷等，附近的佛祖也被请来，共有数十尊之多。各路佛祖到来时，由寺内的城隍爷出迎，各方司仪按礼仪对话答谢。庙会的游行队伍多姿多彩，盛况空前。前面佛祖有举旗打伞，丝竹锣鼓，后面有戏装抬阁、高跷、龙灯、打莲湘、荡河船、着肉撑香（钢钩扎进两强壮小伙肉臂，下边挂百十斤重的锡质香炉，两人抬着跟随庙会队伍缓缓行进）。庙会队伍尾随男女老少，人山人海，热闹非凡。佛祖队伍所到之处的沿街商店林立，沿路摊位摆满。摊位上还撑满挡阳大伞，乃一幅广福的《清明上河图》。庙会按庙界划分，分年轮流，相互邀请。当年的庙界有广福寺、火庙、东马都巡和西马都巡等。

广福庙会中一个代佛传话的人物叫须德茂，是须尚达的父亲。每当各地佛祖来临，他代表城隍爷出迎，致许多迎客的迎宾词，十分讲究礼仪。

2. 广福龙灯

广福龙灯十分有名，附近各宅都出一条龙灯，有广福镇、东马桥、塘南宅、登基宅、正义房、庞家湾、吴家宅、满房、祁家宅、左江巷，大小长短不一。吴家宅一条龙灯有 20 节，十分壮观。东马桥的一条龙灯头扎得活灵活现，徐秀方是一个具有高超手艺的裁缝，把龙灯制扎与缝纫手艺密切结合起来，扎出了特色。龙灯要到各村宅表演、游行。

3. 广福灯笼

广福的灯笼各具特色，最漂亮的是中科灯走马灯。中间画了各种马匹，点亮蜡烛后，随着暖气流的上升而引起马的旋转，马影反映在灯外的白纸上，形成你追我赶的场面。状元灯、兔子灯是孩子的玩具，还有鹞灯、塔灯。鹞灯上还有鹞边，用橡皮筋扎在鹞子上，天空气流吹响了鹞边，发出悦耳的响声，鹞线上挂上灯笼，既可听声响，又能观其灯。

4. 广福塔灯

广福的塔灯别具一格，十分有名。庙的名气大，塔灯也做得十分讲究。庙场上的塔灯有 4 层楼房高。另有多种形式，如依靠高大的银杏树等。一般用几根长梢毛竹接起来，几根木头扎成三角形或六角形，挂灯时一层一层点上去，用绳子通过滑轮拉上去，十分壮观。

5. 广福姑娘巧绣观音衣

广福的男青年都出于对关羽的尊敬，过房给关老爷。广福的姑娘都喜欢观世音，可以送子。为了表达对观世音的敬仰，经常祭观音，为观音做绣衣。因为广福寺里有 3 个观音，所以每年都要为观音做新衣。姑娘们都用方块白布料，精心绣上各种花纹，再有裁缝结合裁制，制成观音新衣。既是一种信仰，更锻炼了姑娘们的才艺。

附录五·广福战事

编者按:

1937 年 8 月 13 日，淞沪会战爆发。这场会战被认为是中国走向全面抗战的标志。"八一三"淞沪会战是抗日战场上第一场重要战役，中国军队与日军浴血奋战数月，调集兵力 75 万余人，以 30 万军士的伤亡粉碎了日军"三个月灭亡中国"的妄想。

淞沪会战之广福、刘行相关战役

当时的广福乡，辖广福、刘家行、顾家宅、陈家行等地，"八一三"淞沪会战期间，围绕广福地区的大小战役持续近 40 天，很多历史资料、回忆录都记载了广福这段惊心动魄的历史。

广福、刘家行南北战区之战

1937 年 9 月下旬，时任十九集团军总司令的薛岳上将至徐公桥镇指挥时，敌以军舰重炮，护陆军登黄浦江岸，我军分三路迎敌，左翼军当敌第九师团，方从宝山城西向沿公路掩至罗店，第三师团由宝山城沿公路以逼刘家行，图夺取宝罗、宝刘两公路。

第十九集团军以确保沪太公路阻敌西犯之目的，防御部署如下：

八师以一部固守江家宅—须宅—窦家弄（含）一带阵地，以主力构筑唐桥站至陈家行沿蕴藻浜南岸预备阵地。

第一六〇师及教导旅，控置于广福镇中心阁附近。归第六十六军军长叶肇指挥。

9 月 27 日，敌始分三路向我吴、叶、阮三部进犯。反复冲击，以吴部为烈。我团长官惠民，率兵一连，白刃逆袭，敌惊愕稍却。

9月28日午，敌又以钢甲战车十，薄我叶部刘行北端阵地，触地雷，毁其三。余驰突陷阵，步枪不能制，而平射炮，为敌击损，我军则浴血，以手榴弹，匍匐狙击。敌步兵不得继进，暮退唐家滨。

后攻愈急，守愈坚，30日敌在叶部阵地殷家角，架便桥强渡。入夜我卒被突破，10月1日敌继大举向太平桥、刘家行攻进。纵烟幕，以飞机导重炮，以战车护步兵，声震天地，原野尽赤，陆桥陷。我援军驰至，枪炮俱不及发，露刃搏刺，辗转恶斗，阵地得略复。而刘行继陷。（赵曾俦《抗战纪实》）

蕰藻浜、杨泾地区之战

敌陷刘罗公路后，急欲攻掠上海，其上海派遣军司令长松井石根，以第九师团精锐，由西、南两路继进，图以重兵东南犯我唐桥站、陈家行，而以别部急击广福。

时我第三战区司令长官蒋中正令左翼军总司令陈诚及十五集团军直协炮兵群，分置南翔镇、谢家桥、真圣塘桥、马陆镇、石桥、龚家花园，以葛家头沿杨泾至广福为鹄的，与步兵调协轰射敌军。

10月1日，左翼军转移阵线令下，第十九集团军即改部署，图由陈家行、广福间，与右翼兵团夹击敌于唐桥站、顾家镇、刘家行西、蕰藻浜北、杨泾迤东而歼灭之。以第六十九军长阮肇昌，领第八师陶峙岳部，扼唐桥站（不含）以西、蕰藻浜南岸至陈家行之线。第十六师彭松龄部，扼唐桥站西南、西唐桥附近。阮自领第五十七师扼谈家头、唐家桥、孟家宅一带。第二十五军长万耀煌，自领第十三师，经广福至孙家宅，夹杨泾而阵。第十五师位置于张浦桥沈家桥附近。第六十六军集结大桥头附近。第四军于徐家宅、顾家宅集结。第七十七师移支塘镇整补。10月2日，阮军由顾家镇南撤，且战且却。

向广福之敌为第九师团第三十三、三十六联队，与我第十三师遇。3日敌伤亡三百余，我第七十七团，撤两连增援，一连仅余士兵九人，其一亦伤亡过半。4日，敌复由中心阁大队驰至，以飞机二十余，轮炸吴宅阵地。午后三时，猛以重炮掩护渡杨泾，我急调第七十八团第三营赴援，炮兵续向敌集射，敌前锋已抵吴家宅，苦战不逞，多退。我复选士一排，泅入敌阵，不利，悉殉国。5日，又大举自南梅宅西端强渡，与我混战于吴宅、黄家巷间。时电话杆线，多灼于炮火，联络顿失，我军官抵死率残部各自作战，敌遗尸二百余，伤亡约在七百，力蹶退去。其第三十六联队精锐尽丧。

蕰藻浜、杨泾间，日日鏖战，死伤无数。（赵曾俦《抗战纪实》）

江桥镇、小南翔、陈家行、广福镇地区之战

敌自蕰藻浜南岸，悉力拓地；我则沿杨泾，纵断蕰藻浜，跨京沪铁路，据吴淞江为纵横联系，以筹战守。中央军朱绍良部，壁江以南。左翼军则以六军长率十一师，循杨泾至姚家宝间设阵地，意敌将乘胜沿京沪铁路及其两侧，图屈我左翼军后，即南北合击，以溃我上海主力，或以全力扑苏州河南岸中央军，以直奔上海。故姚家浜及广福，实扼此线首尾，而京沪路两侧地，又此线之腰腹也。

第四军10月28日与敌二千余相搏，我第五〇四团团长官惠民、团副负伤死，敌尸山积。下午四时又以催泪弹来袭，会风反向，我乘追击，即溃退。

是役殊恶战，我王代团长、团副俱死焉。第九十师自梅园、花园浜、何家头、小宅、新卢宅挫敌后，虽屡思逞，然不敢辄犯。11月10日下午六时，陡于清水轩等处向我夜袭，卒亦击退。我第六十六军第一五九师与敌剧战马家宅、桥头堡，敌施坑道作业，至距我阵地数十公尺，构筑散兵壕，我堡内步兵两排，伤亡殆尽，右

翼桥头堡被敌突破，堡内余士兵三四，顾仍极力拒战，我敌悉一再增援，我韩营长独先陷阵，受三创，犹裹伤督战，敌急覆，歼五百余，我伤亡亦百数。

战 14 日，（10 月 28 日至 11 月 11 日）我以攻为守，屹不少动，敌遽绕道东南，自杭州湾金山卫登陆，撼我中央军侧背。11 月 9 日，苏州河南岸守军，有自浦安亭公路节节退守者。左翼军于 11 月 10 日奉命退保吴福国防线。（赵曾俦《抗战纪实》）

蕴藻浜之战

10 月 7 日，日军以第三、第九两师团，藉优势炮火掩护，开始强渡蕴藻浜。10 月 11 日，国军左翼以徐家巷（蕴藻浜南岸江杨路西）为中心，沿江杨路布置防御线。下午 4 时，日军在机械化部队掩护下，一个联队与国军在江杨路发生激烈战斗，国军坦克连亦出动，混战四小时，敌不支败退，遗尸百余具。塘桥方面，晚 6 时激战甚烈，国军曾两度猛冲敌阵，敌被迫退出刘行东警戒线，此役日军死于肉搏者 60 余人，败退时被击毙 70 余人。日军自 10 月 5 日偷渡蕴藻浜以来，共投入兵力 2.5 万人，屡遭国军痛击，西冲广福镇失利，西南冲陈行镇不逞，由蕴藻浜车站增援亦受阻。至 11 日江杨路之役，日军死伤已达 4200 余人。12 日晨 3 时至 7 时，国军又在坍石桥宅（沪太公路西、蕴藻浜南岸各 1.5 公里左右）获得胜利，日军死伤 1300 余人，内有联队长 1 人、中下级军官 20 余人，缴获机枪 30 余挺、步枪千余支。国军第十九师（师长李觉）一〇九团团长刘湘辅及时侧击南进之敌，出其不意，敌惶乱溃逃。同时，第八军军长黄杰率第四团（团长孙立人），使用预备队反击，恢复原阵地。朱家宅方面残敌由东面突围，国军不顾敌机轰炸，奋勇堵击，激战 7 小时，进出七八次，敌伤亡 900 余人。是日，敌共伤亡约 2200 余人。

10 月 13 日，杨森的二十军一三三师（师长杨汉域）、一三四师（师长杨汉忠）到达前线，接替陈行阵地，与日军激战数日，打退敌五次进犯。李觉的第十九师横贯真大路，占领钱宅、湖里宅、黑大黄宅至葛家牌楼火线阵地。14 日夜，日军猛扑，相持三昼夜，战斗空前激烈，至 17 日拂晓，该师五十七旅——三团在葛家牌楼的阵地为敌炮火所摧毁而失陷。

10 月 15 日以后，国军第二十一集团军军长廖磊率部到达上海战场。战区司令长官为恢复蕴藻浜南岸阵地，决定全线反攻，以韦云淞四十八军为第一路，叶肇六十六军为第二路，夏楚中九十八师为第三路，原任守备各师各编成一至三个突击队，向当面之敌攻击，以配合各路军进攻。19 日夜，国军全线发动攻势，战斗甚为激烈。迄 22 日晨，第一路恢复陈行及桃源浜后，遇敌反攻，无法进展；第二路因渡河材料缺乏，仅占领东六房、塘桥头；第三路将广福完全收复，并占领广福东之土桥；其他各部均有进展。此时，日军倾海、陆、空之全力，向蕴藻浜南岸反攻，除猛烈轰炸外，施放烟幕，掩护前进。国军二十一集团军误以为施放毒气，秩序混乱。敌乘机猛冲，以致桃源浜及陈行得而复失。同时，右翼第九集团军亦与敌激战未已，相持至 23 日，国军退至小石桥、小顾宅、大场、走马塘、新泾桥、唐家桥一线。此役血流成渠，尸积如山。国军一七〇师五一〇旅旅长庞汉桢及一七一师五——旅旅长秦霖，均于掩护转进时，壮烈殉国。第七军军长周祖晃所部六个旅长三死二伤。24 日晚，日军对小石桥方面全力猛攻，国军谢鼎新团长率领全团死守突出部陈行，血战两昼夜，杀敌三千，全团壮烈牺牲。（《宝山县志》）

1937 年 8 月 –12 月淞沪会战期间的广福作战局势图

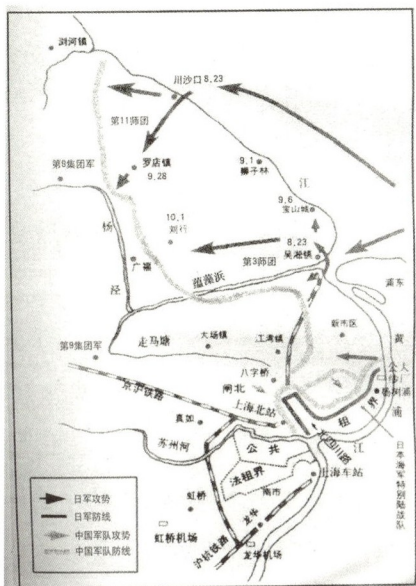

反登陆及罗店
（1937 年 8 月 23 日 –9 月底）

淞沪会战守势作战时期作战经过要图
（1937 年 9 月 12 日 –11 月 4 日）

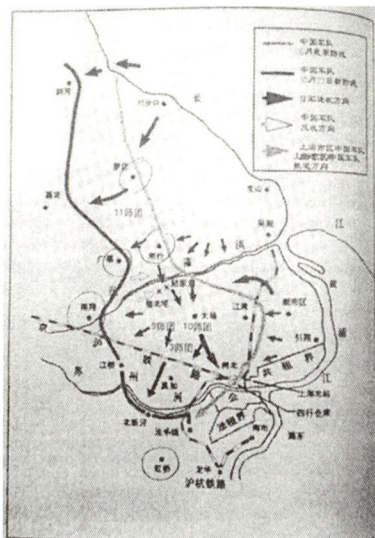

中国军队蕰藻浜反攻及市区撤退
（1937 年 10 月 1 日 ~27 日）

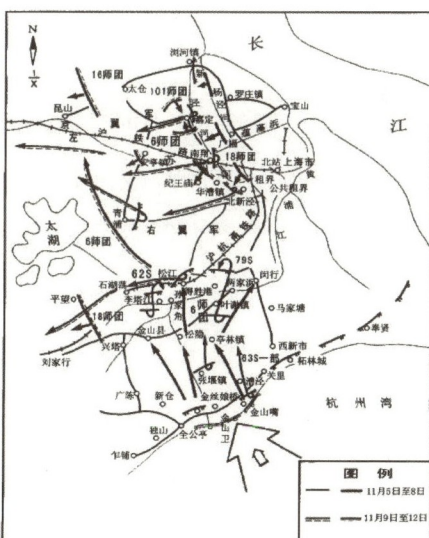

淞沪会战中国军队撤离淞沪战场时期作战
经过要图（1937 年 11 月 5 日 ~12 日）

"八一三"淞沪会战中国军队参战部队考——广福主力军

第十九集团军，属左翼军

1937年（民国二十六年）8月13日，"八一三"淞沪会战爆发后，薛岳离开西南到达南京，被蒋介石任命为国民革命军第十九集团军总司令，加入左翼军战斗序列，驻节安亭。9月下旬，日军进攻刘行、罗店，得手后，日军分路进犯蕴藻浜、杨泾等地。10月8日，薛岳担任左翼军中央作战区总指挥，在蕴藻浜南岸一带坚守半个多月。10月28日，战斗移至江桥镇、小南翔、陈家行、广福镇地区。薛岳指挥第十九集团军在竹园村与日军展开争夺战，猛攻五次，失而复得，给敌重创。其部也损失严重，生存者不足十分之二三。

第六师，为浙军

北伐时，浙军第三师周凤岐部改编为第二十六军。1928年8月，整编为第六师，抗战前，驻江西。战役爆发后，该师奉命增援淞沪，编入第十五集团军。1937年8月31日，致蒋、冯玉祥密电："令集结刘行、广福之第六师增援吴淞，驱逐该方面之敌"。9月10日，顾致蒋电："第六师吴淞之役，全师伤亡过半"。

第十三师，为鄂军

由鄂军夏斗寅部演变而成。北伐时，改编为独立第十四师，1927年扩编为第二十七军。1928年，缩编为陆军第十三师。抗战前，该师驻陕西咸阳。黎文、刘文、余书均将该师列为参战师。1937年9月，第13师奉命增援淞沪。9月24日，顾致蒋电："第十三师陈家行、广福镇间筑工，主力置于广福镇。"10月22日，陈致蒋电："原守广福附近第十三师，因苦战二旬余，伤亡甚大。"

第十五、十六师，为湘军

第15师由湘军新编第7师改编而成，第十六师由湘军新编第八师改编而成。抗战前，均驻湘西，隶第四路军。黎文、刘文、余书均将第十五、第十六师列为参战师。七七事变后，第十五师奉命开武汉待命，第十六师调至芜湖、宣城一带。战爆发后，第十五、第十六师奉命增援淞沪。1937年9月5日，顾致蒋密电："已令十五师在刘行、广福大桥头、嘉定之线构筑工事，尔后归陈总司令指挥。"9月15日，顾致蒋密电："十五师之陈旅在杨九房、顾宅间地区，余部在刘家行附近。十六师（欠一团在龙华候接防）在顾宅南侧及大场以北地区。"10月31日，顾致何密电："艳晨敌攻我十五、十六两师前进阵地，战况甚烈，迄晚我以伤亡过大，退守金宅、郭家宅、陆宅、范家宅及西浜范家宅前进诸据点，与敌对峙中。"

第五十九、九十师，为粤军

1929年，粤军余汉谋部改编为第五十九师。后五十九师扩编为陈济棠之第一军，下编第一、二师，五十九师番号撤销。1932年，第四军十二师改编为第九十师。1933年冬，第九十师二七〇旅扩编为第五十九师，两师合编为第四军。抗战前，驻贵州。黎文、刘文、余书均将第五十九、第九十师列为参战师。1937年9月，第五十九、第九十师奉命赴沪参战，编入第三战区左翼军第十九集团军。9月23日，顾致蒋电："今晨敌主力由杨行方向向王宅等攻击……我五十九师伤亡甚重……正以九十师一部反攻。"10月30日，顾致蒋电："俭日敌猛攻我第4军葛家头、清水轩阵地，我欧师（即第九十师师长欧震）……奋勇出击……官旅长惠民不幸殉国。"

第一五九、一六〇师，为粤军

第一五九师于 1936 年 10 月，由第四路军（余汉谋）第九师（缪培南）改编而成。第一六〇师由第四路军第十师（陈汉光）改编而成，两师合编为第六十六军。抗战前，两师均驻广东。黎文、刘文、余书均将第一五九、第一六〇师列为参战师。1937 年 9 月，第一五九、第一六〇师奉命投入淞沪战场，编入第三战区第十九集团军。9 月 24 日，顾致蒋电：一五九师部署在"杨木桥、金家湾、朝王庙、奚（家）店"。"一六〇师一团加入一五九师正面，余两团在教导旅左翼"，参加潘泾、荻泾两河东西地区阵地战。10 月中旬，"第六十六军（即第一五九、一六〇师）编为第二路攻击军，由广福南侧地区向孙家头至张家宅之线进出"，参加蕴藻浜南岸大规模反击战。

九十九师方靖回忆：虬江、宝山、月浦、广福血战记

广福战斗

第九十八师经过上一个月的整补及构筑预备工事，复于 10 月 20 日晚进驻广福镇方面第一线阵地，接替第十三师防务，与敌激战。当晚广东部队第一六〇师，协同第九十八师、第二九二旅由广福镇阵地正面向敌阵地猛攻，已陷入敌火网内，直至 21 日天明未能奏效，我接班部队后撤整理。此役我第九十八师第二九二旅四十营自营长以下官兵皆壮烈牺牲。

21 日晨，我第二九四旅接替第十三师广福镇阵地后，继续与敌战斗，此时阵地形势是由罗店西北向南沿徐行，罗店间，经刘行、广福、老陆宅至公共租界西侧之线。敌我各方皆构成坚固工

事，形成阵地战，我方阵地工事掩体系用铁路的钢轨作为横梁支柱，能抗击 15 厘米榴弹炮弹，异常坚固。同时奉指示说，国联正在开会，要我们官兵尽力固守阵地。这是幻想国联开会，强令日军撤出中国。

此时，第九十八师的阵地正面，不足一公里，敌我对峙，每天伤亡不多。我阵地左翼是第九师第十八军部队，右翼是广东部队第一六〇师，再右是第八师周岩郭及第三十二师等部。相持至 11 月初，整个战场情况起了变化，因敌军增援部队由杭州湾金山卫登陆，向我右侧背大迂回。此时作战中心已移至松江、青浦县朱家角方面。因此全军即于 11 月 12 日晓间放弃上海战场全部阵地，全线向常熟、昆山方面撤退。当时官兵思想，认为常熟、昆山有国防永久坚固工事，能借此持久抗战，待机反攻，因此撤退时并不气馁。

11 月 12 日晚 10 时，我第九十八师由广福镇阵地撤至嘉定城预备阵地，担任掩护右翼友军安全撤退。13 日晚间，经嘉定向太仓、常熟撤退时，有十几师的部队拥挤在一条公路上，争先恐后，遇到敌人的飞机在上空投照明弹，不断轰炸扫射，致使秩序大乱。尤其在太仓县分路口，原定第十五集团军第九十八师与第二十一集团军广西部队皆向右往常熟，其他各部队皆向左往昆山。此时混乱不堪，有的应向昆山而却往常熟，有的应往常熟而却向昆山。

（本文来源：网易历史　方靖 / 文）

附录六·村宅考略

1. 塘南生产队（1队）

塘南宅

位于广福村偏东部。南临宝安公路，北靠周家浜，呈长方形。占地 4.87 万平方米，1993 年，楼房 46 间，平房 35 间，建筑面积 3483 平方米；21 户，79 人。2016 年，楼房 53 间，平房 25 间；19 户，76 人。因地处周家浜南得名，习称浜南，亦名西北宅。清后期建村。民国二十六年（1937 年）前有 12 户，平房 18 间。"八一三"淞沪会战中住房尽毁。

登基宅

位于广福村中部。东倚大场浜，北临宝安公路，呈长方形。占地 1.06 万平方米，1993 年，楼房 41 间，平房 18 间，建筑面积 2913 平方米；16 户，62 人。2014 年，楼房 66 间，平房 44 间；23 户，91 人。相传周姓祖先以阉割鸡猪为业，且自嘉定老蹾鸡宅迁此故名。因谐音写作"登基宅"。清后期建村。民国 26 年（1937）前有 6 户，平房 13 间。"八一三"淞沪会战中住房尽毁。

盛家宅

位于广福村南部。西靠陈广路，北临盛家宅沟，呈长方形。占地 8841 平方米，1993 年，楼房 32 间，平房 16 间，建筑面积 2317 平方米；13 户，50 人。2014 年，楼房 37 间，平房 24 间；13 户，51 人。相传盛姓于清康熙年间迁此，故名。1937 年至新中国成立前均为 5 户。"八一三"淞沪会战中部分住房被毁。

篱笆圈

位于广福村偏东部。南临宝安公路，西靠圆泾沟，呈长方形。占地 6062 平方米，1993 年，楼房 19 间，平房 10 间，建筑面积 1443 平方米；5 户，19 人。2016 年，楼房 11 间，平房 6 间；4 户，14 人。清后期建村，因围有篱笆得名。曾名彭家宅、小宅。民国二十六年（1937 年）前有 3 户，平房 5 间。"八一三"淞沪会战中住房尽毁。

2. 东马桥生产队（2 队）

东马桥宅

位于广幅村东部。东临彭家泾，西连徐家场，呈长方形。占地 2.88 万平方米，1993 年，楼房 82 间，平房 64 间，建筑面积 6167 平方米；30 户，124 人。2016 年，楼房 121 间，平房 155 间；40 户，166 人。村北曾有福宁桥，俗称东马桥，村以桥得名。民国二十六年（1937 年）有 10 户，平房 26 间。"八一三"淞沪会战中被毁房屋过半。

徐家场

位于广福村中东部。东连东马桥宅，南沿周家浜，呈长方形。占地 1.66 万平方米，1993 年，楼房 62 间，平房 43 间，建筑面积 4556 平方米；29 户，108 人。2016 年，楼房 75 间，平房 75 间；25 户，110 人。清后期徐姓迁此，故名。民国二十六年（1937 年）前有 13 户，平房 20 间。"八一三"淞沪会战中住房尽毁，村西有广福小学。

3. 东街生产队（3 队）

广福东街

位于广福村中部，东倚广福小学，南沿周家浜，近似长方形。

占地 4.24 万平方米，1993 年，楼房 107 间，平房 95 间，建筑面积 8510 平方米；58 户，189 人。2016 年，楼房 185 间，平房 240 间；66 户，194 人。相传明中期形成广福镇东西一条街。1958 年曾名东街生产队，习称浜东、东街。民国二十六年（1937 年）前有 30 户，楼房、平房 50 余间，"八一三"淞沪会战中大半被毁。

4. 中街生产队（4队）

广福中街

位于广福村中部偏西，东连广福镇东街，南沿宝安公路，近似长方形。占地 2.40 万平方米，1993 年，楼房 125 间，平房 94 间，建筑面积 9460 平方米；62 户，198 人。2016 年，楼房 198 间，平房 147 间；73 户，222 人。相传明中期形成广福镇东西一条街。因系街道中段，1958 年定名中街生产队，习称浜东、中街。民国二十六年（1937 年）前有 31 户，楼房、平房 80 余间。"八一三"淞沪会战中大半被毁。

5. 吴家宅生产队（5队）

吴家宅

位于广福村西北部。西、北均靠杨泾，呈长方形。占地 4.02 万平方米，1993 年，楼房 115 间，平房 84 间，建筑面积 9110 平方米；54 户，201 人。2016 年，楼房 178 间，平房 338 间；57 户，227 人。相传明中期吴姓建村得名。民国二十六年（1937）前有 28 户，楼房 4 间，平房 50 余间。"八一三"淞沪会战中平房部分被毁。

6. 北街生产队（6队）

李家宅

位于广福村西北部。东沿杨泾，南倚广福南街，西邻滕家宅，近似长方形。占地 2.13 万平方米，1993 年，楼房 37 间，平房 39 间，建筑面积 2932 平方米；20 户，67 人。2016 年，楼房 80 间，平房 73 间；30 户，105 人。清道光年间安徽李姓迁此，故名。民国二十六年（1937 年）前有 20 户，楼房 6 间、平房 30 间。"八一三"淞沪会战中房毁大半。村东为南北一小街，当年有杂货、中药、饮食、豆腐、米、面、理发等商店，一日两市。村中有口古砖井，深 2 丈余，井水一直可饮用。

滕家宅

位于广福村西北部。东临广福镇，南近宝安公路，呈长方形。占地 1.83 万平方米，1993 年，楼房 80 间，平房 49 间，建筑面积 6064 平方米；35 户，132 人。2016 年，楼房 76 间，平房 64 间；26 户，80 人。清后期安徽滕姓迁此得名。民国二十六年（1937 年）前有 12 户，楼房 50 余间，平房 20 间。"八一三"淞沪会战中被毁民房过半。

7. 南街生产队（7队）

广福南街

位于广福村西部偏南，东靠杨泾，南沿南泥塘。分南北两片，南片呈方形，北片呈长方形。占地 1.50 万平方米，1993 年，楼房 111 间，平房 98 间，建筑面积 9320 平方米；55 户，195 人。2016 年，楼房 162.5 间，平房 246 间；63 户，180 人。该街系南北一条街的南段，亦称南市梢，1958 年曾名南街生产队，习称南街。相传清前形成。曾有火神庙、观音殿、牌坊、祠堂、小学等建筑。抗日战争前有 30 户，楼房、平房 40 余间，商铺 10 余家；另有元丰织布厂。均毁于"八一三"淞沪会战。

8. 三家村生产队（8队）

三家村

位于广福村南部。西靠陈广路，北沿界泾，呈长方形。占地3.70万平方米，1993年，楼房75间，平房59间，建筑面积6215平方米；46户，151人。2016年，楼房101间，平房250间；36户，145人。相传明初建村。民国《宝山县续志·广福乡图》已载其名。民国二十六年（1937年）前有18户，平房20余间。"八一三"淞沪会战中住房尽毁。

北石桥宅

位于广福村西南部。东靠陈广路，南沿界河，呈长方形。占地3474平方米，1993年，楼房53间，平房47间，建筑面积4280平方米；17户，75人。2016年，楼房95间，平房138间；28户，89人。相传卢姓于清后期由嘉定李家村八字桥迁此，建有石桥两座，南名南石桥（又名雁龙桥），北名北石桥（又名卢石桥），该村居北，故名。民国二十六年（1937年）前有10户，平房23间。"八一三"淞沪会战中住房尽毁。

9. 老卢宅生产队（9队）

老卢宅

位于广福村东南部。南沿沙浦，西临陈广路，近似长方形。占地3.24万平方米，1993年，楼房90间，平房71间，建筑面积7450平方米；45户，174人。2013年，楼房146间，平房120间；49户，195人。相传明中期建村，以姓得名。因建村年代早于近邻新卢宅，故名老卢宅。陈家行村的新卢宅，系老卢宅分支地，相传当年有5户卢姓人员迁居于此，逐渐繁衍成村宅，于清朝后期建村。新中国成立前后，新卢宅知识分子之多，居刘行地区各村宅之首。民国二十六年（1937年）前有25户，平房50余间。"八一三"淞沪会战中部分住房被毁。

10. 南满房生产队（10队）

南满房

位于广福村北部偏东。东北均倚河沟，呈方形。占地3879平方米，1993年，楼房28间，平房33间，建筑面积2484平方米；20户，70人。2016年，楼房51.5间，平房30间；18户，67人。村以须姓第十房（"十"即满的意思）居此得名，又居于北满房之南，故称南满房。民国二十六年（1937年）前有6户，平房18间，"八一三"淞沪会战中毁房近半。

附录七 · 村民门牌号签名册

塘南生产队户代表签名表

门牌号	签名	出生年月	性别	门牌号	签名	出生年月	性别
1	彭小希	1964.4.	男	13	须国明	1965.03.09	男
2	周利	1956.8.7	男	14	朱改黄	1944.6.20日	男
3	项建明	1962.10.24	男	15	周永根	1953.10.5号	男
4	须时明	1953年.7月21日	男	16	周富根	1953年7月4日	男
5	须德宝	1957.7月2日	男	17	朱卫东	1968年7月15日	男
6	须德芒	1952.10.21	男	18	朱菊元	1945年10月14日	男
7	须德良	1961.12月28号	男	19	虎祖兴	1956年9月16日	男
8	吴秀娣	1954年10月	女	20	须保荣	1950.12.11日	男
9	须承宝	1951.8.21	男	21	张永芒	1942年10月28日	男
10	须品其	1948.8.9	男	22	彭垒华	1943年2月19日	男
11	须品福	1951.7.26	男	23	须眼 1965	1966.5.15	男
12	须票明	1963.2.26	男	24	罗永号	1930.4.17	男

塘南1队

塘南生产队户代表签名表

门牌号	签名	出生年月	性别	门牌号	签名	出生年月	性别
25	赵祥成	1960.7.22	男	37	彭伟明	1941.8.30	男
26	凤永春	193米.10.18	男	38	彭友章	1930.5.21	男
27	彭小兰	1955.10.16	男	39	彭根龙	1955.12.22	男
28	凤培荣	1952.9.8	男	40	彭全兰	1971.4.4	男
29	王美琴	1937.12.27	女	41	朱效古	1945.4.26	男
30	黄亭兴	1948.4.8	男	42	盛顺全	1921年	男 P.4
31	沈祖华	1954.12.23	男	43	蔡尚龙	1858.02.04	男
32	朱效根	1948.3.18	男	44	吴花华	1958	男
33	朱效义	1942.11.7.	男	45	黄根兰	1958.8.21	男
34	须月根	1954.2月28日	男	46	陆惠娟	1944.4.18	女
35	吴桃玲	1932.4.26.	女	47	黄芙桃	1937.12.9	男
36				48	朱效忠	1942.11.7	男

塘南1队

塘南生产队户代表签名表

门牌号	签名	出生年月	性别	门牌号	签名	出生年月	性别
49	朱惠娟	1960年3月23日	女	61	朱秋明	1942.10.初	男
50	黄山荣	1977年11月04日	男	62	朱效华	1936.10.28	男
51	朱杏元	1944年2月24号	男	40-1	朱妹红	1968.12.29	女
52	朱永坑	1950年11月14日	男				
53	罗文才	1965.6.9	男				
54							
55	须帝结	1946.3.6	沙				
56	闽环世	1950.8.18	男				
57	邹山年	1964.9.13	男				
58	周彩娥	1948.11.15	女				
59	陆仁英	9月25日1951年	女				
60							

塘南1队

东马桥生产队户代表签名表

门牌号	签名	出生年月	性别	门牌号	签名	出生年月	性别
1	汪顺关	1946.11.19	男	13	楠州芳	1964.8.14	男
2	淡至贤	1949.2.22	√	14	宋岳华	1953.4.17	√
3	楼明放	1954.2.15	√	15	李在芳	1952.3.1	√
4	李永良	1957.8.17	√	16	安轨良	1944.1.29	女
5	锋金良	1960.10.13	√	17	汪永良	1962.3.24	男
6	深四明	1949.7.17	√	18	刘树梅	1948.2.28	√
7	李正	1969.5.25	√	19	邱兴友	1951.12.1	
8	夏祝茂	1957.9.06	√	20	李世兰	1964.10.25	√
9	杨新青	1982.6.20	√	21	李建光	1971.10.12	
10	楼新英	1956.10.12	√	22	汪惠良	1964.12.16	√
11	王新力	1959.7.14	女	23	汪海山	1971.2.24	√
12	汪根华	1960.10.12	男	24	李青	1983.11.17	男

东马桥 2 队

东马桥生产队户代表签名表

门牌号	签名	出生年月	性别	门牌号	签名	出生年月	性别
25	卢爱芳	1946.2.21	女	37	金元利	1939.8.30	女
26	张树兴	1951.5.27	男	38	施启	1935.9.5	男
27	李永发	1952.9.11	男	39	施马胞	1954.2.5	男
28	李年修	1954.8.13	男	40	纽建华	1958.12.10	男
29	李全兴	1947.3.13	男	41	王金莲	1949.11.22	女
30	谢新发	1945.6.24	男	42	徐永仁	1938.5.25	男
31	杨庆	1967.10.16	男	43	俞警林	1949.11.16	女
32	杨其明	1954.11.9	男	44	徐惠良	1961.10.3	男
33	汪天柱	1963.2.12	男	45	收秋凤	1950.7.28	女
34	汪海家	1960.12.1	男	46	陶美娟	1940.11.12	女
35	王惠娟	1941.1.16	女	47	蒋忠良	1940	男
36	王佐明	1947.10.6	男	48	徐永豪	1949.5.16	男

东马桥2队

东马桥生产队户代表签名表

门牌号	签名	出生年月	性别	门牌号	签名	出生年月	性别
49	百季(花)蒂	1942.8.12	女	61	邵荣龙	1985.12.6	男
50	朱妹珍	1946.11.21	女	62	邵仁义	1948.12.23	∨
51	空号			63	徐国良	1969.6.8	∨
52	∥ ∨			6-1	朱佳伟	1986.11.14	∨
53	童品生	1939.4.21	男	6-3	朱建明	1958.5.21	∨
54	徐玉华	1965.7.15	∥	6-2	徐娟	1965.12.21	女
55	马香芬	1960.3.12	女				
56	施玉明	1962.7.14	男				
57	童忠娟	1950.10.24	∥				
58	须林娥	1943.10.15	女				
59	徐林娣	1946.6.5	男				
60	徐龙良	1950.1.14	男				

东马桥2队

东街生产队户代表签名表

门牌号	签名	出生年月	性别	门牌号	签名	出生年月	性别
1	唐振超	1944.10	男	13	黄卫东		
2	须浩	1963年1月	男	14			
3	须瓛	1965年2月	男	15	王进龙	1954.3.	
4	王小弟	1968年9月	男	16	朱宝嫦	1941	女
5	柏国其	1959.12.24	男	17	王宗瀼	1939.4	男
6	王宗英	1935.1.13	女	18	骆毛毛	1939.11	男
7	王元	1948.	男	19	陈娟	71.8.24	女
8	王鹏	1948.4.7	男	20	孔.8.24		
9	王一柳	1952.2.27	男	21	须永贤	1947.9.16	男
10	刘秀娥	1952.2.26	女	22	费阶升	1953.9.1	男
11	张小弟	1955.3.15	男	23	王雅芳	1947.8.1	女
12	王利明	1954.3.20	男	24	统广林	1951.12.16	男

18-1 唐东伟 1977.12 男

东街 3 队

东街生产队户代表签名表

门牌号	签名	出生年月	性别	门牌号	签名	出生年月	性别
25	赵树男		女	37	唐晓东	1979.6	男
26	姚在龙		男	38	沈望	1974.9.11	男
27	左道荪	46.4.16	男	39	沈李	1947.7	男
28	袁金英	47	女	40	赵益锦	960.2.11	男
29	沈永诚	46.8.23	男	41	严起全	1947.8.19	男
30	徐云凤	1950.7.2	女	42	沈桂芳	1945.12.16	女
31	王坚坚	1962年	男	43	沈国东	1975	男
32	唐雪刚	1989.3.9	男	44	徐顺兴	1963.12.8	男
33	诸寿全	1971.2.19	男	45			
34	王宗康	1939.4	男	46			
35	陈珏	57.12.12	女	47	张旭东	1973	男
36	沈勇	1967.2.2	男	48	唐浩伟	1981.12	男

76-1 沈敏 1973.11.25 男　4: 沈岳 1978.8.8
49. 唐志培 1983. 男

东街 3 队

东街生产队户代表签名表

门牌号	签名	出生年月	性别	门牌号	签名	出生年月	性别
57	唐雪明	68.9.16	男				
55	唐志峰	19.3.5	男				
49	唐志浩	1979.9	男				
50	王锋	1975	男				
50-1	王通	1979	男				
59	王连法	1973	男				
58	洪明光	1958.12	男				
53	洪明奎	19.54.6	男				
54	洪明飞	1957.	男				
51	杨剑星	1951.8.1	男				
52	修永兴	1952.1.14	男				
56	唐玉良	1963	男				

东街 3 队

中街生产队户代表签名表

门牌号	签名	出生年月	性别	门牌号	签名	出生年月	性别
1	卢卫兰	54.7.6	男	13	阎玉珍	1944年	女
2	王仁康	52.6.17	男	14	阎秀琴	1941.11	女
3	赵诚家	58.9.5	男	15	二建法	1945.4.4	男
4	宋学琴	1940.11.28	女	16	施群如	1951.8.16	男
5	卢化其	1943.11.29	男	17	宣建明	53.2.26	男
6	卢宝国	53.2.26	男	18	沈培根	1941.12.5	男
7	孟建成	1951.11.30	男	19	谁电中	1955.10.1	男
8	赵润	1948.10.18	男	20	江惠康	1955.2.7	男
9	贾天皇	1950.6.24	男	21	施燕会	1944.8.13	女
10	赵长庆	1958.10.30	男	22	凯锤宝	1947.6.8	女
11	赵长芳	63.10.8	男	23	黄一斌	1950.4.11	男
12	卢建军	1957.5.14	男	24	施明法	1956.4.4	男

中街4队

中街生产队户代表签名表

门牌号	签名	出生年月	性别	门牌号	签名	出生年月	性别
25	施明仁	59.2.3	男	37	沅羊关	1951.11.10	男
26	施建忠	1953.8.15		38	卢伟国	1957.3.15	男
27	封波祥	1947.3.28	男	39	卢志华		
28	金明	65.12.4	男	40	王良成		
29	朱桂芳	29.11.20	女	41	施小弟	1949.3.19	男
30	王敏玉	58.4.16	女	42	宣永明	1958.3.21	男
31	江巧玲	1964.8.14	女	43	宣永网	1958.3.21	男
32	杨小龙	1940.9.25	女	44	路国棠	1937.6.21	女
33	施明安	1951.3.22	男	45	卢雪国	58.12.9	男
34	郭友成	1949.7.3	男	46	宣国武	1950.4.29	男
35	吴林师	1924.3.9		47	顾求娣	1931.4月10日	女
36	石中玉	1952.12.14		48	胡大钊	1946.5.12	男

中街4队

附录七·村民门牌号签名册

广福乡粹 / 462

中街生产队户代表签名表

门牌号	签名	出生年月	性别	门牌号	签名	出生年月	性别
49	古根发			61	封志明	1951.11.22	男
50	封美娟	1938.10.8	女	62	三卫水	48.8.24	男
51	葛振球	1959.1.24	男	63	古道九		
52	唐宝明			64	张世芳	1933.12.21	女
53	唐会董	1953.6.20		65	封顺华	54年3月3日	男
54	施忠明	1958.5.13		66	崔吾年	50年1月.	女
55	施光明	1945.12.3		67	卢男国	58年12.17	男
56	关永馨	1961.8.9	男	68	高建女	1945.9.15	男
57	朱桂香	1928.11.18	女	69	高建先	1949.2.11	男
58	刘灵芝	1954.0702	女	70	沈宝英	1954.9.5	女
59	金残伐	1962.8.16	男	71			
60	金明奎		男	72			

中街 4 队

吴家宅生产队户代表签名表

门牌号	签名	出生年月	性别	门牌号	签名	出生年月	性别
1	沈雪元	1951.9.28	男	13	吴惠平	1937年8月5号	男
2	吴阿发	1934.5.28	男	14	吴雪元	1944.13.25	男
3	吴文宣		男	15	吴秋其	1962.11.28	男
4	吴文明	1953.6.25	男	16	吴鸣鸣		男
5	吴法明	1950.12.16		17	吴永林		男
6	沈风娣	1949.4.10	女	18	吴建华	1959.08.21	男
8	吴辉其	1963.8.9	男	19	吴正兴	1946.4	男
7	吴传良	1960年4.8	男	20	吴建侠	1948	男
9	吴平光	1937	男	21	吴金根	1963.3.7	男
10	吴仁明	1935	男	22	吴石民	1960年	男
11	刘楚芝	1952 8.22日	女	23	吴金妙	1948.4.10	男
12	吴全岁	1956年3月	男	24	吴德其	1954.1.8	男

吴家宅5队

附录七·村民门牌号签名册

吴家宅生产队户代表签名表

门牌号	签名	出生年月	性别	门牌号	签名	出生年月	性别
25	陆明龙	1952.2.15	男	37	吴友良	1951.4.13	男
26	须根娣	17	女	38	吴德兴	1957.11.19	男
27	吴其兴	1955.7.18	男	39	吴迦法	1960.10.16	男
28	吴珍其	1949.4.09	男	40	李爱妹	1951	
29	吴宝龙	1962.6.20	男	41	吴兴根	1950 10.15	男
30	吴春芳	1963.2.28	女	42	吴全元		男
31	吴鸣	1969.12.25	男	43	陈素英	1965年	女
32	吴永良	1986.3年	男	44	吴洪元		
33	吴多兆	1956.5	男	45	吴兴宝		
34	吴建明	1957.8.11	男	46	吴福林	1936	男
35	吴永家	1951年3月4日	男	47	吴岳林		
36	吴平光	1937	男	48	黄锦弟		

吴家宅 5 队

吴家宅生产队户代表签名表

门牌号	签名	出生年月	性别	门牌号	签名	出生年月	性别
49	黄鸽娣		女				
50	吴泼岁	1966.11.30	男				
51	吴进岩	1956.4.17日	男				
52	吴佳国	1964.4.8	男				
53	吴友岩	1959.11.29	男				
54	吴穗去	1961.12.3	男				
50-1 55	吴永钢	1976.7.22日	男				
24-2 56	吴宝其						
57							
58							
59							
60							

吴家宅5队

附录七·村民门牌号签名册

北街生产队户代表签名表

门牌号	签名	出生年月	性别	门牌号	签名	出生年月	性别
1	李华	1920.9.18	男	13	周永	1969.10.11	男
2	顾秀琴		女	14	罗建国		男
3	李文泉	1942.1.30	男	15	滕水明	1957.12.16	男
4	滕瑞华		男	16	滕为明	1954.12.20	男
5	周根荣	1947.12.9	男	17	滕惠其		男
6	李往好	1949.7.16	男	18	滕金发	1932.9.5	男
7	陈秀琴		女	19	滕惠忠		
8	李华			20	滕永兴		
9	李建明	1955.9.28	男	21	陈秀娟		
10	李建新	1958.10.17	男	22	王丽英		
11	施雪康	1954.4.23	男	23	李菜华		男
12	李富娣	1925.7.2	男	24	广家		男

北街 6 队

北街生产队户代表签名表

门牌号	签名	出生年月	性别	门牌号	签名	出生年月	性别
25		1948.10.3	男	37	李报发	1947.3	男
26	李公荣	1948.10.18	男	38	滕明康		
27	李坚强			39	董石良	1P60年阴阳	
28	国永明	1965.1.1	男	40	滕明珠		
29	滕彪			41	齐国	1963.12.21	男
30	滕建发	1965.5.2	男	42	滕明		
31	唐建国			43	国俊兮	1942.10.3	男
32	唐建刚			44	叶建新	1947.3.16	男
33	王刚	1963.8.31	男	45	滕明其		
34	王玉菜	1947.8.5	女	46	国永衣		
35	李根荣	1954.2.	男	47	黄金兴	1947.5.9.	男
36	李德柏	1857.10	男	48	董卫	1970.4.9	男

北街 6 队

北街生产队户代表签名表

门牌号	签名	出生年月	性别	门牌号	签名	出生年月	性别
49	李喜明	1947年8月18	男	61			
50	李伟延	1951年12月29	男	62			
51	滕志存	1951.12.26	男	63			
52	严建明			64			
53	冯新平	1968-3-23	男				
54	王惠玉						
55	严建康	195.1.13	男				
56	郑惠宾						
57	滕燕华	1977.11.8	男				
58	李良						
59	孙雨华		男				
60	滕振明						

北街6队

南街生产队户代表签名表

门牌号	签名	出生年月	性别	门牌号	签名	出生年月	性别
1	江绍成	1960.7.15	男	13	须汉仁	1959.1.18	男
2	冯喜珍	1937.11	女	14	须康安	1956.8.15	男
3	江纪杰	1964.8.	男	15	卢云金	1957.8.15	男
4	杨文明	1965.2.8	男	16	李永明	1957.12.2	男
5	卢国良	1963.09.01	男	17	沈焕宇	1942.4.7	男 女
6	须叙明	1953.11.26	男	18	卢金发	1849.12	男
7	沈馨	1974年6月1日	女	19	卢建军	1358.10	男
8	沈根弟	1946.7.16	男	20	卢爱琴	1944.3.20	女
9	须小芬	1948.11.04	女	21	杨永岛	1973.4.18	男
10	姚海威	1973.08.28	男	22	卢菊芳	1964.10.7	女
11	金明	1967.7.3	男	23	王玉娥	1932.4	女
12	陈根元	1944.5.28	男	24	瑶林	60.12.03	男

南街 7 队

南街生产队户代表签名表

门牌号	签名	出生年月	性别	门牌号	签名	出生年月	性别
25	戴品錄		男	37	卢惠英	1954.5.10	女
26	沈维荣	1945.8.	男	38	卢顺昌	1947.10.27	男
27	江建良	1956.12.22		39	张培峰	75.8.21	男
28	江浩	1947.2.07	男	40	郝美英		女
29	谢金林	1959.7.31	男	41	陆纪高		男
30	陈炎兰	1939.8.30	男	42	纪平		男
31	了家桃英	1923.10.23	女	43	管兴华		男
32	李月兴	1957.7.10	男	44	管仙我	1955.	男
33	金汝平	1956.7.17	男	45	何菁	1963年4月12日	
34	江德荣	1951.1.23	男	46	卢国良	1950年6月29	男
35	方美英	1930.11.13	女	47	江品华	1954.6.16	男
36	陈逸林	1948.11.28	男	48	江和荣	1951.1.13	男

南街 7 队

南街生产队户代表签名表

门牌号	签名	出生年月	性别	门牌号	签名	出生年月	性别
49	汪水	1962.11.24	男	61	沈荣	1963 5.20	男
50	沈阿山安	1951.3.8	男	62			
51	沈永姝	1954.7.14	男	63			
52	江世平	1941.	女	64			
53	李布包	461.4.18	男	65			
54	沈瑞祥	1944.9.17	男	66			
55	徐文辈	1967.12.28	男	67			
56	江纯烨	1974.7.28	男	68			
57	倪闰岩	1958.5.1 男	男	69			
58	倪国良	1955	男.	70			
59	江康	1968.8.2	男	71			
60	江明荣	1957. 5.10	男	72			

南街7队

三家村生产队户代表签名表

门牌号	签名	出生年月	性别	门牌号	签名	出生年月	性别
1	卢花元	1959.4月20	男	13	卢顺发	1958.11.28	男
2	卢和发	1963.12月31	男	14	卢甚云	1954.10.11	
3	卢根兴	1950.9.25		15	卢瓜妹	1972.1月2日	女
4	卢承楷	1934.6月	男	16	卢桂宝	1949.2.P	男
5	卢发良	1960.3.3.	男	17	卢桂荣	1958.4.1	男
6	卢炳彩	1800年5月7日	男	18	卢惠琴	1952.1.13	女
7	杨国辉	1951.7.15	男	19	卢亚顺	1969.8.18	男
8	卢好琪	1953.10.23	为	20	卢渭兴	1958.1.23	男
9	卢建进	1959.2.15	男	21	卢荣昌	1861.4月	男
10	卢春芳	1966.7.22	男	22	卢正发	1961.3.15日	男
11	卢华兴	1960.11.25	男	23	卢志亮	1968.4.16	男
12	卢妙英	1935.10.10		24	卢根英	1952.3.2日	女

三家村8队

三家村生产队户代表签名表

门牌号	签名	出生年月	性别	门牌号	签名	出生年月	性别
25	卢政奇	6-4 1954年	男	37	卢爱岛	1963.11.2	男
26	卢法兴	1946年9月2日	男	38	孙承仁	1	男
27	甘惠珍	1963.10.4.	女	39	卢久华	1942.4	男
28	孙永根	1945.8.年	男	40	卢进发	1961.7.13	男
29	卢荣宝	1948.11	男	41			
30	卢兴金	1934.5	男	42	卢鑫	1959.12.31	男
31	卢海梅	1972.12.18	男	43	卢青	1964.10.15	男
32	卢磊	1963.7.6	男	44	王承坊	1952.8.23	男
33	刘厦其	1963.12.30	男	45	顾东明	1963.4.31	男
34	卢不桃	1951.7.8	男	46	殷林珍	1948.5.4	女
35	卢玉萍	1979.4.10	女	47	李建华	1956.6.15	男
36	卢泉兴	1950.12.6	男	48	李林	1845.6.24	男

三家村 8 队

附录七·村民门牌号签名册

三家村生产队户代表签名表

门牌号	签名	出生年月	性别	门牌号	签名	出生年月	性别
49	李崇根	1949.11.28	男	61	李自兴	1950.12.30	男
50	李君师	1957.11.26	男	62	朱三笙		女
51	卢九生	1930.5.20	男	63	杨平楼	1948.6.30	男
52	卢明生	1956.8.27	男	64	李兴容	1938.8.4	女
53	卢培德	1963.7.22	男	男	卢忠	62.10	男
54	卢培民	1969.12.18	男		卢明生	62.12	男
55	卢			55	卢月林	63.8	男
56	卢万苍	1945.5.6	男				
57	卢志林	1974.5.21	男				
58	李伟礼	1960年11月2	男				
59	李伟忠	1966年5.15	男				
60	卢林发	1947.3.4	男				

三家村 8 队

老卢宅生产队户代表签名表

门牌号	签名	出生年月	性别	门牌号	签名	出生年月	性别
1	卢速如	1950.2.5	女	13	卢苗民	1957.3.4	男
2	朱粮发	1945.10.4	男	14	卢小明	1945.11.29	男
3	卢洪根	1934.5.13	男	15	卢振华	1970.12.2	男
4	沈宝初	1941.3.19	男	16	周文芳	1942.2.8	女
5	张梅英	1950.3.15	女	17	卢全根	1947.8.20	男
6	卢建明	1960.8.22	男	18	谢永妹	1950.11.25	女
7	卢福兴	1960.3.15	男	19	卢家联	1966.3.2	男
8	卢文彬	1970.11.30	男	20	卢吴祥	1948.8.28	男
9	卢林娣	1946.6.5	女	21	朱秀琴	1956.1.12	女
10	卢林法	1954.7.15	男	22	卢永德	1940.8.22	男
11	卢方荀	1942.3.26	男	23	卢惠康	1961.7.8	男
12	卢省兴	1945.7.6	男	24	卢惠明	1964.7.29	男

老卢宅9队

老卢宅生产队户代表签名表

门牌号	签名	出生年月	性别	门牌号	签名	出生年月	性别
25	徐克良	1955.2.3	男	37	卢眉根	1951.6.22	男
26	徐中华	1960.1.28	男	38	卢永明	1953.4.2	男
27	雷祁云	1939.11.15	男	39	卢学明	1955.3.24	男
28	卢振发	1947.3.10	男	40	卢明芳	1941.10.1	女
29	多惠林	1942.3.15	男	41	卢良	1947.8.8	男
30	须莉娟	1931.5.20	女	42	卢我华	1966.4.19	男
31	卢建华	1968.3.27	男	43	卢祥宝	1953.7.28	男
32	卢惠德	1964.12.28	男	44	陆惠珍	1950.9.11	女
33	卢福来	1939.1.2	男	45	卢琴娟	1955.8.23	女
34	顾云龙	1967.9.13	男	46	卢宝巷	1961.4.12	男
35	卢才兴	1950.2.24	男	47	卢钱明	1958.1.24	男
36	卢效明	1948.6.5	男	48	卢林戈	1948.11.28	女

老卢宅9队

老卢宅生产队户代表签名表

3

门牌号	签名	出生年月	性别	门牌号	签名	出生年月	性别
49	朱月瑜	1973.12.17	女				
50							
51							
52							
53							
54							
55							
56							
57							

老卢宅 9 队

附录七·村民门牌号签名册

满房生产队户代表签名表

门牌号	签名	出生年月	性别	门牌号	签名	出生年月	性别
1	须法根			13	须德福		
2	卢琴妹			14	须建青		
3	徐燕美			15	须建平		
4	须进珍			16	吴其久		
5	须德良			17	吴其兴		
6	葛祖望			18	须伯良		
7	陈忠			19			
8	吴安根			20			
9	吴生金			21			
10	须惠良			22			
11	须连宝			23			
12				24			

南满房 10 队

编后记

　　在《顾村镇志》正式出版之际，适逢广福村实施全面动拆迁。为使"诗乡顾村"这方最古老的乡土在城市化进程中，能有效发掘与传承优秀历史文脉，由广福村两委组织一班于故里历史持虔诚之心、对乡土文化怀敬畏之意，并忧患方言民俗失传的志愿者，广征博采，集腋成裘，踏勘实录，时不我待，编纂成册，《广福乡粹》终于付梓面世了。在本书的筹措编辑过程中，有幸获得区、镇各级领导的关心和乡亲同好的支持，顾村镇党委书记赵平和镇长沈强更是拨冗联袂写序，在此一并表示由衷感谢。

　　作为行政区划，近三百年前宝山从当时的江苏省太仓州嘉定县析出独立建县；两百年前刘行从当时的广福厂（镇）析出独立成厂（镇），后两厂（镇）均改为乡，"乡"者，市镇乡村、家乡故土也；"粹"者，纯粹精华、齐全集聚也；《广福乡粹》的应运而生，既荟萃了这方热土的变迁史迹与人文典故，也浸润了父老乡亲对故里的无限眷恋和难以释怀的乡土情结。本书正是期待借用古为今用的历史观和"土"洋并重、雅俗共赏的群众性，来为江南吴文化与本土文化的融会贯通牵线搭桥，从而激发人们对广福地区历史遗存、传奇逸闻、乡音方言与习俗农谚等日渐式微的传统文化的关注度，提升后人的传承信心和热忱。

　　鉴于吴语方言难以运用拼音准确地表述其特指语境中的读音，更无法贴切以文字记录其语调；虽经编者长期采风收集整理核实，也只能采用相似音加注释的方法记录备案，以便留待方家同好日后探究。而节庆习俗作为乡土文化的重要载体和诠释，是宗亲经济文化的一种延续，更是儒家礼仪的一种体现，随着时代的发展也会删繁就简。作为沪郊的乡土习俗，在"海纳百川，有容乃大"的多元文化中理应有一席之地。本书所辑广福地区旧俗，编者只做介绍，不妄评论。

广福村的全面动拆迁，也为广福一千余年的历史画上句号。与此同时，广福村两委高瞻远瞩、统筹兼顾、不失时机地以文本形式留下广福印记，编纂《广福乡粹》，为广福人及其子孙后代留下一笔极其宝贵的精神文化财富，延续着乡土的记忆。广福村两委还通过向上级有关部门的积极汇报和争取，在这片曾出现过 13 个进士的人杰地灵的风水宝地上，把"广福村路"嵌入了"新顾城"版图，为广福人平添了一份亲切感、自豪感。

历经一年多时间马不停蹄的编撰，《广福乡粹》终于脱稿成书。然广福地域沧桑、历史沉浮、资料残缺，语焉不详，增加了编者援引核实的不便和撰写难度；加之学养所限、笔力不逮，虽经反复核对，难免挂一漏万、疏误差错，有贻笑大方之处，敬请广大读者批评指正。

顾村镇《广福乡粹》编委会

2017 年 7 月

编后记

【参考书目】

《宝山县志》

《嘉定县志》

《石冈广福合志》

《吴趋访古录》

《刘行志》

上海市宝山区顾村大型居住社区 BSP0-0101、BSP0-0102、BSP0-0103、BSP0-0104 单元控制性详细规划

土地使用规划图

02

顾村GC-D社区
控制性详细规划
GC-D-2编制单元

土地使用规划图

上海市宝山区规划设计研究院 2010.06

图例

R1	一类住宅组团用地
R2	二类住宅组团用地
R3	三类住宅组团用地
R0	社区服务设施用地
R5	基础教育设施用地
C1	行政办公用地
C2	商业金融用地
C3	文化娱乐用地
C4	体育设施用地
C5	医疗卫生用地
C6	教育科研用地
C8	商务办公用地
C9	其它公共设施用地
U	市政公用设施用地
G1	公共绿地
G2	防护绿地
G3	公共广场用地
E1	水域
E2	农业用地
S2	轨道交通线及其站点
	规划边界
	地块边界
	A13选线方案

赞助人员：

王传银　黄克俭　黄春金　劳有根　姚智明　吕国其　周剑青
须一平　潘月明　赵建明　薛咏梅　杜柏香　陈元武　金方林
唐雪刚　杨剑友　纪效猛　王文广　张海发　须志刚　钱克朋

义乌春联是广福村的一项传统文化活动